Meyer-Drawe · Diskurse des Lernens

Käte Meyer-Drawe

Diskurse des Lernens

Wilhelm Fink

Bibliografische Information der Deutschen Bibliothek

Die Deutsche Nationalbibliothek verzeichnet diese Publikation
in der Deutschen Nationalbibliografie; detaillierte bibliografische Daten sind
im Internet über http://dnb.ddb.de abrufbar.

© 2008 Wilhelm Fink Verlag, München
(Wilhelm Fink GmbH & Co. Verlags-KG, Jühenplatz 1, D-33098 Paderborn)

Internet: www.fink.de

Einbandgestaltung: Evelyn Ziegler, München
Herstellung: Ferdinand Schöningh GmbH, Paderborn

ISBN 978-3-7705-4412-7

INHALTSVERZEICHNIS

„Je länger das Buch ungeschrieben blieb, um so größer
wurden die Ansprüche an es, um so schwerer und
lähmender die Bürde des Ungestalteten. Ein Teufels-
kreis."
(Dagmar Leupold, Nach den Kriegen)

„In unserer publikationsfreudigen Zeit kommt man
sowieso immer noch früh genug zu spät."
(Helmuth Plessner, Selbstentfremdung,
ein anthropologisches Thema?)

VORBEMERKUNGEN

Die Studien zum Lernen, welche den Grund und den Hintergrund für das vorliegende Buch bilden, fußen auf einem dreijährigen Forschungsprojekt, das durch die Deutsche Forschungsgemeinschaft von 2000 bis 2003 gefördert wurde. Für diese Unterstützung danke ich an dieser Stelle. Die wechselnden Beteiligten an dem Projekt haben je auf ihre Weise dem Fortgang der Untersuchungen gedient. Ihnen sei für ihr sachförderliches Engagement gedankt. Drei Namen sollen stellvertretend genannt werden: Christiane Donner (damals Giese), Thorsten Kubitza und Wassilios Stravoravdis. Jörg Ruhloff, Klaus Schaller und Bernhard Waldenfels danke ich für ihren starken Geduldsfaden, den keine meiner hartnäckigen Fragen zu zerreißen vermochte. Henning Röhr, Frank Wistuba und Egbert Witte hielten mir den Rücken frei und ließen nicht jedem meiner Einfälle freien Lauf. Die Hilfe bei den Korrekturen, insbesondere von Monika Gies, Erika Wickel sowie Jessica Wixfort und überhaupt durch die so genannte *Teerunde* in Bochum, ist kaum zu überschätzen. Für diesen Kreis gilt darüber hinaus, was Kleist im Hinblick auf die Bedeutung seiner Schwester für die „Fabrikation [s]einer Idee auf der Werkstätte der Vernunft" zum Ausdruck bringt: „Es liegt ein sonderbarer Quell der Begeisterung für denjenigen, der spricht, in einem menschlichen Antlitz, das ihm gegenübersteht; und ein Blick, der uns einen halbausgedrückten Gedanken schon als begriffen ankündigt, schenkt uns oft den Ausdruck für die ganze andere Hälfte desselben." (Kleist 1982/1805, S. 320) Es soll nicht unerwähnt bleiben, dass mein Mann, Wolfgang Meyer, ein Meister auf diesem Gebiet ist. Das Risiko, weitere Namen zu nennen und dabei wichtige andere zu vergessen, soll vermieden werden, denn auch in diesem Falle spielt das Geratewohl der Zeit eine Rolle. Es obliegt dem Text, den Beitrag der anderen kenntlich zu machen.

Käte Meyer-Drawe, im Frühjahr 2008

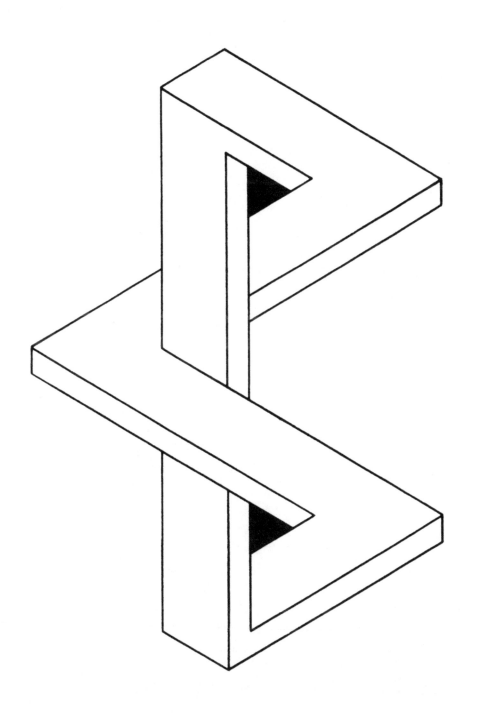

DISKURSE DES LERNENS

„Sollte ich je dazu kommen, mich über die Differenz
von Psychologie und Phänomenologie zu äußern,
ich würde wohl alles, was ich zu sagen habe,
am Thema ‚*learning*' entwickeln."
(Aron Gurwitsch an Alfred Schütz am 30. November 1941)

In seinem *Kleinen Organon für das Theater* notiert Bertolt Brecht: „Das lange nicht
Geänderte nämlich scheint unänderbar. Allenthalben treffen wir auf etwas, das zu
selbstverständlich ist, als daß wir uns bemühen müßten, es zu verstehen. Was sie
miteinander erleben, scheint den Menschen das gegebene menschliche Erleben.
Das Kind, lebend in der Welt der Greise, lernt, wie es dort zugeht. Wie die Dinge
eben laufen, so werden sie ihm geläufig. Ist einer kühn genug, etwas nebenhinaus
zu wünschen, wünschte er es sich nur als Ausnahme. Selbst wenn er, was die ‚Vorse-
hung' über ihn verhängt, als das erkennte, was die Gesellschaft für ihn vorgesehen
hat, müßte ihm die Gesellschaft, diese mächtige Sammlung von Wesen seinesgleichen, wie ein Ganzes, das größer ist als die Summe seiner Teile, ganz unbeeinfluß-
bar vorkommen – und dennoch wäre das Unbeeinflußbare ihm vertraut, und wer
mißtraut dem, was ihm vertraut ist? Damit all dies viele Gegebene ihm als ebenso-
viel Zweifelhaftes erscheinen könnte, müßte er jenen fremden Blick entwickeln,
mit dem der große Galilei einen ins Pendeln gekommenen Kronleuchter betrachtete." (Brecht 1957, S. 151)
   Galileis Sicht der Dinge alarmierte seine Zeitgenossen. Die Erde, der Inbegriff
des Grundes, des Bodens, auf dem wir stehen, ruht nicht im Zentrum des Univer-
sums. Sie bewegt sich. Dies ist keine bloße Ausnahme, welche die Regel bestätigt.
Das Misstrauen geht weiter und tiefer. Das Vertraute wird insgesamt befremdlich.
Etwas, das man Tag für Tag hätte sehen können, etwa den pendelnden Kronleuchter im Dom zu Pisa, blieb im Dunkel des Selbstverständlichen verborgen. Bewegung, die ebenso allgegenwärtig wie geläufig ist, wird aufgrund der Beobachtung
Galileis rätselhaft. Die Erde als das ehemals ruhende Fundament der Welterfahrung wird mit in den Strudel der Fragen gezogen. Sie büßt ihre einstige Prominenz
ein, gewinnt allerdings eine andere. In den Augen Galileis – nicht in der Perspektive von Brecht – wird die Erde in den Himmel gehoben und nicht etwa der Himmel
abgeschafft. (Vgl. Blumenberg 2002a, S. 27f.) Galileis fremder Blick zum Himmel
ist in der Tradition verankert, entbindet jedoch gleichzeitig ein neues Weltbild und
damit auch ein verändertes Selbstverständnis des Menschen. Die Autorität der
Überlieferung wird spröde. In ihren Spalten bricht eine andere Sichtbarkeit hervor.

Hinzu tritt das Sehen durch das Fernrohr. Es zeigt, was zuvor mit bloßem Auge nicht wahrzunehmen war, wenngleich auch die Jupitermonde durch das Teleskop nicht unmittelbar zu sehen waren. Es bedurfte der kundigen astronomischen Deutung durch Galilei. Dennoch bringt die neue Beobachtungstechnologie etwas hervor, das es buchstäblich vorher nicht gab. Nichts kann bleiben, wie es war – weder die traditionelle kirchliche noch die überlieferte wissenschaftliche Lehre. Die bis dahin dominante aristotelische Naturlehre spiegelte die alltägliche Erfahrung wider. Alle Dinge hatten ihren Ort in der schönen Ordnung, dem Kosmos. Manches strebte mit seiner Leichtigkeit nach oben wie der Rauch, anderes wurde durch sein Gewicht auf die Erde gezogen wie die Steine. Die experimentelle Naturwissenschaft der Neuzeit bricht mit dieser lebensweltlichen Evidenz. Sie argumentiert gegen den Augenschein. Sie kann einen Raum ohne Widerstand imaginieren, der mathematischen Gesetzen gehorcht und in dem die Bewegung der Gegenstände endlos dauert. Um eine solche Perspektive einnehmen zu können, müssen die eingefleischten Meinungen und Vorurteile aufs Korn genommen werden. Der Fortschritt der Erkenntnis erfordert einen Bruch mit der vertrauten Sicht der Dinge. Denn so, wie wir durch unsere Gewohnheiten in unsere Lebenswelt eingegliedert werden, so werden wir durch sie in Schlingen des Selbstverständlichen gefangen gehalten. Etwas Neues in Erfahrung zu bringen, heißt aber Lernen. Dies ist der Vollzug, in dem das Zutrauen zu prärationalen Konventionen gestört wird und in dem das Fremde in das Vertraute einbricht. Das gilt nicht nur für den Übergang von der lebensweltlichen Erfahrung zum wissenschaftlichen Erkennen. Auch soziales und moralisches Lernen ist von *Bruchlinien* (Waldenfels) gezeichnet. Dabei wird man beispielsweise nach Kant nicht nach und nach der bessere Mensch, sondern gleichsam explosiv in einer Art *Revolution*: „Der Mensch, der sich eines Charakters in seiner Denkungsart bewußt ist, hat ihn nicht von der Natur, sondern muß ihn jederzeit *erworben* haben. Man kann auch annehmen: daß die Gründung desselben, gleich einer Art der Wiedergeburt, eine gewisse Feierlichkeit der Angelobung, die er sich selbst tut, sie und den Zeitpunkt, da diese Umwandlung in ihm vorging, gleich einer neuen Epoche, ihm unvergeßlich mache. – Erziehung, Beispiele und Belehrung könnte diese Festigkeit und Beharrlichkeit in Grundsätzen überhaupt *nicht nach und nach*, sondern nur gleichsam durch eine Explosion, die auf den Überdruß am schwankenden Zustande des Instinkts auf einmal erfolgt, *bewirken*." (Kant, Anthropologie in pragmatischer Hinsicht, B 268f.)

Menschliches Lernen, mit dem sich das vorliegende Buch befassen will, meint einen solchen epochalen Wandel. Zwar werden auch andere Praktiken als Lernen bezeichnet, etwa das Üben, aber es soll uns in erster Hinsicht um den Prozess gehen, in dem einer neuer Horizont eröffnet wird, dem der alte bis zu einem bestimmten Grad geopfert werden muss. Ein solches Lernen beginnt mit dem Zweifelhaften, nicht unbedingt mit dem Zweifel. Dieser steht in unserer neuzeitlichen Überlieferung für den freien Entschluss, nur das als wahr anzuerkennen, was in sich vollständig klar und von allem anderen präzis unterschieden werden kann. Zweifelhaft kann dagegen die Situation selbst werden. (Vgl. Bellmann 2005; 2007, S. 112) In einer Art Unstimmigkeit gerät das Geläufige in ein Zwielicht. Es büßt seine Verlässlichkeit ein wie das zigfach wiederholte Wort, das durch und durch fremd wird. Das derart Verstörende bringt den Lernenden als solchen allererst hervor. Dieser wird aufmerksam. Er wird in Anspruch genommen durch etwas, das sich nicht wie gewohnt erledigen lässt. Mit dem Lernenden beginnt alles, ohne dass er es anfängt. Er wird gleichsam in Mitleidenschaft gezogen. „Die Abtrennung der aktiven Phase des *Tuns* von der passiven des *Erleidens* zerstört die Bedeutung einer Erfahrung für das Leben." (Dewey 1993/1915, S. 202) Wenn menschliches Lernen anderes bedeutet als bloß mechanische Anpassung, sei es des Verhaltens, sei es der dynamischen Hirnarchitektur, dann besagt es, einen fremden Blick auf die Sache und damit auch auf sich selbst zu gewinnen, mit Vertrautem zu brechen sowie die Selbstgewissheit zu verlieren und des Geläufigen verlustig zu gehen. Das, was sich bislang von selbst verstand, zeigt sich als brüchig, haltlos und verwirrend. Das bloße Bekanntsein, die Geläufigkeit, wird storniert und gerade dadurch der Weg zu einem erneuten Hinsehen und Hinhören, Erkennen, Begreifen und Tun geöffnet.

Lernen ist nicht nur Erkennen. Es hat viele Facetten, welche den Menschen als leibliches Wesen betreffen. Etwas in Zweifel zu ziehen, um den Grad an Gewissheit der Erkenntnis zu steigern, ist etwas anderes, als in eine Ausweglosigkeit zu geraten, weil alles Gewohnte versagt. Lernen beginnt in dieser Hinsicht dort und dann, wo und wenn das Vertraute seinen Dienst versagt und das Neue noch nicht zur Verfügung steht; „denn die alte Welt ist sozusagen aufgegeben und eine neue existiert noch nicht." (Mead 1987/1900, S. 70) Der Weg führt nicht vom Schatten ins Licht, sondern endet zunächst in einem Zwielicht, auf einer Schwelle zwischen *nicht mehr* und *noch nicht*.

Lernen ist in pädagogischer Perspektive und in strengem Sinne eine *Erfahrung*. (Vgl. Kapitel 7) Das ist die Kernthese des vorliegenden Buches. So schlicht diese Aussage klingt, ihre Tendenz ist subversiv und anachronistisch. Während Störungen, Schwierigkeiten und andere *Inadäquationen* unpopulär sind, weil reibungslose, hochtourige Anpassung in einer stressfreien Atmosphäre das Ideal der Zeit ist, misst eine pädagogische Theorie des Lernens gerade der zeitraubenden Irritation eine erhebliche Bedeutung bei. In den derzeitigen Technologien zur Produktion von Mitgliedern der globalisierten Gesellschaft gibt es keinen Raum für einen Mangel. Kumulation ist das entscheidende Stichwort (vgl. Caruso 2006), Anpassung die erfolgreiche Aktion. Es ist das Diktat der Maschine, die auch den Blick auf das Lernen bestimmt. Maschinen profitieren üblicherweise nicht von den Schwierigkeiten, in die sie geraten. Probleme sind Störungen, die beseitigt werden müssen. Maturana und Varela sprechen von Perturbationen, die einen Wandel auslösen oder hervorrufen, der selbst „aber von der Struktur des perturbierenden Systems determiniert wird." (Maturana/Varela 1992, S. 106) Die Struktur des Lebewesens bestimmt das, was geschieht. Zwar sind wir selbst nicht das ganz Andere der Maschinen (vgl. Meyer-Drawe 2007a), aber wir weichen von ihnen ab, wo es darum geht, dass wir vom Unbestimmten profitieren und aus Schaden klug werden. Wir kennen einen Schmerz des Denkens, der uns vorantreibt. „Das Nicht-Gedachte schmerzt, weil man sich im Schon-Gedachten wohl fühlt." (Lyotard 1989a, S. 43)

Wie soll eine Maschine, die wesentlich Speicher ist, den *Geburtsschmerz des Denkens* empfinden? (Vgl. Kapitel 3)

Dieser Unterschied könnte durch den Begriff der Erfahrung markiert werden, solange man unter ihm nicht lediglich das Medium kontrollierter Verhaltensänderungen oder die Regulation von Botenstoffen im Gehirn versteht. Erfahrung lässt sich nicht an- und abschalten. Bei einer Erfahrung ist man selbst dabei, wie man es beim Aufwachen ist. Man vollzieht einen Akt, ohne ihn selbst ausgelöst zu haben. Es widerfährt einem etwas. Das Ich wird in den Dativ gesetzt: Dies meint ein Ereignis, das sich nicht nach aktiv oder passiv bzw. nach innen oder außen sortieren lässt. Lernen als Erfahrung meint eine eigentümliche Verwicklung in eine Welt, auf die wir antworten, indem wir ihre Artikulationen aufnehmen. (Vgl. Kapitel 7) Eine solche Sichtweise ist sperrig. Sie entspricht nicht Rückkoppelungsprozessen von kybernetischen Maschinen. Sie lässt sich auch nicht in Modellen autopoietischer Systeme einfangen. Weder als überwiegend selbstbezüglich noch als vor allem fremdbestimmt lässt sich Lernen als Erfahrung verstehen. Im pädagogischen Sinne meint Lernen die Umbildung eines leiblichen *Zur-Welt-seins*, deren Anfang und Ende nicht in der Verfügung stehen. Lernen ist ein Prozess mit Herkunft und Zukunft. Beide verändern sich mit ihm. Es meint nicht nur den Gewinn einer neuen Perspektive, sondern gleichzeitig den Verlust der alten. Mühsam lässt sich mitunter ein Nachbild erhalten. Die vormalige Überzeugungskraft und Selbstverständlichkeit ist dahin. Lernen in diesem Sinne kann nicht vollständig instruiert werden. Es ist Ereignis. Das macht aber den Lehrenden nicht überflüssig. Je mehr er über die Kontingenz des Lernens weiß, umso eher wird er in der Lage sein, die Gunst der Stunde zu ergreifen. Patočka ist beizupflichten, wenn er festhält: „Pädagogik scheint mir eher ein System von Gelegenheiten als von Maßnahmen." (Zit. nach Schaller 2006, S. 154)

Es ist dabei nicht selbstverständlich, Lernen als einen pädagogischen Grundbegriff zu behandeln. (Vgl. Ruhloff 1987) Seit gut einhundert Jahren ist er Gegenstand der empirischen Psychologie. Vor knapp dreißig Jahren nahmen sich die *kognitiven Neurowissenschaften* dieser Thematik an. Hier verschmelzen kognitionspsychologische mit neurowissenschaftlichen Forschungen. Im Zentrum steht dabei das Anliegen, „mit zellbiologischen Begriffen alle klassischen philosophischen und psychologischen Fragen zu den geistigen Funktionen zu untersuchen." (Kandel/ Schwartz/Jessell 1995, S. 325f.) Entscheidend sind dabei die Möglichkeiten, Lernen empirisch zu untersuchen. Deshalb versteht man heute unter *klassischen Lerntheorien* nicht etwa Vorstellungen aus der griechischen oder römischen bzw. deutschen Klassik, sondern den ursprünglich behavioristischen Ansatz, der sich auf die Ernährungsphysiologie von Ivan Petrovič Pavlov bzw. auf die Forschungsrichtung bezieht, welcher John B. Watson zu Beginn des 20. Jahrhunderts den Namen *Behaviorismus* gab. Sie basiert auf der Beobachtung von tierischem Verhalten. Diese hinterließ nutzbringende Probleme. Hunde etwa, denen kein Bewusstsein wie das menschliche unterstellt werden kann, zeigten eine Art Antizipation. Sie reagierten auf Abwesendes, als könnten sie es erwarten. Hunde speichelten bereits, wenn sie zum Experiment abgeholt wurden. Das bedeutete, sie reagierten auf einen Reiz, welcher den natürlichen, nämlich das Futter, ersetzt hatte, zum Beispiel auf den weißen Kittel der Assistenten. Lernen wurde im Rahmen dieses Ansatzes als Reiz-Reaktionsbeziehung gedeutet, die durch unterschiedliche Umstände beeinflusst wird. Damit eröffnete sich die Möglichkeit, Lernen als *Änderung des Verhaltens* zu erforschen, ohne auf die unzuverlässige Introspektion oder wie auch immer geartete Spekulationen über Bewusstseinsakte angewiesen zu sein. Ähnliches hatte Hermann Ebbinghaus im neunzehnten Jahrhundert mit seiner Gedächtnisforschung im Sinn. Er untersuchte das Lernen von sinnfreien Silben. Zum einen konnte er damit die Beeinträchtigung der Ergebnisse durch Erfahrungen ausschließen, zum anderen wollte er nachweisen, dass experimentelle Verfahren auch auf komplexe Bewusstseinsvorgänge wie Behalten und Vergessen anzuwenden seien. Ohne im Einzelnen danach zu fragen, wann der Gründungsakt der empirischen Lernforschung aus heutiger Sicht zu datieren ist, kann festgehalten werden, dass es stets um die Untersuchung assoziativer Verknüpfungen von räumlich bzw. zeitlich Nahem geht sowie darum, die unsichtbaren inneren Prozesse auszuklammern und nur das Mess- sowie Beobachtbare zu berücksichtigen.

Der methodische Reduktionismus der Gründerzeit ist längst modifiziert worden. Wir finden heute Mischformen von behavioristischen und kognitionstheoretischen Untersuchungsansätzen. Als Grundsignatur des Lernens in psychologischer und neurowissenschaftlicher Sicht lässt sich festhalten, dass Lernen als ein kumulativer und fortschreitender Prozess begriffen wird, in dem sich das Verhalten aufgrund von Erfahrungen verändert. Inadäquates hat in diesem Verständnis keinen Ort. Schwierigkeiten und Irritationen werden als Störungen des Systems wahrgenommen und behandelt. Neuerdings wird mit unterschiedlichen bildgebenden Verfahren versucht, Ergebnisse der empirischen Lernforschung zu untermauern. Vieles von dem, was intuitiv einleuchtet, scheint nun mit naturwissenschaftlichen Weihen versehen zu werden, etwa die Auffassung, dass Lernen erfolgreich ist, wenn es Freude bereitet und wenn es nicht durch eine Last von Anforderungen beschwert wird.

Die pädagogischen Konsequenzen aus dem Spektrum dieser empirischen Forschungen sind vielfältig, laufen insgesamt aber häufig darauf hinaus, dass ein Verhaltensmanagement gefordert wird, welches auf ein möglichst hohes Maß an Effektivität im Hinblick sowohl auf das Ergebnis als auch auf die Kürze der Zeit abzielt. (Vgl. Kapitel 5) Das Bild des reibungslosen Informationsflusses veranschaulicht dieses gesellschaftlich anerkannte Konzept. Änderungen des Verhaltens als flexible Anpassung an wechselnde Herausforderungen wurden seit den siebziger Jahren des zwanzigsten Jahrhunderts unter dem Stichwort *Lernen des Lernens* zur Normalität angesichts einer globalisierten Gesellschaft. Lernen wird als biologische Notwendigkeit und als anthropologische Konstante betrachtet. Es findet nicht nur als *formales* Lernen in den dafür bestimmten Institutionen statt, sondern auch als *nonformales*, also ohne Ausrichtung auf einen bestimmten Abschluss, und als *informelles* gleichsam nebenher im Sinne einer unvermeidlichen Begleiterscheinung jeden Lebens. Der Preis dieser immensen Ausweitung des Lernverständnisses ist eine zunehmende Verallgemeinerung, bei der schließlich die Differenz zu anderen Veränderungen und die Lerninhalte keine Rolle mehr spielen. Die genuin pädagogische Auffassung gerät aus dem Blick, dass nämlich jedes Lernen *Lernen von etwas durch jemand Bestimmten bzw. durch etwas Bestimmtes* ist.

Die Dynamik, die im Verlaufe der Geschichte zur Formalisierung des menschlichen Lernens geführt hat, kann dadurch verständlich werden, dass man den Ort aufsucht, an dem Lernen – soweit das im Hinblick auf unsere okzidentale Tradition zu klären ist – erstmalig konzeptionell gefasst wurde. Dies geschieht in der griechischen Archaik, und zwar in der Dichtung. Hier wird unterschieden zwischen *manthanein* und *didaskein*, was beides Lernen bedeutet. *Manthanein* umfasst z.B. bei Homer sehr unterschiedlich bewertete Lebensformen, wie sie durch Gewohnheit gebildet werden. Gewohnheit kann dabei die Beschränktheit des Bettlers meinen, der es nicht anders kennt, aber auch den für andere unerreichbaren kulturellen Besitz des Adligen bezeichnen. Letzterer ist mit Göttergaben reich beschenkt. Er ist begabt und muss sich nicht der lästigen Mühe des Lernens unterziehen, dem ohnehin die Aristokratie kaum eine Chance einräumt. Der Zusammenhang von Lernen und Begabung ist bereits hier ein spannungsreiches Thema, das fortan nicht mehr aus dem Diskurs verschwindet. *Didaskein* bezieht sich vornehmlich auf den Erwerb von Fertigkeiten, der allerdings nicht bloß als mechanischer Prozess verstanden wird. Es handelt sich auch hier um den Umgang mit Gottesgaben. Lehren darf nicht als Beschämung des Lernenden inszeniert werden. Es soll kunstvoll den Gottesgaben zur Entfaltung verhelfen, ohne dass sich der Lernende bevormundet fühlt. Sokrates legt im Unterschied zu Platon, der mit adligen Gebräuchen wohlvertraut war, keinen großen Wert auf diese ethische Dimension des Lernens. Man wirft ihm gelegentlich vor, dass er seine Dialogpartner beschämt, indem er sie absichtlich an ihren Gewissheitsansprüchen scheitern lässt. (Vgl. Kobusch 1996, S. 50ff.) Platon selbst reagiert mit seiner Bestimmung des Lernens als Wiedererinnerung (vgl. Kapitel 7) bereits auf eine sophistische Aufklärungsbewegung, die als ein wichtiger Schritt auf dem Wege der Formalisierung des Lernens interpretiert werden kann. Denn die Sophisten rücken die Lerntechniken in den Vordergrund und setzen damit die *Möglichkeit des Lehrens* in jedem Fall voraus, was im Unterschied dazu für Sokrates und Platon vor allem hinsichtlich der Tugend (*arete*) Anlass zu ausgiebigen Dialogen war.

Für das Verständnis maßgeblichen Wissens war in der griechischen Klassik die handwerkliche *techne* vorbildlich geworden. Diese befähigt dazu, Zwecke so zu realisieren, dass aus begründeter Sachkenntnis und artikulierbarem Regelwissen ein taugliches Werk Gestalt gewinnt. Fraglich wird dieses Modell dann, wenn Wissen nicht ein bestimmtes Tätigkeitsgebiet betrifft, sondern Vollzug und Gestaltung des Menschseins schlechthin, also die Praxis der Lebensführung. Im Rahmen der Ethik des Sokrates gehören Tugend und Wissen zusammen. Daher greift Lernen in Gestalt der Sorge um das eigene Selbst auf die Ordnung der Seele über. Es wird bedeutsam, was, wie und von wem man lernt, da Wissen darüber entscheidet, wie man lebt. Aus diesem Grund steht im Verlauf des Lernweges mit der Geschlossenheit und Güte des Wissens stets die Integrität und Tauglichkeit des Wissenden auf dem Spiel. Die Erkundung der Möglichkeiten und Grenzen des Lernens wird so zur philosophischen Kardinalfrage nach dem spezifisch menschlichen Gutsein als Gelingen der Existenz.

Die Paradoxie des Lernens, wonach Lernen bereits Wissen voraussetzt, entfaltet eine provokative Kraft, weil sie die Möglichkeit des Wissenserwerbs als offene Suche nach Tugend in Frage stellt. Daher lässt sich Lernen nicht als Übergang vom Nichtwissen zum Wissen verständlich machen, sondern es hat die Konfrontation alternativer Wissensformen zur Vorbedingung. Von Platon wie von Aristoteles sowie von allen Autoren, die ihnen darin folgen, wie z.B. im Mittelalter Thomas von Aquin, wird der Lernprozess als Umwandlung eines Vor-Wissens zum Anders-Wissen begriffen. Insbesondere Platon betont die schmerzhafte Umkehr (*periagoge*) (vgl. Politeia, 521c), in der das neue Wissen zur Welt gebracht wird. (Vgl. Platon, Theaitetos, 150a f.) Ihr Anfang ist mit Erschütterungen, Befremden und Irritationen verbunden. Das alte Wissen hat sich als untauglich erwiesen und das neue ist noch nicht begriffen. Aus heutiger Sicht fallen die große Bedeutung der Herkunft des Wissens und die Tatsache auf, dass Wissen nicht lediglich das Gegenteil von Nicht-Wissen ist. Platons sozial- und bildungspolitische Alternative richtet sich gegen eine von der Sophistik im Zuge der Demokratisierung des Wissens beförderte Lizenz zum Lernen. Diese deutet er als Freigabe von Lern- und Bildungsberechtigungen ohne Rücksichtnahme auf die Lernfähigkeit der Seele, die – philosophisch gesehen – auf Wahrheit bezogen ist. Lernen wird bei Platon zum Privileg einer Leistungsaristokratie, die aufgrund dauerhafter Lernbereitschaft und Enttäuschungsresistenz dazu disponiert ist, stellvertretend für die Gemeinschaft und in Sorge um ihre besonnene Lebensführung den mühevollen Weg des Wissenserwerbs mit ungewissem Ausgang auf sich zu nehmen.

Die Sophisten überführen das Verhältnis von stillschweigendem Vorwissen und explizitem Wissen in eine Beziehung von Suchen und Finden, wie sie in der eristischen Lernparadoxie problematisch wird. Diese hält fest, dass man nicht nach dem suchen kann, was man nicht weiß, aber auch nicht nach dem, was man weiß. Einmal wüsste man nicht, wonach man suchte, so dass die Suche sinnlos sei. Das andere Mal brauchte man nicht zu suchen, denn man hätte das Wissen bereits. Lernen im Sinne einer forschenden Suchbewegung bzw. als eigene Leistung ist daher für die Sophisten unmöglich. Es bedarf der Anleitung durch den Lehrenden. (Vgl. Brüggen 1988, S. 300) Platon kritisiert diese Position als einen feigen Verzicht auf Wissen. Die sophistische Technik, den „blinden Augen" gleichsam „eine Sehkraft einzusetzen" (Platon, Politeia, 518c), führe in die Irre. Das wäre, als wolle man der Seele das *logistikon* einpflanzen, obgleich das Vernünftige als ein *Organ der Seele* seine Bedeutung im Kampf mit dem Mut (*thymoeides*) und dem Begehren (*epithymetikon*) erringen muss. Platon setzt eine umfängliche und vielfältige Erörterung der Lernproblematik dagegen, die mit dem Stichwort *anamnesis* (Wiedererinnerung) nur teilweise erklärt ist. (Vgl. Platon, Menon, 81a ff.; vgl. Kapitel 7) Lernen wird als krisenhafter Vollzug betrachtet, der nicht nur vorwärts in Richtung auf Ergebnisse zielt, sondern auch rückwärts gewandt die Herkunft des Wissens einbezieht. Zur Disposition stehen für Sokrates Gewissheitsansprüche sowohl auf Seiten des Lernenden als auch auf Seiten des Lehrenden. Bei jedem Lernen erfolgt eine

Korrektur im Hinblick auf die Sache, aber auch auf den vermeintlich Wissenden, der sich erst jetzt als bloß Meinender durchschaut. Lernen hat in diesem Verständnis eine agonale Struktur. Es meint den Kampf gegen das bloße Dafürhalten und gegen die unmittelbare Sinneswahrnehmung sowie den Konflikt zwischen der Vernunft und der Lust oder der Unlust. „Weil jegliche Lust und Unlust gleichsam einen Nagel hat und sie an den Leib annagelt und anheftet und sie leibartig macht, wenn sie doch glaubt, daß das wahr sei, was auch der Leib dafür aussagt. Denn dadurch, daß sie die gleiche Meinung hat mit dem Leibe und sich an dem nämlichen erfreut, wird sie, denke ich, genötigt, auch gleicher Sitte und gleicher Nahrung wie er teilhaftig zu werden, so daß sie nimmermehr rein in die Unterwelt kommen kann, sondern immer des Leibes voll von hinnen geht; [...].“ (Platon, Phaidon, 83d) Die Lernbegierigen wissen dies und tragen Sorge dafür, dass sie rein in den Hades kommen, damit sie am Göttlichen teilhaben können. Sie bemühen sich darum, die Verführungen des Leibes zu beherrschen und dem *logos* die ihm gebührende Macht einzuräumen.

Auch für Aristoteles steht das Problem zur Debatte, dass wir wissen müssen, um zu wissen. Im Unterschied zu seinem Lehrer Platon zieht er die Differenz nicht zwischen Ideenwelt und leiblicher Existenz, sondern er unterscheidet ein *Sich-auskennen* von einem *Erkennen*, ein praktisches Vorwissen von einem wissenschaftlichen Wissen. Damit rückt er die Struktur der Hinführung (*epagoge*) ins Zentrum und öffnet einen neuen Weg aus der Paradoxie von Suchen und Finden, da jedes Suchen ein bereits Gefundenes voraussetzt bzw. weil jedes Verständnis von einem Vorverständnis ausgeht. (Vgl. Aristoteles, Zweite Analytik, I.1 71a, 1ff.) Lernen vollzieht sich als Weg vom Vorwissen zum Wissen, auf dem die Umkehr (*periagoge*) bedeutungslos wird. Mit dieser Auffassung wird ein weiterer Schritt in Richtung auf Intellektualisierung sowie Formalisierung des Lernens unternommen. Im Unterschied zu Platon setzt Aristoteles Lernen als Leistung des *logos* und Leiden als Ergriffenwerden in einen Gegensatz. Die pathischen Züge des Lernens, d.h. das Leiden, das mit dem Abschied vom Vorwissen verbunden sein kann, geraten in der Folgezeit vor allem aufgrund der stoischen Einflüsse in Vergessenheit. (Vgl. Meyer-Drawe 2005, S. 32f.) Mit dieser im Vergleich zu Platon anderen Akzentsetzung hebt ein kumulatives Lernverständnis an, das sich insbesondere auf die Zukunft richtet und die Bedeutung der Herkunft aus dem Auge verliert.

Nicht nur im Hellenismus, sondern bereits in alttestamentlichen Kontexten verlagert sich die Konzentration vom konflikthaften Lerngeschehen auf den Lehrer und seine Bedeutung. Es geht nunmehr vor allem um die Vermittlung unangefochtener ethischer Prinzipien, die Gesetzesmacht haben. Der riskante wie produktive Charakter des Lernens als Umlernen droht in der Folge, in bloßen didaktischen Strategien verloren zu gehen. Die Frage besteht nicht länger darin, ob Tugend lehrbar sei. Sie wird in einem bestimmten Sinne gelehrt, um Stabilität in gesellschaftlich spannungsreichen Zeiten zu gewährleisten. Dem korrespondiert, dass wir hier (die auch schon bei den Sophisten vertretenen) Vorstellungen vom Lernenden als einer *tabula rasa* vorfinden. Dem Lehrer wächst eine bis dahin kaum gekannte Bedeutung zu. In den Rabbinaten musste das Wort Gottes vermittelt, das Gesetz in seiner vollen Bedeutung zur Darstellung gebracht werden. Im Alten Testament gibt es folgerichtig keinen Begriff für den Lernenden. Der Lehrer tritt zwischen den Menschen und Gott. Er ist in seiner Autorität nicht in Frage zu stellen. Diese mediale Funktion kann man als ein Vorzeichen des modernen Lehrerbildes betrachten. Im Neuen Testament wird Jesus Christus dann zum Lehrer schlechthin, der nicht nur das Wort Gottes vermittelt, sondern der selbst das gesamte mögliche Wissen ist.

Im Mittelalter gibt es eine Vielfalt von Lernauffassungen, die zumeist Abwandlungen von traditionellen Vorstellungen darstellen. Für Augustinus zählt nur der „innere Lehrer", nämlich Gott. Lernen in einem emphatischen Sinn kommt nicht vor. (Vgl. Augustinus 1998/389-390) Thomas von Aquin folgt dagegen Aristoteles und hält den Zusammenhang von Erfahrung und Lernen in Erinnerung. Die menschliche Vernunft behält ihre eigene Bedeutung. Zwischen diesen Extremen finden wir sämtliche Varianten von Mönchtum und Weltklerus. Besonders beachtenswert ist das *Didascalicon* des Hugo von Sankt Viktor, in dem im zwölften Jahrhundert weder monastisch-konservativ noch im Sinne der progressiven Kathedralschulen argumentiert wird, sondern asketische Kontemplation und Welt zugewandtes Wissen nebeneinander stehen. (Vgl. Hugo von St. Viktor 1997/um 1127) Menschliches Wissen wird als Heilmittel gegen die Folgen der Erbsünde aufgewertet. Neben Theorie und Praxis treten die *artes mechanicae*, eine beachtliche Erneuerung der Wissenstraditionen und gleichzeitig Zeichen für die Wertschätzung irdischen Wissens als Ergänzung zur göttlichen Weisheit. Zugleich leben in Minnegesängen auf gewisse Weise hellenistische Auffassungen fort, indem sie Anweisungen zum gesitteten Leben überliefern und einüben.

In der Renaissance rückt der Bildungsbegriff in den Vordergrund. Explizite Thematisierungen des Lernens treten nur selten auf und sind dann auf bestimmte praktische Zusammenhänge bezogen wie etwa das Lernen der Malerei. (Vgl. Dürer 1982/ab1500; Gaertringen 1999) Das ändert sich zu Beginn der Neuzeit im siebzehnten Jahrhundert. Nun wird dem Lernen wieder eine beachtliche Aufmerksamkeit gewidmet, die hier nur angedeutet werden soll. Auch als Reaktion auf die katastrophalen Zustände während und nach dem Endes des Dreißigjährigen Krieges finden wir allenorten eine beeindruckende Aufbruchstimmung. Unter dem Stichwort *instauratio magna* zielen sowohl Francis Bacon als auch René Descartes auf das Lernen, das Wege der Wissenschaften öffnet. Bemerkenswert ist in diesem Zusammenhang, dass Bacon sich nicht nur in seinem viel beachteten *Novum Organum* mit der notwendigen Verabschiedung von unproduktiven Vorurteilen und der Einrichtung einer wissenschaftlich beherrschten Welt befasst, sondern ein eigenes Buch über *The Advancement of Learning* veröffentlicht hat, das 1783 ins Deutsche übertragen und unter dem Titel *Über die Würde und den Fortgang der Wissenschaften* publiziert wird. Bacon diskutiert hier in einer bis heute beachtenswerten Weise das *Risiko des Lernens*, welches darin besteht, lieb gewordene Machtverhältnisse zu stören bzw. gar zu zerstören. Zusammen mit der Idolen-Lehre und der Theorie der Induktion (*epagoge*) aus dem *Novum Organum* halten wir hier eine Lerntheorie in

Händen, welche die Früchte der Tradition erntet und erste deutliche Schritte in Richtung Moderne macht. (Vgl. Keller 2005)

Wenngleich sich viele von Descartes' Einlassungen zu den Wegen der Erkenntnis auch als eine Bestimmung von Methoden des Lernens interpretieren lassen, widmet er sich nur in seiner Abhandlung über die *Leidenschaften der Seele* explizit dem Lernen. Hier trägt er bemerkenswerte Überlegungen zur Konditionierung von Gewohnheiten vor, die aus heutiger Sicht mit guten Gründen als ein Behaviorismus *avant la lettre* gelten können. Durch Gewohnheiten können nach seiner Ansicht Gedankenverbindungen hergestellt werden, wie sie in der Natur nicht vorkommen, und zwar indem die Bewegungen des Gehirns verändert und neue Kombinationen dressiert werden. Obgleich nämlich die Zirbeldrüse (*la glande*), die Lebensgeister (*les esprits*) und das Hirn (*le cerveau*), „die der Seele bestimmte Objekte vorstellen, von Natur aus mit bestimmten Leidenschaften verbunden sind, die sie in ihr auslösen, [können] sie dennoch durch Gewöhnung [*par habitude*] davon getrennt werden [...]." (Descartes 1984/1649, S. 87) Diese Art der Gewöhnung kann man nach Descartes auch bei Tieren beobachten. Wenn „etwa ein Hund ein Rebhuhn sieht, wird er natürlicherweise dazu veranlaßt, auf es zuzulaufen, und wenn er hört, daß man ein Gewehr auslöst, veranlaßt ihn natürlicherweise der Lärm zu fliehen, aber nichtsdestoweniger dressiert man Jagdhunde derart, daß der Anblick eines Rebhuhns bewirkt, daß sie stehenbleiben, während sie herbeilaufen, wenn man auf es schießt." (Ebd., S. 89)

Wieder anders behandelt Comenius das Problem. Er entwickelt unter dem Stichwort *mathetica* Vorstellungen – nun auch schon zum schulischen Lernen –, die nicht ausschließlich die Inhalte bedenken und sondieren: Alle soll nicht nur alles von Grund auf gelehrt werden (*omnes, omnia, omnino*), sondern neben der Schnelligkeit und Sicherheit sollen ebenso die angenehmen Umstände beachtet werden: *tuto, cito et iucunde.* (Vgl. Schaller 2000) Auch Wolfgang Ratke ist in diesem Zusammenhang zu erwähnen, der mit einem ansehnlichen Einfallsreichtum die Beschleunigung des Lernens propagiert und Vorschläge zu seiner Verwirklichung ausarbeitet. (Vgl. Michel 2001, S. 148ff.) Johann Joachim Becher und Erhard Weigel stehen mit ihren Bemühungen, den Unterricht *more geometrico* zu organisieren, für viele andere Versuche, vor dem Hintergrund der barocken Liebe zu allem Maschinenartigen, Lernen möglichst effizient zu gestalten. (Vgl. Hestermeyer 1969)

Auf gewisse Weise knüpfen die französischen Materialisten und Aufklärer an diese Vorgaben an, indem sie eine Maschinentheorie des Lernens vorlegen. Dabei wird Lernen vom Standpunkt der damaligen Lehre vom Gehirn vor allem als Prägung von Gedächtnisspuren begriffen. Denken wird im Sinne einer elektrischen Beeinflussung des Organismus thematisiert. Wichtig ist, dass Lernen selbst zu einem Thema wissenschaftlicher Forschungen wird. Es wandert an die Grenzen der theologischen und philosophischen Domänen.

Im siebzehnten Jahrhundert erweist sich aber vor allem die Philosophie John Lockes als einflussreich und wegweisend für die weitere Entwicklung des lerntheoretischen Diskurses. (Vgl. Oelkers 1997) In Abgrenzung zu solchen Ansätzen, deren Orientierung am Ideal mathematischer Exaktheit zugleich eine Vorherrschaft der Vernunft impliziert, insistiert Locke auf der *Erfahrung* als Grundlage allen Wissens und Denkens, ohne allerdings der *ratio* grundsätzlich ihre Gültigkeit für die menschliche Erkenntnis abzusprechen. Insofern kann sein Ansatz als Versuch angesehen werden, die durch das rationalistische Denken eröffnete Kluft zwischen Sinnlichkeit und Verstand, Erfahrung und Vernunft zu überbrücken. In seinem Hauptwerk *An Essay Concerning Human Understanding*, in dem er der Frage nach dem Ursprung und Zustandekommen menschlicher Erkenntnis nachgeht, distanziert sich Locke von der These, dem menschlichen Verstand eigneten angeborene Ideen in dem Sinne, dass diese ihm *a priori* eingeschrieben seien. Demgegenüber bemüht sich Locke um den Nachweis, dass alle Ideen der Erfahrung entstammen. Ungeachtet dessen, dass Locke den Begriff des Lernens in seinem Hauptwerk selbst nicht verwendet, kann sein Denken dennoch als eine entscheidende Zäsur im Hinblick auf das Lernen gelten, da sein Umgang mit dieser Problematik zahlreiche Entwicklungen vor allem in der empirischen Forschung der Folgezeit vorwegnimmt.

An Lockes Ausführungen zum Lernen wird sichtbar, wie eng dieses für ihn an Fragen der menschlichen Lebensführung gebunden ist. Scheinen in seiner Argumentation somit bestimmte Denkmuster der Antike eine Renaissance zu erfahren, so zeigt sich bei genauerem Hinsehen jedoch eine entscheidende Differenz. Zielte das griechische Ideal der Lebenskunst auf eine *Gestaltung* des unhintergehbaren Widerstreits von Sinnlichkeit und Verstand, Begierden und Vernunft, so optiert Locke unmissverständlich für eine Eliminierung jener Doppeldeutigkeit zugunsten des Verstandes. Auch in einem anderen Punkt weicht sein Denken von bestimmten Annahmen des antiken Denkens ab: Während etwa Aristoteles davon ausging, dass sich alles Lernen immerzu auf der Grundlage eines vorgängigen Wissens vollzieht, tilgt Locke diese paradoxe Struktur dahingehend, dass er den Geist als *tabula rasa* begreift, in den sich sinnliche Daten als Sinnes*eindrücke* (*impressions*) einzeichnen. Durch diesen Schritt geraten bei ihm allerdings die innere Verflechtung von Wissen und Vorwissen sowie die Struktur der platonischen *periagoge* aus dem Blick. Lernen wird als Prozess gefasst, der vom Nicht-Wissen zum geprüften Erfahrungswissen *aufsteigt*.

David Humes Untersuchung der menschlichen Verstandestätigkeit nimmt ihren Ausgang von dem erkenntnistheoretischen Problem, wie man über den Bereich der Sinne oder die Angaben unseres Gedächtnisses hinausgehen könne. Dieser Frage liegt die Beobachtung zugrunde, dass wir uns nicht nur über Dinge verständigen (können), die sich im unmittelbaren Bereich unserer Wahrnehmung und Erinnerung befinden, sondern auch über solche, die diesen Bereich überschreiten. Humes Antwort lautet – verkürzt ausgedrückt –, dass eine solche Überschreitung dadurch möglich ist, dass unsere Schlüsse bezüglich erfahrungstranszendenter Ereignisse auf der Annahme einer kausalen Verbindung zwischen den wahrgenommenen bzw. erinnerten und den diese überschreitenden Sachverhalten beruhen, die in Gewohnheiten wurzelt. Dasjenige Prinzip, das die Überschreitung der Sphäre des Sinnlichen ermöglicht, ist somit das der *Kausalität*.

Obwohl die lerntheoretische Relevanz der Philosophie Humes insgesamt geringer als diejenige Lockes einzuschätzen ist, stellt sein Ansatz für lange Zeit den letzten Versuch dar, die Bereiche der Erfahrung, Sinnlichkeit und des Körpers gegenüber einer philosophischen Entwicklung zu rehabilitieren, welche die Vernunft- und Verstandespotenziale des Menschen als zentrales Signum seiner Selbst- und Welterkenntnis nobilitiert. Jedoch ist zu konstatieren, dass Hume möglichen lerntheoretischen Konsequenzen seines empiristischen Ansatzes nicht eigens nachgeht. Dieser Umstand kann als ein weiterer Beleg dafür gedeutet werden, dass der philosophische Diskurs jener Zeit das Lernen bereits als eigenständiges Thema aus dem Blick verloren hat.

Als ein entscheidender Umschlagpunkt in der Geschichte des Lernens kann die Philosophie Immanuel Kants insofern gelten, als mit ihr das bereits in den rationalistischen sowie empiristischen Positionen des siebzehnten und achtzehnten Jahrhunderts anklingende marginale Interesse an einer *philosophischen* Auseinandersetzung mit der Lern-Thematik endgültig an ihr Ende gelangt. Obwohl Kants Philosophie – analog zu derjenigen Lockes und Humes – keine explizite Auseinandersetzung mit der Lernproblematik beinhaltet, erweist sich sein Ansatz dennoch dahingehend als bedeutsam für die Diskursgeschichte des Lernens, insofern die durch ihn vollzogene *kopernikanische Wende* zumindest mitverantwortlich für eine Reihe entscheidender Weichenstellungen im Hinblick auf das weitere Verständnis des Phänomens ‚Lernen' zeichnet. Vor allem seine Kritik an Aristoteles führt zu einer Abwertung der Erfahrung und damit der Herkunft des Lernens. Lediglich „bei Gelegenheit von Erfahrung" wird gelernt, nicht aus Erfahrungen, weil diese zwar zeitlich jeder Erkenntnis vorausliegen, nicht jedoch im logischen Sinne. Lernen, so eine Konsequenz der Kant'schen Argumentation, bleibt auf den Bereich des Empirischen begrenzt und wird insbesondere mit Nachahmung gleichgesetzt, das vom bloßen Nachmachen, also der phantasielosen Imitation zu unterscheiden ist.

Erreicht die philosophische Auseinandersetzung mit dem Lernen bei Kant somit ihren Endpunkt, so trägt sein Ansatz – nicht selten vermittelt über seine Nachfolger – zugleich maßgeblich zum Übergang der Lernproblematik auf andere Disziplinen wie die Pädagogik und die Psychologie bei, dem vor allem sein Nachfolger in Königsberg, Johann Friedrich Herbart, den Weg ebnet. Indem Kant die maßgeblichen Voraussetzungen für einen denkenden Zugang zur Welt *in* das Subjekt verlegt, findet die in der Folgezeit zunehmende Verinnerlichung und Intellektualisierung des Lernens eine gewichtige argumentative Grundlage in seiner Philosophie. Herbart kommt eine – wenn auch eher ‚indirekte' – Bedeutung für den weiteren Entwicklungsverlauf des lerntheoretischen Diskurses zu. Mit der von ihm entwickelten Lehre bahnt sich eine Psychologisierung des Lernens an, die dem Vorbild einer mathematisch exakten Wissenschaft nacheifert. Zwar weisen Herbarts psychologische Schriften keine explizite Erörterung lerntheoretisch relevanter Fragen auf, doch können bestimmte Prämissen seiner Psychologie wie etwa sein Konzept einer *Mechanik des Geistes* als maßgebliche Etappen einer komplex verlaufenden Entwicklung innerhalb des neunzehnten Jahrhunderts gelten, die nicht nur den späteren Siegeszug des Behaviorismus mit vorbereitet bzw. begünstigt haben, sondern darüber hinaus einen entscheidenden Beitrag zur Entwicklung der Kognitionspsychologie leisten. Zugleich darf bei dem Versuch einer Einordnung der Bedeutung Herbarts für den Fortgang des lerntheoretischen Diskurses jedoch nicht außer Acht gelassen werden, dass sich die von ihm entworfene mechanistische Psychologie bereits kurze Zeit nach ihrer Veröffentlichung einer Reihe kritischer Stimmen ausgesetzt sieht. Diese entstammen einerseits einer der Romantik verpflichteten Psychologie wie etwa derjenigen von Carl Gustav Carus, andererseits der von Denkern wie Gustav Theodor Fechner vorangetriebenen experimentellen Psychologie. Bedingt durch die Kritik an der Herbart'schen Vorstellungsmechanik sowie durch den wachsenden Einfluss biologischer und behavioristischer Ansätze, vollzieht sich in der Psychologie der zweiten Hälfte des neunzehnten Jahrhunderts eine deutlich sichtbare Abkehr von Herbarts Prämissen. An die Stelle mechanischer Kategorien treten in zunehmendem Maße biologische Prinzipien wie etwa diejenigen des *Reflexes* und der *Anpassung*. Überblickt man diese verschiedenen Entwicklungen, so lässt sich bilanzieren, dass die Relevanz von Herbarts Ansatz für die ihm nachfolgende psychologische Forschung weniger in der Übernahme und Weiterführung seiner Gedanken als vielmehr in den durch sie eröffneten Möglichkeiten der Distanzierung und Weiterentwicklung besteht.

Trotz ihrer Wirkmächtigkeit treten Herbarts Überlegungen im letzten Drittel des neunzehnten Jahrhunderts allerdings nicht nur aufgrund einer wachsenden Anzahl kritischer Stimmen in den Hintergrund. Vielmehr war seiner Psychologie auch deshalb keine weit reichende Wirkung beschieden, weil in den siebziger Jahren dieses Jahrhunderts mit der Psychologie des Helmholtz-Schülers Wilhelm Wundt ein Ansatz in den Mittelpunkt der Aufmerksamkeit rückt, der weite Teile der Psychologie des späten neunzehntes Jahrhunderts im Wesentlichen prägt. Neben inhaltlichen Divergenzen (etwa hinsichtlich ihres Verständnisses des Seelenbegriffs) unterscheidet sich Wundts Denken von demjenigen Herbarts und der Herbartianer vor allem in seiner methodischen Orientierung. Denn im Gegensatz zu deren kritischer Distanz gegenüber der Idee der Experimentalpsychologie zählt Wundt das Experiment neben der Beobachtung zu den maßgeblichen methodischen Verfahren dieser Disziplin. Der Siegeszug der empirischen Lernforschung war in der Folgezeit nicht mehr aufzuhalten.

Erst in jüngster Zeit werden Bemühungen um eine pädagogische Theorie des Lernens wieder aufgenommen, vermutlich auch als eine Reaktion, welche durch die Dominanz neurowissenschaftlicher Auffassungen provoziert worden ist. (Vgl. Göhlich/Zirfas 2007; Göhlich/Wulf/Zirfas 2007) Ansonsten gibt es im zwanzigsten Jahrhundert nur wenige explizite Versuche, eine pädagogische Alternative zu den psychologischen Konzeptionen des Lernens vorzulegen. Vernachlässigt man die Differenzen der Theorieangebote im Einzelnen, so kann man zunächst festhalten, dass allen Ansätzen gemeinsam ist, dass sie eine philosophische Perspektive einnehmen. Während jedoch beispielsweise Alfred Petzelt und Lutz Koch Lernen als eine besondere Weise des *Erkennens* analysieren, betrachtet Günther Buck Lernen als *Erfahrung*. Petzelt thematisiert Lernen als Prozess der *Sinngebung*. (Vgl. Petzelt 1961; Bollmann 2000) Es ist bei ihm strikt vom bloßen Wissenserwerb und insbesondere von der puren Verhaltensänderung im Sinne des Behaviorismus, wie er ihn kannte, unterschieden. Ganz großen Wert legt Petzelt auf das spezifisch pädagogische Verständnis von Lernen, damit dieses nicht in außerpädagogischem Sinne missbraucht werden kann. Er reagiert mit seiner Konzeption nicht lediglich auf die von ihm kritisierte Psychologie des Lernens, sondern ausdrücklich auch auf den nationalsozialistischen Terror. (Vgl. Bollmann 2001, S. 221f.) Nur aus dieser Perspektive wird offensichtlich, warum er die Bedeutung des aus Vernunftgründen begreiflichen Absoluten derart hervorhebt und weshalb Lernen bei ihm stets Stellungnahme bedeutet. Lernen ist eine Weise des *Ich denke etwas*, wobei das Ich nicht eine abstrakte Instanz meint, sondern das gelebte Ich, das in vielerlei Hinsicht in Anspruch genommen ist und das sich zu verantworten hat. Im Hintergrund stehen die Skepsis des sokratischen Platon, die kritische Philosophie Kants und vor allem Cusanus mit seiner Konzeption der *docta ignorantia*. Lernen ist für Petzelt eine hervorragende menschliche Möglichkeit, der kein Vergleich mit dem Verhalten von Tieren standhält, umfasst es doch stets eine Haltung gegenüber den und dem anderen sowie gegenüber sich selbst. Im Lernen bezieht der Mensch Stellung. Ihm wird nichts *eingetrichtert* oder *beigebracht*. Überzeugung mit Argumenten, nicht eine Überredung durch die Wucht der Worte bestimmten Platons Einwände gegen die Sophisten. Lernen wird strikt von jedem mechanischen Vorgang unterschieden.

Koch schließt sich grundsätzlich Petzelt an, indem er ihn in seiner *Logik des Lernens* (1991; vgl. auch 1988; 2007) gleich zu Beginn zustimmend zitiert: „Lernen kann sich niemals in bloßem Einprägen, Reproduzierfähigmachen oder Auswendiglernen erschöpfen. Daß wir mehr wollen müssen, weiß jeder Pädagoge. Was das Mehr bedeutet, kann hier nicht zweifelhaft sein: Wenn nicht erkannt wird, wird überhaupt nicht gelernt. Lernen muß als Sonderfall des Erkennens ... angesehen werden." (Koch 1991, S. 6) Koch stützt sich vor allem auf die kritische Philosophie Kants und entfaltet eine Theorie des Lernens als Grundlage einer philosophischen Didaktik. Lernen meint einen kognitiven Vollzug, welcher im Medium der Sprache vermittelt wird. Die Grundlagen können nur philosophisch aufgeklärt werden, denn die Gesetze des Erkennens sind weder Natur- noch Sittengesetze, sondern logische Gesetze. Es geht in erster Linie um das Werden des Wissenden und nicht um Verhaltensänderungen auf der Grundlage von Erfahrungen. Lernen wird durch Gründe veranlasst und ist nicht Wirkung irgendwelcher Ursachen. Lernen beruht auf konkreten sinnlichen Wahrnehmungen, die Aufmerksamkeit wecken können. Deshalb hat es neben seinen spontanen Zügen auch rezeptive. Wesentlich ist ihm allerdings nicht das Aufnehmen und Behalten sinnlicher Gegebenheiten, sondern die allgemeine Erkenntnis, welche einzelne Kenntnisse verbindet und begriffliches Erkennen ermöglicht. Höhepunkt dieser Entwicklung ist die Einheit des Mannigfaltigen einer Vorstellung, verbunden mit dem Bewusstsein der Identität des Lernenden selbst. Deshalb besteht wie bei Petzelt auch bei Koch ein inniger Zusammenhang von Lernen und Bildung. Das Selbst findet seine Stellung gegenüber der durch es objektivierten Welt. Ein weiterer Schwerpunkt ist die Frage nach der Applikation des Gelernten. Hier wird der Urteilskraft im Sinne Kants eine zentrale Rolle beigemessen. Durch die bestimmende Urteilskraft wird das Besondere als Fall dem Allgemeinen untergeordnet. Mit der reflektierenden Urteilskraft wird das alte Problem von Suchen und Finden aufgegriffen. Hier ist nämlich allererst das Allgemeine zu finden, unter welches das Besondere subsumiert wird. Selbst wenn dergestalt die Grenzen einer *Logik des Lernens* erreicht, wenn nicht gar überschritten werden, so fällt in diesem Zusammenhang die Bedeutung des mündigen, aufgeklärten Lernens in besonderem Maße auf.

Buck ist schließlich einer der wenigen, die sich um die Aufarbeitung einer Geschichte des Lernens bemühen, ohne sich auf die empirisch-systematische Lernforschung des zwanzigsten Jahrhunderts zu beschränken. Sein Buch *Lernen und Erfahrung* (1989) ist zu einem Klassiker einer Hermeneutik des Lernens geworden. Seine philosophischen Analysen fußen auf dem Forschungsstand der sechziger Jahre und richten sich wie jene von Petzelt und Koch vor allem dagegen, dass Lernen hauptsächlich zu einem psychologischen Thema wurde. Ihm zufolge geraten dadurch Traditionen in Vergessenheit, die Lernen anders in den Blick nehmen als solche, die sich hauptsächlich am Resultat orientieren wie die auf das bloß sichtbare Verhalten gerichtete empirische Forschung.

Buck greift insbesondere in Erinnerung an Aristoteles die bereits in der griechischen Klassik diskutierte paradoxe Struktur des Lernens auf, nämlich den Befund, dass man auf irgendeine Weise bereits gelernt haben muss, um lernen zu können. Seine Untersuchungen gelten dem – wie er es nennt – „stillschweigenden Vorverständnis". Im Lernen, das ein Verständnis allererst eröffnet, werden diese impliziten Vorgaben thematisch. Damit rückt die Gangstruktur des Lernens in den Vordergrund. Bucks Erfahrungsbegriff ist vor allem durch Edmund Husserls transzendentale Phänomenologie geprägt. Daraus resultiert aber auch, dass er der leiblichen Dimension zu wenig Beachtung schenkt. Er öffnet allerdings diesen Weg, indem er die Bedeutung des praktischen Wissens, des Handlungswissens, gegenüber dem Erkennen aufwertet und nachweist, dass Lernen dadurch geschieht, dass im Konflikt von Erkennen und Auskennen, das bloße Auskennen als solches thematisch und anfänglich in Erkenntnis umgeformt wird. In seinen Spuren bewegen sich die im vorliegenden Buch unternommenen Suchbewegungen.

Phänomenologische Lerntheorien, welche jedoch im Unterschied zu hermeneutischen auch die Leiblichkeit der menschlichen Existenz umfassen, ermöglichen es, eine Sichtweise zurückzugewinnen und unter heutigen Bedingungen neu zu formulieren, welche die Verwicklung von apriorischen und aposteriorischen Strukturen betont. So differenziert sich das Vorwissen in ein uns bekanntes und ein der Sache nach früheres. Im Lernen wird das stillschweigend fungierende (mitunter bloß vermeintlich) Bekannte thematisch und damit auf dem Wege der Reflexion schließlich zum Erkannten. Dabei kann das Bekannte auf das zu Erkennende vorausweisen. Es kann sich aber auch als Gewohnheit mit der Neigung zur Dogmatik herausstellen und so im Wege stehen. Der Rückgang auf Erfahrungen birgt in sich stets die Gefahren der Borniertheit und Trivialisierung. Das Vertraute integriert das Fremde. Es stiftet Kontinuität, hält Routinen aufrecht und überspielt das Anstößige. Statt überwältigt zu werden, bewältigt man das „kaum auszuhaltende Fremde". (Vgl. Rumpf 1998)

Phänomenologischen Betrachtungen des menschlichen Lernens (vgl. Meyer-Drawe 1982; 1986; 1996b; 2003) ist es trotz ihrer Unterschiede eigentümlich, dass sie ihr Augenmerk auf die produktive Störung und Verzögerung des Lernens richten (vgl. Dörpinghaus 2003; 2005), die sie dem Anspruch auf reibungslose Effektivität entgegensetzen. Die Vorstruktur des Verstehens wurzelt in einem in erster Linie leiblich konstituierten Weltglauben, welcher die Existenz der Welt nicht bezweifelt, stattdessen die Frage danach ermöglicht, was es für uns bedeutet, dass eine Welt existiert. Dieser Wahrnehmungsglaube ist nicht das Gegenteil der Reflexion, sondern ihre ständige Voraussetzung. „Wir befragen unsere Erfahrung gerade deshalb, weil wir wissen wollen, wie sie uns dem öffnet, was wir nicht sind. *Es ist dadurch nicht einmal ausgeschlossen, daß wir in ihr eine Bewegung finden, die auf das aus ist, was uns in keinem Falle selbst gegenwärtig sein kann und dessen unwiderrufliche Abwesenheit deshalb unseren originären Erfahrungen zugerechnet werden müßte.*" (Merleau-Ponty 2004, S. 208) Dergestalt rücken die Widerstände des Begreifens, die unbestimmten, opaken und ambiguosen Dimensionen des Lernens in den Brennpunkt der Aufmerksamkeit und damit „das Unlernbare in jedem Lernen" (Waldenfels 2001, S. 52), welches die Radikalität und Universalität des Verstehens in Zweifel zieht und in Bewegung hält. Im „entscheidenden Augenblick des Lernens tritt ein ‚Jetzt' aus der Reihe der ‚Jetztmomente' heraus, erlangt einen besonderen Wert, faßt die vorausgehenden Probierhandlungen in sich zusammen, wie es gleichzeitig auch das künftige Verhalten festlegt und vorwegnimmt, es verwandelt die einmalige Erfahrungssituation in eine typische Situation und die tatsächliche Reaktion in eine Fähigkeit." (Merleau-Ponty 1976, S. 141) Immer wieder werden deshalb im Verlaufe unserer Argumentation das Staunen, das Stutzen und damit die zeitliche Struktur des Lernens Beachtung finden. Staunen und Verwunderung durchtrennen die fließende Zeit und verursachen eine Art Starre, einen Zustand der Benommenheit, dessen Bedeutung für den Lehr-Lernprozess bereits Sokrates zu schätzen wusste. (Vgl. Kapitel 7) Descartes befürchtet dagegen einen üblen Einfluss des zu intensiven Staunens und Wunderns auf die Erkenntnis, weil sie die Gefahr hervorriefen, beim ersten Eindruck zu verharren, den das Aufmerksamkeit erregende Ding oder Geschehen hinterlässt. (Vgl. Descartes 1984/1649, S. 109ff.) Ein Denken *more geometrico* hat keinen eigenen Ort für das Ergriffenwerden, das gerade keinen Regeln folgt, sondern eine unkalkulierbare, produktive Ohnmacht des Erkennenden meint. Die gelebte Welt wird in dieser Tradition nach und nach zu einer gedachten, deren Mitsprache am Gedachten zunehmend rätselhafter wird. (Vgl. Kapitel 6)

Neurowissenschaftliche Erörterungen des Lernens bilden in gewisser Hinsicht den vorläufigen Gipfel dieser Entwicklung. Im Mittelpunkt ihrer Überlegungen stehen *Gehirne als Regelextraktionsmaschinen*. Spitzer führt uns folgenden *Fall* vor Augen: „Sie haben sicherlich in Ihrem Leben schon Tausende von Tomaten gesehen bzw. gegessen, können sich jedoch keineswegs an jede einzelne Tomate erinnern. Warum sollten Sie auch? Ihr Gehirn wäre voll Tomaten! Diese wären zudem völlig nutzlos, denn wenn Sie der nächsten Tomate begegnen, dann nützt Ihnen nur das, was Sie über *Tomaten im Allgemeinen* wissen, um mit dieser Tomate richtig

umzugehen." (Spitzer 2003, S. 75f.) Der gesamte Umgang mit Tomaten geht letztlich in unserem Wissen über sie auf. Essen, Riechen, Fühlen, Erinnern, und was
sich noch alles angesichts einer Tomate ereignen kann, wird zu einem Informationsverarbeitungsprozess, der mit neuronalen Repräsentationen operiert. In der
Perspektive mancher Hirnforscher erscheint Lernen als kumulativer Prozess der
Verstärkung synaptischer Übertragungen. (Vgl. ebd., S. 277) Das Gehirn ist die
„beste Lernmaschine der Welt". (Ebd., S. XVI) Es ist der Möglichkeit nach optimal
angepasst an die Lage. Seine Steuerung übernehmen Substanzen, die im Wesentlichen für Beförderung und Hemmung zuständig sind. Lernen findet nur statt, wenn
es Spaß macht. Freude bereitet es insbesondere dann, wenn unerwarteterweise eine
Belohnung für das gezeigte Verhalten erfolgt. (Vgl. ebd., S. 182) Schwierigkeiten,
Lücken, Irritationen, Nichtpassendes werden als Störungen der Lernmaschine aufgefasst und behandelt, also repariert. „Installationsdefizite werden korrigiert", „Un-
terhaltungs- und Wartungsmaßnahmen" werden vorgenommen, schließlich kann
es bei Störfällen gar zu „Reklamationen und Haftung" kommen. (Vgl. Hüther
2006) Lernen meint Speichern und Verarbeiten von Informationen. Vergessen bedeutet danach einen Fehler des Systems, eine Löschung. Unverständlich wird, was
es bedeutet, dass *ich* vergesse oder dass *ich nicht* vergessen kann, so sehr ich mich
auch anstrenge. Manche Arten von Lernen mögen als Aufbau und Pflege des Spei-
chersystems zu deuten sein, aber nicht alle. Lernen kann sich mir verweigern, auch
dann, wenn ich motiviert bin. Die Sache erschließt sich mir nicht. Lernen, Vergessen und Erinnern sind keine bloße Maximierung oder Minimierung von Gedan-
ken- und Informationsbeständen. Sie meinen spezifische Artikulationen unseres
Erfahrungshorizonts, die nicht vollständig in unseren Händen liegen und denen
wir nicht auf die Spur kommen, wenn wir sie lediglich nach dem Muster der Informationsverarbeitung begreifen.

Die zentrale Frage des Lehrens, nämlich danach, wie man Lernende etwas lehren
kann, indem man ihnen gibt, was sie auf ihre Weise bereits haben, bezeichnet ein
uraltes Rätsel, und es überrascht, dass von ihm heute kaum noch eine Beunruhi-
gung ausgeht. Im Vordergrund steht das selbstorganisierte Lernen, dem der Lehrer
nicht im Wege stehen darf und zu dem er die Anlässe organisieren muss. „Wir sind,
neurobiologisch gesprochen, vor allem mit uns selbst beschäftigt." (Spitzer 2003,
S. 54) Theoretisch untermauert wird dergestalt die Reduktion der Lehrerrolle. Mit
der Behauptung, dass das Gehirn im Wesentlichen auf sich selbst reagiere, wird die
Bedeutung von Lehrenden heruntergespielt. Sie fungieren lediglich noch als *Animateure* und *Moderatoren*. Ihnen obliegt es, Lernumgebungen zu gestalten. Jede
Intervention im Sinne einer Förderung wird als ungünstig für die Produktion posi-
tiver Botenstoffe rubriziert und geahndet.

In früheren Zeiten hat man sich sehr viele Gedanken darüber gemacht, wie man
sich Lernen und ein entsprechendes Lehren vorzustellen habe. Welche Bilder,
Gleichnisse, Gedankenexperimente und Begriffe man auch bemühte, stets reagier-
te man mit Unruhe auf ein Problem. Lernen – das war zumindest den Griechen der
Klassik deutlich vor Augen, und darum stritten mittelalterliche Philosophen und
Theologen – ist kein einfaches Phänomen, zu dem sich jeder nach Belieben äußern

kann. Lernen berührt alle grundlegenden Fragen des Menschen. Die Palette der Antworten reichte von der Unmöglichkeit des Lehrens (Augustinus) bis hin zum Optimismus, alle alles von Grund auf lehren zu können (Comenius). Stets war man bemüht, Rechenschaft über die Bedeutung des Lernens abzulegen. Das hat sich bis in unsere heutige Zeit vollständig geändert. Lernen zu verstehen, scheint kein schwieriges Problem zu sein. Jedenfalls ist keine große Verlegenheit zu verspüren, wenn man darüber spricht. Vorrangig ist, den plausiblen Annahmen ein wissenschaftliches Fundament nachzureichen; denn jeder hat ja irgendwie gelernt. Es gibt gleichsam überhaupt keinen Laien auf diesem Gebiet. Jeder kann mitreden. Lernen ist banalisiert und trivialisiert worden. Alles, was sich verändern kann, lernt: Systeme, Gesellschaften, Regionen, Maschinen, Radios, *intelligente Dinge* wie der Kühlschrank, der seinen Inhalt kontrolliert und Buch darüber führt. In einer Gesellschaft flexibler Menschen meint Lernen eine Art opportuner Anpassung an soziale Erfordernisse. Der Flexibilität globalisierter Gesellschaften entspricht dabei die Plastizität der Hirnarchitektur. Diese Angleichung soll lustvoll sein. Es ist kaum etwas dagegen einzuwenden, dass Lernen Vergnügen machen soll. Wer hätte je ernsthaft gefordert, dass es Verdruss bereiten sollte? Das Problem allerdings, wie Lust begründet und verursacht wird, ist dabei keineswegs gelöst. Während in weit verbreiteten Ratgebern die Freude am Lernen eher beschworen als geklärt wird, erscheint es als sinnvoll, ebenfalls die Frage aufzugreifen, ob es nicht eine Freude gibt, die sich gerade in der Überwindung von Schwierigkeiten einstellt und die im Stolz auf die Bewältigung der Aufgabe wurzelt. In der Sprache der Maschinen formuliert, könnte man fragen, ob Störungen auch als Modalitäten von *Inputs* gelten können, die es zu beachten gilt.

Kaum ein Argument im lerntheoretischen Diskurs scheint seit einigen Jahren ohne die Bekräftigung auszukommen, dass neuerdings die Hirnforschung dieses oder jenes bestätigt. Oftmals handelt es sich um Einsichten, die alt sind, die aber jetzt erstmals scheinbar ihre empirische Weihe erfahren. Die Verheißungen nähern sich nicht selten dem Versprechen, dass man aus den neuronalen Aktivitäten den Sinn der Erfahrungen unmittelbar herauslesen könne wie aus der Verteilung der Druckerschwärze auf dem Papier die Botschaft eines Gedichts oder aus dem Kaffeesatz das künftige Schicksal. Lernen wird als bekannt vorausgesetzt. Belehrung erfährt man über den Aufbau des Gehirns. Verführt wird man über bunte Bilder, welche dem gesunden Menschenverstand die Mitsprache erleichtern. Die Bilder werden an Metaphern gekoppelt, so dass etwa häufig die Verstärkung synaptischer Übertragung in die Nähe des Muskelaufbaus durch Training gerückt wird. *Brain gym* und *brain jogging* finden so unmittelbare Anklänge an die alltägliche Erfahrung, und dass bei Produkten der bildgebenden Verfahren die Farbe Rot für Aktivität sehr beliebt ist, obgleich sie in keinem ursächlichen Zusammenhang mit der Aktivität steht, bedeutet auch ein Entgegenkommen gegenüber dem *gesunden Menschenverstand,* der sich an erhitzte Gesichter erinnert fühlt.

Lernen aber – so eine der leitenden Thesen des vorliegenden Buches – ist ganz und gar nicht durchschaut. Die zahlreichen Versuche, es verständlich zu machen oder es zu erklären, überbrücken notdürftig eine grundsätzliche Versagung. Lernen

können wir nämlich lediglich in seinen Ergebnissen erkennen, als Vollzug entzieht
es sich uns vollständig. Wir können zwar notwendige neuronale Bedingungen erforschen, hinreichende Gründe dafür, dass *jemand etwas als etwas* lernt, ergeben
sich aus diesen Befunden nicht. Bedeutungen sind keine empirischen Größen.
Herrschende Denkkollektive haben uns davon abgelenkt, dieses Problem recht zu
gewichten. Es fungiert eine Sprachmagie, welche die Probleme wegzaubert, indem
sie über das Unsichtbare in den Bildern redet, als könnte es sich in jedem Augenblick zeigen. Beweise werden suggeriert. Aus Korrelationen werden dann schnell
Kausalzusammenhänge. Wenige statische Schnittbilder werden behandelt, als seien
sie das lebende Gehirn selbst. Tomographien gaukeln vor, die Arbeit des Gehirns
preiszugeben. Dabei verhüllen sie ihre doppelte Künstlichkeit: Computer generie-
ren aus physikalischen Gegebenheiten Bilder. Diese sind keine Abbilder der Natur,
sondern Artefakte von Artefakten. Zeitliche Nähe wird zur ursächlichen Beziehung. Dabei werden die beobachteten Entwicklungen ausnahmslos als erfahrungs-
abhängig bezeichnet. Was aber Erfahrung neurowissenschaftlich bedeutet, wird
nicht geklärt. Sie wird vielmehr zu einem Epiphänomen neuronaler Aktivitäten.
Ich lerne scheint nichts weiter als eine naive, unwissenschaftliche Redeweise zu sein.
In Wahrheit aber lerne das Gehirn bzw. genauer der Cortex. Dabei handele es sich
in beiden Fällen um die beste Informationsverarbeitungsmaschine der Welt. Die
alte *archimedische Maschine* der klassischen Behavioristen wird ersetzt durch eine
neuronale Maschine, die sich durch Input-Output-Mechanismen in Gang hält, wobei in den meisten Fällen der Input aus den Systemen selbst kommt. Sie funktionieren autopoietisch. (Vgl. Kapitel 3)

Zwar gibt es mittlerweile zunehmend auch handfeste Zweifel an solchen Modellen aus dem Kreise von Pädagogen (vgl. Becker 2006b; Müller 2005; 2007), aber
die Faszination durch die Bilder, welche einen unblutigen Blick in das Gehirn er-
lauben sollen, hält an. Wir werden darüber belehrt, die Schätze der Kinder bergen
zu sollen, ohne sie zu fördern. (Vgl. Prekop/Hüther 2006) Es reicht jedoch nicht,
einfach zu beteuern, dass Lernen Spaß machen müsse und Kinder lediglich unter-
stützend begleitet werden sollen. Was – wenn kaum Schätze aus welchen Gründen
auch immer zu bergen sind? Es gibt eine andere Seite des Lernens, welche nicht
ohne weiteres zu Tage fördert, was lediglich auf seine Entdeckung wartet. Es gibt
jenes Lernen, das dort beginnt, wo die eigene Kapitaleinlage fragwürdig und man
sich selbst als Eigner zweifelhaft wird. Es gibt mehr Fragen als Antworten, sobald
man sich auf das konkrete Lernen einlässt und etwas zu begreifen versucht, das
man streng genommen nicht bezeugen kann wie alle Vollzüge, durch welche wir
auf uns selbst, auf unsere Welt und auf die anderen antworten.

Im vorliegenden Buch geht es also vor allem um die Rückgewinnung von Komplexität. Ein Anwachsen von Komplikationen ist dabei nicht zu vermeiden. Ob
sich diese Anstrengungen lohnen, muss sich erst noch zeigen. Dabei sind Schwierigkeiten unterschiedlicher Art zu meistern: Zu der ebenso langen wie verwickelten
Geschichte der Befassung mit dem Lernen, an die bereits erinnert wurde, und den
aktuellen Problemen kommt der Tatbestand hinzu, dass die Literatur, welche sich
dem Thema Lernen gewidmet hat und widmet, kaum noch annähernd mit dem

Anspruch auf Vollständigkeit zur Kenntnis genommen werden kann. Der Zufall ist hier unvermeidlicher Begleiter. Die Gefahr ist groß, dass sich Originalität und Entdeckerfreude dem Nichtwissen oder der Vergesslichkeit der Autorin verdankt. Zudem nimmt heutzutage die Berufung auf die Autorität neurophysiologischer Forschung nicht selten eine einschüchternde Gestalt an. Sie fungiert als Stoppregel. Die *Kulturen der Evidenz* (Rheinberger/Wahrig-Schmidt/Hagner 1997, S. 15), welche Naturwissenschaftler seit dem Beginn ihrer Forschungstradition pflegen, erschweren die Nachfrage. Seltsam ist die Strenge, mit welcher mitunter die pädagogische Rezeption bedacht wird, wohingegen Hirnforscher ohne weiteres über die Frage nach dem Lernen mitsprechen können, ohne sich auf geprüfte Konzeptionen zu beziehen. (Vgl. Kapitel 3)

Um die Komplikation des Unterfangens, über Lernen zu schreiben, gleich am Anfang des Buches auf die Spitze zu treiben, muss nicht nur auf die lange Tradition, die unübersehbare Vielfalt der Erklärungen, die tiefe Verwurzelung im Alltagsverständnis und schließlich auf die Interdisziplinarität des Gegenstands hingewiesen werden. Vor allem soll daran erinnert werden, dass sich unter dem Stichwort *Lernen* zentrale menschliche Rätsel zusammenfinden, deren Lösung nicht in Aussicht gestellt werden kann. So ist Lernen eine Tätigkeit, ein Vollzug. (Vgl. Buck 1989; Platzer 2006) Damit ist ein uraltes Problem verknüpft, wie man nämlich über Vollzüge sprechen und sie denken kann, ohne sie lediglich im Augenblick ihres Stillstands zu überraschen. Die zeitlichen Aspekte des Lernens sind für sein Verständnis unverzichtbar. (Vgl. Kapitel 5) Für den Lernenden selbst gilt, dass er im Lernen stets auf das Ergebnis gerichtet ist und nicht auf den Vollzug. So lerne ich beispielsweise im Sinne der Mathematik zu denken, kann aber keine Auskunft über mich als diejenige geben, welche im Begriff ist, sich den Horizont des Mathematischen zu erschließen. Wo ist der Übergang vom Noch-nicht-Autofahren-können zum Auto-fahren-können? Wir kennen dieses Problem von sukzessiven Gestaltveränderungen. Lernen ist ein Übergangsphänomen, vorübergehend, flüchtig, unfasslich, lediglich in *obliquer* Betrachtung zugänglich. Für den Lehrenden folgt daraus, dass er beim anderen etwas in Bewegung setzen soll, von dem er keine unmittelbare Erfahrung und was er längst hinter sich hat, und zwar nicht wohlgeordnet in einem Archiv von Erfahrungen, sondern unvermeidlich in verwandelter Gestalt. Selbst seine Erinnerungen sind erfinderisch. Im Lernen zeigt sich wie beim menschlichen Existieren überhaupt das, was Plessner die *vermittelte Unmittelbarkeit* und die *natürliche Künstlichkeit* nannte. (Vgl. Kubitza 2005, S. 196ff.) Menschen leben nicht einfach. Sie müssen ihr Leben führen. Sie treten ins Verhältnis zu ihrer eigenen Verhältnishaftigkeit. Lernen meint daher stets, dass *jemand Bestimmtes* etwas als etwas lernt. Jemand tritt in eine gestalterische Beziehung, die ihn selbst nicht unberührt lässt. Jede Aussicht, dem Lernen gleichsam authentisch auf die Schliche zu kommen, ist verstellt, auch wenn vollmundige Vorhersagen voller Zuversicht sind, „dass der Blick ins Gehirn während der Informationsverarbeitung interessante Erkenntnisse über interindividuelle Unterschiede im Zusammenwirken von Intelligenz und Wissen" liefern wird. (Stern 2004, S. 238)

Auf ein weiteres philosophisches Grundproblem treffen wir bei der Frage, wie sich das *Etwas* gibt, das gelernt wird. Wie sind die Dinge an dem beteiligt, was wir von ihnen wissen? (Vgl. Kapitel 6) Diese Frage zielt auf eines der Welträtsel, welches durch den Konstruktivismus nicht gelöst, sondern lediglich übersprungen wird. Es gibt Beziehungen zum anderen, zur Welt und zu sich selbst, die nicht Denken sind, bei welchen das Erkennen sich am Widerstand der Dinge biegt. Unser „animalischer Weltglauben" (Merleau-Ponty 2004, S. 17, Anm.) ermöglicht zwar jedes Erkennen, kann durch es jedoch nicht erklärt werden. Wir bleiben unserer Erfahrung „tributpflichtig" (ebd., S. 55). Dennoch nehmen einige an, dass wir uns, die anderen und unsere Welt nur konstruieren, also gleichsam Hirngespinste produzieren und Luftschlösser bauen. Mit dieser Ansicht verlässt man sich auf seinen Weltglauben, ohne es zu merken, weil er bis zur Unkenntlichkeit vertraut ist, quasi als eine *zweite Natur* vor allem Denken. In Erinnerung an Pascal hält Bourdieu dieses Rätsel auch für das soziale Lernen fest: „Die Welt erfaßt mich, schließt mich als Ding unter Dingen ein, aber als Ding, für das es Dinge gibt, ja eine Welt, erfasse ich diese Welt; und dies, wie man hinzufügen muß, gerade *weil* sie mich umfängt und erfaßt: Denn durch dieses – oft übersehene und verdrängte – materielle Eingeschlossensein und das, was daraus folgt, die Einverleibung sozialer Strukturen in Form von Dispositionsstrukturen, objektiver Möglichkeiten in Form von Erwartungen und Vorwegnahmen, erwerbe ich eine praktische Erkenntnis und Beherrschung des mich umschließenden Raumes […]." (Bourdieu 2001, S. 167) Die Frage nach der Gebung der Welt greift über auf denjenigen, welchem die Welt gegeben ist. Wer also ist das Subjekt des Lernens? Ist Lernen tatsächlich Folge einer Initiative?

Es sind gerade diese gravierenden Probleme, welche die Frage nach dem menschlichen Lernen interessant gestalten, auch wenn die Antworten umständlicher und weniger *smart* ausfallen mögen als jene Ratschläge, die von der Hand in den Mund leben. Ein weiterer Überblick liegt demnach ebenso wenig in der Absicht der folgenden Überlegungen wie der Anspruch, originell zu sein. Bahnbrechende Entdeckungen sollten nicht erwartet werden. Vielleicht kann es jedoch gelingen, ein neues Licht auf manch Bekanntes zu werfen, um scheinbar Selbstverständliches zunächst fraglich und dann verständlich werden zu lassen. In dieser Hinsicht werden die Studien als philosophisch, genauer als phänomenologisch aufgefasst. „Philosophisch denken", formuliert Adorno, „ist soviel wie Intermittenzen denken, gestört werden durch das, was der Gedanke nicht selber ist." (Adorno 1977b, S. 604) Insbesondere die Phänomenologie des zwanzigsten Jahrhunderts hat sich diese Aufgabe vorgenommen: die Rehabilitierung einer widerständigen Welt, welche das Denken in Beschlag nimmt und deshalb auch nicht in ihm aufgeht. Im Unterschied zu einer zu Beginn des einundzwanzigsten Jahrhunderts vorherrschenden Überzeugung zu wissen, was Lernen ist, und dass es nur noch der Bilder bedarf, um es auch als Aktivität des Gehirns vor Augen führen zu können, gehen die folgenden Untersuchungen davon aus, dass Lernen nach wie vor nur sehr dürftig verstanden ist. Dies hängt mit dem grundsätzlichen Problem zusammen, dass ich beim Lernen auf das *Was* und nicht auf das *Wie* gerichtet bin. Zwar gibt es zahlreiche, auch bewährte Definitionen, aber was genau beim Lernen geschieht, ist nach wie vor ungeklärt.

Die vorliegenden Studien wandern zwischen diesen traditionsreichen Problemstellungen hin und her. Sie gleichen darin den scholastischen Diskursen. (Vgl. Schalk 1997/98, S. 61f.; S. 103) Das Hin und Her der folgenden Denkbewegungen soll allerdings nicht richtungs- und orientierungslos jenseits eingelaufener Wege, fern ab von jeglicher Verkehrsordnung vonstattengehen. Es lässt sich durch Hauptstraßen die Richtung vorgeben. Dadurch gewinnt nach und nach eine Karte an Gestalt, auf der Umwege statt Abkürzungen markiert sind. Immer wieder stellt sich etwa die Frage nach der Intellektualisierung und Formalisierung des Lernens. Auch ist die der Suche nach den Meldungen der Welt stets gegenwärtig. Indem gleichzeitig auf die Produktivität und Exklusivität der Rede vom Lernen Acht gegeben wird, sollen einige Foucault'sche Motive aufgenommen werden. Die *Ordnung des Diskurses* (vgl. Foucault 1991) ist zugleich ein Ordnungsruf. Manches wird dabei zum Schweigen gebracht. Es wird niemals alles das gesagt, was zu sagen ist. Es gibt Prozeduren des Ausschlusses wie die augenfälligste des Verbots, die dezentere der Grenzziehung zwischen Vernunft sowie Unvernunft und schließlich die versteckte Herrschaft des Willens zur Wahrheit, die als *reine* Wahrheit alle Spuren ihrer Herkunft verbirgt. Weil durch diese Vorgänge Wissen nicht nur hervorgehoben und tradiert, sondern ebenso sortiert, verworfen sowie unterdrückt wird, sind auf der Suche nach einem komplexen Lernbegriff immer wieder Rückwege notwendig, um nach Antworten Ausschau zu halten, nach denen nicht mehr gefragt wird. Rekurse und Exkurse brechen in den Argumentationsfluss, stören ihn durchaus absichtlich, um Raum zu schaffen für eine Nachdenklichkeit, eine Abschweifung, eine Art Protest gegen die Normalität des Effektiven. „Unser Bild vom Denken ist, daß es die kürzeste Verbindung zwischen zwei Punkten herstellt, zwischen einem Problem und seiner Lösung, zwischen einem Bedürfnis und seiner Befriedigung, zwischen den Interessen und ihrem Konsens – entlang an dem diskursiven Seil, an dem schon kritische Kinder zu raschen Folgerungen und Emanzipationen kommen sollen." (Blumenberg 1980, S. 58) Empirische Forschungen definieren heutzutage das Gebiet des Sagbaren auf dem Feld des Pädagogischen. Was ihren regulativen Prozeduren nicht entspricht, wird als unwissenschaftlich ausgeschieden. Unterstützt durch die Hirnforschung, kommen nur noch solche Ergebnisse zum Tragen, welche statistisch oder durch Beobachtungstechnologien sichtbar zu machen sind. Was sich diesen Darstellungsmöglichkeiten widersetzt, zählt im wahrsten Sinne des Wortes nicht.

Ein gehaltvoller Begriff des Lernens, welcher mehr und anderes meint als eine bloß gesellschaftlich willkommene Änderung, setzt sich dabei der Gefahr aus, die Geschichte der beteiligten Disziplinen, insbesondere von Philosophie, Psychologie und Pädagogik als ganze aufzurollen, sich zu verzetteln und aufgrund des ruhelosen Umherblickens zu taumeln. Diese Schwierigkeit ist nicht gänzlich zu vermeiden. Es wird aber nicht um eine chronologische oder historische Darstellung unterschiedlicher Betrachtungsweisen gehen, sondern darum, einige Motive aufzugreifen und durchzuspielen, weil so die Versuchung vermieden werden kann, dass man eine bloße Erfolgs- oder Verlustgeschichte erzählt. Gewiss stehen im Hintergrund intensive Untersuchungen zu historisch sehr unterschiedlichen, aber auch miteinander verwickelten Auffassungen, aber diese sollen nicht wie in einem Lehrbuch zusammengetragen und geordnet werden. Es geht um *Diskurse des Lernens* und damit immer auch schon um eine Dynamik, die manche Betrachtungsweisen in den Vordergrund spielt und andere im Kampf um die Deutungshoheit ausgrenzt.

Lernen hat gleich zu Beginn, etwa in den Dichtungen von Homer und Hesiod, mehrere Momente, je nachdem auf welchen Kontext es bezogen wurde. So kannte man schon sehr früh das Lernen aus einer leidvollen Erfahrung, war aber auch der Auffassung, dass nur die Dummen aus eigenem Leid lernen. Man beachtete den Zusammenhang zwischen Lernen und Gewohnheit, wusste aber, eine positive von einer negativen Einschätzung zu unterscheiden. Der Adlige war es nicht anders gewohnt. Er kannte es nicht anders, betrachtete sich aber nicht als Sklave der Erfahrung. Die *Armatur der Erfahrung* (Walter Benjamin) wird erst dann zur Last, wenn man zum bloßen *Gewohnheitstier* geworden ist. Mitbestimmend waren stets die Deutungen, in denen sich Menschen selbst verstanden, ihre Welt auslegten und die Relevanz des Anderen, seien dies Götter, ein Gott, Tiere, Dinge oder Mitmenschen einschätzten. Lernen meint Veränderung, die sich nicht notwendigerweise von selbst ergibt. Veränderung ist dabei sehr unterschiedlich zu denken. Das hängt von der jeweils herrschenden Zeitauffassung ab. Während heute etwa der *hochtourige Lerner* (vgl. Kapitel 5*)*, der sich auf das Lernen versteht, als Ikone unaufhaltsamer Progression dient, war bis in das achtzehnte Jahrhundert unter anderem eine Lernvorstellung leitend, die eine eigentümliche Rückkehr bedeutete. Diese Vorstellung nahm die Erfahrung auf, dass Lernen niemals von einem Nullpunkt ausgeht, sondern eine Art von Erinnerung bedeutet an etwas, das man hat, ohne dass dieses Haben bewusst wäre.

Einen schwachen Abglanz dieser Tradition verspüren wir, wenn Hirnforscher so genannte unbewusste neuronale Verknüpfungen vermuten, welche uns den Schein von Willensfreiheit vorgaukeln. Wolf Singer zieht in der letzten Zeit daraus den Schluss, dass alles nur determiniert ist. Was bleibt, ist eine Ethik der Demut angesichts der unglaublichen Komplexität eines wohl kaum nachstellbaren Gehirns. Aber auch das Wort *Gehirn* gaukelt vor, dass mit ihm stets das Gleiche gemeint sei. Dabei hat das Gehirn, wie es die vorchristlichen Mediziner sahen, überhaupt keine Ähnlichkeit mehr mit dem von Vesalius sezierten sowie realistisch dargestellten und dem später von Gall aufgrund von Tastbefunden der Schädeldecke erahnten. In den schematischen Aufzeichnungen des Elektroenzephalogramms verschwindet sein Aussehen. Mit den neuen bildgebenden Verfahren wird ihm erneut eine Gestalt verliehen. Das Neuron, mit dem der Berliner Anatom Wilhelm von Waldeyer 1891 die aus Axon und Soma bestehende Nervenzelle bezeichnete (vgl. Florey 1996, S. 65), trat die Nachfolge der *spiritus animales* an, welche mit der Ventrikelflüssigkeit des Hirns kommuniziert. Lernen wurde damit auch zu einer Frage der funktionalen Hirnarchitektur. Weniger beachtet wurden chemische Wechselwirkungsprozesse. Vorherrschend sind bis heute solche Konzeptionen, die das Gehirn nach einem elektrischen Modell betrachten. Dies ist nicht nur historisch verständlich, sondern es erklärt sich vor allem auch durch die besondere Art der Informationsverarbeitung und -vermittlung: „Erst durch die Erfindung von Telekommunikationssystemen, den elektrisch erregbaren Nervenzellen, konnten die Komponenten des Systems seßhaft werden und trotzdem ihren Partnern durch ein topologisch strukturiertes Netz von Kommunikationskanälen, oder in unserem Fall Nervenfasern, hochselektiv Informationen übermitteln." (Singer 2002, S. 208) Systemtheorie, Konstruktivismus und Kybernetik finden in diesem Modell zusammen. Die Unabhängigkeit von räumlicher Nähe und die Beseitigung einer synthetisierenden Zentralinstanz ermöglicht eine ungeheure Aufwertung der Eigenaktivität des Gehirns, das weitgehend unabhängig von seiner Außenwelt funktioniert. „Die Prinzipien lauten also anfängliches Überangebot, Versuch und Irrtum, Konkurrenz und Beseitigung des Nichtangepaßten." (Ebd., S. 210) Singer empfiehlt, diese Mechanismen auch auf gesellschaftliche Kontexte wie beispielsweise Stadtentwicklung anzuwenden. Allerdings regen sich bei ihm Zweifel darüber, ob das Lernen von biologischen Systemen für soziale Kontexte nicht aufgrund der Priorität der Menschenwürde begrenzt ist. (Vgl. ebd., S. 203)

Dass es außer den physikalisch zu erklärenden Verknupfungen zudem Wechselwirkungen zwischen Neuronen ohne Nervenimpulse, also eine bislang kaum verständliche Spontaneität gibt, die bereits auf der Ebene des naturwissenschaftlichen Erkennens gegen einen puren Determinismus spricht, bleibt weitgehend unberücksichtigt. Die Hirndoktrin blendet gemeinsam mit der Neuronendoktrin alle nicht-neuronalen Elemente aus, „die Blutgefäße etwa, und die Gliazellen. [...] Es gibt im Gehirn der Säugetiere weit mehr Gliazellen als Nervenzellen. Diese Zellen nehmen den Raum zwischen den Neuronen und deren Fortsetzen ein – und sie vermitteln zwischen Blutkapillaren und Neuronen. Welche funktionelle Bedeutung haben sie?" (Florey 1996, S. 83f.) Das neuronale Netzwerk hat seinen Siegeszug angetreten. Es ist plausibel und wird im umgangssprachlichen Gebrauch unentwegt normalisiert. Der *vernetzte Mensch* ist Prototyp einer flexiblen Gesellschaft, die ihre einzelnen Mitglieder stets erreichen muss und kann. An dieser Stelle ist ein Blick zur Seite angebracht.

Bis vor gar nicht langer Zeit war es ein Ärgernis, wenn man jemandem ins Netz gegangen war. Dies bedeutete Verführung, Gefangenschaft, Auslieferung, Aussichtslosigkeit, Ohnmacht, Panik. Metaphorisch stand das Netz für Verstrickungen fataler Art, für ein unabwendbares Schicksal, dem man aufgrund von List und Tücke in die Fänge geraten war. Netze versinnbildlichten *Maschen der Macht* (Michel Foucault), in denen man sich verfängt. Sie waren zur Gefangennahme des Anderen ausgelegt. In ihnen durchkreuzen sich Verführung und Gewalt. Ihr feines Geflecht macht sie beinahe unsichtbar und erbarmungslos effizient. Ihre Stärke brachten sie hervor, wenn das Opfer sie berührte. Spionagenetze unterwanderten internationale Beziehungen. Die Vernetzungen von tragenden Institutionen der Gesellschaft beschworen das Gespenst des Überwachungsstaates herauf. Das Netz symbolisierte den Triumph des Fängers, der Beute gemacht hatte.

Noch unlängst repräsentierte der vernetzte Mensch die Schreckgestalt eines gläsernen Bürgers. Man erinnere sich u.a. an die umstrittene Volkszählung von 1987. In Zeiten des *www*, des weltweiten Informationsnetzes, haben sich die Dinge geändert. Heute gilt es unbefragt als attraktiv, vernetzt zu sein. Geradezu olympisch lautet die Devise, *vernetzt zu sein ist alles*. Im Netz zu sein, bedeutet, an alle nötigen und unnötigen Informationen zu gelangen, synchron oder diachron die anderen im Netz zu erreichen und selbst erreichbar zu sein. Das Netz eröffnet Kommunikationsräume und erweitert damit nicht nur kognitive, sondern auch soziale Möglichkeitsfelder. Bei der Rede von der Vernetzung handelt es sich nicht um einen modischen Jargon wie bei anderen populären Redewendungen (z.B. *einloggen* und *scannen*), die Fachbegriffe in die Umgangssprache einführen und verallgemeinern. Wie der Begriff der Information eignet sich die Metapher des Netzes nämlich dazu, ganz unterschiedliche Bereiche unter einer Signatur zusammenzufassen, in einem Bild zusammenzubinden und damit als Anschauungs- und Denkform zu normalisieren. Wir bewegen uns in Verkehrsnetzen. Unser Gehirn arbeitet mit neuronalen Netzen. Wir kommunizieren in Mobilfunknetzen. Der Schein der Ähnlichkeit paart sich mit dem Trug der Verständlichkeit. Wir informieren uns im Rundfunknetz. Wir benutzen Netzkarten. Wir verdichten soziale Netzwerke. Wir stehen unter dem Menetekel der globalen Vernetzung. Hervorstechende Eigenschaft des Internets als *Netz der Netze* ist dabei seine dezentrale Struktur. Wir können uns *einloggen* und dann im Netz *surfen*. Wir können auf diesem Wege Bankgeschäfte tätigen, Bibliotheken *besuchen*, einkaufen und vieles mehr. Wir werden kontinuierlich mit Hinweisen versorgt. Selbstorganisation ist Wirklichkeit geworden.

Wie andere Techniken auch lässt das Internet Selbst- und Weltdeutungen des Menschen nicht unberührt. Im Sinne einer *anthropomorphia inversa* (Heinz von Foerster) spiegeln sich Menschen nicht erst in ihren elektronischen Maschinen. Denken und elektronische Datenverarbeitung basieren auf Vernetzungen. Damit wurde zugleich eine Selbstdeutung fraglich, die das menschliche Subjekt in der europäischen Moderne als Zentralfigur ausstaffierte. Die souveräne Gestalt von Subjektivität hat dem Knoten im Netz Platz gemacht. „Wir haben uns als Knotenpunkte eines Netzes anzusehen, durch dessen Fäden (seien sie materiell oder energetisch) Informationen strömen. In diesen Knoten werden die Informationen gestaut, prozessiert und weitergegeben, aber diese Knoten sind nicht ein Etwas: entknotet man sie (löst man die Relationsfäden, die sie bilden), dann bleibt nichts übrig (wie bei der sprichwörtlichen Zwiebel). Mit anderen Worten: wir haben eine Anthropologie auszuarbeiten, welche den Menschen als eine Verknotung (Krümmung) einiger sich überschneidender Relationsfelder ansieht." (Flusser 1989, S. 52) So wie das Teleskop und das Mikroskop das Design moderner Subjektivität in Vorformen sowohl voraussetzten als auch an seiner Gestaltung beteiligt waren, indem sie den Blickstrahl an ein souveränes Auge banden (vgl. Serres 1994b, S. 118f.), so fängt das Internet die Verabschiedung des Subjekts auf und gibt ihm eine neue Bedeutung. Das Liebäugeln mit dem göttlichen Blick, der alles von oben sieht und eigentlich nur sich und ein pures Gegenüber kennt (Subjekt – Objekt), scheint aufzuhören. Der ehemalige *Kosmotheoros* wird gefangen und relational eingebunden. Das weltweite Netz setzt der Demontage des Subjekts scheinbar ein Ende und gibt diesem einen neuen Ort. Es ist weder ein Souverän, dem alles zu Füßen liegt, noch ein bloßes Subjekt, das allem unterworfen ist, es existiert nicht diesseits oder jenseits des Netzes, sondern als ein Knotenpunkt, durch den die Informationsflüsse strömen. Dieser Knoten pulsiert und hat sich von seiner apotheotischen Vergangenheit nicht gänzlich verabschiedet. Er eignet sich z.B. in Form von Avataren souveräne Macht an. Avatare fungieren als digitale Masken in dreidimensionalen virtuellen Räumen. Ihr Name erinnert nicht ohne Hintersinn an die verschiedenen Inkarnationsformen (avatāras), in denen der hinduistische Gott Vishnu gegen die Dämonen für die Ordnung der Welt kämpft. Virtuelle Welten als technologische Schöpfungen haben dabei hellsichtig gemacht für die virtuellen Momente unserer faktischen Lebenswelt. Deren Gegebensein wird in Frage gestellt. Vom Erkennen wird mitunter gesagt, dass es ausschließlich konstruiere. Radikaler Konstruktivismus und Systemtheorie sind in dieser Hinsicht gelungene Repräsentanten des Erkennens im elektronischen Netz.

Aber selbst wenn sich das Ich spielerisch mit virtuellen Identitäten ausstattet sowie mit fingierten Körpern in einer simulierten oder imitierten Welt agiert und dies als individuelle Freiheit erlebt, hat es nicht länger sämtliche Fäden in der Hand, sondern ist in der Hand der Fäden, die von sehr unterschiedlichen Händen gespannt werden. Das Flanieren im Netz ist im Rahmen der Universalisierung medialer Kommunikation reversibel. Die Zeiten sind vorbei, in denen der eine alles sieht und dabei selbst nicht gesehen wird. So geben unsere mobilen Telefone Auskunft über die spezifische Topographie unserer Lebenswelt. Unsere Aktionen in virtuellen Welten können gegebenenfalls detailgetreue Portraits von uns zeichnen. Gepaart mit den anderen Technologien der Sichtbarkeit, wird der *gläserne Mensch* zur Realität. Sein Dresdner Vorfahre erregte in den dreißiger Jahren des zwanzigsten Jahrhunderts ungewöhnliches Aufsehen und fungiert noch heute als Monument des Begehrens nach vollständigem Durchblick. Doch wirkt er aus heutiger Sicht eher rührend. Hier war nämlich die Sichtbarkeit selbst noch sichtbar und fand ihre Grenze an der Materialität der Organe. Längst hat sich die Stofflichkeit selbst in die Unsichtbarkeit zurückgezogen, flankiert von Normalisierungsprozessen, in denen Menschen begeistert einen universalen Panoptismus zelebrieren. Nicht nur die Körper können beobachtet und gelesen werden, sondern auch Gedankenwege und Pfade der Lust. Die Maschen der Macht sind enger und stabiler geworden: Die Begeisterung, sich in ihnen zu verfangen, ist groß. Unbemerkt bleibt manchem, dass diese Form der Individualisierung lediglich die andere Seite der Totalisierung ist, die unsichtbar und wirkungsvoll Beute macht, und zwar im Netz. Der Lernende wird einerseits zum Lerner, zum Agenten, dem man nicht zu nahe treten darf, es sei denn als *Entwicklungshelfer*, *Animateur*, *Coacher* oder *Moderator*. Die Selbstdeutung des Menschen als Informationsknoten im Netz verbindet den Mythos der grenzenlosen Selbstherstellung mit einem beinahe lückenlosen Determinismus. Der lebenslang lernende Mensch erscheint aber andererseits als Rädchen im Getriebe globalisierter Gesellschaften. (Vgl. Stravoravdis 2001) Da kommt es zupass, wenn es nicht mehr das Ich ist, das lernt, sondern das Gehirn, strukturell gekoppelt an eine Umwelt, die zunehmend marginalisiert wird. Mit dieser Endzeitprognose sind wir am Anfang der Diskurse.

2. Der Neue Mensch

„Könnte es nicht sein, dass gerade die wesentliche Unbe-
kanntheit des Menschen seine Ebenbildlichkeit ausmacht?"
(Hannah Arendt, Denktagebuch I)

„Der Mensch ist das *Unthier* und *Überthier*; der höhere
Mensch ist der Unmensch und Übermensch: so gehört
es zusammen. Mit jedem Wachsthum des Menschen in
die Größe und Höhe wächst er auch in das Tiefe und
Furchtbare: man soll das Eine nicht wollen, ohne das andere – oder vielmehr: je gründlicher man das Eine will,
um so gründlicher erreicht man gerade das Andere."
(Nietzsche im Herbst 1887)

Vom *Neuen Menschen* war in unserer westlichen Tradition immer wieder die Rede,
selbst wenn nicht eigens diese Worte fielen. Das Begehren nach Optimierung des
Menschen wurde angestachelt durch seine Sündhaftigkeit, durch seine Hinfällig-
keit, durch seine Schwächen und Fehler, aber auch forciert durch seine rasant
wachsenden technologischen Fähigkeiten. Man konnte und kann sich nicht mit
seiner bescheidenen Existenz, mit seiner Sterblichkeit abfinden. Ständig wurde mit
dem Übermenschlichen geliebäugelt. Mitunter zahlten Menschen selbst den Preis
für ihren Ehrgeiz, indem sie für ihre Anmaßung Strafen auf sich nehmen mussten.
Die Geschichten von Prometheus oder von Adam und Eva versinnbildlichen solche Schicksale. Bisweilen wurden jedoch auch andere auf dem Weg zur jeweils historisch spezifischen Idealvorstellung geopfert. Das menschliche Gehirn nahm dabei immer schon eine besondere Rolle ein. Als schwer zugänglich eingeschätzt, ver-
mutete man bereits in alten Zeiten in ihm die Wohnstätte des Geistes. Dabei ändert
sich die Bedeutung des Wortes *Gehirn* mit der Zeit auch in Abhängigkeit von den
herrschenden Vorstellungen vom menschlichen Geist. So wurden die Pneumaleh-
ren durch das Modell der Animalgeister abgelöst. Dann spekulierte man über die
Rolle der Ventrikelflüssigkeit. Man vermaß Schädel. Man galvanisierte sie. Man
stieß schließlich auf ihre Chemie. Stets wollte man in die Hirne hineinsehen, und
zwar möglichst dann, wenn sie noch lebten. Opfer dieser Neugierde wurden immer
wieder Menschen, deren menschlicher Status durch gesellschaftliche Normen nicht
gesichert war. In alexandrinischer Zeit wurde etwa Verbrechern bei lebendigem

Leibe der Schädel geöffnet. Kopfjäger in Afrika sorgten in viktorianischer und wilhelminischer Zeit für Schädelnachschub, auf den deutsche Forscher ungeduldig warteten. (Vgl. Baer/Schröter 2001) Es gab aber auch *günstige Gelegenheiten*. Die Einführung der Guillotine lieferte frisches Material, das unmittelbar zur Verfügung stand. (Vgl. Arasse 1988, S. 52ff.) Unter der Tötungsmaschine befanden sich mitunter Kammern, in denen die Objekte der Begierde aufgefangen und von dort aus den Laboren eilends zur Erforschung zugestellt wurden, wenn sie nicht sogar vor Ort umgehend Gegenstand ausgeklügelter Experimente waren. Endlich sollte nachgewiesen werden, dass die plötzliche Trennung des Kopfes vom Rumpf dazu führte, dass Bewusstsein und Empfinden andauerten, so dass die Delinquenten gleichsam zu Zeugen ihres eigenen Todes werden konnten. Wie heute auch bettete man die abstoßenden Experimente gelegentlich in eine *Ethik des Heilens*. So wollte man empirisch nachweisen, dass die Galvanisierung von Augenlinsen eine Heilung des grauen Stars in Aussicht stellen könnte. (Vgl. Mann 1977, S. 41)

Aufgrund neuer Waffen, die schwer beschädigten, ohne zu töten, boten die hirnverletzten Soldaten des Ersten Weltkriegs reiches Untersuchungsmaterial. „Die grausigen Verstümmelungen des Gesichts und die durch Gewehrschüsse bedingten Hirnverletzungen brachten – im wahrsten Sinne des Wortes – *Neue Menschen* hervor, wenn auch in ganz anderer Weise, als es sich die Sozialingenieure und Visionäre seit dem Beginn des Jahrhunderts ausdachten und planten. Beide Verletzungsarten verhielten sich in ihren Konsequenzen komplementär zueinander. In beiden Fällen handelte es sich um Zerstörungen der Persönlichkeit, das eine Mal von außen nach innen, das andere Mal von innen nach außen. Die medizinische Wissenschaft hat von diesen Versehrten profitiert. Die Neuropsychologie erweiterte ihr Verständnis über den Zusammenhang von Hirnläsion und Verhaltensänderung in erheblichem Umfang, die Kiefer- und Gesichtschirurgie konnte neue Operationstechniken ausprobieren, die ihr ansonsten unmöglich gewesen wären. Der Krieg als zynische Modernisierungsapparatur, das ist keine unbedingt neue Einsicht." (Hagner 2006, S. 94f.) Für die experimentelle Folter der Häftlinge aus dem Konzentrationslager Dachau überlegte man sich später nicht einmal mehr eine Legitimation. Weil die Selbstversuche im Hinblick auf die Höhenkrankheit aufgrund bleibender Schäden der Betroffenen an Grenzen geraten waren, wurden luftfahrtmedizinische Untersuchungen mit Unterdruckkammern simuliert. So genannte terminale Versuche lieferten beispielsweise Sigmund Rascher *Material* zur Sektion, nachdem er minutiös die Leiden der Opfer protokolliert hatte. (Vgl. Kressner/Ruisinger 2001, S. 126ff.)

Noch immer ist man in der Verlegenheit, das gesunde Hirn nicht planmäßig stören zu dürfen. Funktionen sind also in ihren Abweichungen nur dann zu studieren, wenn autarke Hirnschäden vorliegen. Lediglich mit Hilfe der transkranialen Magnetstimulation können heute kurzzeitige Beeinträchtigungen elektromagnetisch verursacht werden. So folgenlos dieses Untersuchungsverfahren auf den ersten Blick erscheint, so sehr kann es ein entscheidender Schritt in der Normalisierung der Auffassung sein, Hirnmanipulationen dienten einer *Ethik des Heilens* und der Verbesserung des Menschengeschlechts. Die Frage, ob Funktionsstörungen zum Zwecke der Forschung ausgelöst werden dürfen, bleibt so lange virulent, bis Menschen in ihrer Selbstbezüglichkeit wahrgenommen und von bloßen Objekten unterschieden werden. Allerdings sind Teilbereiche der medizinischen Forschung heute dabei, den Menschen insgesamt in einen anonymen Zellhaufen oder Informationsträger zu transformieren, also von einem *jemand* in ein *etwas*, das reproduktiv genutzt sowie verbraucht und monetär aufgewogen werden kann. Im Sinne eines materialistischen Monismus erhalten wir keine Auskunft über den besonderen menschlichen Status. Machttechnologien bestimmen, wer forscht und an wem geforscht wird, wer Züchter ist, wer Gezüchteter. Was hierbei die Berufung auf Grundrechte ausrichten kann, ist fraglich. Sie sind zum einen nicht auf solche Probleme eingestellt, und zum anderen werden sie permanent in Zweifel gezogen durch eine medienwirksame Fundamentalneurologie, welche Rechtsprechung in präventive Diagnostik umgestalten will. Aus ihr folgt, dass Menschen für das, was sie (noch) nicht getan haben, aber vermutlich aufgrund ihrer auffälligen Hirnstruktur tun werden, isoliert und therapiert werden sollen. Das Tableau wird dabei durch eine Sicherheitspolitik des permanenten Verdachts bereitgestellt, die Angst schürt, um alles kontrollieren zu können. Die Gesichtsmoulagen von Verbrechern, welche im neunzehnten Jahrhundert nach Auffassung von Kriminalanthropologen die verwerfliche Physiognomie im Tode festhielten, haben in den Hirnscans ihre bejubelten Nachkommen gefunden. Die Beobachtungstechnologien sind jung, das mit ihnen verbundene Projekt ist im Greisenalter. „Den Neurowissenschaften scheint in besonderer Weise die Figur der Prolepsis eingeschrieben zu sein: In ihrer langen Beschäftigung mit relativ gleichbleibenden Problemen schließen sie zwar immer neue, faszinierende Wissensräume auf, die zentralen Fragen jedoch, wie sie spätestens seit dem 19. Jahrhundert formuliert wurden, waren und sind sie stets nur thetisch zu lösen in der Lage – gleichsam in einem chronischen Vorgriff auf die Lösung des Rätsels des Bewusstseins." (Borck 2006, S. 91) Man sucht in der Natur den Geist und will „bloß in dem, was künstliche Instrumente zeigen, die Natur erkennen, ja, was sie leisten kann, dadurch beschränken und beweisen." (Goethe 1976/1829, S. 138) Nur wenn man dem „Welträtsel" auf die Spur kommen könnte, gleichsam „die Seelentätigkeit aus dem Bau des Gehirns ihrer Natur nach so begreiflich, wie die Absonderung aus dem Bau der Drüse" machen könnte (Du Bois Reymond 1974/1872, S. 76), wäre man in der Lage, endlich einen *Neuen Menschen* zu kreieren, der alle Makel des alten überwunden hat.

> Wagner flüstert Mephistopheles im Laboratorium zu:
> „Es wird ein Mensch gemacht." Mephistopheles staunt:
> „Ein Mensch? Und welch verliebtes Paar
> Habt ihr in's Rauchloch eingeschlossen?"
> Wagner amüsiert sich über den altmodischen Mephistopheles:
> „Behüte Gott! wie sonst das Zeugen Mode war
> Erklären wir für eitel Possen.
> Der zarte Punkt aus dem das Leben sprang,
> Die holde Kraft die aus dem Innern drang
> Und nahm und gab, bestimmt sich selbst zu zeichnen,

Erst Nächstes, dann sich Fremdes anzueignen,
Die ist von ihrer Würde nun entsetzt;
Wenn sich das Tier noch weiter dran ergötzt,
So muß der Mensch mit seinen großen Gaben
Doch künftig höhern, höhern Ursprung haben."
Er behält dabei die Produktion des Menschenstoffs in einem Kolben
auf dem Herd im Auge:
„Was man an der Natur geheimnisvolles pries,
Das wagen wir verständig zu probieren,
Und was sie sonst organisieren ließ,
Das lassen wir kristallisieren. […]
Ein großer Vorsatz scheint im Anfang toll,
Doch wollen wir des Zufalls künftig lachen,
Und so ein Hirn, das trefflich denken soll,
Wird künftig auch ein Denker machen."

                                    (Goethe, Faust II, 6836-6870)

Der *Neue Mensch* aus Menschenhand – das ist nicht erst eine Vision von Gentech-
nologen. Sie ist alt, war allerdings oft Gegenstand von Geheimlehren. Die Empfindung des Frevels war angesichts der göttlichen Vorherrschaft stets gegenwärtig. Dabei hat der *Neue Mensch* ein doppeltes Gesicht: einmal als der jeweils Neugeborene,
zum anderen als neuer Menschheitstyp. Beide Gesichter gehören zusammen. Denn
mit Kindheitsbildern verbinden sich nicht selten Utopien einer neuen Gesellschaft.
Sie fungieren etwa an der Wende vom neunzehnten zum zwanzigsten Jahrhundert
als Gegenbild zu einer zivilisierten und technisierten Gesellschaft, das angesichts
des gigantischen Ausmaßes industrieller Produktion und hysterischen Großstadtle-
bens einen sehnsuchtsvollen Blick zurück auf die paradiesische Unschuld bedeutet.
Die Geschichte wird umgedreht. Nachdem das jenseitige Heil im achtzehnten
Jahrhundert zunehmend seine sinnstiftende Kraft eingebüßt hat, lastet auf dem
Menschen die Bürde, seiner Wirklichkeit selbst Sinn abzuringen, Ziele zu stecken
und Wege zu finden. „Die Suche in uns selbst aber, die nun beginnt, sucht nach
einer untergegangenen Unschuld, die wir vergessen haben, die flüchtig da war.
Sentimentalisierung ist darin früh enthalten, eine Weise der nervösen Existenz, eine neue, unsichere Empfindsamkeit." (Heydorn 2004b, S. 85) Diese findet ihren
Widerhall im Kind. Es wird daher zum Sinnbild der Suche nach dem Verlorenen,
das nicht länger in der Zukunft vermutet wird, sondern in einem dichten Wurzel-
grund, dem kein Begriffsvermögen gewachsen ist.

   Lernen meint auf gewisse Weise stets einen Weg zum *Neuen Menschen*. Es zieht
besonders dann die ganze Hoffnung auf sich, wenn sich die Formen des Zusam-
menlebens ändern sollen oder müssen, weil die überlieferten Möglichkeiten an ihre
Grenze gekommen sind. Heute ist der *Neue Mensch* in erster Hinsicht ein Lernender. Seit den siebziger Jahren des vorigen Jahrhunderts wird das Stichwort *lebenslanges Lernen,* ausgehend von Berichten europäischer Kommissionen, als Zukunfts-
formel verbreitet. Den Auftakt macht der so genannte Faure-Report. Im Titel lautet

es dort französisch „apprendre à être" oder in der deutschen Übersetzung „wie wir leben lernen". Nur ein Jahr später folgte der OECD-Bericht *Recurrent education – A strategy for lifelong education*. Die Vorstellungen einer permanenten Erziehung orientierten sich zunächst in den späten sechziger und frühen siebziger Jahren an humanistischen und emanzipatorischen Idealen. Das *lebenslange Lernen* trägt dagegen deutliche Spuren ökonomischen Denkens. (Vgl. Liesner 2006) Es ist auf Flexibilität und Konkurrenz ausgerichtet. Dazu passt, dass man nach der Auffassung populärer Hirnforscher Lernen überhaupt nicht vermeiden kann. Lernen ist gleichsam ein unhintergehbares *Anliegen* jedes menschlichen und auch tierischen Gehirns. „*Lebenslang lernen* sollen: So wandelte sich die emanzipatorische Absicht der 1970er Jahre, durch ‚lifelong education' partizipative gesellschaftliche Entwicklungsprozesse anzustoßen, unter der Hand zur Bringschuld jedes Einzelnen, sein ‚Potenzial' ständig ‚upzudaten' und auf dem Laufenden zu halten." (Pongratz 2006, S. 166) Die Hauptlast liegt auf den Lernenden. Ihnen kann keine verlässliche Hilfe zuteil werden, weil es längst durch die Hirnforschung *erwiesen* oder sogar *bewiesen*, zumindest aber *bestätigt* ist, dass sie als geschlossen operierende Hirnmaschinen arbeiten, welche genetisch determiniert sind und vor allem selbstbezüglich fungieren. (Vgl. Terhart 2006, S. 86) Ökonomische Konfliktlagen werden in dieser Sicht als Bildungskrisen wahrgenommen und behandelt. *Lebenslang lernen* – das klingt nach Aufbruch, Dynamik und auch danach, dass man selbst sein Schicksal in die Hand nehmen kann. Lernen richtet sich schließlich stets auf Neues. In der lebenslangen Chance auf Anpassung an den gesellschaftlichen Wandel (vgl. ebd., S. 162) spiegeln sich Vorstellungen von Kontinuität und Ganzheitlichkeit.

Im Begriff der Anpassung verdichtet sich ein zeitgemäßes Verständnis, das Lernen als biologische Notwendigkeit betont. Nur weil Menschen lernen, haben sie überleben können. Darüber hinaus meint Lernen ein soziales Erfordernis. Angesichts der Globalisierung muss der Umgang mit fremden Kulturen und unterschiedlichen Traditionen gelernt werden, ohne partikulare Interessen zu opfern. Globalisierung und Regionalisierung sollen dynamisch verknüpft werden. Es gibt daher nicht nur lernende Individuen, sondern lernende Gesellschaften und lernende Regionen. Alles ist in Bewegung. Diese Lernauffassung trägt deutliche Signaturen der Zeit. Es kommt nämlich gar nicht so sehr darauf an, *was* man lernt, sondern *dass* man lernt. Lebensformen werden eingeübt und normalisiert, deren Hauptmerkmale Flexibilität und Konkurrenz sind. Wissen, Kompetenzen und Qualifikationen unterliegen einer permanenten Verbesserung. Lernen meint eine Art Informationsmanagement, das sich auf den Beruf wie auf das private Leben bezieht, die gegenwärtige wie die zukünftige Versorgung betrifft und das gesamte Leben organisiert, indem das Machbare getan und jedes Un- oder Nichtwissen bekämpft oder zumindest ignoriert wird. Das Kontinuum erträgt keine Lücken, Rückschritte, Irritationen. Die Signatur der Zeit ist Selektion der unbrauchbaren Elemente, Verstärkung passenden Verhaltens. Lernen muss vor allem einfach strukturiert und kontrollierbar sein. Es darf nicht viel Zeit verbrauchen. Es muss auf das Maximale zustreben. Es ist überall. Es ist die gesellschaftliche Antwort auf alle Probleme. Lernen spiegelt gesellschaftliche Programme wider, deren Verwirklichung es zugleich ermöglicht. Es ist das Element des Selbstmanagers, der niemanden durch sein Bedürfnis nach Fürsorge behelligt. Lernen ist dergestalt keine Naturtatsache eines genetisch programmierten Gehirns, sondern durch und durch geprägt durch die Gesellschaft, auf die es sich bezieht, und auf das Menschheitsideal, nach dem diese sich ausrichtet. Es ist nicht allein die Voraussetzung spätmoderner Gesellschaften, sondern vor allem deren Effekt.

Die unterschiedlichen Auffassungen von Lernen waren immer schon Antworten auf gesellschaftliche Konfliktlagen. Selbst behavioristische Theorien, die unter der Maßgabe wissenschaftlicher Objektivität entwickelt wurden, liefern keine Zeit unabhängige Definition. (Vgl. Heydorn 2004b, S. 104ff.) Mit ihrer grundsätzlichen Überzeugung von der technologischen Steuerung menschlichen Verhaltens repräsentieren sie ein Bild vom Menschen als klassische Maschine von Input- und Outputrelationen, die auch noch den neurologischen Ansatz der Lerntheorie Spitzers beherrscht. Während allerdings im Rahmen der Bildungsreformen der späten sechziger und frühen siebziger Jahre des zwanzigsten Jahrhunderts eine weitgehend unreflektierte Klassenstruktur die Stufenleiter von Lernmöglichkeiten festschrieb, die sich vom mechanistischen Lernen über die eigenständige Reorganisation des Gelernten bis hin zum Wissenstransfer erstreckte, kommen in der *besten Lernmaschine der Welt*, dem menschlichen Gehirn, Mechanik und Kognition zusammen. Der Klassenkampf findet nun zwischen den Arealen statt.

Hinter dem ersten Anschein von Klarheit und Verständlichkeit verbirgt sich ein kompliziertes Gemisch aus technologischen und organologischen Weltbildern, in denen mit dem Label des *Selbst* Maschinenvorstellungen des Menschen mit romantischen Ganzheitssehnsüchten sowie den Imperativen einer vorkulturellen Natur verschmolzen werden. „Es mag paradox klingen, doch mit Hilfe des Computers hat sich die technizistische Vorstellung vom Gehirn wieder in eine organizistische verwandelt. Die Purifizierung der Abstraktion ist einer sinnlich-üppigen Wiederverkörperung gewichen. Man betrachtet nicht mehr ein hypothetisches Neuron oder einen abstrakten Schaltkreis, sondern das ganze Gehirn in Aktion. Entsprechend haben sich neue semantische Felder, Metaphern und Assoziationen gebildet, die zu einer Anthropomorphisierung des Gehirns geführt haben, die darin besteht, daß menschliche Attribute wie Fühlen, Einschätzen oder Entscheiden bedenkenlos auf das Gehirn selbst appliziert werden." (Hagner 2006, S. 221) Dieses Menschenbild ist lediglich im Hinblick auf die tragenden Technologien neu. Im Grunde spinnt es den phrenologischen Traum der Hirnforscher des neunzehnten Jahrhunderts weiter, den Geist *in natura* zu beobachten. Damit wäre die Lösung aller gesellschaftlichen Probleme gefunden: Neben gentechnologischen Reparaturen garantierten Hirnmanipulationen ein störungsfreies Funktionieren. Der Streit um Inhalte wäre hier nur im Wege. Die Methode ist das Entscheidende, das Verlässliche in hochdynamischen Informationsgesellschaften. Die Formalisierung des Lernens ist eine notwendige Bedingung dafür, es als zentrales Element von Gesellschaftsreformen zu proklamieren. Je abstrakter seine Bestimmung, umso wirkungsvoller die Sprachmagie. An dieser Stelle bietet sich ein Abschweifen in die Vergangenheit an.

Bereits die platonische Philosophie war eine Antwort auf die unsichere Lage einer Demokratie im damaligen Verständnis. Die mythische Ergebenheit in das Schicksal und die damit verbundene Orakelkunst waren zum Teil einer rationalen Sicht auch auf die Zukunft der Gesellschaft gewichen. (Vgl. Meyer 1994, S. 14ff.) Kalender, Geldwirtschaft und die Entwicklung des Maßwesens beförderten diese Entwicklung. „Der Wandel des griechischen Lebens von einer ländlich-agrarischen Adelsordnung zu einer städtisch-demokratischen Handelsgesellschaft implizierte die Neuorganisation der Herrschaftsverhältnisse: Politische, rechtliche und gesellschaftliche Entscheidungsprozesse wurden nicht länger vom Adel allein getragen, sondern waren Resultate der Auseinandersetzung unterschiedlichster Interessengruppen. Das verlangte geradezu nach einer, […], Kultur des politisch-öffentlichen Diskurses." (Ebd., S. 71) Die Redekunst gelangte zu hohem Ansehen, versetzte sie doch jenen, welcher sie beherrschte, in den Stand, in eigener Sache kompetent und einflussreich mitzusprechen. Die Blüte der perikleischen Demokratie wurde von wirtschaftlichem Wachstum und militärischer Macht angebahnt sowie begleitet. Dennoch war die Umbruchzeit gezeichnet von zahlreichen Unsicherheiten. Man konnte sich nicht mehr auf die Gottesgaben verlassen. Das menschliche Lernen wurde zu einem zentralen Thema. Bereits Solon, der mit seiner Reform der Rechtsprechung wesentlich zur Demokratisierung der Verhältnisse beigetragen hatte, begrüßte, dass er bis ins hohe Alter lernen konnte. Dabei war die Vorstellung universeller Machbarkeit dem klassischen griechischen Denken genauso fremd wie ein omnipotentes Subjekt. Die Sophisten, die man als erste professionelle Lehrer betrachten kann, gingen davon aus, dass Bildung ein allgemeines öffentliches Gut sei, das allen potenziell zusteht. Sie nahmen für sich in Anspruch, gegen Bezahlung alle alles lehren zu können.

Das galt auch für das damals zentrale Grundproblem, ob Tugend lehrbar sei, ob also jene, welche diese nicht als Göttergeschenk erhalten haben, sie erwerben könnten. Zu Platons Zeit musste die Adelsgesellschaft, die *arete* zu ihrem selbstverständlichen Privileg zählte, ihre ererbten Vorrechte abgeben. Der *Areopag* wurde in Athen gestürzt. Zu Beginn gehörten diesem Alten Rat nur *Eupatriden* an, die sich auf ihre *arete* durch Geburt verlassen konnten. Ihnen folgten die *Archonten*, die durch Reichtum Macht und Ansehen gewonnen hatten. Schließlich wurden die Mitglieder durch Losverfahren bestimmt, was dazu führte, dass die Eignung vom Zufall abhängig wurde. Als der *Areopag* gestürzt wurde, hatte er im Inneren bereits an Ansehen verloren. „Jetzt geriet die Politik wirklich in die Mitte der Bürgerschaft." (Meyer 1993, S. 361) Es entstand eine eigentümliche Mischung aus Unsicherheit und Freiheit, eine Atmosphäre, die sich nicht nur in den zeitgenössischen Tragödien widerspiegelt, sondern auch in der Weise philosophischen Fragens. Es stand nicht mehr fest, was *arete* war. Man musste danach grundlegend fragen. Dazu war es nötig geworden, über die angeborenen Privilegien hinaus auch andere Möglichkeiten in Betracht zu ziehen, welche der Willkür entzogen waren und nicht in bloße Gewalt mündeten. In Frage kam das göttliche Vermögen der Menschen, der *nous* oder der *logos*, also die Vernunft. Der Beste zu sein, musste unter Beweis gestellt werden, und war nicht länger lediglich eine Frage des Schicksals. Zu dieser

Demonstration eignete sich die öffentliche Rede der Polismitglieder am besten. Diese musste gelernt werden.

Grundsätzlich gab es dabei zwei Wege für dieses Lernen. Die Sophisten gingen nicht davon aus, dass sich Lernen auf wie immer geartete Göttergaben stützen musste. Es war herzustellen wie andere Produkte auch. Die Redekunst boten sie ebenfalls als Händler an. Platon verhöhnte sie deshalb als „Redeningenieure". (Vgl. Buchheim 1986, S. 6) Die Sophisten verkauften ihre Lehre an wohlhabende Bürger. So verlangte Protagoras „die beträchtliche Summe von 10 000 Drachmen". Das entspricht dem Zehntausendfachen eines Tageslohns eines qualifizierten Arbeiters. (Vgl. Marrou 1957, S. 79) Man musste sich Lernen also leisten können. In dieser Perspektive rückten Lernen und Erwerben nahe zusammen, was die Verachtung mancher Adliger auf sich zog. Die Sophisten mussten ständig den Erfolg ihres Tuns unter Beweis stellen. Ihre Werbung mit brillanten Schülern war erfolgreich. Bald hatten sie einen begeisterten Anhängerkreis unter den Jungen. Dieses Lehren war effektiv und versetzte die Interessenten rasch in den Stand des öffentlichen Mitredenkönnens. Weil sie Bildung nicht mehr an die Herkunft knüpften, sondern im Prinzip allen zutrauten, sind die Sophisten durchaus als Aufklärer anzuerkennen.

Sokrates und Platon boten einen anderen Weg. Sie verurteilten das Geschäft mit dem Lernen. Ihnen ging es um die Suche nach Wahrheit und damit um eine wahrheitsgebundene Frage nach der Tugend. Lernen war nach ihrer Auffassung nicht herzustellen. Es wurde unter Schmerzen verwirklicht wie die Geburt neuen Lebens unter Wehen. Die Frage blieb beunruhigend, ob Tugend lehrbar sei. Während sich die Sophisten mit derlei Schwierigkeiten nicht aufhielten, stellten Sokrates und Platon nicht nur das Wissen um die Sache zur Diskussion, sondern stets auch das damit verbundene Wissen um sich selbst. Die Sorge um die Seele war der Schwerpunkt ihres Konzepts. Der *Neue Mensch* war in ihren Augen jener, welcher die Gottesgabe der Vernunft maßvoll einsetzen konnte. Sokratisch bedeutete dies, dass immer wieder nach den Grenzen des Wissens zu forschen war. Im platonischen Denken standen die Ideen im Hintergrund, eine Geborgenheit, für die es sich zu kämpfen lohnte.

Für die Sophisten war der Titan Prometheus entscheidender Gewährsmann. Er hatte den Menschen mit dem Raub des Feuers das technische Wissen gebracht. Seine Strafe besteht in verschiedenen literarischen Versionen in einem körperlichen Schmerz, der für den Unsterblichen nicht endet. Die Erzählung über Prometheus spielt in einer ihrer Varianten auch bei Platon eine Rolle. Platon legt dem berühmten und hoch anerkannten Sophisten Protagoras den Mythos von der Entstehung der Kultur in den Mund. Er greift damit das Titanische der Sophisten listig auf, um es in einen Widerspruch zu treiben. Der *Neue Mensch* entsteht aus einer Verlegenheit, die selbst wieder ihren Grund in der Bruderliebe hat. Prometheus lässt seinem Bruder Epimetheus den Vortritt bei der Ausgestaltung der Erdwesen, welche die Götter ans Licht geschickt haben. Dieser verteilt – wie es den Anschein hat – sehr gerecht: Bei denen, welche stark waren, wurde an Schnelligkeit gespart. Jene, die schwach waren, wurden mit Geschwindigkeit begabt. Stets war Epimetheus auf den Ausgleich der Kräfte bedacht. Sein soziales Engagement führt ihn in die Verlegenheit, die nichtvernünftigen Lebewesen zwar perfekt ausgestattet zu haben, allerdings ohne an den Menschen zu denken. Dieser ging leer aus. Er blieb nackt und hilflos. Aus dieser Verlegenheit rettet ihn sein Bruder Prometheus. Er stiehlt Hephaistos und Athene das Feuer sowie ihre technische Weisheit. Er schenkt damit ein behagliches Leben, ruft dadurch aber zugleich einen Unruheherd hervor. Obgleich es sich die Menschen bequem machen konnten, waren sie ständig bedroht von den wilden Tieren. Aber auch, als sie sich zum Schutz vor diesen Tieren in Städten zusammenfanden, waren sie nicht sicher, dieses Mal allerdings voreinander, denn es fehlte ihnen die *bürgerliche Kunst*, um ihre politische Existenz zu organisieren. Zeus hatte Mitleid mit diesen Wesen, die nur mit dem technischen Wissen ausgestattet waren, und sandte den Boten Hermes, der ihnen *dike* und *aidos* übergab. Der Göttervater befahl ihm, diese Gaben an alle zu verteilen, denn ohne Rechtschaffenheit und Scham sei ein Leben in der Polis unmöglich. (Vgl. Platon, Protagoras, 322c f.) „Was sich der Sophist im Mythos attestiert, ist der Vorrang der Kunst, ein *politēs* zu sein, vor allen anderen Überlebungskünsten. Unversehens bestreitet er dabei der mythischen Bezugsfigur der Sophistik die Fähigkeit, diese Kunst für die Menschen zu erwerben und ihnen zu vermitteln. Es ist Zeus selbst, der den Menschen durch seinen Boten zwei neue Fähigkeiten zum Geschenk macht, *aidōs* und *dikē*, Rücksicht und Rechtsempfinden. Sie befähigen zum vereinten Leben in Städten und Staaten. Während die demiurgischen Fähigkeiten ein Raub an den Göttern gewesen waren, sind die politischen ein Geschenk des Zeus." (Blumenberg 1979, S. 364) Zeus *schenkt* Scham und Rechtschaffenheit. Als Geschenke geraten sie aus dem Bannkreis der Erwerbung. Protagoras nimmt sich selbst in seiner Erzählung des Mythos die Mittel aus der Hand. Wenn die bürgerlichen Tugenden, ohne welche das technische Wissen nichts nützt, ein Gottesgeschenk sind, dann sind sie nicht zu vermitteln. Eine Gabe ist nicht anzueignen. Die Sophisten scheitern in diesem Punkt an ihrem titanischen Programm, alles lehren zu können. Sokrates wollte niemandes Lehrer sein. Platon schloss die Nichtswürdigkeit des Menschen aus. Dieser war grundsätzlich geborgen in einem Ideenreich, an das ohne weiteres heranzulangen ihm allerdings verwehrt wurde. Dazu war Lernen notwendig, und zwar im Sinne einer Rückkehr an einen Ort, an dem die Seele vor ihrer leiblichen Geburt war.

Auch ein anderer *Neuer Mensch* wird aus dem Scheitern geboren: der zweite Adam, als der Jesus Christus bezeichnet wird. Er soll den Fehltritt des ersten Adams ausgleichen, der aus dem Paradies verstoßen wurde, weil er sich mit seiner Gefährtin Eva anmaßte, gegen Gottes Verbot zu verstoßen und wie Gott zwischen gut und böse unterscheiden zu können. Jesus Christus stirbt am Kreuz und nimmt dadurch die Sünden der Menschen auf sich. Fortan ging es darum, seinem Vorbild zu folgen und zumindest wieder einen paradiesähnlichen Zustand zu erreichen, ein *Neuer Adam* zu sein. Es gibt zudem eine darüber hinausgehende Interpretation, nach der sich mit Jesus Christus als neuem Adam nicht nur eine Rückkehr in den durch die Sünde depravierten Urzustand ergibt, sondern eine Vollendung des Menschen sich allererst und einzig durch und in Jesus Christus vollzieht: „Belügt einander nicht; denn ihr habt den alten Menschen mit seinen Taten abgelegt und seid zu einem neuen Menschen geworden, der nach dem Bild seines Schöpfers erneuert wird, um ihn zu erkennen." (Kol 3, 9f.; vgl. auch Eph 4, 20-24) Das Geschehen der Menschwerdung Gottes wird folglich als eine über die Schwachheit der Anfänge Adams weit hinausreichende Vollendung des Menschen begriffen.

Auf den *Neuen Adam* zielt ein vor allem pädagogisches Reformprogramm, das zunächst rückwärtsgewandt war. Es ging, wie es wohl Comenius als letzter umfassend und eindrücklich forderte, um die *restitutio in integrum*. In dieser Erneuerung (*re-formatio*) wurde Jesus Christus als *Neuer Adam* herbeigerufen. Auch hier wurden bereits Eingriffe in die Natur als Beweismittel genutzt. Das Pfropfen von Bäumen dient als Demonstration der Möglichkeit, den Menschen mit Eingriffen in den Gang der Dinge zu stärken. Erziehung und Zucht sind beide Gott gewollte Gestaltungen durch den Menschen im Sinne der göttlichen Schöpfung. (Vgl. Comenius 1993/1657, S. 39)

Allerdings wurden diese Restitutionen auch als Reaktion auf den Dreißigjährigen Krieg schnell zu Instaurationen, und zwar größten Ausmaßes. Jetzt waren Maschinen gefragt, welche das Reformwerk beschleunigten, leisteten sie doch überdies Beistand bei der Beseitigung von Arbeit, was als weiteres Indiz für paradiesische Zustände galt. (Vgl. Stöcklein 1969, S. 36ff.) Prometheus und der *Neue Adam* rücken aus dieser Sicht nahe zueinander, was im Würdediskurs der Renaissance auch in Anspruch genommen wurde. Pico della Mirandola lässt Gott als *architectus mundi* den Menschen mit einer unbestimmten Gestalt erschaffen, nicht etwa als Folge eines zerstreuten Titanenhandels, aber auch nicht im Sinne eines paradiesischen Unfalls, sondern aufgrund ausdrücklicher bildnerischer Absichten. Der Mensch steht danach im Zentrum der Welt und kann diese und sich selbst zum Besten bilden mit dem unvermeidlichen Risiko, auch alles verderben zu können. Die bildnerische Absicht hält in dieser *Schöpfung zweiter Ordnung* die Gottebenbildlichkeit des Menschen in Erinnerung, nicht aber das Bilderverbot, nach dem sich der Mensch kein Bild Gottes machen solle. In zunehmendem Maße und aufgrund der wachsenden Beherrschung der Welt spielt sich der Mensch als Assistent Gottes auf. Beherrschung muss dabei nicht unbedingt Ausbeutung meinen, sondern einen souveränen Umgang, so wie ihn manche in ihrer musikalischen Meisterschaft zeigen. Dieser zunehmenden Virtuosität stellt sich allein die menschliche Unfähigkeit entgegen, aus dem Nichts zu schöpfen – ein provozierendes Ärgernis, das weitere technologische Anstrengungen zur Folge hat.

Schöpfungsmythen verknüpften sich mit politischen Utopien und philosophischen Menschenbildern. Erst in der Moderne rückt eine Art Selbstschöpfung in den Vordergrund. Seit Beginn der Neuzeit gilt nur das als erkannt, was auch hergestellt werden kann. Insofern hängt der *Neue Mensch* damit zusammen, dass er sich selbst nicht nur erkennen, sondern prinzipiell auch herstellen kann. Die Vorbilder nehmen unterschiedliche Gestalten an. Lange Zeit war die Vergöttlichung zentrales Motiv. Mit dem Aufkommen der Selbstdeutung des Menschen zunächst als Körper- und dann als Geistmaschine verlagert sich die Sehnsucht nach Überwindung der eigenen Gebrechlichkeit zu einem Ideal des störungsfreien Funktionierens ohne Ende. Lernauffassungen werden von diesen Sehnsüchten geprägt. Vielleicht blieb die bis heute fungierende Umgestaltung des Menschen zur Maschine auch deshalb verborgen, weil der Sinnlichkeit jede Protestmöglichkeit genommen worden war. Das *animal rationale* opferte seine Animalität auf dem Altar der Rationalität *more geometrico*. Nietzsche wird nicht müde diese Selbsverkennung anzuprangern: „Zerbröckelt und auseinandergefallen, im Ganzen in ein Inneres und ein Aeusseres halb mechanisch zerlegt, mit Begriffen wie mit Drachenzähnen übersäet, Begriffs-Drachen erzeugend, dazu an der Krankheit der Worte leidend und ohne Vertrauen zu jeder eignen Empfindung, die noch nicht mit Worten abgestempelt ist: als eine solche unlebendige und doch unheimlich regsame Begriffs- und Wort-Fabrik habe ich vielleicht noch das Recht von mir zu sagen cogito, ergo sum, nicht aber vivo, ergo cogito. Das leere ‚Sein‘, nicht das volle und grüne ‚Leben‘ ist mir gewährleistet; meine ursprüngliche Empfindung verbürgt mir nur, dass ich ein denkendes, nicht dass ich ein lebendiges Wesen, dass ich kein animal, sondern höchstens ein cogital bin." (Nietzsche 1988a, S. 329) Das Selbstverständnis als *cogital* vereinfacht die Welt, blendet es doch die komplexen Verstrickungen mit den Dingen aus. „Er ist ein Denker: das heisst, er versteht sich darauf, die Dinge einfacher zu nehmen, als sie sind." (Nietzsche 1988c, S. 504) Auch die Selbstdeutung des Menschen als Maschine simplifiziert. Sie vernichtet den Ort für die Fähigkeiten und Möglichkeiten des Menschen, die sich nicht positiv darstellen lassen: das Nicht-Gedachte, das Abwesende, das Fehlende, die Sehnsucht, das Begehren. Es bedarf dieses Vergessens, damit die Utopie der Maschine nicht zur Parodie des Menschen wird.

Selbstverständnisse von Menschen sind Selbstverhältnisse. Sie wiederholen nicht lediglich eine ursprüngliche Vertrautheit mit sich selbst. Sie gründen vielmehr in einer Differenz zwischen dem Betrachter und dem Betrachteten. Damit gelangen konstitutive und provozierende Dunkelheiten in diese Verstehensvollzüge, welche Menschen beunruhigen und welche sie ohne Aussicht auf eine letzte Antwort dazu verdammen, ihren eigenen Sinn deuten zu müssen. Weder ihr *Zur-Welt-kommen* noch ihr Verschwinden aus ihr sind ihnen in eigener Erfahrung gegeben. Nur dass sie in der Zeit existieren, wissen sie. Ihr Leib erinnert sie ständig daran. Als zeitliche Wesen ist es ihnen versagt, eins mit sich zu sein. (Vgl. Merleau-Ponty 1966, S. 398) Sie kommen immer zu spät, weil ihre Reflexion das zu Denkende als Gedachtes stets hinter sich hat. Sein Ich ist dem Menschen nicht anders als im Modus des Entzugs gegeben. *Ich-sagen* kommt stets später als das *Ich-bin* oder *Ich-kann*. Daraus folgt, dass Selbstdeutungen Umwege erfordern. Unter bestimmten Voraussetzungen wird diese Versagung als Demütigung erfahren. Insbesondere in der Neuzeit wächst die Sehnsucht nach unvermittelter Selbstbegegnung. Es werden Grenzen gezogen und Ähnlichkeiten gesucht, welche in Aussicht stellen, die Leerstelle zu besetzen. Diese so gewonnenen Bilder füllen die Risse und Brüche notdürftig. Sie stehen für eine „orthopädische Ganzheit" im Status des Provisoriums. (Lacan 1973a/1949, S. 67) Die versöhnenden Bilder müssen in der Ferne des Menschen liegen, um nicht von seinen Schwächen infiziert zu werden. So legte das prekäre Verhältnis zur eigenen Endlichkeit bereits früh den Vergleich zu den unsterblichen

Göttern nahe. Aber auch das glückliche Dasein der Tiere, die durch keine Vergangenheit beschwert und von keiner bewussten Zukunft bedroht sind, verführte zu wechselnden Konkurrenten. Selbst die unbelebte Natur blieb auf der Suche nach Idolen nicht ausgespart, repräsentierte sie doch in ihren standhaftesten Vertretern wie z.B. den Steinen eine Unvergänglichkeit eigener Art.

Götter wurden unter anderem um ihre Macht über Leben und Tod beneidet. Mit ihnen teilte der Mensch den *logos*, der ihm die Bändigung seiner eigenen Wildheit zumindest ermöglichte, wenn auch nicht garantierte, blieb er doch eingekerkert in sein tyrannisches Fleisch, von dem er sich erst im Tod befreien kann. Tieren galt wegen ihrer körperlichen Stärke eine angstvolle Anerkennung. Sie mussten von ihrem Verwandten, dem *animal rationale*, durch Manöver und mit Hinterlist, kurz mit Hilfe von diversen Machenschaften unterworfen und beherrscht werden. Diese Herrschaft ist durch unterschiedliche Skrupel belastet, vor allem durch das Problem der Beseelung. Spekulationen über eine Tierseele sind vor allem im Mittelalter zahlreich. Deren mögliche Unsterblichkeit wollte der *Krone der Schöpfung* nicht behagen. In dieser Situation schafft ein neuer Konkurrent neben Göttern, Engeln, Dämonen, Tieren und Steinen Klarheit: die Maschine. Sie wird zum neuen Idol, ist sie doch Produkt menschlicher Tätigkeit und gleichzeitig Bild grundsätzlicher Makellosigkeit. Sie avanciert zum Signum dafür, dass Menschen nur das erkennen können, was sie auch herzustellen vermögen. Nicht länger ist Technik lediglich die von der Natur bedingte Vollendung ihrer selbst wie in der griechischen Klassik. Sie wird zum Schöpfungsakt, zu einer irdischen Manufaktur, die nur noch marginal mit der Natur verknüpft ist. Es hat ein Ende damit, dass sich der Mensch deren Gesetzen unterwirft. Das Bedingungsverhältnis wird umgekehrt. Beobachtungen haben nicht länger ihren Ursprung allein in den Sachen selbst. Es geht vielmehr darum, „selbst in Dinge Ordnung zu bringen, die natürlicherweise nicht aufeinander folgen." (Descartes 1969/1637, S. 31) Ordnungen werden von nun an vor allem mit Hilfe von Mathematik und Physik erfunden und nicht von den erscheinenden Dingen als *rationes rerum* abgelesen. Die Wirklichkeit hat zu gehorchen. Nach der unbelebten und belebten Natur ist die Reihe bald am Menschen.

Doch blieb es nicht dabei, lediglich zu beobachten. Nicht nur mythische, sondern reale Möglichkeiten zur Produktion von Menschen und insbesondere des *Neuen Menschen* werden diskutiert. Die Transformation einer durch Religion und Geburtsstand festgelegten Gesellschaft in eine aufgeklärte bürgerliche Leistungsgesellschaft sollte durch die Erneuerung des Menschen begleitet werden. So wollte auch Franz Joseph Gall gegen Ende des achtzehnten Jahrhunderts Ordnung in die Dinge bringen. Er wähnte sich auf dem Wege der naturwissenschaftlich fundierten Ausrottung unerwünschten Verhaltens. Für ihn wie für viele andere war das Gehirn der unbekannte Kontinent, den es analog zu den unerschlossenen Erdteilen zu kartographieren galt. Im Unterschied zu der bis ins achtzehnte Jahrhundert überlieferten Ventrikeltheorie, welche unspezifische Seelenkräfte wie Verstand, Gedächtnis, Imagination z.B. in Hirnbäuchen lokalisierte, war er auf der Suche nach spezifischen Hirnorganen. Diese Suche wurde ausgelöst durch seine Beobachtung, dass Geschwister derselben elterlichen Herkunft sehr unterschiedliche Charaktere aufwiesen. Diesen Charakteren wies er einen Ort im Großhirn zu. Unter den 27 von ihm diagnostizierten Hirnorganen war auch das spektakuläre 11., nämlich die Erziehungsfähigkeit, später gelegentlich als Gedächtnis bezeichnet. (Vgl. Becker 2004) Dieses Organ ist dem heute oft strapazierten limbischen System nicht unähnlich, wird in ihm doch alles untergebracht, was ansonsten keinen Ort findet. Auch ist das Organ Nr. 11 nicht nur autonom wie die anderen Organe. Ihm fällt überdies die Aufgabe zu, Auswüchse anderer Organe zu verhindern. Es übt „Gegenreitze" aus und bezähmt so vor allem die negativen Übertreibungen, in denen z.B. aus Stolz Herrschsucht wird. Positive Effekte finden ebenfalls Berücksichtigung, wenn etwa der Diebessinn in Eigentumssinn und Eitelkeit in Ehrgeiz transformiert werden. Das 11. Hirnorgan bändigt die Wildheit des Menschen. Kantisch gesprochen, handelt es sich hier also um ein Disziplinierungsorgan. Die Ausbildung der Organe wurde durch Abtasten der Schädeldecke ermittelt. Dort, wo sie besonders ausgeprägt waren, bildeten sich Höcker und Furchen. So hatte es der Verbrecher *faustdick hinter den Ohren.* Die Entzifferung der Schädelhöcker verschwand aus der Hirnforschung, die Bemühung um Lokalisationen setzte sich fort.

Bemerkenswert ist in pädagogischer Hinsicht, dass im neunzehnten Jahrhundert insbesondere die Suche nach solchen Mechanismen angestrengt wurde, deren hauptsächliche Funktion in der Hemmung bestand. Hemmung sollte nicht länger als unwägbare moralische Haltung betrachtet, sondern auf der Höhe der naturwissenschaftlichen Forschung erklärt werden. Nachdem in der aufkommenden bürgerlichen Gesellschaft Disziplinierung durch maschinenhafte Organisation individueller Gewohnheiten wie gesellschaftlicher Praktiken geschaffen worden war, sollte nun das Ideal der Selbstbeherrschung nicht lediglich zur zweiten, sondern gleich zu ersten Natur werden. Ein jahrhundertealtes Prinzip wurde naturalisiert. Die gut funktionierende Kooperation von Erziehung und Zucht in all ihren Varianten wird unter dem Einfluss von Evolutionstheorie und Hirnforschung brüchig, bis sie aufgrund gentechnologischer Visionen gänzlich auseinanderzureißen droht. Erziehung ist nur dann sinnvoll, wenn Zucht nicht alles ist.

Zu erinnern ist in diesem Zusammenhang auch an Ivan Sečenovs Theorie der Reflexhemmung. Sečenov, einer der entscheidenden Lehrer Pavlovs, hält begeistert fest: „Nun wollen wir dem Leser den ersten und größten Vorteil, den der Mensch erringt, indem er lernt, die Endglieder [also die Muskeln] seiner Reflexe zu hemmen, offenbaren: Hierdurch erhält er die Fähigkeit zu denken, zu entscheiden und zu urteilen." (Zit. n. Rüting 2002, S. 73) Endlich war man nicht länger auf Philosophie und religiöse Moral angewiesen, um Selbstbeherrschung zu legitimieren. Am „aufgeschnittenen und aufgenadelten Frosch [glaubte Sečenov] naturwissenschaftlich beweisen zu können, dass die Freiheit zu entscheiden und bewusst zu handeln durch Unterdrückungsmechanismen innerhalb des Organismus entsteht." (Ebd.) Diese Einschätzung entsprach der Aufbruchstimmung der russischen Intellektuellen in den sechziger Jahren des neunzehnten Jahrhunderts. Die Selbstbezeichnung *Intelligencija* bezog sich auf eine Gruppe, die gegen Zarismus und religiöse Orthodoxie auf den Fortschritt der Naturwissenschaften setzte. Von Anfang an waren naturwissenschaftliche Ergebnisse mit den Hoffnungen auf den *Neuen Menschen* verbunden. Resultate blieben nicht auf die Labore beschränkt, sondern in ein Tableau neuer Selbst- und Weltdeutungen eingefügt. Es ist unmöglich, alle Fäden aufzugreifen, welche sich zu einem gesellschaftlichen Gewebe verknüpften, in dem Individuum und Gesellschaft als spannungsreiche Beziehung gedeutet wurden und Überwindungssehnsüchte bis heute auf der individuellen Seite den *ganzen Menschen* und auf der gesellschaftlichen Seite das – sehr unterschiedlich gedachte – *System* beschworen werden.

Wenige Hinweise müssen genügen: Bis ins neunzehnte Jahrhundert bezogen sich Mediziner immer wieder auf die hippokratische Lehre von den Körpersäften, die Humoralpathologie. Krankheit wurde als Missverhältnis der Säfte bestimmt und behandelt. Der menschliche Leib hat unbestimmte Grenzen. Aus ihm konnte etwas heraustreten. In ihn konnte etwas eindringen. Miasmen waren als Krankheitserreger gefürchtet, und Wasser wurde eher als gefährliches Transportmittel verdächtigt, anstatt als Möglichkeit der Hygiene betrachtet. Hobbes konnte in seiner Staatstheorie noch Automatenvorstellungen und Humoralpathologie konfliktfrei verbinden. In der Überzeugung, dass der Mensch nur das versteht, was er grundsätzlich herstellen kann, konzipiert er im *Leviathan* den Staat als einen Automaten. (Vgl. Hobbes 1984/1651, S. 5) Dieser ist wie eine Uhr gedacht, die man in Einzelteile zerlegen und dann wieder zusammensetzen kann. Die einzelnen Funktionsteile werden durch die Staatsbürger gebildet. Diese mechanistische Staatsauffassung brachte er mit der damals gängigen medizinischen Säftelehre zusammen, um die Folgen unerwünschten Verhaltens zu veranschaulichen. Ungesetzliche Volksversammlungen wurden von ihm als Dyskrasie der Körpersäfte erläutert. (Vgl. ebd., S. 184) Ein geschlossenes Selbst war im Rahmen der Säftelehre undenkbar. Damit das seiner selbst gewisse Subjekt konzeptionell Fuß fassen konnte, musste vieles geschehen. (Vgl. Koschorke 2003) Transzendentalphilosophie reichte allein nicht aus. Flankiert wurde sie u.a. durch die Aufklärungspädagogik, welche durch ihr oberstes Ziel der Selbstbeherrschung zur Subjekt-Objekt-Differenzierung beitrug. Körper beherrschten hier Körper. Deren Übung stand im Vordergrund.

Mit Virchows Cellularpathologie trat ein neues Verständnis von Krankheit und Gesundheit in den Vordergrund, das sich sehr rasch auch in gesellschaftliche Vorstellungen umsetzte und der neuen Differenz von Individuum und Gesellschaft eine Sprache verlieh. (Vgl. Goschler 2002, S. 279ff.) Das neue Körperbild der Gesellschaft war der Zellverband, der Organismus, wie er im zwanzigsten Jahrhundert zumindest in Parsons' Gesellschaftstheorie mitklingt. Die Behandlung von Krankheit – individuell und gesellschaftlich – wurde durch Verfahren der Chirurgie und Ausmerzung erweitert. Ohne Umstände konnte der Diagnostik einer kranken Gesellschaft nun die Therapie folgen: Malthusianismus und Eugenik.

Gleichzeitig hatte sich die cephalozentrische Linie der medizinischen Deutungen des Menschen im Verlaufe einer sehr wechselhaften Geschichte gegen die cardiozentrische durchgesetzt. Auch wenn die Erkenntnisse unter dem Einfluss der immer genaueren Beobachtungstechniken stets reicher und korrekter wurden, manches war von Anfang an evident. Die griechischen Ärzte Herophiles und Erasistratos konnten bereits im dritten Jahrhundert vor unserer Zeitrechnung auf Ergebnisse von Vivisektionen zurückgreifen. Weil die Berührung des Leichnams Tabu war, analysierten sie Verbrecher, „solange sie noch atmeten." (Vgl. Changeux 1984, S. 17) Ihre Ergebnisse förderten die Differenzierung von Kleinhirn, Großhirn und Rückenmark zu Tage. Auch hinsichtlich der Hirnwindungen hielten sie Kenntnisse fest, welche bis ins siebzehnte Jahrhundert nicht übertroffen werden sollten. Gall zeigte sich bereits in den neunziger Jahren des achtzehnten Jahrhunderts zuversichtlich: „Am Ende steht der Mensch, das drollige Mittelding zwischen Vieh und Engel ganz durchsichtig [...] da." (Zit. nach Oeser 2002, S. 118) Die Betrachtungsweisen hatten sich geändert. Man war nicht länger daran interessiert, das Gehirn so genau wie möglich darzustellen, wie Tizian und van Kalkar nach der Anatomie des Vesalius oder noch Sömmering, nun interessierte man sich für die Funktionen. Der Formalisierung des Denkens folgte jene seiner physischen Voraussetzungen. Diese Verlagerung des Interesses bleibt zunächst aufgrund der sprachlichen Gestaltungen unauffällig. So schrieb man von Gehirnorganen, aber man forschte nach den Funktionen. Der dunkle Kontinent sollte erleuchtet werden. Auf diesem Weg schien es kein Tabu zu geben.

Man muss kein Physiologe, kein Psychologe und auch kein Pädagoge sein, um mit dem Pavlov'schen Hund etwas anfangen zu können. Sofort fällt einem ein: Das ist doch der Hund, der auf einen Glockenton hin speichelt, also auf einen in diesem Kontext eigentlich unwesentlichen Reiz hin reagiert, wie er es sonst nur tut, wenn ihm Futter dargeboten wird. Zum geflügelten Wort wurde der *Pavlov'sche Hund* als Bezeichnung für manipulierte Reaktionen. Seit Glasnost sind die russischen Archive geöffnet. Wir wissen heute ungleich mehr über Pavlovs wissenschaftliche Arbeiten etwa zur psychischen Sekretion als früher. Aufgrund der russischen Sprache war er ehemals ein bevorzugter Forschungsgegenstand von Wissenschaftlern der DDR. Hier durfte man ebenso wenig wie in der damaligen Sowjetunion damit rechnen, dass Pavlovs Forschungen objektiv beurteilt wurden. Sein physiologischer Materialismus war zu Stalins Zeiten systemadäquat, auch wenn Pavlov dem gelegentlich widersprochen hat. Vor allem aber sein Nachfolger Leon Orbeli konnte nur als Fälscher der Pavlov'schen Lehre aus dem Amt entfernt werden, hatte jener doch auch die Bedeutung des autonomen Nervensystems sowie peripherer Regulationsmechanismen betont. „Konzepte, die Selbstregulation sowie unbewusste Triebe und Motivationen postulierten, wurden verteufelt." (Rüting 2002, S. 26) Bykov, der statt Orbeli zum Nachfolger Pavlovs eingesetzt wurde, vertrat die willkommene Auffassung, dass alle Lebensfunktionen durch das Gehirn gesteuert werden. Auf die – wie man später kritisch sagte – „diktatorische Rolle des Cortex" – kam es an. (Vgl. ebd., S. 28) Ohne das an dieser Stelle ausführlicher darstellen zu können, zeigt sich, dass naturwissenschaftliche Theorien nicht im Schonraum diesseits oder jenseits der Politik entstehen. Sie können passend und unpassend sein, was sich konkret in der Forschungsförderung niederschlägt. In dieser Hinsicht war Pavlov schon im neunzehnten Jahrhundert ein Favorit. Seine Forschungen gehen zurück auf die Reformen der sechziger Jahre des neunzehnten Jahrhunderts, als man sich in Russland um den *Neuen Menschen* bemühte, der weder durch zaristische Unterdrückung noch durch religiöse Doktrinen bestimmt werden sollte. Hier wie anderenorts übernahmen die Naturwissenschaften die Aufgabe der Heilsverkündung des *Neuen Menschen*. Pavlov wuchs als Klosterschüler in diese Atmosphäre hinein und wurde zum asketischen Priester einer positivistischen Wissenschaft, die den *Neuen Menschen* schaffen wollte. Seine Bedeutung ist ambivalent und bleibt es auch nach der Auswertung der nun zugänglichen Quellen. Auf der einen Seite können wir ihm nicht absprechen, seine religiöse Achtung vor den Lebewesen und sein humanitäres Engagement für die diätetische Verbesserung der Lebensverhältnisse unter Beweis gestellt zu haben, auf der anderen Seite schössen wir wohl über das Ziel hinaus, wollten wir ihn nur als altruistischen Weltverbesserer betrachten. Pavlovs zentrale Intuition bestand darin zu zeigen, dass die Humoralpathologie überholt ist. Seiner Auffassung nach spielen die nervlichen Aktivitäten eine viel wichtigere Rolle als bislang angenommen. „Unter Nervismus" – so definiert er – „verstehe ich eine physiologische Theorie, die zu beweisen versucht, dass das Nervensystem die größtmögliche Zahl von körperlichen Aktivitäten kontrolliert." (Zit. nach ebd., S. 86f.) Es wird bereits jetzt deutlich, dass Pavlovs Forschungen in einem viel engeren Zusammenhang mit heutigen Entwicklungen auf dem Gebiet der Hirnphysiologie stehen, als mitunter markiert wird.

Pavlov verdankt seinem Vorbild Ivan Sečenov sehr viel. Dieser hatte mit Fröschen experimentiert, um die moralisch erwünschte Selbstbeherrschung statt auf religiöse Weisungen auf naturwissenschaftlich zu erklärende Vorgänge zurückzuführen. Frösche sind auf eine gewisse Weise Ahnen der Aplysia. Diese Meeresnacktschnecke erreicht enorme Größen. Ihr unschätzbarer Vorteil liegt jedoch in ihrer überschaubaren Anzahl von Neuronen, an denen Forscher wie Kandel Lernmechanismen studierten. Dass diese Schnecke kein Gehirn hat, hindert nicht an der Übertragung auf menschliche Lernprozesse. Wie diese Nacktschnecke wurden Frösche im neunzehnten Jahrhundert als *Haustiere des Labors* geliebt, weil sie genügsam und eifrig in ihrer Reproduktion sind. Zudem sind ihre Eier besonders gut sichtbar. Sie bieten die Möglichkeit, die Entwicklung eines Lebewesens zu beobachten. Auch ihre beachtliche Beinmuskulatur bestimmte sie zu willkommenen Probanden. Sečenov inszenierte die Substitution religiöser Botschaften durch den objektivierenden Blick der Forschung, indem er sich mit drei *gekreuzigten* Fröschen fotografieren ließ. Das Präparieren von Fröschen wurde dadurch zu einer quasi geweihten Handlung erhöht, „und die präparierten, aufgenadelten Frösche wurden zu Märtyrern und Gekreuzigten des neuen Glaubens." (Ebd., S. 76) Pisarev erhebt die aufgenadelten Frösche zu einer Art Messias, indem er sagt: „Es ist hier, in diesem Frosch, wo die Erlösung und Erneuerung der russischen Menschen zu finden ist." (Zit. nach ebd., S. 76) Im *Neuen Menschen* trifft die neuronale Maschine den zweiten Adam.

Die religiöse Motivation verknüpft sich bei Pavlov mit einem unerbittlichen Maschinendenken. Der Organismus ist nichts anderes als eine „lebendige Maschine". Er sagt: „Eine Maschine, eine Maschine, und nichts mehr. Ein Apparat. Wo haben die Leute ihre Köpfe, wenn sie in sowas mehr sehen als einen Apparat." (Zit. nach ebd., S. 99, A. 64) Das gilt auch für den Menschen, selbst wenn dieser eine einzigartige Maschine darstellt. Mit dem Vergleich von Mensch und Maschine „ist natürlicherweise die daraus folgende Frage nach der Willensfreiheit verbunden, eine Frage, die natürlich von höchster Lebenswichtigkeit ist. Aber es erscheint mir möglich, sie streng wissenschaftlich zu besprechen (im Rahmen der gegenwärtigen genauen Naturerkenntnis), ohne zugleich dem allgemein menschlichen Empfinden zu widersprechen und eine Verwirrung in die Lebensordnung zu bringen.

Der Mensch ist natürlich ein System (gröber ausgedrückt, eine Maschine), die wie jedes andere in der Natur auch den unumgänglichen und für die ganze Natur einheitlichen Gesetzen unterworfen ist. Aber er ist ein System, das innerhalb des Horizonts unserer gegenwärtigen wissenschaftlichen Sicht auf Grund seiner Fähigkeit zur höchsten Selbstregulation einzigartig ist." (Pavlov 1971/1932, S. 75f.) Seinem Denken entsprechend, verwandelte Pavlov Hunde zu Apparaten, mit denen er chronische Experimente durchführen konnte. Er schuf die so genannten akuten Experimente ab, die in Deutschland etwa Friedrich Goltz durchführte und die stets den zumeist qualvollen Tod der Versuchstiere bedeuteten, und entwickelte als genialer Operateur Techniken, Hunde eine Zeitlang zu beobachten und dann weiterleben zu lassen. Wenngleich er als Ernährungsphysiologe zum Nobelpreisträger wurde, entfaltete sich seine umfangreiche Bedeutung auf dem Gebiet der Psychologie. Die Rezeption seiner Reflextheorie ermöglichte die empirische Erforschung menschlichen Lernens als messbare, dauerhafte Verhaltensänderung. Allerdings brachte sie in dieser Hinsicht kein entscheidend neues Denken auf den Weg. Sie nistete sich in eine Tradition ein, in welcher die philanthropinistische Dressur längst gut funktionierende Körpermaschinen produzierte und in Denkzimmern bereits das Lernen unter Laborbedingungen vorweggenommen wurde.

Das Maschinenbild wurde in der behavioristischen Tradition selbstverständlich. Es bürgerte sich ein. Zu Beginn sah Watson sich noch bemüßigt, zu erklären, warum der Körper eine organische Maschine sei. Er weist darauf hin, dass der Körper aus Teilen bestehe, dass er begrenzt sei in seinen Leistungen und dass er schließlich ein Stoffwechselsystem sei. „Schon eine einstündige Beschäftigung mit dieser Materie wird einen überzeugen, daß der menschliche Körper, obwohl er für viele Dinge so wunderbar eingerichtet ist, nicht eine geheimnisvolle Schatzkammer ist, sondern eine allgemeinverständliche *organische* Maschine. (Unter einer organischen Maschine verstehen wir etwas, das millionenfach komplizierter ist als das, was Menschen bisher konstruiert haben.)" (Watson 2000/1930, S. 76)

Pavlov und Watson reihen sich in eine bejahrte Tradition ein, welche im achtzehnten Jahrhundert erstmalig durch LaMettrie einen provokanten Ausdruck erhielt. Die skandalöse Bedeutung seines *l'homme machine* erkennt man daran, dass dieses Buch öffentlich von einem Henker verbrannt wurde. Neun Jahre davor findet man in Zedlers Universallexikon einen Eintrag zum Lemma *Menschliche Maschine*. Hier heißt es: „Menschliche Maschine, *Machina humana*, oder der menschliche Cörper, ist der andere wesentliche Theil des Menschen, und ist eine sehr künstliche, dabey aber auch der Veränderung und Fäulniß leicht unterworffene Maschine, und ist von einem Medico auf zweyerley Art zu betrachten, als erstlich nach seiner Mixtur oder Mischung, zum andern nach seiner Structur und Bau."

(Zedler 1961/1739, Spalte 809) Im Unterschied zu LaMettries Schrift bedeutete dieser Artikel keine Kollision mit vorherrschenden theologischen Auffassungen. Ganz im Sinne physikotheologischer Konzepte dient die mechanische Erklärung gerade dem Ruhm Gottes: „Was den Bau des menschlichen Leibes betrifft, so ist zu mercken, daß er die allerschönste, vortreflichste, und künstlichste Maschine, die da von dem allerweisesten Schöpffer aus unterschiedenen Theilen, welche unter sich bestens zusammen stimmen, also ist verfertiget worden, daß sie die ihr zukommende ordentliche und gewisse Bewegung, zu ihrem selbst eigenem Besten, auswürcke und verrichte." (Ebd., Spalte 810)

Auch wenn Neurologen das Gehirn nicht als Trivialmaschine betrachten, sondern als autopoietisches System, so bleibt das Bild der Maschine erhalten, wenn von „Bedienungsanleitungen" und „Gebrauchsanweisungen" (Hüther, Spitzer) die Rede ist sowie vom Gehirn als der „besten Lernmaschine der Welt" (Hüther). Annette Scheunpflug vermutet sogar, dass Kinder „Überlebensmaschinen [sind], die sich über Lernen optimal an ihre Umwelt anpassen können. [...] Die personelle Einheit des Menschen entsteht durch das Zusammenspiel unterschiedlichster Systemebenen, nämlich der genetischen Ausstattung, unzähliger biochemischer Abläufe, elektrischer Vorgänge in den Nervenbahnen, chemischer Prozesse des Fühlens und Umwelteinwirkungen." (Scheunpflug 2001, S. 54 und 57) Der selbstverständliche Gebrauch des Maschinenbegriffs veranlasst zu einem Abstecher in die Geschichte technischen Denkens.

Die Frage nach der Technik begleitet phänomenologisches Denken, so wie es von Edmund Husserl im zwanzigsten Jahrhundert auf den Weg gebracht wurde, von Beginn an. Dabei spielen zahlreiche Hinsichten eine Rolle, welche im Folgenden in ihrer Vielfalt kaum angemessen berücksichtigt werden können. Gemeinsam ist den als solchen sehr verschiedenen Einschätzungen wohl, dass sie sich selten ohne Einschränkungen der Produktivität von Technik widmen und eher die Gefahren herausarbeiten, welche dem Menschen drohen, für den Fall, dass er die diesbezüglichen Veränderungen ignoriert. Bedrohungen stellen sich dort ein, wo die Herkunft der Wissenschaft und auch der Technik aus der Lebenswelt in Vergessenheit gerät (Edmund Husserl), und falls der Mensch, selbst wenn er das Wesen der Technik als Entbergung durchschaut hat, deren verbergenden Charakter übersieht (Martin Heidegger). Es bilden sich mitunter Fronten, denen leicht anzusehen ist, welche Seite bevorzugt werden soll, etwa das Handeln vor dem Herstellen (Hannah Arendt). In seiner Wissenssoziologie markiert Max Scheler einen weiteren wesentlichen Gesichtspunkt, der vielen phänomenologischen Analysen gemeinsam ist. Technik ist nicht zureichend begriffen, wenn sie lediglich als „nachträgliche ‚Anwendung' einer rein theoretisch-kontemplativen Wissenschaft" betrachtet wird. Vielmehr bestimmt „der je stark oder schwach vorhandene, auf dieses oder jenes Gebiet des Daseins (Götter, Seelen, Gesellschaft, Natur, organische und anorganische, usw.) gerichtete *Wille zur Herrschaft* und Lenkung schon die Denk- und Anschauungsmethoden wie die Ziele des wissenschaftlichen Denkens [mit], und zwar gleichsam hinter dem Rücken des Bewußtseins der Individuen [...], deren wechselnd persönliche Motive zu forschen dabei ganz gleichgültig sind –, [...]." (Scheler

1980, S. 93f.) Technik ist danach niemals neutral, sondern stets gefärbt durch leitende Selbst- und Weltverständnisse sowie gezeichnet von der Geschichte, welcher sie angehört. Sie ist nicht lediglich Mittel zum Zweck. Sie bedeutet nach Heidegger eine Weise, Wirklichkeit zu betrachten, in ihrer Bedeutung zu konstituieren: „Die neuzeitliche Grundstellung ist die ‚technische‘. Sie ist nicht technisch, weil es da Dampfmaschinen und dann den Explosionsmotor gibt, sondern dergleichen gibt es auch, weil das Zeitalter das ‚technische‘ ist. Das, was wir neuzeitliche Technik nennen, ist ja nicht nur ein Werkzeug und Mittel, demgegenüber der heutige Mensch Herr oder Knecht sein kann; diese Technik ist vor all dem und über diese möglichen Haltungen hinweg eine schon entschiedene Art der Weltauslegung, die nicht nur die Verkehrsmittel und die Nahrungsmittelversorgung und den Vergnügungsbetrieb, sondern jede Haltung des Menschen in ihren Möglichkeiten bestimmt, das heißt, auf ihre Rüstungsfähigkeit hin vorprägt." (Heidegger 1981, S. 17) Günther Anders greift in seiner Phänomenologie der Technik die Folgen dieser Weltauslegung auf. Vor allem nach dem Atombombenabwurf auf Hiroshima und zwei Tage später auf Nagasaki im Jahre 1945 wird er nicht müde, die Versagungen des Titanen, *„der verzweifelt wieder Mensch sein will"*, zu analysieren. (Anders 1983, S. 241) Die bedrohliche Dynamik der technischen Entwicklungen besteht darin, dass Menschen nicht willentlich verlernen können. Erfindungen können nicht einfach ungeschehen gemacht werden.

Zwar ist dem Menschen nach wie vor eine wirkliche *creatio ex nihilo* unmöglich, aber die *potestas annihilationis*, die Macht der vollständigen Zerstörung, hat er errungen. (Vgl. ebd., S. 239) Unsere Vorstellungen sind unseren Herstellungen nicht mehr gewachsen. Dieses Scheitern nimmt sich besonders gravierend vor dem Hintergrund aus, dass wir längst nicht mehr nur auf die Angebote der Natur angewiesen sind, sondern imstande sind, selbst Elemente hervorzubringen, wie das radioaktive Plutonium als Element 94, und dass Menschen sich selbst als bloße Biomasse in den Blick nehmen, die sie manipulieren, produzieren und mit der sie Handel treiben. „Wie naiv man doch gewesen war, als man die Gegenposition gegen die biblische Ebenbild-These in einer Evolutionstheorie sah! Wie harmlos und human war doch der Darwinismus gewesen, da er die ‚Unmenschlichkeit‘ nur in die Vorgeschichte der Menschen verlegt hatte, verglichen mit der Gen-Manipulation, die *Unmenschliches erzeugen* könnte, und zwar durch die Herstellung von Wesen, die die ‚Ebenbilder‘ oder Kopien *von aus politischen, ökonomischen oder technischen Gründen wünschenswerten Typen* wären!" (Anders 1984, S. 25)

Ansätze, welche vor allem von der annihilierenden Macht der Maschinen her denken, führen in bedrückende Weglosigkeiten. Die Suche nach einer bergenden Idylle ist aussichtslos. Bloße Maßnahmen, welche die Entwicklung kompensieren sollen, lassen die zentralen Tendenzen unberührt und führen sie in Gewohnheit über. Bernhard Waldenfels sucht deshalb in seinem Ansatz einer Phänomenotechnik nach Wegen, einerseits die Technik ihrer Dämonisierung zu entwinden und als eine „Infrastruktur" der Erfahrung zu begreifen sowie sie andererseits vor ihrer Verherrlichung zu bewahren und von dem her zu denken, was sich ihr entzieht. (Waldenfels 2002, S. 362ff.) Möglicherweise treffen wir in diesen Versagungen auf

Möglichkeiten des Menschen, die sich im Selbstverständlichen und damit phänomenologisch Unverstandenen verbergen. Damit sind wir an eine Thematisierungs-
hinsicht gelangt, welche die Maschinen vor allem als Provokation nimmt, als
Herausforderung an den Menschen, Differenzen zu bestimmen, und zwar ohne
promethaische Scham (Anders), aber auch ohne triumphale Gebärden. Diese Betrachtungsweise können wir nur einnehmen, wenn wir grundsätzlich von einer
Verwandtschaft von Mensch und Maschine ausgehen, keine Konfrontation von Ich
und Nich-Ich zugrunde legen (vgl. Gehlen 1957, S. 16; 1975, S. 118 und 261)
und den zu keiner Zeit überzeugenden Gegensatz von Natur und Kunst verwerfen.
Jacques Lacan hebt sowohl das Gemeinsame als auch das Unterscheidende hervor:
„Diese Maschine [scil. die Uhr] ist nicht das, was ein eitles Volk denkt. Das ist
nicht schlechthin das Gegenteil des Lebendigen, das Simulakrum des Lebendigen.
Daß sie gemacht worden ist, um etwas zu verkörpern, das sich die Zeit nennt und
das Geheimnis der Geheimnisse ist, muß uns auf den Weg bringen. Was ist in der
Maschine im Spiel? Daß sich in derselben Epoche ein gewisser Pascal bemüht hat,
eine noch recht bescheidene Maschine zu konstruieren, um Additionen durchzu-
führen, weist uns darauf hin, daß die Maschine an radikal menschliche Funktionen
gebunden ist. Das ist nicht ein simpler Kunstgriff, wie man das von Stühlen, Ti-
schen und anderen mehr oder minder symbolischen Objekten sagen könnte, in
deren Mitte wir wohnen, ohne zu bemerken, daß das unser eigenes Porträt ist. Die
Maschinen, das ist etwas anderes. Das geht sehr viel weiter auf die Seite dessen, was
wir wirklich sind, als es selbst die ahnen, die sie konstruieren." (Lacan 1980, S. 99)
Maschinen fungieren als Spiegel, als Porträts, als Wiedergänger, als „geisterhafte
Fratze" (Gotthard Günter), als „Resonanzphänomen" (Arnold Gehlen), als Kopi-
en. Sie werden als Entlastung begrüßt, aber auch als Stachel im Fleisch unserer
hinfälligen Existenz empfunden. Sie spiegeln uns unsere Selbstbilder und verzerren
diese bis zur Kenntlichkeit. Trotz der begrüßten oder verschmähten Ähnlichkeit
bleiben Maschinen zentraler Möglichkeiten beraubt. Es scheint so, als ob sie gerade
unsere Defizienzen nicht simulieren können. So leiden sie nicht unter dem Nicht-
gedachten (vgl. Lyotard 1989a), wie sie überhaupt das Nichts nicht ängstigen kann.
Sie geraten nicht in Verlegenheit, weil ihnen im strengen Sinne nichts widerfahren
kann. Sie können reagieren, aber nicht antworten. Sie kennen keine Ahnungen
und Befürchtungen – jedenfalls so lange nicht, wie wir unser Zaudern und unsere
bleierne Lähmung nicht deuten wie ihre zeitlichen Verzögerungen. Sie haben keine
Schmerzen, wenn diese anderes sind als bloße Funktionsstörungen. Als unberührte
Zuschauer registrieren die Maschinen Informationen und verwirklichen auf ihre
Weise das Ideal der reinen Theorie.
    Maschinen zeigen sich aus diesem Blickwinkel als Spiegel, als instabile Porträts,
welche uns dazu herausfordern, mit ihnen zu konkurrieren. Sie sind also nicht in
den Traditionszusammenhang von Waffen und Werkzeug gerückt, sondern werden
im Sinne ihrer älteren Bedeutung als eine List verstanden, „die gleichzeitig mit der
Natur verbunden und auch nicht verbunden ist. Sie ist verbunden, weil sie ohne
Gewinnung oder Nutzung der Naturkräfte nicht funktioniert. Sie ist es nicht, weil
sie diesen Kräften einen *Streich* spielt, indem sie, selber schwächer als die Natur-

kräfte, folgende Ungeheuerlichkeit verwirklicht: dass der weniger Starke stärker ist als der Stärkere." (Lyotard 1999, S. 158) Aus dieser Perspektive ergibt eine Gegenüberstellung von Natur und Technik keinen Sinn. Gerade weil sie an der Natur teilhat, kann die Technik ihre Tricks ausführen. Ähnliches gilt für den Menschen. Technik ist nicht das ihm gänzlich Fremde. Sie ist nicht lediglich „Echo seines hinfällig jeweiligen Soseins". (Sonnemann 1992, S. 126) Sie fungiert auch nicht nur als „Organersatz", als Kompensation eines *Mängelwesens* (Gehlen). Die symbolische Bedeutung mancher Maschinen besteht vielmehr darin, dass sie für den Menschen Unbegreifliches markieren und Fragen auf philosophischem Niveau aufwerfen, selbst wenn sie gleichzeitig als Instrumente dienen. Maschinen können also in der Erfahrung als Hilfsmittel erscheinen, als bedrohliche Mächte, sie können aber auch Selbst- und Weltdeutungen aus ihrer gewohnten Normalität freisetzen und erneut zur Disposition stellen.

Zu Beginn des einundzwanzigsten Jahrhunderts wird der Mensch als *neuronale Maschine* gedeutet. Auf die Frage, ob der Mensch *„aus der Perspektive der Neurowissenschaft* [...] *eine* neuronale Maschine" sei, antwortet Wolf Singer: „Ich glaube schon, dass die Neurowissenschaftler darin übereinstimmen, dass allen psychischen Phänomenen und Verhaltensleistungen neuronale Prozesse zugrunde liegen, ohne die es jene nicht geben würde." (Singer 2003, S. 67) Während ihm viele in seinem Neurologismus folgen, bekennt Singer sich zu einem Traum, „dass eine Friedenskonferenz abgehalten wird, in der die Leute nicht immer nur quasseln und sich logische Argumente zuwerfen, sondern wo sie die Bedenken, die sie haben, die Sorgen, und die Einbettung in ihren Kulturkreis auf zusätzliche Weise vermitteln können, indem sie sich gegenseitig vormalen, vortanzen oder vormusizieren." (Ebd., S. 103)

Das Gehirn steht heute im Zentrum des Interesses, wenn es um ein *neues Menschenbild* geht. Immer differenziertere Einblicke in die Stoffwechselprozesse des Gehirns steigern die Zuversicht, letzte Transparenzen zu gewinnen. Das ermöglicht nicht nur immer genauere Darstellungen von Hirnaktivitäten mit Hilfe raffinierter bildgebender Verfahren, sondern führt auch dazu, dass menschliches Leben im Falle der Hirntoddiagnose *abgeschaltet* werden kann. Im Sinne einer *anthropomorphia inversa* (Heinz von Foerster) wird ein maschinales Bild zu einer realen Praxis. Überdies meint man dem Geist oder dem Bewusstsein auf der Spur zu sein, also doch das Geheimnis zu lösen, wie aus Materie Sinn entspringt. Vorerst verhüllt die Entdeckerfreude das ungelöste Problem noch durch Sprachverwirrungen, in denen nicht unterschieden wird zwischen dem Gehirn und den Bedeutungen seiner Aktivitäten. *Gehirne* kommunizieren, lernen, vergessen, nehmen wahr. Der Neurologismus profiliert sich als veritabler Erbe des Psychologismus des neunzehnten Jahrhunderts. In Vergessenheit gerät dabei auch die nicht ganz unwichtige Tatsache, dass das Gehirn mehr als eine Geistmaschine ist. Es ist Teil unseres Körpers und partizipiert an dessen Schicksal.

Schwanengesänge in Bezug auf den menschlichen Körper sind allerdings nicht angebracht. Vielmehr lässt sich seit geraumer Zeit feststellen, dass die Frage nach der Rolle unserer leiblichen Existenz geradezu durch den Vormarsch der Geistmaschinen angestachelt wird. Unser Leib steht dabei sowohl für die Ermöglichung von Selbst- und Welterkenntnis als auch für die Versagung eines vollständigen Selbstbesitzes. Weder unser Geist noch unser Leib teilen das Schicksal von Leibniz' *autarken Rechenbancken*. Statt nur über die Vergänglichkeit und die Last des Leibes zu lamentieren, kommen nach und nach auch die konstitutiven Merkmale der Versagungen in den Blick. Was als Mangel vom Standpunkt einer beneideten Natur erscheint, bringt sich als Möglichkeitsraum in Erinnerung. Wir können etwas begehren, das wir nicht haben. Wir leiden unter dem, was uns fehlt. Derart können wir auf etwas antworten, was es als Datum nicht gibt. Uns ist pure Positivität versagt und damit eine Deutungsvielfalt eröffnet. Unser Denken vollzieht sich wie unser Wahrnehmen und Fühlen aus bestimmten Perspektiven, innerhalb gewisser Horizonte, auf konkreten Feldern. Unser Begreifen ist das eines Wesens, das auch empfinden kann. Unser Denken kann unter dem Nicht-Gedachten leiden. (Vgl. Lyotard 1989a) So gesehen, bedeuten Maschinen nicht nur Entlastung für ein Mängelwesen, wie Gehlen das sah, der wiederholt hervorhebt. „Bedrängt von der Rätselhaftigkeit seines Daseins und seines eigenen Wesens ist der Mensch schlechthin darauf angewiesen, seine Selbstdeutung über ein *Nicht-Ich* heranzuholen, über ein Anderes-als-Menschliches. Sein Selbstbewußtsein ist *indirekt,* seine Bemühung um eine Eigenformel verläuft immer so, daß er sich mit einem Nichtmenschlichen gleichsetzt und in dieser Gleichsetzung wieder unterscheidet." (Gehlen 1957, S. 16) Vielmehr verrät sich das Nicht-Ich als ein Phantom – ein lästiger Verwandter, der nicht auf die Gegenseite abzuschieben ist. Für Gehlen zählt die Entlastungstendenz, die Objektivierung und damit Delegierung der Routine. Aber es scheint nur zunächst so, als entlasteten wir uns durch Vergegenständlichung unserer Gewohnheiten, denn bei näherem Hinsehen sind unsere Gewohnheiten keine Automatismen, so wenig wie unser Handeln dem kybernetischen Regelkreis entspricht. Auch dies kann eine Lehre sein, welche uns unsere Apparate erteilen. Gewohnheit ist anderes als das sture Repetieren eines programmierten Ablaufs. Unser habitueller Leib bedient nicht lediglich die Situation in der Gestalt ihres ersten Auftauchens. Er schmiegt sich an minutiöse Änderungen in den Ansprüchen an. Er stolpert nicht von Hindernis zu Hindernis, sondern entfaltet einen Stil, welcher nicht derselbe bleibt, sondern auf die Herausforderungen in jeweils neuen Situationen antwortet.

In ihrer symbolischen Bedeutung sind Maschinen für die Selbstdeutung eher belastend und unbequem. Die schmerzhafte Konfrontation mit unseren elektronischen Doppelgängern gründet nicht nur im Respekt vor der anwachsenden Macht und Souveränität der Apparate, auch nicht lediglich in der Demütigung unserer „zwergenhaften Existenz" (Anders). Sie stellt vielmehr einen Aufprall dar, in dem der Mensch auf sich selbst in seinem maschinalen Ebenbild trifft. Es begegnet sich der Mensch, „wie er sein soll, sein kann, in seltenen Fällen auch ist", und der Mensch, „der er in der Regel von jeher *ist* – […]." (Sonnemann 1992, S. 120) Der Apparat tritt uns demnach als das entgegen, wofür sich der Mensch seit jeher gehalten hat und gerade nicht als das, was er ist. In ihm sedimentiert sich das Idol eines Vernunftwesens, welches seine Verstrickung mit der Welt, von der es unaufhörlich profitiert, leugnet oder zumindest auf Abstand hält. Seine Sehnsucht nach Unsterblichkeit übertrumpft das Grauen vor der ewigen Wiederkehr des Gleichen. Stets können wir herausgefordert werden, die Demütigungen durch die Maschinen aufzugreifen und unsere Selbstdeutungen zu prüfen. Dies bedeutet keine Kompensation eines Mangels, auch keine Freisetzung von Routine zugunsten schäumender Innerlichkeit, sondern die Beglaubigung eines auch abgründigen Überschusses – zumindest so lange, wie das Spiel der Differenzen in Bewegung bleibt.

Wie müsste man sich z.B. die Zukunftsvisionen von Maschinen vorstellen, die doch wesentlich Speicher sind? Was folgt daraus für unser Verständnis unserer eigenen Zukunft? Sind unsere Antworten auf eine Zeit, die vor uns liegt, nichts anderes als Extrapolationen von Gegenwarten, wie wir sie kennen, was in Vorsorgemaßnahmen für den eigenen Sterbeprozess längst vorausgesetzt wird? Kann Vergessen das Löschen von Dateien bedeuten? (Vgl. Meyer-Drawe 2007a, S.145ff.) Gibt es für Maschinen Abwesendes? Gibt es für sie überhaupt Evidenzen? Hans Blumenberg verneint dies mit guten Gründen: „Kann es eine *Protokollmaschine* geben? Alle, die das bejahen, stehen implizite auf dem Boden des ‚Tractatus‘: Was der Fall ist, muß sich durch Operationen mit Zeichen feststellen und verknüpfen lassen. Es bedarf keines gereinigten Subjekts zur Protokollführung: Jedes Subjekt ‚mischt sich ein‘. Das nicht lassen zu können, die Kunst der *epoché* nicht zu beherrschen, ist ihm wesentlich, wie es der *Artificial Intelligence (AI)*-Maschine wesentlich wäre, eben dies nicht zu tun. Sie wäre wie geschaffen, derselben Philosophie zu dienen, aus der heraus ihre Möglichkeit konzipiert wurde, weil und solange es der Evidenz von Anschauung nicht bedarf. Da verläuft die Grenze: eine Evidenzfeststellungsmaschine kann es nicht geben." (Blumenberg 2002b, S. 38) Aber auch diese Antwort gilt nur so lange, wie wir uns nicht daran gewöhnen, als evident nur noch das zu bezeichnen, was der Fall ist.

Die Pädagogik nimmt alles dankbar in sich auf, die Hirnforschung wie die Evolutionstheorie, die Bevölkerungs- und die Rassenlehre, das technische Weltbild und die Auffassung der Gesellschaft als Organismus. Sie nimmt eine Doppelzüngigkeit an, welche ihr merkwürdigerweise keiner verübelt. Sie verehrt das Kind als Messias und vermisst es als Objekt unter Objekten. Ihr Gegenstand, das Kind als unbekannter Kontinent, wird immer genauer kartographiert. Nun geht es nicht mehr um eine *restitutio in integrum*, in welcher Glauben, Wissen und Handeln konvergieren. Mit der Natur wird nicht mehr nur experimentiert. Sie ist zum Assistenten des erziehenden Mannes geworden, dem Rousseau im *Emile* ein Denkmal setzt. Hier geht es um eine negative Erziehung, das meint die Legitimierung einer raffinierten Manipulation, mit der die Dinge das Regiment übernehmen. Es stehen sich Erzieher und Züchtling nur noch als Partner zur Seite und nicht mehr gegenüber. Der Zusammenhang von Erziehung und Zucht, der in der klassischen Antike, in der Bibel, im Hochmittelalter, bei Comenius und noch bei Herbart vom Standpunkt des gemeinsamen Anliegens der Gestaltung zugunsten der Gemeinschaft und später des Einzelnen problemlos gesehen wurde, bekommt einen negativen Beigeschmack.

Dinge fungieren auch bei Maria Montessori sowie bei Jean Piaget als unbeseelte Erzieher, als Wachtposten. Maria Montessoris Anthropologie, welche bis heute nicht in deutscher Übersetzung vorliegt, von der aber viele Interpreten auszugehen vorgeben, stellt eine Verbeugung vor der Kriminalanthropologie Cesare Lambrosos und der Sozialphysik Adolphe Quetelets dar. Ohne diese Einflüsse zu kennen, können ihre Vorstellungen von der so genannten Normalisation nicht verstanden werden. Abweichungen von der Normalität werden als Atavismus betrachtet. Sie verraten Degenerationen. Im Sinne der damals aktuellen Evolutionstheorie Darwins wurden Verbrechen von Lombroso als ein Rückfall in eine ursprüngliche Grausamkeit klassifiziert und damit als Anomalie im Hinblick auf die Existenz der besser angepassten moralischen Bürger in einer modernen Gesellschaft diagnostiziert. Die Sozialstatistik Quetelets ermöglichte die Mathematisierung des Durchschnittsmenschens (*l'homme moyen*). Die mitunter emphatische Rezeption der Schriften Montessoris spielt diesen positivistischen Grundzug ihrer Schriften herunter und beschränkt sich stattdessen auf das begnadete Kind, dem Pädagogen nur den Anstoß geben müssen, *es selbst zu tun*. Man will es in Bezug auf sie und auf Ellen Key nicht wahrhaben: Die weiblichen Ikonen der Reformpädagogik sind messende, zurichtende und ganz und gar dem naturwissenschaftlichen Ideal der Herstellbarkeit verpflichtete Frauen. Bevölkerungspolitische Strategen stellten Bedingungen für den *Neuen Menschen* und gaben Instrumente seiner Messung in die Hand. (Vgl. Hofer 2001) Verfechter der Vorherrschaft der arischen Rasse liehen ihn sich aus, besser gesagt, sie konnten sich auf das mit ihm gegebene Versprechen bereits verlassen. Der Beitrag der Pädagogik an diesem Normalisierungsprozess kann kaum überschätzt werden.

In der griechischen Klassik hatte Platon in seiner Staatslehre bereits eine Züchtungsvorstellung entwickelt, die nicht nur die Auswahl der Besten nach dem Vorbild der Viehzucht berücksichtigte, sondern in politischer Perspektive auch auf die zahlenmäßige Beschränkung der Polismitglieder achtete. Zunächst musste Platon die Unterschiede der Stände plausibel machen. Dies gelingt durch eine erlaubte Täuschung. Diese statthafte Lüge soll den Ständen eintrichtern, dass die pädagogische Kraft nicht überschätzt werden darf, selbst wenn manchmal Standesgrenzen überschritten werden. Die „bildenden Götter" schickten die Menschen schon weitgehend vorgeprägt auf die Erde, hatten doch die einen mehr Gold beigemischt, die anderen mehr Silber und schließlich die dritten mehr Eisen und Erz. (Vgl. Platon, Politeia, 415 a) Zudem muss der sorgende Staat Einfluss nehmen auf die Fortpflanzung. Die Einwirkung geschieht diskret, damit unter den Hütern der Polis keine Zwietracht entsteht. Maß gibt die Zucht edler Tiere. (Vgl. ebd., 459d ff.; vgl. Gehring 2006, S. 154ff.) Gleichzeitig legt Platon eine Erziehungstheorie vor und in seiner Staatslehre mit dem Höhlengleichnis eine Bildungstheorie, welche bis heute Beachtung verdient. Der Vergleich von Mensch und Tier ist noch weit entfernt von biologischen Reduktionen. Er stellt sich über die Sorge her. Zucht und Aufzucht gehören zusammen. Sie dienen der Herde und der Polis.

Dieser Zusammenhang hält sich im pädagogischen Diskurs in einer seiner Facetten bis ins neunzehnte Jahrhundert zu Herbarts Konzept von Erziehung, in dem er Regierung, Unterricht und Zucht unterscheidet. Herbart greift Rousseaus „negative Erziehung" nicht auf. Er beabsichtigt, die transzendentale Sittenlehre Kants vom Ideenhimmel auf die Erde zu bringen. Wenngleich Herbarts Konzeption auch auf den Beginn des neunzehnten Jahrhunderts reagiert und seine Psychologie in mathematischer Absicht einen immensen Einfluss auf die sich entwickelnden empirischen Wissenschaften ausübt, meint er Zucht im Unterschied zu seinem Vorgänger in Königsberg, Immanuel Kant, positiv. Zucht bedeutet eine unmittelbare „Wirkung auf das Gemüt der Jugend, in der Absicht zu bilden." (Herbart 1976/1806, S. 161) Kant spricht dagegen von der Disziplinierung als Zucht im Sinne von Hemmung und bewertet sie im Unterschied zur Erziehung als negativ. Sie gilt der Zähmung der Wildheit. Die Kultur der Zucht, die man auch Disziplin nennen könnte, „besteht in der Befreiung des Willens von dem Despotism der Begierden, wodurch wir, an gewisse Naturdinge geheftet, unfähig gemacht werden, selbst zu wählen, indem wir uns die Triebe zu Fesseln dienen lassen, die uns die Natur nur statt Leitfäden beigegeben hat, um die Bestimmung der Tierheit in uns nicht zu vernachlässigen, oder gar zu verletzen, *indes* wir doch frei genug sind, sie anzuziehen oder nachzulassen, zu verlängern oder zu verkürzen, nachdem es die Zwecke der Vernunft erfordern." (Kant, Kritik der Urteilskraft, B 392) Herbart siedelt sie jedoch zwischen der Heteronomie der Regierung in der frühen Kindheit und der Autonomie der Sittlichkeit an. Er steht damit in einer Tradition, die aus dem Mittelalter stammt und auf biblische Quellen zurückverweist. „Wen Gott liebt, den züchtigt er" meint u.a. eine salomonische Weisheit, welche in Minnegesängen beschworen wird. Walther von der Vogelweide beklagt, dass die Jungen nichts mehr von der Zucht wissen wollen. Denn die *Ungezüchtigten* werden zu Rittern ohne Ehre. Hochmittelalterliche didaktische Literatur bezieht sich nicht nur auf Rittertugenden, sondern auch auf die Sittlichkeit der Frauen. Hier war es vor allem die Scham, die sich wie in Platons Dialogen insbesondere darauf richtete, ungebührliches Verhalten zu unterlassen. Im Spätmittelalter ging es nicht mehr vorrangig um die ästhetische Gebärde und das ritterliche Verhalten, sondern die Tugenden bezogen sich auf Vorformen der bürgerlichen Familie. Die Minnedame wurde von der Hausfrau abgelöst, und diese sollte vor allem züchtig sein, d.h. sie musste sich als gesundheitlich und sittlich geeignet für eine Familiengründung erweisen. Eine züchtige Frau ging unberührt in die Ehe und garantiert damit dem Mann eine biologisch authentische Vaterschaft, wenn man einmal unterstellt, dass ihre Kontrolle lückenlos gelang, wofür in erheblichem Maße Sorge getragen wurde. Heute wird das Problem der heimlichen Vaterschaftstests diskutiert. Die biologische Herkunft wird immer noch privilegiert und im Rahmen einer Kontroll- und Testgesellschaft mit dem gleichsam selbstverständlichen Anspruch auf Sicherheit behandelt. In der Rittermoral ging es vor allem um einen bestimmten Habitus. Beim frühen Bürgertum und im Philanthropinismus spielt die *Leibeszucht* eine entscheidende Rolle. Im Lichte dieser Betrachtung wird verständlich, wie dann im neunzehnten Jahrhundert unter dem Einfluss der Evolutionstheorie, der Disziplinierung der bürgerlichen Gesellschaft, dem Ausbau bevölkerungspolitischer Theorien und Maßgaben, der Ablösung der Humoralpathologie durch die Zellularpathologie (Rudolf Virchow) das Wort Zucht freigesetzt wird für Fremdeingriffe in die Entwicklung von Menschen, welche nicht mehr unmittelbar mit der Sorge um die Einzelnen und ihre Gemeinschaft zusammenhängt, sondern mit ehrgeizigen Zielen zur Verbesserung der Gattung. Nach wie vor kennen Pädagogen den unschuldigen Begriff des *Züchtlings* oder im Nachklang bis heute Zögling, aber die Bedeutung von Zucht hat sich unter dem Eindruck sehr unterschiedlicher Theorien erheblich verändert. Die Trennung von Erziehung und Zucht wurde durch August Weismanns Theorie des Keimplasmas erzwungen. (Vgl. Mayr 2002, S. 560ff.) Weismann konnte gegen Lamarck und gegen den unentschiedenen Darwin aufzeigen, dass erworbene Eigenschaften nicht erblich sind, weil das Keimplasma vollständig vom Phänotypen getrennt ist. In der Folge dieser Erkenntnis wurden Erziehungsfolgen zu Epiphänomenen degradiert. Vorrangig war die Genese. Damit bricht ein bislang stabiler Bedeutungszusammenhang auseinander: Zucht im ethischen sowie pädagogischen Sinn wird von der biologischen Bedeutung von Zucht als erbbiologischer Manipulation gesondert. Bevölkerungspolitik wird zur Sache der Statistiker und Biologen.

Spätestens an der Wende vom neunzehnten zum zwanzigsten Jahrhundert ermöglichte es dieser Bruch, eugenisch folgenreiche Programme so vorzutragen, dass sie in beachtlichem Ausmaß als pädagogische Innovationen rezipiert und verbreitet werden. Ellen Keys Buch *Jahrhundert des Kindes*, das in Schweden 1900 erschien und in Deutschland bereits 1902 als Übersetzung eine breite Beachtung fand, wird bis heute als Reformation der Erziehung thematisiert, wenngleich sein Auftakt ein fulminantes Plädoyer für Eugenik und Malthusianismus bildet. Nach ihr müssen die Gebote des Alten Testaments von den Naturforschern neu geschrieben werden, wie es auch durch den *Neuen Menschen* der russischen *Intelligencija* geschehen sollte. Sie schüttelt den Kopf darüber, dass sich die Pädagogik bislang so wenig darauf besonnen hat, ihre Objekte zu erforschen, und konstatiert: „Man findet schon den menschlichen Willen entscheidend bei der Züchtung neuer und höherer Arten in der Tier- und Pflanzenwelt. In bezug auf unser eigenes Geschlecht, auf die Erhöhung des Menschentypus, die Veredelung der menschlichen Rassen herrscht hingegen noch der Zufall in schöner und häßlicher Gestalt." (Key 1992/1902, S. 13) Ein Jahr vor ihrem Tod publiziert Maria Montessori 1951 einen Aufsatz mit dem Titel *The Ministry of Race*, in dem sie unter anderem festhält: „Während auf dem Gebiet der Agrikultur so viel Mühe aufgebracht und so großartige Leistungen erzielt worden sind bei der Züchtung neuer und besonders schöner Blumen und Fruchtsorten, steht es in auffallendem Widerspruch dazu, dass kein vergleichbarer Versuch auf dem Gebiet der ‚Homokultur' unternommen wird." (Montessori in Böhm 1996, S. 17) Die erfolgreiche Homokultur könnte dann die beanstandete Erziehung ersetzen, aber nicht, weil diese gegen die Schöpfungskraft des einzelnen Kindes verstieße, sondern weil Züchtung der einzig erfolgreiche Weg zum *Neuen Menschen* sei. „In Wirklichkeit kann die Erziehung vervollkommnen und lenken, aber sie kann das Individuum, so wie es geschaffen ist, nicht verändern. Welche Erziehung könnte schon einen Imbezillen intelligent, einen Blinden sehend oder einen moralisch Irren zu einem normalen und nützlichen Menschen machen? Ein Individuum ist in grundlegender Weise in seiner Persönlichkeit vorherbestimmt, schon von der Befruchtung jener unsichtbaren kleinen Eizelle an, die schon das ganze Individuum enthält." (Montessori in Böhm 1996, S. 105f.) Key geht es um den „kategorischen Imperativ der Nerven und des Blutes" (Key 1992/1902, S. 43) und Montessori darum, den „Menschen nach mathematischen Gesetzen [...] zu rekonstruieren" (Montessori in Böhm 1996, S. 105). Als Jahrhundert des Kindes erfüllt das zwanzigste alle in dieser Perspektive formulierten Erwartungen. Trotz der fortschreitenden Umbildung des *Neuen Menschen* in einen gläsernen bleibt Skepsis. Pavlov kündigte ihn an. Freud zweifelte an dem Selbstvertrauen des „Prothesengottes". Nietzsche proklamierte den missverstandenen und missbrauchten „Übermenschen". Ihm war der Durchschnittsmensch, der *homme moyen*, zuwider, wie ihn die Sozialphysik à la Quetelet auf den Begriff brachte und die Journaille feierte. Dennoch war der vermessene Mensch längst Normalität. So entwickelte der Begründer der Eugenik Galton die Daktylographie und damit die Kriminaltechnik, welche die Verbrecher durch ihre einzigartigen Fingerabdrücke identifizierte. Broca, dem Entdecker des nach ihm benannten Sprachareals im Gehirn, verdanken wir die Bestimmung des Normalgewichts, auch wenn es heute nicht mehr gültig ist. Der *Neue Mensch* ist der *vermessene* Mensch. Nietzsche gibt zu bedenken: „Inzwischen giebt sich gerade bei den ausgesuchten Geistern, welche in dieser Bewegung stehen [scil. der mechanistischen], ein Vorgefühl, eine Beängstigung zu erkennen, wie als ob die Theorie ein Loch habe, welches über kurz oder lang zu ihrem letzten Loche werden könne: ich meine zu jenem, aus dem man pfeift, wenn man in höchsten Nöthen ist." (Nietzsche 1988g, S. 564)

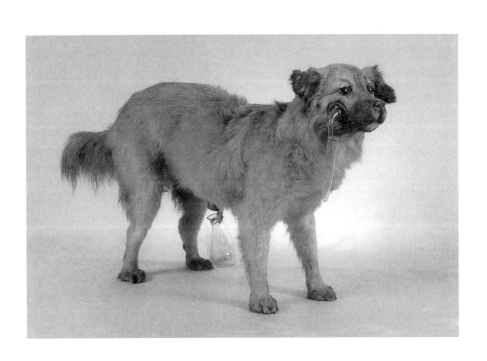

3. Die neuronale Maschine

„[…]; wenn aber einer sagte, daß, ohne dergleichen zu haben, Sehnen und Knochen und was ich sonst habe, ich nicht imstande sein würde, das auszuführen, was mir gefällt, der würde richtig reden. Daß ich aber deshalb täte, was ich tue, und es insofern mit Vernunft täte, nicht wegen der Wahl des Besten, das wäre doch gar eine große und breite Untauglichkeit der Rede, wenn sie nicht imstande wäre, zu unterscheiden, daß bei einem jeden Dinge eines die Ursache ist, und etwas anderes jenes, ohne welches die Ursache nicht Ursache sein könnte; und ebendies scheinen mir wie im Dunkeln tappend die meisten mit einem ungehörigen Namen, als war es selbst die Ursache, zu benennen."
(Platon, Phaidon)

„Was ist das, was in uns lügt, hurt, stiehlt und mordet? Puppen sind wir, von unbekannten Gewalten am Draht gezogen; nichts, nichts wir selbst! Die Schwerter, mit denen Geister kämpfen – man sieht nur die Hände nicht, wie im Märchen."
(Georg Büchner, Dantons Tod)

„Les mots font partie de nous plus que les nerfs. Nous ne connaissons nortre cerveau que par ouï-dire."
(Paul Valéry, Cahiers, Tome Premier)

Der *Neue Adam* der Zeit ist eine neuronale Maschine, die ein Leben lang lernt. Dem ebenso komplexen wie fragilen menschlichen Gehirn sollen alle Geheimnisse entrissen werden. Es ist unzähligen Invasionen ausgesetzt. Ihm wird die Anerkennung, aber auch die Bürde zuteil, die das traditionelle moderne Subjekt trug. Es scheint allem zugrunde zu liegen. Es lernt, es kommuniziert, es entscheidet, es beobachtet, es bestimmt, es organisiert – vor allem sich selbst. Es ist als *cerebraler Agent* der Prototyp des *flexiblen Menschen*. Manche sagen, dass uns dabei nur wenige Vorgänge bewusst werden. Auf die Erfahrung bezogen, könnte man weitergehen und feststellen, dass uns überhaupt keine Vorgänge im Gehirn bewusst werden. Unser eigenes Gehirn ist uns radikal fremd. Es meldet sich nicht einmal mit Schmerzen, wenn es erschüttert wurde. Kopfschmerzen sind nicht gleich Hirnschmerzen. Wir können zwar darüber spekulieren, wie vertraute Akte mit den neuronalen Aktivitäten zusammenhängen, bezeugen können wir diese Komplizenschaft allerdings nicht. Kopfschmerzen, -dröhnen und -brummen kennen wir. Der Kopf hat längst eine eigene Bildtradition: Es wäre mir nicht in den Kopf gekommen. Ich habe kopflos gehandelt, was schlecht ist. Das will mir überhaupt nicht in den Kopf, womit Unverständnis ausgedrückt ist. Man will seinen Kopf durchsetzen, ist also starrsinnig. Man verliert seinen Kopf, lässt sich somit von seinen Leidenschaften treiben. Man ist nicht auf den Kopf gefallen, weil man *Köpfchen* hat.

Vor allem Verfasser von Ratgebern kämpfen darum, dem Hirn eine vergleichbare Vertrautheit zu verschaffen. Noch sind uns *Bedienungsanleitungen für das menschliche Gehirn* (Hüther 2006) nicht ganz geheuer. Wir verstehen zwar, wenn unsere Schulen als *hirnlastig* kritisiert werden. Verwirrung entstünde allerdings, wenn wir die Kritik der Neurodidaktik damit in Verbindung brächten, dass die Lehrpläne *hirnfeindlich seien.* (Vgl. Arnold 2002, S. 259) Der Sprachgebrauch ist noch nicht konsolidiert. Im Allgemeinen sind diesbezügliche Vokabeln dem Englischen entnommen, so das altvertraute *brainstorming,* der Neuling *brain drain,* mit dem Abwanderungsbewegungen von hochqualifizierten Fachleuten bezeichnet werden, oder *brain gym* sowie *brain jogging,* durch welche das Denkvermögen fit gehalten werden soll. Während wir uns bei diesen Redewendungen noch am Anfang befinden, sind uns andere längst selbstverständlich. So verstehen wir sofort, wenn jemandem eine Laus über die Leber gelaufen ist oder die Galle hochkommt. Auch dass die Zunge spricht, ist uns aus Sprichwörtern und Redewendungen vertraut. Man kann mit *Engelszungen* oder doppelzüngig reden. Jeder wird verstehen, was gemeint ist. Ein Wort kann einem auf der Zunge liegen. Niemand wird daraus den Schluss ziehen, mit der Zunge das Sprachzentrum lokalisieren zu können. Die Redewendungen beziehen sich insbesondere auf das *Wie* des Sprechens, ob man etwa jemandem etwas mit einfühlsamen Nachdruck einredet oder sich einmal so und das andere Mal so äußert, um stets beliebt zu bleiben. Sie haben eine eigentümliche Evidenz, die im Verstehen, nicht im Beweisen gründet.

Was unser Herz anlangt, so rast es, wenn wir aufgeregt sind. Es kann uns schwer werden. Wir können es fühlen. Aristoteles hielt es für das Prinzip des Lebens und der Bewegung. Unzählige Sprichwörter bezeugen seine Bedeutsamkeit. So schließt man den, welchen man mag, in sein Herz, man schenkt ihm sein Herz. Man nimmt sich etwas zu Herzen. Man fasst sich ein Herz. Man kann sogar sein Herz auf der Zunge tragen, und es wird verstanden, dass hier jemand aus seinem Herzen keine Mördergrube macht. Das Herz kann einem in die Hose rutschen. Man kann ein Herz und eine Seele sein. (Vgl. Geerlings/Mügge 2006, S. 9f.) Alle diese Redensarten sind in bestimmten Kulturkreisen verständlich. Sie fungieren in unserer lebensweltlichen Verständigung als Bilder, die mitunter die Lage sehr genau treffen, gerade wenn man sie nicht beim Worte nimmt.

Das Gehirn, griechisch *enkefalon,* ist das, was im Kopf (*kefalon*) ist. Im Unterschied zur Zunge, die wir mit dem Sprechen verknüpfen, und dem Herz als dem Sitz der Gefühle, beziehen sich die Bilder des Kopfes vor allem auf das Denken und damit auf eine uralte Tradition, in welcher das logische Vermögen im Kopf angesiedelt wurde. Nun wird der Kopf an der Metaphernfront bekämpft durch das Hirn oder Gehirn: Dabei verstehen wir, wenn wir etwas als *Hirngespinst* abwerten oder als *hirnrissig* bzw. *hirnverbrannt* verspotten. Einige haben etwas vor Augen, wenn sie über den *Hirni* lästern. Auch unter einer *Gehirnwäsche* stellen wir uns etwas vor. Auffällig ist auf einen ersten Blick, dass diese Bilder zumeist etwas Negatives meinen, also kaum eine Konkurrenz zum Kopf antreten können, weil sie etwa törichtes Verhalten oder gewaltsame Veränderungen des psychischen Zustands meinen. Erst in letzter Zeit werden Redewendungen in zunehmendem Maße üblich, in denen das Gehirn Aufgaben übernimmt, die vorher dem Ich zugeschrieben wurden. Das Gehirn wird zu einem Akteur oder Agenten, dessen Innenleben gesellschaftliche Verhältnisse widerspiegelt: Während seiner Entwicklung werden aus redundanten Möglichkeiten zunächst nur „globale Verschaltungsmuster realisiert". Funktionell sinnvolle Verbindungen werden „identifiziert und konsolidiert", nicht passende Verknüpfungen selektiert. (Vgl. Singer 1992, S. 100) Wolf Singer erläutert diesen Prozess weiter: „Etwa ein Drittel der zunächst gebildeten Nervenzellen geht bis zum Abschluß der Hirnentwicklung wieder zugrunde. Nervenzellen, die mit ihren Axonen auf die gleiche Zielstruktur konvergieren, treten miteinander in Wettstreit, und nur die funktionell am besten angepaßten Verbindungen bleiben erhalten. Dieser Wettstreit wird unter anderem durch Nervenwachstumsfaktoren gesteuert. […] Die Art und Zahl möglicher Verbindungen wird also unter anderem durch den Wettbewerb um ein begrenztes Angebot solcher Wachstumsfaktoren reguliert." (Ebd., S. 102) Ständige Bereitschaft zur Änderung und damit Anpassung an dynamische Verhältnisse sind das Element der globalisierten Gesellschaft, in der Hirn und Gesellschaft als Komparsen fungieren.

Der „flexible Mensch" (vgl. Sennett 2006) besitzt ein *lebenslang lernendes Gehirn*. Er wird als Manager seiner selbst in die Pflicht genommen, der sich in permanenter Konkurrenz zu anderen ständig wechselnden Situationen anpassen muss, eine riskante *Turboexistenz* an der Oberfläche der Funktionen ohne Zeit und Gelegenheit für Innehalten und Rücksicht. Traditionale Bindungen sind nicht länger tragfähig. Konstruktionen sind gefragt, die jeweils unter Vorbehalt gelten. Darin besteht die zeitgemäße Lebenskunst, Karriere und privates Glück in Einklang zu bringen, eine *Corporate Identity* auszubilden, in der alle Ichversionen vom *Mannschaftsgeist* getragen werden. (Vgl. Bröckling 2000, S. 160) Gerade die Unlesbarkeit seiner selbst und seiner Gesellschaft stachelt die Suche des *flexiblen Menschen* nach dem Selbst an, das dadurch zu einer universalen Sprachzauberformel wird. Je mehr es an realer Bedeutung gewinnt, umso mehr soll ich mich danach sehnen und in die Suche nach ihm investieren. (Vgl. Pontzen/Schindler 2007) Zu fragen ist, welches Bild von welchem beeinflusst ist: das Design der dynamischen Hirnarchitektur von der globalisierten Gesellschaft oder umgekehrt, das Gehirn als Vorbild einer hoch interaktiven Gesellschaft? (Vgl. Singer 2003, S. 95) Die ausgemachten Entsprechungen sind jedenfalls bestechend. Wie es sich mit den Erklärungen und Begründungen verhält, das ist allerdings eine andere Frage.

Diese Überlegungen treten im Folgenden in den Hintergrund, sollen aber nicht ganz aus dem Blick geraten. Im Mittelpunkt der Ausführungen wird das Problem stehen, dass wir uns an ganz bestimmte Redeweisen gewöhnen und andere vergessen. Wir zeigen bestimmte Denk-, Handlungs- und Verständigungsbereitschaften, ohne dass wir uns über die Voraussetzungen im Klaren sind. Wir halten Erkenntnisse für unumstößlich, können sie jedoch kaum herleiten und begründen. Selbst wenn die Ergebnisse nicht atemberaubend und mitunter enttäuschend sind, geben wir unsere ganze Zuversicht in das *noch nicht*. Die Fortschritte, die hinter uns liegen, geben den künftigen einen Kredit an Glaubwürdigkeit. Eigentümlicherweise relativieren unsere Erfahrungen des Scheiterns kaum die Reichweite des jeweils herrschenden Wissens. Ludwik Fleck hat diesen Konflikt folgendermaßen präzisiert: „Der wissenschaftliche Apparat lenkt das Denken auf die Gleise des Denkstils der Wissenschaft: Er erzeugt die Bereitschaft, bestimmte Gestalten zu sehen, wobei er gleichzeitig die Möglichkeit, andere zu sehen, beseitigt." (Fleck 1983/1947, S. 164) Dabei ist der heute dominierende Denkstil der Naturwissenschaften keine natürliche Gegebenheit, sondern historisch entstanden, auch als Antwort auf Fragen der Zeit. Er ordnet die Diskurse. Er bestimmt den Raum der wahren Aussagen. Dadurch bleiben plausible Alternativen und unbeachtete Problemartikulationen auf der Strecke, die unter Umständen unsere Aufmerksamkeit erneut verdienen. Insbesondere die rasch fortschreitende Entwicklung der Beobachtungstechnologien schafft die Illusion von Evidenz und macht gleichsam blind für Möglichkeiten, die sich nicht dem dominierenden Wahrnehmungsstil beugen. Die Instrumente bestimmen das, was Wirklichkeit bedeutet, sie schaffen „Kulturen der Evidenz" (vgl. Rheinberger/Wahrig-Schmidt/Hagner 1997, S. 15), nicht die unbewaffnete sinnliche Wahrnehmung. Die Bilder, die das Computerprogramm generiert, sind keine Abbilder. Sie sind Artefakte, deren Zusammenhang mit den Funktionen, die sie veranschaulichen, durch Deutung hergestellt wird. Die Suggestion der Bilder besteht darin, etwa Hirnaktivitäten bezeugen zu können. Dabei handelt es sich um empirische Illusionen. Artefakte produzieren Artefakte. Die neuronalen Vorgänge werden durch sehr komplizierte Verfahren angezeigt, präsentieren sich aber nicht selbst. Sie sind zwar notwendige Voraussetzungen dafür, dass Denken, Wahrnehmen und Lernen möglich sind. Das bedeutet aber nicht, dass diese *Erfahrungen* nichts anderes sind als Funktionszustände eines lebenden Gehirns. Ein neuronales Korrelat zu einer Erfahrung existiert ebensowenig wie ein physiologisches Pendant zur Liebe. Der Leib ist zwar involviert, aber seine Symptomatik geht nicht in messbaren Werten auf. Es gibt kein letztes Wort in Sachen Erfahrung und kein letztes Liebesgedicht. Unerschöpflich wie die Liebe ist eine Erfahrung, der wir uns mit Worten und in Beispielen nur nähern können, ohne ihren vollen Bedeutungsumfang zu erfassen.

Damit ist durchaus nichts Neues gesagt. Die Akzente sollen lediglich anders gesetzt werden, um dem Sog der Neurorhetorik zu entkommen. Es geht um eine kritische Kooperation mit neurowissenschaftlichen Ansätzen, nicht jedoch um eine pure Unterwerfung. Für diesen Zweck ist allerdings Vorsicht geboten im Hinblick auf bloßen Sprachzauber, wie er gelegentlich vorkommt. Da ist etwa von „gehirnbasierter" Lehrerausbildung die Rede, und eine „gehirngemäße" Schul- und Lehrplanreform wird gefordert. Margret Arnold, die diese Position vehement vertritt, fasst zusammen: „Ich muss hier in aller Deutlichkeit einmal sagen [...]: Der bisherige Lehrplan ist enorm gehirnfeindlich!" (Arnold 2002, S. 259) Sie geht dabei von einem „neuen Paradigma" aus, von einem „gewandelten Menschenbild", also von einem *Neuen Menschen*: „Der Mensch ist ein komplexes, anpassungsfähiges, sich selbst organisierendes System." (Ebd., S. 173) In sich birgt dieses System ein weiteres System, das Gehirn, das genauso autopoietisch arbeitet. „Noch tiefer [aber] lernt man das Gehirn kennen, wenn man seine Verbindung mit dem Körper versteht. Dies wird am Beispiel der Peptide […] deutlich." (Ebd., S. 174) Alle Systeme sind vernetzt. *Geist* ist schließlich eine emergente Eigenschaft dieses psychosomatischen Netzwerks. Billigt man einmal zu, dass hier tatsächlich Neues zum Ausdruck gebracht wird, was ist hier deutlich gesagt? Was bedeutet es, dass das Gehirn durch Erfahrung geformt wird? Was ist das neuronale Korrelat zur Erfahrung? Handelt es sich nicht vielmehr um einen Sprachzauber der Neuromythologie? Mit einer neuen Sprache verbinden sich neue Versprechungen. (Vgl. Terhart 1992, S. 207) Alle Konflikte werden grundsätzlich als Vermittlungsaufgabe aufgefasst. Sie werden auf der Ebene der Kommunikation und nicht auf der Ebene des Handelns formuliert, wenngleich ständig suggeriert wird, dass hier etwas nie Dagewesenes, Spektakuläres und ungemein Praktisches geschieht. Die „didaktische Wunderwelt" (Terhart 1997, S. 40) ist in den Händen von Eingeweihten, die auf *brain gym* oder *Edukinese* setzen, also auf Bewegungen des oft missachteten Schülerkörpers, welche das Gehirn in seiner Gesamtheit stimulieren. Eine Stimmung wie die des *Aufbruchs in das gelobte Land* wird geschürt, indem das Alte verteufelt und die Selbstdeutung und -behandlung des Menschen als neuronale Maschine angehimmelt wird. Schulreformer gewinnen neue Feindbilder. Für den Kampf sind sie längst gut gerüstet; denn das lernende Gehirn nimmt den Platz des messianischen Kindes ein.

Der vorherrschende Denk- und Wahrnehmungsstil von Pädagogen ist entscheidend im Hinblick darauf, wie sie die Vollzüge begreifen, beschreiben und bezeichnen, auf welche sie ihre Aktivitäten richten. Ganz besonders für die Pädagogik gilt, was Plessner allgemein für anthropologische Konzepte hervorgehoben hat: „Für jede theoretische Bestimmung unseres Wesens haben wir zu zahlen, sie ist ein Vorgriff auf die Praxis, von ihr hängt ab, was aus uns wird. So wie der Mensch sich sieht, wird er; […]." (Plessner 1983a, S. 116) Theorien bedeuten also Vorgriffe und als solche auch Eingriffe. Sie werden nicht einfach auf Handlungskontexte angewandt. Sie lassen Praxis in anderem Lichte erscheinen. Sie beleuchten, blenden aber auch aus oder lassen unsichtbar bleiben. Neurodidaktische Überlegungen konzentrieren sich hierbei darauf, die Kapazität der Schülerhirne möglichst erschöpfend auszunutzen. Sie unterwerfen sich dem Gebot der Effizienz und verbinden dies mit reformpädagogischen Bekenntnissen. Ganzheitlichkeit, Individualität und Emotionalität werden unentwegt hervorgehoben, wobei stets betont wird, dass neuerdings die Hirnforschung gezeigt habe, dass unsere Gehirne nur so optimal funktionierten. Dieses Zeigen bezieht sich dabei insbesondere auf die Bilder, mit denen Hirnzustände veranschaulicht werden.

Die Produktion und Deutung solcher Bilder ist enorm kompliziert. Sie werden dennoch von Laien übernommen, die sie im Lichte ihrer lebensweltlichen Erfahrungen lesen. Das Training des Gehirns wird im Sinne des Muskelaufbaus verstanden. Die Farbe Rot wird mit hoher Aktivität, Anstrengung und Eifer gekoppelt.

Was diese noch alles bedeuten kann, ruft Uwe Timm in seinem Roman *Rot* in Erinnerung. Er soll hier ausführlich zitiert werden, um den Anspielungsreichtum anklingen zu lassen und damit vielleicht auch die Assoziationen zu erklären, welche den Schein des Verständnisses angesichts rätselhafter Bilder hervorrufen: „Schönes Rot, Farbe der Jugend, der Leidenschaft, der Glut. Rotsehen, darin steckt auch die Vorstellung, der Stier reagiere auf Rot, tatsächlich kann er Rot gar nicht sehen, nur das Dunkle, die Bewegung des Tuchs, der Capa. Rot ist die Farbe, die am häufigsten in den Fahnen der Staaten auftaucht, ohne Zusatz, als reines Rot, ist es die Fahne der Revolution, der Linken, der französischen Commune. Farbe des Lebens, der Veränderung. Schönes Rot. In Schwarzafrika ist es das Rot, das aus Früchten gewonnen wird, mit dem sich die Mädchen, wenn sie ihre erste Menstruation bekommen, am Abend vor der Heirat und bei der Geburt des ersten Kindes Gesicht und Körper bemalen. Kirschrot, Himbeerrot, Erdbeerrot. Das Süße, das Saftige verbindet sich mit dieser Farbe, eine Synästhesie, die sich durch Versuche belegen läßt. Kirschrot wirkt speichelbildend mit dem Geschmack der Süße. Im Russischen und im Arabischen ist das Wort rot gleichbedeutend mit schön. Blau ist die Farbe des Himmels, der Distanz. Nicht zufällig hat sich Blaustrumpf durchgesetzt. Hingegen zieht Rot als Kleidung wie keine andere Farbe die Aufmerksamkeit an, insbesondere wenn die Trägerin blond oder schwarzhaarig ist. Man kann blau sein, aber nicht rot, es sei denn durch einen Sonnenbrand. Man kann ein Roter sein, aber kein Blauer, jedoch kann man blaumachen und dann dafür einen blauen Brief bekommen. Feelin' blue – das Fest ist vorüber, kein Rot in Sicht. Man kann rotsehen, aber wer blau sieht, meint nur die Farbe, anders wer schwarzsieht, was noch eine zusätzliche Bedeutung hat. Schönes Rot, das sich nicht fotokopieren läßt." (Timm 2001, S. 88) Vielleicht nicht jede Nuance, aber vieles schwingt mit, wenn Laien die bunten Bilder lesen. Rot erregt jedenfalls Wohlgefallen. Hier geschieht etwas, wohingegen das Gehirn an anderen Stellen *blaumacht*.

Dass die Synapsen *feuern*, wird nicht selten wie ein Waffengebrauch verstanden. Unterstützt wird dieses kriegerische Bild durch die Schemata, in denen die Botenstoffe wie Kugeln veranschaulicht werden. Auf jeden Fall handelt es sich um höchste Aktivität, welche der Laie im Einzelnen weder auf dem Bild genau bestimmen noch erklären kann. Die wissenschaftliche Aussage verheißt die Lösung der Probleme. Die Antworten sind kompliziert genug, um als Autorität anerkannt zu werden. Sie spielen aber mit einem sinnlichen Überschuss, der denjenigen, der an sie glauben soll, nicht im Stich lässt. Fleck spricht im Hinblick auf solche Vorgänge von einer „gemeinschaftsinternen Wanderung": „Der Laie nimmt den Satz des Fachmanns wie eine Offenbarung an, die er nicht kontrollieren kann, also wächst die Apodiktizität der Aussage." (Fleck 1983/1947, S. 172)

Was heißt es genau, dem *Gehirn bei der Arbeit zuzusehen*? Was meint hier: *sehen*? Die funktionelle Magnetresonanztomographie ist z.B. nicht mit einem Fotoapparat zu vergleichen, mit dem wir Gegenstände ablichten. Auch im Hinblick auf andere optische Instrumente versagen Analogien. Weder Mikroskop noch Fernglas helfen uns weiter. Stark vereinfacht ausgedrückt, errechnet ein Computer z.B. aus magnetischen Antwortsignalen die Bilder, die wir dann als statische Schnittbilder vor Augen haben. Das angemessene Verstehen dieser Bilder ist Angelegenheit von Experten. In den populären Medien werden sie zu einer Art Glaubenssache, die durch jede „gemeinschaftsinterne Wanderung" gestärkt wird. Hirnbilder haben eine unglaubliche Verbreitung gefunden: in Nachrichtenmagazinen, in renommierten Zeitschriften, aber auch in Publikationen wie der Apotheken-Umschau werden bunte Bilder veröffentlicht mit weit reichenden Verheißungen. Nach dem Muster von vorher und nachher werden Entwicklungsprozesse veranschaulicht, die sich allein der Hirnaktivität verdanken. Selbst das alte Gehirn ist zu Veränderungen in der Lage, wenn man regelmäßig Gehirnjogging betreibt. Dabei gerät vor allem die Lernfähigkeit in den Mittelpunkt der Aufmerksamkeit. Aber: Was erfahren wir tatsächlich über das Phänomen des Lernens, wenn wir die Bilder betrachten, die ein Computer aus Resonanzsignalen errechnet hat? Gerade das, was man sehen soll, bleibt unsichtbar, etwa der Beginn des Lernens, sein Verlauf, seine Dramaturgie. Die Versuchsleiter bleiben bei der Suche nach einem neuronalen Korrelat des Vollzugs auf die Antwort der Probanden angewiesen, also letztlich auf Introspektion sowie Glaubwürdigkeit und damit auf vorwissenschaftliche, wenn nicht gar unwissenschaftliche Größen. Beide wurden seit Beginn der Etablierung empirischer Erforschungen menschlicher Möglichkeiten stets verdächtigt, für objektive Aussagen untauglich zu sein. Nun wächst ihnen bei jeder Auslegung der Bilder eine enorme Bedeutung zu. Die am strengsten zu kontrollierende, also die objektivsten Aussagen erhält man in der Analyse von isolierten Nervenzellgewebsscheibchen. Durch die Absonderung vom lebenden Organismus hat man jede Form von Selbstbezüglichkeit ausgeschaltet. Alle Parameter sind unter Kontrolle. Aber was bedeutet die Analyse im Hinblick auf den integren Organismus? Man kann die Versuchstiere narkotisieren, um etwa das Auge als physikalischen Reaktionskörper ohne den verfälschenden Einfluss von selbststeuerndem Verhalten und Stressfaktoren zu untersuchen. Aber auch hier drängt sich wieder die Frage auf, ob Ergebnisse, die am betäubten Organismus unter sehr artifiziellen Bedingungen gewonnen wurden, so ohne weiteres auf den situierten Organismus zu übertragen sind. Schließlich kann man einen wachen Probanden untersuchen. Hier ist die Kontrolle weit zurückgenommen. Das führt dazu, dass seine Eigenaktivität sehr schwer in das Experiment zu integrieren ist. „Dies hat zwei wesentliche Implikationen: Der Proband muss verstehen, was von ihm erwartet wird, und er muss dazu motiviert werden, am Experiment teilzunehmen. Das heißt, die Integration in die Experimentalanordnung beinhaltet eine Selbstintegration." (Lindemann 2005, S. 776) Dabei ist auch die Motivation von Affen kein Automatismus. Versuche zeigen, dass tierische Probanden unberechenbar sind, was ihren Arbeitseifer anlangt. (Vgl. ebd.) Zudem ist ein täglicher Umgang mit Versuchstieren niemals frei vom Bemühen, deren Verhalten zu verstehen. Eine Reduktion auf Reiz-Reaktionsmechanismen gelingt nicht, selbst wenn man nicht so weit geht, dem Tier Selbstbewusstsein zu unterstellen. Experimentierende Neurobiologen kennen das Problem der Bindung an Tiere, mit denen sie arbeiten.

Insbesondere Störungen und Verletzungen des Gehirns, die selektive Funktionsausfälle zur Folge haben, geben Aufschluss über die Funktionsweise des Gehirns. Vielleicht sind die umgangssprachlichen Wendungen vom *hirnverbrannten, hirn-*

rissigen Handeln und von den *Hirngespinsten* ein Spiegel dafür, dass wir in der Vergangenheit unser Wissen vom Hirn vor allem durch seine autarken Störungen erlangt haben. Umgekehrt fehlen die Möglichkeiten, am unversehrten menschlichen Gehirn Folgen von planmäßigen Interventionen zu erforschen. Es scheint, als sollten die Bilder über diesen empirischen Makel hinwegtäuschen oder -trösten. Sie vermitteln die Illusion, das Gehirn sehen zu können. Stattdessen begegnet uns ein bereits in bestimmten Hinsichten bearbeitetes Artefakt. Digitale Bilder gaukeln Natur vor. Im Unterschied zu Tabellen und Diagrammen, in denen sich das kybernetische Menschbild darstellte, kehren nun organische Modelle zurück, mitunter eingebettet in einen morphologischen Kontext, aber vor allem als funktionaler Zusammenhang. Die kybernetische Anthropologie begriff den Menschen als Informationsmaschine, deren besonderes Kennzeichen, die Rückkoppelung, sie in die Nähe alles Lebendigen rückt. „Das Nervensystem wiederum verfügt über Eigenschaften, die es mit Rechnern prinzipiell kompatibel macht. Die Nervenzellen oder Neuronen, die kleinsten funktionellen Einheiten des Nervensystems, agieren wie ein Relais, indem ihre physiologische Wirkung auf zwei Zuständen basiert: dem Aktivierungs- oder dem Ruhezustand." (Hagner 2006, S. 206) Die Selbstdeutung des Menschen als Maschine fädelt sich in eine lange und wechselhafte Tradition. Wir halten deshalb ein und blicken zurück.

„Von dem Moment an, wo der Mensch denkt, daß die große Uhr der Natur sich ganz allein dreht und weiter die Stunde markiert, selbst wenn er nicht da ist, entsteht die Ordnung der Wissenschaft. Die Ordnung der Wissenschaft hängt daran, daß der Mensch vom Priester der Natur zu ihrem Beamten geworden ist. Er wird sie nicht beherrschen, es sei denn, indem er ihr gehorcht. Und derart Knecht, versucht er seinen Herrn in seine Abhängigkeit zu bringen, indem er ihm gut dient." (Lacan 1980, S. 377) Im Verlaufe der Entwicklung erscheint das Modell in zunehmendem Maße wirklicher als die Realität. Die Uhrenzeit beherrscht die gelebte Zeit. Von einem Teil der Welt wird der Mensch nach und nach zu ihrem unberührten Beobachter, der im Computer seine optimale Verkörperung finden wird. Eine umgekehrte Anthropologie veranlasst ihn, sich in seinen elektronischen Systemen zu spiegeln und sich selbst als informationsverarbeitendes System zu verstehen, welches der Welt unbeteiligt gegenübersteht. Erkennen wird zum Konstruieren, das ohne einen Halt in der Realität auskommen muss. Vermutlich zieht aber erst eine perfekte Selbstherstellung des Menschen, mit welcher er sein Spiegelbild materialisiert und die heute am Horizont von Gentechniken aufblitzt, den Schlussstrich unter diese Entwicklung der Selbstverhältnisse des Menschen.

Im Verlaufe der Geschichte seiner Selbstverständnisse distanziert sich der Mensch zunehmend von seiner engen Bindung an die Welt. Er versteht sich allmählich – auch in einer bestimmten Auslegung des biblischen Auftrags, die Erde zu beherrschen – als der Welt gegenüberstehend. Er ist nicht mehr unzweifelhafter Teil des Kosmos, sondern rückt auf Abstand zu allem, was im Idealismus später das Nicht-Ich genannt wird. Diese zunächst noch undeutliche Weltverneinung erhält ihre erste prägnante Struktur durch Descartes, der auf der Suche nach letzten Gewissheiten vernünftiger Erkenntnis auf die Differenz von *res cogitans* und *res extensa* stößt. Es ist auch hier wieder das Denken, welches den Menschen in seiner Eigentümlichkeit bestimmt. Unter veränderten Bedingungen geht damit nun allerdings ein beachtlicher Weltverlust einher. Das Denken, das als *res cogitans* von allen Zweifeln befreit ist, reicht nicht mehr an die unwägbare Welt als solche heran. Es vergisst in seinem Begehren nach vollständiger Unabhängigkeit, dass es selbst von dieser Welt ist. Es muss sich durch einen bewiesenen Gott garantieren lassen, dass seinem Erkennen auch tatsächlich Gegebenes entspricht. Eine anstrengende Lebensweise wird dem Menschen, der diesen Zielen folgt, abverlangt: Er ist *in* seiner Welt nicht *von* dieser Welt. Er gehört dem zu Erkennenden an und steht ihm gleichzeitig gegenüber.

Die *res extensa* gehorcht der Maschinendoktrin. Sie funktioniert wie die vertraute Technik der Zeit, indem sie verlässlich wie ein Uhrwerk, überraschend wie Wasserspiele und kraftvoll wie die Mühlen ist, „die, obwohl sie nur von Menschenhand hergestellt wurden, nicht der Kraft entbehren, sich aus sich selbst auf ganz verschiedene Weisen zu bewegen." (Descartes 1969/1632, S. 44) Als wesentlich vom geistigen Sein unterschieden, wird sie der wissenschaftlichen Objektivierung freigegeben. Das Tier sei nichts anderes als eine Maschine, stellt Descartes fest, Selbstbewegung ohne Seele, was schließlich daran zu sehen sei, dass geköpftes Federvieh auch ohne Haupt ein Stück des Weges rennen könne. „Dies wird dem keineswegs sonderbar vorkommen, der weiß, wie viele verschiedene *Automaten* oder bewegungsfähige Maschinen menschliche Geschicklichkeit zustandebringen kann, und dies unter Verwendung nur sehr weniger Einzelteile verglichen mit der großen Anzahl von Knochen, Muskeln, Nerven, Arterien, Venen und all den anderen Bestandteilen, die sich im Leibe jedes Tieres finden. Er wird diesen Leib für eine Maschine ansehen, die aus den Händen Gottes kommt und daher unvergleichlich besser konstruiert ist und weit wunderbarere Getriebe in sich birgt als jede Maschine, die der Mensch erfinden kann." (Descartes 1969/1637, S. 91) Die körperliche Existenz, welche der Mensch mit dem Tier teilt, ist Produkt einer himmlischen Manufaktur. Zwischen ihr und den Maschinen gibt es nur graduelle, keine prinzipiellen Unterschiede mehr. Nietzsche wird Descartes später mit leisem Spott für diese „verehrungswürdige Kühnheit rühmen", setzt sie doch eine Bewegung in Gang, an deren Ende nur das vom Menschen verstanden sei, was als „machinal" begriffen ist. (Nietzsche 1988f, S. 180) Von dieser Entwicklung bleibt der Mensch selbst nicht verschont. Er mutiert langsam selbst zum Artefakt. Er geht seiner eigenen transhumanen Utopie nach, indem er träumt, in einem gentechnisch perfekt gestylten transfigurierten Leib einen vergleichbar vollkommenen Geist abzuspeichern, der vom Gehirn eines Genies stammt.

Selbst wenn Descartes die Vernunft vor ihrer maschinalen Nachstellung beschützen wollte, konnte ihm dies nicht gelingen, denn er konzipierte die *res cogitans* von Anfang an als Denkmaschine, als einen mit Hilfe von unerbittlichen Regeln der Methode durchorganisierten Apparat. Die Vorstellung vom Körper als einer *machina corporea* ist dabei althergebracht und wenig bemerkenswert. Künstlich hergestellte Werkzeuge waren als Prothesen vertraut. Allerdings wurden bislang nur in Mythen dem Menschen ebenbürtige Artefakte imaginiert, welche ihm nicht nur

nützlich, sondern auch gefährlich werden konnten. Stets war eine Sicherung einge-
baut, mit der Menschen im Notfall ihre Herrschaft über die Monstren wiederge-
winnen konnten. Das ändert sich mit Descartes' Einsicht. Denn im selben Moment, als Descartes das Tier zur Maschine entseelte und den denkenden Menschen
als Rechenbank bestimmte, taucht die Frage nach der Differenz zwischen Mensch
und Maschine im Rahmen der menschlichen Selbstdeutungen auf. Es scheint noch
verhältnismäßig leicht zu sein, diesen Unterschied zu bestimmen; denn erstens
können Maschinen zwar reagieren, aber sie können nicht in vielfältiger Weise auf
den Sinn des in ihrer Gegenwart Gesagten antworten. Zweitens handeln sie nicht
aus Einsicht, sondern nur aufgrund ihrer hergestellten speziellen Fähigkeiten. Die
menschliche Vernunft bleibt als universales Mittel unschlagbar. (Vgl. Descartes
1969/1637, S. 91ff.)

Auch Pascal, ein jüngerer Zeitgenosse von Descartes und dessen scharfer Kritiker, ließ sich von damaligen Maschinen verblüffen. Seine von ihm über viele Jahre
und in zahlreichen Varianten entwickelte Rechenmaschine inspirierte ihn zu weit
reichenden Annahmen. „Die Rechenmaschine zeigt Wirkungen, die dem Denken
näher kommen als alles, was Tiere vollbringen; aber keine, von denen man sagen
muß, daß sie Willen habe wie Tiere." (Pascal 1994/1669, S. 166) „Denn man darf
sich nicht täuschen", so gibt er zu bedenken: „wir sind ebenso sehr Automat wie
Geist, [...]." (Ebd., S. 134) Unsere Gewohnheiten werden mit dem Automatischen
in uns verglichen, auf das wir auch als Vernunftwesen angewiesen sind. In unserer
Zeit wird Bourdieu seine Analyse der Gewohnheiten an Pascal anlehnen und ihn
als einen Denker würdigen, der bereits früh wegweisend leibliches Erkennen als
Habitualisierung analysiert hat. (Vgl. Bourdieu 2001) Allein der Wille trotzt der
imponierenden Mechanik. Er ist der Sand im Getriebe. Aber auch seine Maschi-
nenschatten lassen nicht endlos auf sich warten. Dazu waren Steuerungssysteme
notwendig wie etwa die spät entwickelte Hemmung und die noch später konstruierte Triebfeder der Räderuhr. Diese Mechanismen greifen in die Bewegung des
Systems ein. Sie verändern den Lauf der Dinge, ohne dass der Mensch Hand an-
legt. Dennoch werden erst die sich selbst regelnden Maschinen des neunzehnten
und zwanzigsten Jahrhunderts hier vollständige Klarheit schaffen, indem sie das
Verständnis des Menschen als Rückkoppelungssystem anbieten.

Neben der Räderuhr wird die Rechenmaschine lange Zeit als Modell von Selbst-
und Weltdeutungen dienen. Auch heute verstehen wir, was es bedeutet, wenn *jemand nicht richtig tickt*. Gott wird als „erfahrener Uhrmacher" verehrt (Comenius),
nach dessen Vorbild der Mensch in das weltliche Geschick mit seinen Möglichkeiten eingreifen soll. Die Maschine wird in ihrer vollkommenen Gestalt als *perpetu-
um mobile*, als *automaton vere automaton* zum Mosesstab, zum Zeichen Gottes für
seine Zustimmung zum comenianischen Reformwerk. (Vgl. Schaller 1997) Im Barock liebte man die Maschinen als Zeichen unaufhaltsamer Instaurationen. Gesellschaftliche Aufbruchbewegungen nahmen Maß an der Schnelligkeit und Effizienz
der zeitgenössischen Apparate. Es gab keine Vorbehalte, Erziehung mit der Druck-
technik zu vergleichen, ja sogar Kinder in eigens konstruierte Maschinen zu setzen,
um ihr Lernen schnell, umfassend und angenehm zu gestalten. Erhard Weigel legte

besonders kühne Entwürfe zu Unterrichtsmaschinen vor. Die von ihm erfundene „Schweb-Claß" war etwa als komplizierte Mechanik entworfen, in die alle Kinder mit „starken Stricken und eisernen Hacken" eingespannt waren und durch die bei allen Kindern gleichzeitig die Hände geführt wurden, um ihnen ein vollkommenes Schreiben zu ermöglichen. (Vgl. Friedrich 1999, S. 54ff.)

Leibniz war vom Geist dieser Zeit infiziert. Er baute wie Pascal eine Rechenmaschine und war begeistert von seiner Entdeckung. Er schreibt an den Herzog Johann Friedrich: „*In Mathematicis* und *Mechanicis* habe ich vermittelst *artis combinatoriæ* einige dinge gefunden die *in praxis vitæ* von nicht geringer *importanz* zu achten, und erstlich *in Arithmeticis* eine *Machine*, so ich eine LEBENDIGE RECHENBANCK nenne, dieweil dadurch zu wege gebracht wird, daß alle zahlen sich selbst rechnen, *addi*ren, *subtrahi*ren, *multiplici*ren, *dividi*ren, ja gar *radicem Quadratam* und *Cubicam extrahi*ren, ohne einige Mühe des Gemüths, wenn man nur die *numeros datos in machina* zeichnet, welches so geschwind gethan als sonst geschrieben, so komt die *summa motu machinæ* selbst heraus." (Leibniz 1972/1671, S. 160) Diese Maschine mache, so lange sie nicht zerbreche, keine Fehler und sei eine Bereicherung der Verwaltung, in Sachen Kriegsführung und auch für die Astronomie. Die Zahnräder der „lebendigen Rechenbanck" bewegen sich von selbst, als ob sie lebten. Die Zahlen „rechnen sich selbst". In ihrer „Selbstgenügsamkeit" repräsentieren sie „unkörperliche Automaten", als welche Leibniz die „geschaffenen Monaden" versteht. (Leibniz 1986/1714, S. 447) Gemeinsam mit der Seele bilden Monaden eine Art *göttliche Maschine* oder so etwas wie einen *natürlichen Automaten*, der sich von den künstlichen Automaten dadurch unterscheidet, dass er selbst noch in seinen kleinsten Teilen aus Maschinen besteht (vgl. ebd., S. 469), also nicht aus zusammenhanglosen Bruchstücken, sondern aus lebenden Systemen, deren Bewegungen bereits Descartes bewunderte. (Vgl. Descartes 1969/1637, S. 91)

Mit der Kybernetik tritt die Geistmaschine die Erbschaft der Körpermaschine an. Norbert Wiener ernennt Leibniz 1963 zum Schutzpatron der Kybernetik, enthalte doch sein *calculus ratiocinator* die Keime der *machina ratiocinatrix,* also der logischen Maschine. (Vgl. Wiener 1992, S. 40) Bereits vom siebzehnten Jahrhundert an existieren Geist- und Körpermaschinen nebeneinander. Menschen identifizieren sich mit ihnen oder bringen sie auf Abstand. Beunruhigend wirkt insbesondere die Selbstbewegungsfähigkeit der Apparate, die aufgrund der fortschreitenden mechanischen Möglichkeiten immer weniger des menschlichen Eingriffs bedürfen, oder genauer: die menschliche Intervention fortwährend besser verbergen. Symptom für diese Irritationen wird die unablässig traktierte Frage nach der Seele. Haben die Automatenmenschen eine Seele? Wenn ja, wie ist dann die menschliche Seele zu begreifen? Im zwanzigsten Jahrhundert wird man unermüdlich fragen, ob Computer denken können, was nicht nur für den Fortschritt in der Kybernetik und Informatik spricht, sondern überdeutlich verrät, dass den Menschen ihr eigenes Denken unverständlich wird. Im einundzwanzigsten Jahrhundert wird eine der zentralen Fragen jene sein, die sich dem Problem widmet, wann der Mensch als Mensch seinen Anfang und wann sein Ende hat. Letzte lebensweltliche Evidenzen büßen damit ihre orientierende Kraft ein.

Im französischen Materialismus wurde der *l'homme machine* zum Symbol für die grundsätzliche Emanzipation des Menschen von seiner kirchlichen und politischen Gefangennahme. Um seine glückliche Existenz zu garantieren, musste man die Mechanik kennen, die ihn führte. Angeregt wurde diese Modifikation der Selbstdeutung des Menschen auch durch seine fortschrittliche Automatentechnik. Längst drehten sich nicht mehr Mensch- und Tiergestalten, wie Descartes sie vor Augen hatte, auf verborgenen Uhrwerken und erweckten nur den Schein der eigenen Aktivität. Die Androiden bewegten sich wie die Zahnräder der Rechenbanken von selbst. Vaucansons Ente schien nicht nur zu fressen, sondern auch zu verdauen. Der berühmte Schreiber tauchte die Feder in Tinte und schrieb wirklich. Die bewunderte Harmoniumspielerin drückte die Tasten des Instruments und brachte damit Musik hervor. Die Kleidung gab auf ihren Rücken die Platinenwerke ihrer bewundernswerten Schöpfer frei. Der Android wurde nicht als Vervollkommnung der Natur begriffen. Er war vielmehr eine begeisternde Alternative, Sinnbild einer *zweiten Natur*. Deshalb entwirft Hobbes in seinem *Leviathan* den Staatskörper als einen Androiden, um ein künstliches politisches Gemeinwesen zu demonstrieren, welches den Frieden nur mit artifiziellen Mitteln ermöglicht: „Denn durch Kunst wird jener große *Leviathan* geschaffen, genannt *Gemeinwesen* oder *Staat*, auf lateinisch *civitas*, der nichts anderes ist als ein künstlicher Mensch, wenn auch von größerer Gestalt und Stärke als der natürliche, zu dessen Schutz und Verteidigung er ersonnen wurde." (Hobbes 1984/1651, S. 5)

Auf dem Wege zu Selbstverständnissen durch Selbstherstellung war der Mensch ein entscheidendes Stück weitergekommen. LaMettrie wandte sich in der ersten Hälfte des achtzehnten Jahrhunderts in diesem Sinne gegen Descartes' Dualismus von Körper und Geist und rief den Menschen als eine Uhr aus, die ihre Federn selbst aufzieht. Ihm zufolge ist der Mensch organisierte Materie, Abbild ewiger Bewegung. Die Seele meint nichts anderes als eben diese Organisation. Damit beansprucht LaMettrie allerdings nicht, die Existenz des Menschen zu erklären. *Maschine* war für ihn der Platzhalter für die rätselhafte Daseinsweise der menschlichen Seele, welcher der sinnlichen Erfahrung ein Geheimnis bleibt und die lediglich um den Preis ihrer Verkennung zu erklären sei. (Vgl. Meyer-Drawe 2007a, S. 41ff.) Aber seine provokante Schrift wurde anders verstanden. Sie bedeutete für viele nicht einen Beitrag zu einer skeptischen Philosophie, sondern die Skizze einer umfänglichen Manipulation der menschlichen Körper, wie sie von der Disziplinargesellschaft benötigt wurde. „Der *Homme-machine* von LaMettrie ist sowohl eine materialistische Reduktion der Seele wie eine allgemeine Theorie der Dressur, zwischen denen der Begriff der ‚Gelehrigkeit' herrscht, der den analysierbaren Körper mit dem manipulierbaren Körper verknüpft. [...] Die berühmten Automaten waren nicht bloß Illustrationen des Organismus; sie waren auch politische Puppen, verkleinerte Modelle von Macht: sie waren die Obsession Friedrichs II., des pedantischen Königs der kleinen Maschinen, der gutgedrillten Regimenter und der langen Übungen." (Foucault 1977, S. 174f.)

Das Jahrhundert der Androiden ist auch das pädagogische Jahrhundert, die Blütezeit pädagogischer Utopien und erzieherischen Selbstbewusstseins. Lange bevor der Behaviorismus die Mechanisierung des Lernprozesses auf den Weg bringt, hat der preußische Philanthropinismus ihm das Feld bereitet. Zwar legt man immer noch Wert auf die Differenz zwischen Mensch und Maschine, findet es aber nicht anstößig, wie Rousseau von einer „menschlichen Maschine" zu sprechen, die sich lediglich durch ihre Freiheit vom Tier als „kunstreiche[r] Maschine" unterscheidet. (Vgl. Rousseau 1993/1754, S. 69) Pestalozzi schwärmt in diesem Geist von seiner Methode: „Wenn ein Mensch eine Maschine erfinden würde, um wohlfeiler Holz haken zu können, so würde alle Billigkeit ihm die Vortheile dieser bessern Holzha-kerey zusichern, und da ich jetz ohne allen Zweifel eine bessere Vernunftmaschine erfunden habe, so spreche ich im Ernst die Vortheile dieser Maschine eine Weile ausschließlich an und hoffe um so mehr die Handbietung von Menschenfreunden bey diesem Anspruch, da ich mich öffentlich verpflichte, die ökonomischen Vor-theile, die ich mir hierdurch verschaffen kann, größtentheils zur Bildung eines Weysenhauses für arme helvetische Kinder beyder Religionen zu verwenden." (Pes-talozzi 1951/1801, S. 84)

Pestalozzi teilt den Maschinenglauben der Philanthropinisten, welche in dieser Hinsicht nach Descartes als Vorläufer des Behaviorismus gelten können. Basedow, bekannt als Begründer der philanthropinistischen Bewegung, unterbreitet gegen Ende des achtzehnten Jahrhunderts das „Projekt einer Tränenglocke": „Das lange und *öftere Weinen* hat auch sehr üble Wirkungen auf den Körper. Man kann es den Kindern aber zulassen, wenn sie nur durch Läutung der *Tränenglocke* das Gegen-mittel brauchen. Diese Glocke besteht aus einem gewissen Metall, dessen Erschüt-terung sehr gut für die *Tränenkrankheit* ist. Die Kinder müssen aber so lange läu-ten, als sie in gewissen Umständen weinen. Wenn das Übel aber, nachdem es aufge-hört hat, wieder anfängt, so muß die Kur einige Minuten und immer länger gebraucht werden. Sie müssen aber selbst läuten, sonst hilft es so viel nicht. Sollte aber die Tränenkrankheit sie so schwach am Verstande machen, daß sie es nicht wollten, so muß entweder etwas Schmerzhaftes folgen, oder sie müssen doch we-nigstens die Hand an der Glocke halten, so kann man ihnen läuten helfen." (Zit. nach Rutschky 1977, S. 520f.) Gegen die Verzärtelung und Tändelei wurde Kondi-tionierung eingesetzt, ohne dass dieser Begriff bereits eingeführt war. Dabei gilt die Umsicht nicht unbedingt dem Gefühlshaushalt des Zöglings als solchem, sondern seinem Säfteverlust, sorgten sich die Philanthropinisten doch im Sinne der Ökono-mie der Säfte, wie sie die Humoralpathologie beschrieb, um das geistige Wohl ihrer Zöglinge. Säfte durften nur in gebotenem Maße den Körper verlassen. Deshalb sollten auch nicht zu viele Tränen vergossen oder die Schande der *Selbstbefleckung* geduldet werden. Salzmann, der Gründer des Philanthropins Schnepfental in der Nähe von Friedrichroda, hält fest: „Der Mensch ist kein solches Geschöpf, wie wir uns die Engel denken, sondern ein Wesen, das alle seine Begriffe durch den Körper bekommt, und alles, was es außer sich hervorbringt, vermittels des Körpers wirkt. Ein Mensch mit einem ungesunden und schwachen Körper ist also nichts anderes als der Bewohner eines Zimmers, in welches das Licht durch kleine Fensterschei-ben fällt, die der Ölrauch geschwärzt hat, ein Spieler auf einem verstimmten Instru-ment. Die Erfahrung eines jeden stimmt gewiß der Wahrheit dieser Vergleichung bei und überzeugt ihn, daß er ganz falsch empfinde, wenn die Kanäle seiner Empfindung verstopft sind, und schwach und unregelmäßig wirke, wenn die Werkzeuge seiner Wirkungskraft geschwächt und zerrüttet sind." (Salzmann 1784, S. 229)

Weitere Beispiele belegen, dass der Behaviorismus, der sich mit Beginn des zwanzigsten Jahrhunderts in der Lernforschung ausbreitete, nicht die Geburtsstunde einer mechanistischen Lernauffassung war, sondern dass er sich vielmehr in einer längst etablierten Denkgewohnheit einnistete, die Erziehungstechniken nach dem Muster der Trivialmaschine für selbstverständlich hielt. Maschinenähnliche Zurichtungen der gelehrigen Körper wurden durch Disziplinierungen während der Aufklärungszeit zur Normalität. Eine wichtige Voraussetzung für eine gerechtere Verteilung von Lebens- und Zukunftschancen wurde damit geschaffen. Eigene Leistungen, die in ihrem Wert zu beeinflussen und zu kontrollieren waren, sollten vorgeburtliche Festlegungen der Individuen durchbrechen. Auch durch den Einfluss von Rousseau wurden die Dinge in den Erziehungsprozess einbezogen. So wurden fremde Kulturen außerdem für diejenigen in die Nähe geholt, die sich Reisen nicht leisten konnten. Die Welt wurde in Kästen, in Wunderkammern und Kabinetten gesammelt und unabhängig von ihrer natürlichen Ordnung mit Blick auf ihre Erkennbarkeit organisiert. Individuen sollten insgesamt nutzbar gemacht werden für die Gesellschaft, aber auch glücklich im Hinblick auf die ihnen mögliche Vollkommenheit sein. Zu diesem Zweck wurde eine Prüfung ihrer Eignung unter einheitlichen Maßstäben erforderlich. Formalisierung und Normenfixierung waren die Folge. Individuelle Daten mussten erhoben werden und in Bezug zu den allgemeinen Registern gesetzt werden. Dokumentationstechniken wurden entwickelt. Sichtbarkeit war oberstes Gebot. Nichts sollte durch die *Maschen der Macht* (Foucault) fallen. Alles schien der pädagogischen Initiative anheimgegeben, insbesondere die Unterdrückung unerwünschter Triebe, die Gestaltung der Empfindungen, um dadurch den Willen zu formen. Im Unterschied zu Kant setzten die *Menschenfreunde* als Praktiker kein allzu großes Vertrauen in den selbstständigen Gebrauch des Verstandes. Immer häufiger wurde das Bild vom Menschen gebraucht, das ihn als *Rad in einer großen Maschine* begriff. Er musste sich in die Organisation einpassen, allerdings nicht übergenau, um funktionieren zu können. Er diente der Gesellschaft als taugliches Individuum, indem er sich selbst für ein Einzelteil im Getriebe hielt. In der Übung und durch *Konditionierung* wurde die Macht der Gewohnheit unterstützt. Die Zeremonien des Leibes funktionierten perfekt diesseits einer kritischen Vernunft. Die Symbiose von Mensch und Maschine nimmt ihren Lauf. (Vgl. Dreßen 1982; Nutz 2001, S. 93ff.) Der Körper fungiert als Element der Seelenbildung. Die *zweite Natur* ist die *erste*. Die Dressur des kleinen *Fremdlings* wird bald nach seiner Geburt aufgenommen, damit nichts versäumt wird.

Wolke gibt ein eindrückliches Beispiel, das auch deshalb so bemerkenswert ist, weil es seine heutigen Wiedergänger etwa in der Berieselung von Säuglingen durch Videos oder in dem Kopfhörer auf dem Bauch der Schwangeren hat. In seiner *methodischen Welterschließung beim Säugling* von 1805 schlägt Wolke der „lieben Mutter" eine „naturgemäße Lehrart" vor: „Sprich also, wenn das Kind ein auffallendes Licht erblickt: *Licht – hell*, wenn es etwas Glänzendes wahrnimmt, das du mehr-

mals näher und entfernter und rechts und links ihm vor die Augen bringst. *Glanz
– scheinend*, wenn es etwas verlangt, das du erfüllen willst und kannst. *Ja, ja*, bei
dem Gegenteil *nein, nein*. […] Bei dem Niederlegen, wenn es wachend ist: *Liege,
schlafe*! Sieht es einen Menschen liegen und schlafen: Sieh, *Mensch – liegend, Mensch
– schlafend*." (Zit. nach Rutschky 1977, S. 456f.) Nach und nach erhält alles einen
Namen. Wohlgeordnet werden sinnliche Vorstellungen mit Hilfe des Wahrneh-
mungsvermögens des Kindes *eingepflanzt*. (Vgl. ebd., S. 457) In den Augen ihrer
Kritiker waren diese Gärten der Menschenpflanzen eher Treib- oder Gewächshäu-
ser. Schiller hält fest: „Falsche Begriffe führen das beste Herz des Erziehers irre;
desto schlimmer, wenn sie sich noch mit *Methode* brüsten und den zarten Schöß-
ling in Philanthropinen und Gewächshäusern systematisch zugrund richten."
(Schiller 2004/1784, S. 829) Herder kommt das alles „vor, wie ein Treibhaus, oder
vielmehr wie ein Stall voller Menschlicher Gänse." (Herder 1985/1776, S. 293)
Noch war man nicht auf die Idee gekommen, die geistige Entwicklung des Menschen am Verhalten der Tiere im Laboratorium zu untersuchen. Seinerzeit sah man
sich vor allem als zwar zugehörig, aber doch als überlegen über die Natur. Nicht
immer war das Treibhaus Bild für eine Bedrohung des Lebendigen. Es bot wie die
barocken Orangerien empfindlichen Pflanzen im Winter Schutz. Die Gewächs-
häuser waren durch Heizungen unabhängig vom Wetter und beflügelten auf ihre
Weise die Selbsteinschätzung des Menschen, so wie ihr Schöpfer weder an Zeiten
noch an Orte gebunden zu sein. Die ewige Vegetation unter dem Glas, ihre Artifizialität wurde als Beweis menschlicher Kunstfertigkeit und Macht bewundert. Mit
wachsender Kritik an einer durch Wissenschaft und Industrie fremd werdenden
Welt und unter dem Einfluss romantischer Naturbegeisterung wurden Gewächs-
häuser zum Zeichen unheilvoller Lebensferne. Während die legendären Kristall-
bauten weiträumig Landschaften umspannten und damit der Differenz von Natur
und Technik, von gewachsen und hergestellt die letzte Überzeugungskraft zu nehmen schienen (vgl. Meyer-Drawe 2007a, S. 129f.), wurde das Treibhaus zum Zeichen der Dekadenz, Symbol morbider Künstlichkeit, erregter Geistigkeit. (Vgl.
Nottinger 2003, S. 162ff.)

Es gibt noch keine Labore, aber man konzipiert *Denklehrzimmer* (Wolke). Rousseau schlägt ein „vernünftiges Zimmer" vor, in dem der ihm anvertraute Sohn des
Oberhofrichters „lernen und in dem er sich gewöhnlich aufhalten könnte." Dabei
wäre er darum bemüht, „es ihm schmackhaft zu machen durch die amüsantesten
Dinge, die ich ihm nur bieten kann, und es wäre schon sehr viel gewonnen, wenn
man erreichte, daß er sich da wohlfühlt, wo er studieren soll. […] Kleine Spiele etwa, Ausschneidearbeiten, ein wenig Zeichnen, Musik, Instrumente, ein Prisma, ein
Mikroskop, ein Brennglas und tausend andere kleine Raritäten gäben mir die Möglichkeit, ihn zu unterhalten und ihn nach und nach so sehr für sein Zimmer einzu-
nehmen, daß es ihm dort schließlich besser gefällt als sonst irgendwo." (Rousseau
1993/1740, S. 147f.)

In Verlaufe der deutschen Aufklärung wird die Maschine – ob als Denk- oder
Körpermaschine – ihre Unschuld verlieren. Das Leben wird in die aufkommende
Biologie gerettet, die Seele wandert später als Thema in die Psychologie. Übrig blei-

ben entseelte Apparate, die zu Arbeitssklaven transmutieren und damit zum Sinnbild des Unfreien und der Entfremdung werden. Vergessen wird ihr Ruf als „göttliche" und „glückliche Maschinen" sowie ihr Erklärungswert im Sinne „unkörperli-
cher Automaten" (Leibniz). Nunmehr geraten sie auf die andere Seite des Lebens
und damit des Schöpferischen. Während die Arbeitsmaschine in der alltäglichen
Wirklichkeit immer raffiniertere Züge und monströsere Ausmaße annimmt, wird
sie als Konterfei des Menschen bezweifelt und in ihrer Bedeutung heruntergespielt.
Nun ist man nicht länger stolz auf die Verwandtschaft mit ihr. Nicht das Berechen-
bare, sondern das Unverfügbare macht das Selbstbewusstsein des Menschen aus.
Unter dem Einfluss von Naturlehren treten die organischen Grundlagen in den
Vordergrund und verbrüdern sich mit Selbstdeutungen des Menschen, der vor allem in seiner Selbstbezüglichkeit sein unumstößliches Privileg entdeckt. Die Plati-
nentechnik war im Grunde immer noch eine *autarke Rechenbank* im Sinne von
Leibniz und keine autonome Maschine. Sie steuerte sich nicht selbst und war deshalb ungeeignet als zeitgemäßes Idol. Die Androiden wanderten als üble Subjekte
auf den Jahrmarkt. Sie fungierten nicht länger als prächtige Denkmale des kulti-
vierten Adels, sondern als Existenzen am Rande der bürgerlichen Gesellschaft:
süchtig, krank, dekadent, frivol. Ihre Technik betrieb die Webstühle, die alsbald
maschinenstürmerisch verachtet wurden, weil sie den bedürftigen Menschen die
Arbeit nahmen. Der Mensch, der aus dem Nichts schaffen wollte, konnte (fast) das
Nichts schaffen. Er konnte einen Singvogel in einem nahezu vollständigen Vaku-
um zum Verstummen bringen. Er lernte, die Kraft der Luft kennen und sie in der
Dampfmaschine zu potenzieren.

Mit der Dampfmaschine betrat ein neues Modell die Bühne der Selbstdeutungen. Zahlreiche Karikaturen verspotteten ihre Omnipotenz und enthielten dabei
das Körnchen Wahrheit, dass ein sich selbst regelndes System im Begriff war, den
Menschen teilweise erst zu entlasten und dann zu ersetzen. Leben wurde nicht länger als das Ineinandergreifen von Zahnrädern begriffen, sondern als Energie. Im
Unterschied etwa zur Feder einer Uhr, welche die Energie speichert, um diese nach
und nach an die Hemmung abzugeben, ermöglichte der Fliehkraftregler der
Dampfmaschinen Rückkoppelungsmechanismen und damit Selbststeuerungspro-
zesse, die bald auch in anderen Systemen erkannt wurden. Nicht nur Sigmund
Freuds energetisches Modell der Psyche wurde inspiriert, sondern auch behavioristische Verhaltenslehren. Einmal ist es das Es als „Kessel voll brodelnder Erregun-
gen" (Freud 1986a, S. 63), welches durch unterschiedliche Gegenmaßnahmen des
Ich und des Über-Ich am Überborden seiner zentrifugalen Kräfte gehindert wird.
Das andere Mal handelt es sich um die Beziehung von drei Größen, nämlich dem
Eingang, dem so genannten inneren *Zustand* und dem *Ausgang*, die Konditionie-
rungsvorgänge tierischen und menschlichen Verhaltens erklären soll. Auch Konzeptionen, die sich auf neuronale Hirnaktivitäten bezogen, wurden durch diese
grundsätzliche Digitalität beeinflusst. Das *Ein* oder *Aus* von fließender Elektrizität
ermöglichte in seiner Schlichtheit die Verknüpfung der unterschiedlichsten Prozesse. Unter dem Stichwort *Information* konnten all diese Auffassungen vereint und
im Rahmen der Kybernetik als Zusammenhang von Regelung und Nachrichten-

technik erforscht werden. (Vgl. Wiener 1992) Dadurch bildete sich eine faszinierende Ähnlichkeit zwischen der Entropie als Gegenstand der Thermodynamik, Grundkonzeptionen der Linguistik, den Strukturen der Gene und schließlich der Geistestätigkeit des Menschen heraus. Unter bestimmten Hinsichten, und bekräftigt durch die Sucht nach Vereinheitlichung, wurde das menschliche Denken zu einem Informationsverarbeitungssystem und sein Körper, insbesondere aber sein Gehirn, zu einem mit den Verkehrsnetzen und den Telefonleitungen verbundenes, sich im Prinzip selbst organisierendes System.

Die Maschine wird zum Fanal einer machtvollen Moderne und zum Mahnmal des manipulierten Menschen. Sie steht für den psychischen (Freud) und für den bürokratischen (Max Weber) Apparat. Freud begeisterte sich für die Maschinen seiner Zeit. Am 20. Oktober 1895 schreibt er an Wilhelm Fließ, dass er trotz erheblicher Schmerzen einen Durchbruch geschafft habe, nämlich den Zusammenhang zwischen dem „Neurosendetail bis zu den Bedingungen des Bewußtseins [durchschaut zu haben]." Enthusiastisch notiert er: „Es schien alles ineinanderzugreifen, das Räderwerk paßte zusammen, man bekam den Eindruck, das Ding sei jetzt wirklich eine Maschine und werde nächstens auch von selber gehen." (Freud 1986b, S. 149) Aber es ist eben doch nur Begeisterung. Freud beging nicht den Fehler, den psychischen Apparat mit wirklichen Maschinen zu verwechseln. „Wir wollen", so hebt er hervor, „ganz beiseite lassen, daß der seelische Apparat, um den es sich hier handelt, uns auch als anatomisches Präparat bekannt ist, und wollen der Versuchung sorgfältig aus dem Wege gehen, die psychische Lokalität etwa anatomisch zu bestimmen. Wir bleiben auf psychologischem Boden und gedenken nur der Aufforderung zu folgen, daß wir uns das Instrument, welches den Seelenleistungen dient, vorstellen wie etwa ein zusammengesetztes Mikroskop, einen photographischen Apparat u. dergl." Freud erläutert: „Diese Gleichnisse sollen uns nur bei einem Versuch unterstützen, der es unternimmt, uns die Komplikation der psychischen Leistung verständlich zu machen, indem wir diese Leistung zerlegen und die Einzelleistung den einzelnen Bestandteilen des Apparats zuweisen." (Freud 1987, S. 437)

Maschinen spiegeln den Gleichschritt der Soldaten und den Fortschritt der Wissenschaften. Sie wechseln ihren Namen und bleiben Idol für eine Welt der toten Ordnung ohne Schmerzen. In neuerer Zeit treten biomorphe Erklärungsweisen in den Vordergrund, welche den vollständigen Abschied von einer Abbildtheorie des Erkennens anzeigen. Weil unser Gehirn in der Sicht dieser Ansätze auch auf sich selbst reagiert, also gar nicht immer und vielleicht überhaupt nicht unmittelbar auf die Reize unserer Um- und Mitwelten, können wir in unserem Bewusstsein vieles finden, was nicht bloß das Außen eines Innen ist. Autopoiesis, also Selbstherstellung, wird zur vorherrschenden Deutung des Selbst, die sich in den Lebenstechnologien niederschlägt. Der göttliche Garant hat ausgedient. Das Gehirn und seine so genannte Wirklichkeit sind *cogitans*. Autonomie und Automation sind eins.

Die vorläufig letzte Version des *Neuen Menschen* geht auf den französischen Neurobiologen Jean-Pierre Changeux zurück, der 1983 den neuronalen Menschen proklamiert (*l'homme neuronal*) und diesen minutiös als zellulare Gehirnmaschine

beschrieb. Er konnte sich in dieser Schrift erst auf den Anfang der heute oft bean-
spruchten bildgebenden Verfahren beziehen und verwandte viel Mühe darauf, diese Technik zu beschreiben. Das hat den Vorteil, dass man genau erkennt, dass die
heute von Erziehungswissenschaftlern als Beweis in Anspruch genommenen Bilder
nichts anderes zeigen als die mit Hilfe von Computerkalkulationen sichtbar gemachten Stoffwechselprozesse im Gehirn. Wir können beileibe *nicht* dem Gehirn
bei der Arbeit zusehen, selbst wenn dies in erheblich geförderten empirischen Lernforschungen behauptet wird. Ohne auf die produktive Macht der Bilder kritisch
einzugehen, ohne überhaupt nur ihren empirischen Status zu überprüfen, also
schließlich ohne darüber nachzudenken, dass die Macht der Artefakte darin besteht, sich selbst als solche vergessen zu machen (vgl. Breidbach 2005; Hagner
2006), ziehen Pädagogen weit reichende Folgerungen und fassen sich selbst als Manager auf, welche die Effizienz neuronaler Aktivitäten steuern. Unterstützt werden
sie von einer popularisierten Hirnforschung, die den *Neuen Menschen* verspricht.
So geht Wolf Singer auf das *Neue Menschenbild* ein. Allerdings setzt er bereits Gehirne voraus, die einen Dialog führen, die lernen und welche hilflos den „Entglei-
sungen von Hirnstoffwechselprozessen" ausgeliefert sind. (Vgl. Singer 2003, S. 58)
Dass ich mein Gehirn nur vom „Hörensagen" kenne (vgl. Valéry 1957, S. 175),
richtet nichts aus gegen die scheinbare Vertrautheit mit ihm, die von einigen Hirn-
forschern nahegelegt wird. Wie andere sieht er ebenfalls weder Probleme in seinem
Kauderwelsch von hirnphysiologisch modellierten Prozessen und sinnhaften Erfahrungsvollzügen, noch scheut er sich vor der Übertragung auf gesellschaftliche
Prozesse. „Denn ähnlich, wie wir uns durch Anschauung von Hirnfunktionen von
hierarchischen Strukturmodellen verabschieden mussten, weil wir erkannt haben,
dass die Natur nicht hierarchisch, sondern vernetzt arbeitet, werden wir sehen, dass
es unmöglich ist, komplexe Gesellschaften von oben herab zu führen." (Singer 2003,
S. 95) Es mag sein, dass die Hirnforschung dazu beigetragen hat, den *Beobachter im
Gehirn* zu widerlegen und damit Redeweisen anzubieten, gegen zentralistische
Staatstheorien zu argumentieren. Zweifelhaft ist jedoch, ob sie einen politischen
Führerkult ausschließt. Zwar sind hirninterne Vorgänge als dezentral zu bezeichnen. Die Hirndoktrin selbst trägt jedoch zentralistische Züge. Es mag keinen Herr-
scher im Gehirn geben, allerdings avanciert das Gehirn selbst zur Zentralinstanz.
Darüber hinaus sollte man bedenken, dass die Grundstruktur des Lernens, welches
als erfahrungsabhängiger Aufbau einer dynamischen Hirnstruktur aufgefasst wird,
auf Selektion unbrauchbarer Verbindungen beruht. Lernen heißt nach Changeux:
„einige präexistente Synapsenkombinationen zu stabilisieren und die anderen *aus-
zusondern.*" (Changeux 1984, S. 310) Eine effektive Vernetzung ist auf eine erfolgreiche Selektion angewiesen. Wie bildet sich diese Struktur in Gesellschaften ab?

Die Betrachtung des Menschen als Nervenmaschine prägt unser Wahrnehmen,
Denken und Handeln. Drohende Krankheiten können etwa vom Experten lange
vor ihrem Ausbruch mit Hilfe von Spuren im Gehirn erkannt werden. Diese
Diagnose einer zukünftigen Krankheit bestimmt ein Leben in Erwartung von
Schmerz und Verlust. (Vgl. Hagner 1996, S. 280f.) Fehlverhalten wird nicht nur
als *neuronale Entgleisung* bezeichnet, sondern auch so behandelt. „Sozial distanzier-

ter Nonkonformismus ist [dann] eine Eigenschaft einer chronisch niedrigen Nor-adrenalinkonzentration. Pessimismus und Risikoscheu sind Eigenschaften des Se-rotoninmangels. Extraversion und Impulsivität sind Eigenschaften der Dopamin-konzentration. Religiöse Ergriffenheitserlebnisse sind eine Eigenschaft der Aktivität eines bestimmten inzwischen lokalisierten Hirnareals. Zwischenmenschliche Zu-wendung und Treue sind Eigenschaften des Oxytozinspiegels [der mittlerweile mit Hilfe eines Nasensprays zu regulieren ist, K.M-D]. Nachahmungen sind nichts an-deres als Aktivierungen so genannter Spiegel-Neuronen, die im Hirnareal soundso residieren … und so weiter." (Laucken 2003, S. 153) Der pädagogische Diskurs ist besonders anfällig für „neuromythologische Allgemeinplätze" (Borck 2006, S. 97). Die Sehnsucht nach einer Garantie für gelingendes Handeln ist außergewöhnlich groß, weil sie durch keine Technologie zu gewährleisten ist. Im pädagogischen Dis-kurs spricht man längst von Neurodidaktik und Neuropädagogik, wobei diese Be-zeichnungen empirischen Reichtum verheißen und in Aussicht stellen, kurz davor zu sein, das Rätsel Mensch zu lösen. Die Ambitionen sind jene des neunzehnten Jahrhunderts. Fortschritte sind ohne Zweifel auf dem Gebiet der experimentellen Darstellungstechniken gemacht worden. Die Hypothesen und Visionen sind aller-dings erstaunlich beständig. (Vgl. Gehring 2004; 2006, S. 184ff.)

Neuerdings lassen sich in der Erforschung der Botenstoffe verstärkende und hemmende Prozesse im Rahmen von Hirnaktivitäten immer genauer verstehen. Ihre Bedeutung in der Psychopathologie ist kaum zu überschätzen. Dopamin und Adrenalin sind solche Substanzen, die sich aktivierend auswirken. Die Lernlust ist zentrales Thema der anwachsenden Ratgeberliteratur aus der Feder von Neuro-logen. Aber auch in theoretisch anspruchsvolleren Fällen gilt, was Gerhard Roth, wie er sagt „dreimal unterstrichen – betonen [möchte]: Nichts von dem, was ich vortragen werde, ist einem guten Pädagogen inhaltlich neu. Der Fortschritt besteht vielmehr darin zu zeigen, warum das funktioniert, was ein guter Pädagoge tut, und das nicht, was ein schlechter tut." (Roth 2004, S. 496) Aber, es ist eines zu wissen, dass die Ausschüttung von bestimmten Transmittern Lernen unterstützt, und ein anderes zu fragen, wie man diese Freude am Lernen erreicht? Das *Warum* ist mehr-deutig. Es kann sich auf die neuronale Ursache beziehen. Es kann sich aber auch auf die Lernsituation richten, auf den Kontext, in dem sich Lernen ereignet, auf die Frage nämlich, was einen Grund als nicht nur notwendig, sondern hinrei-chend bestimmt, was also eine Ursache verursachend macht. (Vgl. Platon, Phai-don, 99a f.)

Dabei ist auffällig, dass selbstverständlich vorausgesetzt wird, dass man weiß, was Lernen bedeutet. Neurowissenschaftler empfinden sich nicht als Laien in Sa-chen Pädagogik, was insbesondere in den Büchern von Gerald Hüther und Man-fred Spitzer kenntlich wird. Sie geben „Bedienungs- und Gebrauchsanleitungen für das Gehirn als beste Lernmaschine der Welt". Hüther bemüht sich nicht um Kohä-renz in der Argumentation, wenn er einerseits in vielen Publikationen das Ver-ständnis der Hirnaktivitäten für erfolgreiches pädagogisches Handeln voraussetzt und auf der anderen Seite in seiner „Bedienungsanleitung für ein menschliches Ge-hirn" bekennt: „Aber ich glaube inzwischen nicht mehr daran, daß es uns auf diese

Weise [scil. durch Zerlegung, Messung und Untersuchung des Gehirns] gelingt zu verstehen, wie ein Gehirn, gar ein menschliches Gehirn, funktioniert. Im Gegenteil: Diese Art von Forschung verleitet uns dazu, immer gerade das, was wir besonders gut zerlegen, messen und untersuchen können, als besonders wichtig für die Funktionsweise des Gehirns zu erachten. Und weil die Forscher das, was ihnen besonders wichtig erscheint, auch besonders gern weitergeben und weil die Medien solche Neuigkeiten besonders gern verbreiten, glauben über kurz oder lang immer mehr Menschen, daß Glück durch eine verstärkte Endorphinausschüttung, Harmonie durch viel Serotonin und Liebe durch bestimmte Peptide im Hirn entsteht, daß die Amygdala für die Angst, der Hippocampus für das Lernen und die Großhirnrinde für das Denken verantwortlich sind." Er rät seinen Lesern: „All das dürfen Sie, falls Sie jemals davon gehört haben, getrost vergessen." (Hüther 2006, S. 9) Ebenfalls vergessen solle man die Meldungen über genetische Anlagen. Es käme ausschließlich auf die „jeweils vorgefundenen Entwicklungsbedingungen" an (vgl. ebd., S. 10), d.h. in der Bildsprache seines Buches: auf die Installation der Programme, auf die Korrektur von Installationsdefiziten, auf die Unterhaltung und Wartung sowie auf den Umgang mit Störfällen. Die Benutzung des Gehirns sei weder allein Sache des Bauches noch allein des Kopfes. Das Ganze ist gefragt. (Vgl. ebd., S. 100f.) Wir werden nicht aufgeklärt, nicht belehrt, sondern *eingeweiht*. Uns wird gleichsam eine Wahrheit offenbart. Im Hinblick auf die Frage nach dem Lernen scheint es keine Laien zu geben.

Hier wird ein grundlegendes Dilemma der Erziehungswissenschaft berührt. Diese Disziplin arbeitet mit vielen Begriffen, die auch in der Alltagssprache vorkommen. Sie scheinen sich von selbst zu verstehen. Hinzu kommt, dass unsere Alltagssprache zahlreiche wissenschaftliche Konzepte aufgenommen hat, die dadurch ihren präzisen Sinn verloren haben. *Frust* oder *Frustration*, der *Pavlov'sche Hund*, der *Freud'sche Versprecher* sind nur wenige Beispiele. Was Lernen, Erziehen und Bildung anlangt, so bleiben sie oft als Fachvokabular unkenntlich. Sie eignen sich hervorragend zur Sprachmagie. In jedem der drei Beispiele steht die Schlichtheit des deutschen Wortes im strengen Kontrast zur Komplikation der Materie. Während sich wohl nicht viele Menschen aus eigener Macht zu Experten einer Herniation der Bandscheiben erklärten, wenngleich unzählige Kranke davon betroffen sind, besteht keine Scheu, über Lernen, Erziehung und Bildung mitzureden, insbesondere im Hinblick auf das, was falsch gemacht wird.

In neurowissenschaftlichen Befassungen wird deshalb nur scheinbar vorausgesetzt, was Lernen im pädagogischen Diskurs bedeutet. Tatsächlich herrscht aber ein umgangssprachliches Verständnis von Lernen vor, das erheblich von den Moden der Zeit geprägt ist. Lernen meint dabei in diesem Zusammenhang immer etwas Positives. Man hat Fortschritte gemacht. Man kann etwas, das man vorher nicht bemeisterte. Dabei geht man stets von dem Resultat aus. Man beherrscht eine Sprache, einen Tanz oder ein Instrument. Der Lernprozess selbst ist nur sehr schwer in den Blick zu nehmen. Denn Lernen zeigt sich erst im Ergebnis, also im Fortschritt, in dem erworbenen Wissen, den hinzugewonnenen Handlungsmöglichkeiten. Das *Wie* des Lernens zieht sich in die Dunkelheit zurück. Lernen ist dabei keine Ausnahme. Als Gegenstand wissenschaftlichen Forschens gibt es sich ausschließlich rückblickend preis. „Epistemische Dinge lassen sich nur rekursiv gewinnen: Sie erschließen sich als das, was sie gewesen sein werden. Der Vorschein, zu dem sie gebracht werden, ist genuin ein nachträglicher." (Rheinberger 2003, S. 15) Aus diesem Dilemma versprechen nun bestimmte Hirnforschungen einen Ausweg. *Dem Gehirn bei der Arbeit zuzusehen*, könnte bedeuten, dass man nun auch den Vollzug des Lernens beobachten kann.

In früheren Zeiten hat man sich im Hinblick auf solche Probleme mitunter dadurch gerettet, dass man Gleichnisse zur Hilfe nahm oder Beispiele erzählte, wenn Definitionen und Erklärungen nicht weiterhalfen. Platon wählt etwa ein Beispiel, in dem Menon, einem Gesprächspartner von Sokrates, demonstriert wird, dass Lernen bedeutet, sich der Ideen wiederzuerinnern, an denen man vor seiner leiblichen Geburt teilhatte. Seine Erläuterung zeigt, wie ein Sklave sich nach und nach, vorwärtsgetrieben durch seine eigenen Irrtümer und hartnäckiges Nachfragen von Sokrates, daran erinnert, wie man den doppelten Flächeninhalt eines Quadrats bestimmt. (Vgl. Kapitel 7) Seine Theorie, dass wir über das logische Vermögen, das er im Kopf ansiedelt, Verbindung zur unvergänglichen Ideenwelt haben, mag überholt sein, seine konkrete Strukturanalyse des Lernens nicht, dass nämlich jedes Lernen eine Umstrukturierung eines wie auch immer zustande gekommenen Vorwissens ist. Dieses Vorwissen meint eine bedeutungsvolle Lerngeschichte, und diese geht nicht in einem Muster der Hirnarchitektur auf. Denn dass das Gehirn in neuronaler Perspektive selbstbezüglich funktioniert und die Signale mit vorangegangenen abgleicht, dass das Gehirn also gleichsam eine Vorgeschichte hat, erklärt nicht die *Bedeutung* der Signalkomplexe. Nervenimpulse konstituieren syntaktische Beziehungen. Vorgänge werden im Sinne einer nachrichtentechnischen Informationstheorie aufgefasst. Das Gehirn empfängt physikalische Signale, die es – wie auch immer – als eine kognitive Welt codiert. (Vgl. Florey 1992, S. 180f.) Wie aber sollte sich eine irrtümliche Annahme von einer zutreffenden etwa in einem Schnittbild des Gehirns unterscheiden, bevor sie sich als falsch herausgestellt hat?

An die Stelle von Gleichnissen und Mythen sind heute Modelle getreten. Diese benötigt man, weil die zigmilliarden Neuronen mit ihren jeweils mehr als zehntausend Verknüpfungen auch mit Instrumenten in ihrer dichten Verfilzung nicht zu durchschauen sind. Die Gefahr, dass manche Modelle zu Mythen werden, ist nicht auszuschließen, aufgrund der illusionären Evidenz der Bilder sogar sehr wahrscheinlich. (Vgl. Fuchs 2006/2007) Dominierend ist dabei die Deutung des Menschen als Maschine geblieben. Zunächst wurde er im Sinne behavioristischer Forschungen vor allem als Körpermaschine untersucht, als so genannte Trivialmaschine. Seit den achtziger Jahren des zwanzigsten Jahrhunderts widmet man sich ihm intensiv als neuronale Maschine. Bestritten werden soll auch in unserem Kontext nicht, dass neuronale Mechanismen mitbestimmen, was Denken, Wahrnehmen, Fühlen, Erinnern und Lernen bedeuten. Bezweifelt werden soll, dass dies alles ist, was zu diesen Erfahrungen zu sagen ist. Oder, um es mit den provokanten Worten von Henri Bergson zu sagen, der sich bereits gegen Ende des neunzehnten Jahrhunderts philosophisch mit dem Verhältnis von Materie und Gedächtnis befasste:

„Daß zwischen dem Bewußtseinszustand und dem Gehirn ein Zusammenhang besteht, ist unbestreitbar. Es besteht aber auch ein Zusammenhang zwischen dem Kleid und dem Nagel, an dem es aufgehängt ist, denn wenn der Nagel herausgezogen wird, fällt das Kleid herunter. Kann man deshalb sagen, daß die Form des Nagels die Form des Kleides andeutet oder uns irgendeinen Schluß auf sie erlaube?" (Bergson 1991/1896, S. IV)

Das Problem ist daher nicht die Diskussion um das Verständnis des Geistes. Die Anstrengung für sein Verständnis und für die Anerkennung der Grenzen dieses Begreifens ist vielmehr eine wichtige Aufgabe. Eines der Verdienste von Neurowissenschaftlern ist gewiss darin zu suchen, dass sie durch provokante Zuspitzungen Diskussionen entfacht haben, die uns vor Augen führen, dass wir in strengem Sinne nicht oder nicht mehr wissen, was Denken heißt. Für die einen ist es nicht mehr als die Organisation der Materie, eine Auffassung, die schon LaMettrie vertrat. Andere behelfen sich mit der Vorstellung von Emergenz, dass also Geist Merkmale hat, welche seiner materialen Basis fehlen. Den Zuordnungen kommt vor allem die Aufgabe zu, Positionen zu stigmatisieren, um sich nicht weiter von ihnen beunruhigen zu lassen. Schwierigkeiten tauchen erst dann auf, wenn wir meinen, Geist sei nichts anderes als das, was wir in den Bildern sehen. „Gedanken kann man [aber] nur lesen, wenn es Gedanken gibt und sie mitgeteilt werden." (Engels 2005, S. 239) Bilder der funktionellen Magnetresonanztomographie oder der Positronen-Emissions-Tomographie verstehen sich nicht von selbst. Wir haben die Formen bereitgestellt, in denen die Natur unseren Fragen Antwort gibt. Wie kommen wir darauf, dass sie plötzlich wieder von selbst spricht? Allerdings wurde die Hoffnung auf Selbstkundgabe der Natur bei allem technologischen Fortschritt nur noch verstärkt. Als etwa Röntgen 1895 seine später nach ihm benannten X-Strahlen entdeckte, brachen unzählige Visionen auf. (Vgl. Meyer-Drawe 2007a, S. 130ff.) Endlich konnte man unblutig das menschliche Fleisch durchdringen und in den Körper sehen. Die Macht der Bilder strahlte buchstäblich. Bereits zuvor hatte man mit der Fotographie die Erfahrung gemacht, dass man Dinge sichtbar machen konnte, die sich dem Wahrnehmen zuvor entzogen. Verbunden mit der Entdeckung der Röntgenstrahlen, entstand ein Nährboden für den Wunsch, Gedanken sichtbar zu machen. „Nach 1896 ist die Zahl der Fotografen Legion, die sich in dieser Weise mit ‚Psychographie' beschäftigen: [...] Ganz Europa und die Neue Welt scheinen mit Gedankenfotografie beschäftigt zu sein." (Chéroux 1997, S. 15) Wenn man eine hochempfindliche Fotoplatte auf die Stirn eines Probanden legt – so lautete die Vermutung –, müssten dessen Gedanken Spuren hinterlassen. Besonders berühmt wurden Dargets Gedankenfotografien, weil sie nicht nur Mischungen von Licht und Schatten, sondern erkennbare Gestalten zeigten. Prominent wurde das Bild *La première Bouteille*, eine Gedankenfotografie von 1896. Die Konzentration auf die Vorstellung einer Flasche soll dazu führen, dass „diese Form sich durch die Augen in einer Leuchtspur auf der Platte verbreiten und dort ihr Abbild hinterlassen [wird]." (Zit. nach Chéroux, S. 16) Hätte die Fotografie bewiesen, dass sie in den Binnenraum der Seele eindringen kann, wäre die Introspektion laborfähig geworden. Aber es sollte nicht gelingen, und die Geisterfotografie blieb ein spiritistischer Alleingang. Die Hoffnung auf den Sieg über die Unsichtbarkeit blieb. Statt auf Fotospuren des Denkens stieß man 1930 auf die „elektrische Schrift des Menschenhirns", so jedenfalls glaubte es Hans Berger, der Direktor der Psychiatrischen Universitätsklinik Jena. (Vgl. Borck 2005, S. 7ff.) Das Elektroenzephalogramm sollte dem Geheimnis des Denkens endgültig auf die Spur kommen. Berger ist enthusiastisch: „Heute sind es noch Geheimzeichen, morgen wird man vielleicht Geistes- und Hirnerkrankungen aus ihnen erkennen und übermorgen sich gar schon Briefe in Hirnschrift schreiben." (Zit. nach Borck 2005, S. 7) Die Technologien haben sich verändert, die Hoffnung ist die gleiche. Nun sollen bildgebende Verfahren in die Gedankenwelt eindringen. Meldungen über diesbezügliche Fortschritte überschlagen sich. Dennoch bleibt nach wie vor unsichtbar, *was* wir denken, wenn wir denken.

„Man sieht, man kann eben das eigentlich Geistige nie aus dem Körperlichen ableiten und in seinem Entstehen begreifen. Hier kommt eben etwas vollkommen Neues hinzu, eine geistige Wesenheit, und diese schlägt gewissermaßen wie der Blitz an dieser Stelle ein. Warum, wissen wir nicht. Durch diesen Einschlag wird der Mensch zum Menschen." (Plessner 2002, S. 182) Es ist gerade die Aussichtslosigkeit einer Antwort auf die Frage nach dem Zusammenhang von Geist und Materie, die ihre Faszination bis heute ausmacht. Dabei handelt es sich um ein reichlich betagtes Geheimnis. Bemerkenswert ist die Beharrlichkeit, mit der sich Standpunkte durchhalten. Aristoteles hat sich in seiner Seelenlehre sehr gründlich mit traditionellen Naturlehren auseinandergesetzt. Im Hinblick auf die Seele fordert er zur kritischen Begrenzung auf. Er sagt: „so ist die Aussage, daß die Seele sich erzürne, ähnlich der, wie wenn man sagte, die Seele webe ein Tuch oder baue ein Haus; denn es ist vielleicht besser, nicht zu sagen, die Seele habe Mitleid, oder lerne, oder denke, sondern der Mensch mit der Seele, [...]." (Aristoteles, Über die Seele, I.4 408b, 11ff.) Auf heutige Argumentationen bezogen, würde Aristoteles gegen die Behauptung lernender Gehirne opponieren und darauf beharren, dass der Mensch lernt und nicht sein Gehirn.

Zu einer ganz anderen Auffassung gelangt im neunzehnten Jahrhundert Carl Vogt. Er konstatiert 1845, dass „die Gedanken in demselben Verhältnisse etwa zum Gehirn stehen wie die Galle zu der Leber und der Urin zu den Nieren. Eine Seele anzunehmen, die sich des Gehirns wie eines Instruments bedient, mit dem sie arbeiten kann wie es ihr gefällt, ist ein reiner Unsinn." (Zit. nach Hagner 2006, S. 246) Vogt gliederte sich mit dieser Provokation in die Reihe der Materialisten ein, die wichtige Vorläufer in der französischen Frühaufklärung fanden. Wie damals etwa LaMettrie richtet sich seine Polemik auf die kirchliche Bevormundung sozialen und moralischen Handelns. Anders als Gall vor ihm erkannte er die gesellschaftliche Brisanz des cerebralen Materialismus, auch auf dem politischen Feld. Anstelle der Theologie sollte nun den Naturwissenschaften die Deutungshoheit zugesprochen werden. Im Revolutionsjahr 1848 muss Vogt Deutschland verlassen, weil er in der Nationalversammlung für die Demokratie eintrat. Dabei spielte er den *cerebralen Determinismus* gegen die restaurative Gesellschaft aus, die sich über die Willensfreiheit ihre Herrschaft sichern wollte: „Der freie Wille existirt nicht und mit ihm nicht eine Verantwortlichkeit und eine Zurechnungsfähigkeit, wie sie die Moral und die Strafrechtspflege und Gott weiß wer noch uns auferlegen wollen. Wir sind in keinem Augenblicke Herren über uns selbst, über unsere Vernunft, über unsere geistigen Kräfte." (Zit. nach ebd. 2006, S. 246f.) Aus einem physiologischen Determinismus folgt also nicht zwangsläufig eine Option für autoritäre oder gar totalitäre Herrschaft. Mit seinen Brüskierungen zielte Vogt viel eher auf die Befreiung von dogmatischen Kuratelen. Wenn unser Denken und Wollen nämlich durch die Physiologie des Gehirns bestimmt werden, dann ist jede rechtliche, aber auch pädagogische Intervention nutzlos. Sich im Rahmen politischer Reden dafür einzusetzen, bedeutete, die Bürger hinters Licht zu führen.

Vermutlich legt sich Spitzer über die Tradition seiner Erläuterungen keine Rechenschaft ab, wenn er zum Auftakt seines Buches über Lernen formuliert: „Lernen findet im Kopf statt. Was der Magen für die Verdauung, die Beine für die Bewegung oder die Augen für das Sehen sind, ist das Gehirn für das Lernen." (Spitzer 2003, S. XIII) Die Parallelisierung von kognitiven Prozessen mit physiologischen muss nicht unbedingt in politisch gefährliche Optionen münden. Die unkritische Korrelation von Funktionen der Körperorgane und mentalen Vollzügen ist jedoch nicht unproblematisch, weil die letzteren damit den Charakter des Naturnotwendigen sowie Unabwendbaren erhalten. Wie die Position Vogts zeigt, ist die Frage nach der Instrumentalisierung hirnphysiologischer Ergebnisse für politische Entscheidungen komplex. Offensichtlich legt ein Determinismus nicht so ohne weiteres auf bestimmte Staats- und Regierungsformen fest. Zu prüfen wäre, was hinzukommen muss, um eine eindeutige Indienstnahme – wie etwa der Pavlov'schen Reflextheorie durch den Stalinismus – zu ermöglichen.

Aufschlussreich ist weiterhin, dass die Diskussion um die Willensfreiheit die Entwicklung der Hirnforschung wie ein Zwilling begleitet. Der derzeit letzte Streit um den freien Willen ist von Diskussionen der Experimente von Benjamin Libet ausgegangen. (Vgl. Geyer 2004; Bieri 2005; Gehring 2006, S. 184ff.; Hagner 2006, S. 246ff.; Brücher/Gonther 2007; Mertens 2006) Die unterschiedlichen Positionen sollen hier jetzt nicht in Erinnerung gerufen werden. Dagegen soll Libet selbst zu Wort kommen, und zwar mit Argumenten, die manch einer nicht bei ihm vermutet. (Vgl. auch Kapitel 5) Seine allgemeinen Ansichten über Geist und Materie charakterisiert er in seinem 2004 erschienenen Buch *Mind Time. The Temporal Factor in Consciousness*, was irreleitend ins Deutsche mit *Wie das Gehirn Bewusstsein produziert* übersetzt wird, weil man sich vermutlich dadurch einen reißenden Absatz des Buches versprach. Er führt hier aus: „Es stimmt zwar, dass wissenschaftliche Entdeckungen zunehmend starke Belege für die Art und Weise erbracht haben, in der mentale Fähigkeiten und sogar das Wesen der eigenen Persönlichkeit von spezifischen Strukturen des Gehirns abhängen und von ihnen gesteuert werden können. Die nichtphysische Natur des subjektiven Bewusstseins, einschließlich der Gefühle von Spiritualität, Kreativität, des bewussten Willens und der Vorstellungskraft ist jedoch nicht direkt und ausschließlich anhand von physischen Belegen beschreibbar oder erklärbar." (Libet 2005, S. 25) Im Hinblick auf die Willensfreiheit lässt er keine Zweifel offen: „Es ist töricht, auf der Grundlage einer un-

bewiesenen Theorie des Determinismus unser Selbstverständnis aufzugeben, dass
wir eine gewisse Handlungsfreiheit haben und keine vorherbestimmten Roboter
sind. Meine [also Libets] Schlussfolgerung zur Willensfreiheit, die wirklich frei im
Sinne der Nicht-Determiniertheit ist, besteht dann darin, dass die Existenz eines
freien Willens zumindest eine genauso gute, wenn nicht bessere wissenschaftliche
Option ist als ihre Leugnung durch die deterministische Theorie." (Ebd., S. 198)
Libet beharrt darauf, dass keine Untersuchung neuronaler Strukturen jemals Erlebnisse erklären oder beschreiben kann. (Vgl. Libet 1987)

Mittlerweile hat sich die Stimmung in der Pädagogik beruhigt. Die aufgeregte
Aneignung neurowissenschaftlicher Angebote hat sich gelegt und – bis auf einige
Ausnahmen, die vor allem die Ratgeberliteratur und die Neurodidaktik betreffen –
einer sachlicheren Befassung Platz gemacht. (Vgl. Becker 2004; 2006a und b;
2007; Müller 2005; 2006; 2007) Langsam nimmt das Selbstbewusstsein der Fach-
vertreter wieder zu, das zeitweise verloren gegangen zu sein schien. Damit gewinnen auch wieder solche Fragen an Kontur, was Lernen bedeutet, wie sich Lernen
etwa von anderen Veränderungen wie Entwicklung und Reifung unterscheidet.
Verläuft Lernen nur progressiv-linear? Begleiten nicht Schwierigkeiten notwendigerweise den Weg der Lernenden, Störungen, die Lernen allererst in Gang setzen?
Dadurch ist ein Weg gebahnt, *vom pädagogischen Diskurs aus* über die Möglichkeiten und Grenzen neurowissenschaftlicher Technologien nachzudenken. Kenntlich
werden in erster Linie Schwierigkeiten, die darin bestehen, dass in der Rezeption
häufig Modelle mit der Realität verwechselt werden. Was auf dem Computerbild-
schirm sichtbar ist, sind Artefakte von Artefakten, etwa Bilder, die ein elektroni-
sches Informationssystem auf der Basis ausgesandter Gammastrahlen im Falle der
Positronen-Emissions-Tomografie produziert. Grundsätzlich entsteht ein Problem,
wenn man Natur am Präparat studiert. Wo beginnt das Artefakt? „Mikroskopische
Präparate sind demnach hoch aufgeladene Erkenntnisdinge." (Rheinberger 2003,
S. 14) Weder sieht man unmittelbar neuronale Aktivitäten noch gar einen intentionalen Akt wie etwa *Lernen* oder *Erinnern* bzw. *Wahrnehmen*. Ein Schnittbild veranschaulicht Stoffwechselprozesse im Gehirn, von denen auf spezifische Aktivitäten
geschlossen wird.

Bevor also überhaupt weit reichende Aussagen über semantische Prozesse getroffen oder *Betriebsanleitungen für das Gehirn* vermarktet werden, ist das Augenmerk darauf zu richten, was die unterschiedlichen Technologien eigentlich sichtbar machen. Dabei sind gravierende Probleme zu berücksichtigen, etwa dass Forschungen über Korrelationen von neuronalen und semantischen Aktivitäten aus
ethischen Gründen selbst nicht aktiv Hirnprozesse stören oder sogar verletzen
dürfen. Funktionen sind also in ihren Abweichungen nur dann zu studieren, wenn
autarke Hirnschäden vorliegen. Lediglich mit Hilfe der transkranialen Magnetstimulation im Schlaf der Probanden können heute kurzzeitige Beeinträchtigungen
elektromagnetisch verursacht werden. Aber auch das macht die grundsätzliche
Frage nicht überflüssig, ob Funktionsstörungen zum Zwecke der Forschung ausgelöst werden dürfen. Hinzu kommt ein weiteres Problem, das Hirnforscher 2004
in ihrem Manifest zur Hirnforschung im einundzwanzigsten Jahrhundert unge-

schminkt formuliert haben. Hier räumen die elf führenden Neurowissenschaftler nämlich ein: „Zweifellos wissen wir also heute sehr viel mehr über das Gehirn als noch vor zehn Jahren. Zwischen dem Wissen über die obere und untere Organisationsebene des Gehirns klafft aber nach wie vor eine große Erkenntnislücke. Über die mittlere Ebene – also das Geschehen innerhalb kleinerer und größerer Zellverbände, das letztlich den Prozessen auf der oberen Ebene zu Grunde liegt – wissen wir noch erschreckend wenig. Auch darüber, mit welchen Codes einzelne oder wenige Nervenzelle untereinander kommunizieren [...], existieren allenfalls plausible Vermutungen. Völlig unbekannt ist zudem, was abläuft, wenn hundert Millionen oder gar einige Milliarden Nervenzellen miteinander ‚reden‘. Nach welchen Regeln das Gehirn arbeitet; wie es die Welt so abbildet, dass unmittelbare Wahrnehmung und frühere Erfahrung miteinander verschmelzen; wie das innere Tun als ‚seine‘ Tätigkeit erlebt wird und wie es zukünftige Aktionen plant, all dies verstehen wir nach wie vor nicht einmal in Ansätzen." (Elger 2004, S. 31) Es sind aber diese Fragen, welche sich für das Verständnis von Lernen als entscheidend erweisen. Wie wird aus Meinungen Wissen? Wie entsteht aus Bekanntem Erkanntes? Wie werden Gewohnheiten erworben? Wie aber auch wieder verlernt? Bildet unser Gehirn die Welt ab? Können Erinnerung und aktuelle Wahrnehmung verschmelzen?

Insbesondere phänomenologische Ansätze im Rahmen der Lernforschung haben auf die Bedeutung der Erfahrung aufmerksam gemacht. Lernen wird hier begriffen als die Umstrukturierung von Erfahrung. Das heißt, dass jedes Wissen von einem Vorwissen ausgeht und dies in seinem selbstverständlichen Fungieren außer Kraft setzt. Dieses Vorwissen zu ermitteln, ist eine der schwierigen Aufgaben des Lehrens, weil es sich dabei vor allem um bewährte Denkgewohnheiten handelt, die sich nicht so ohne weiteres zeigen und die man nicht gerne aufgibt. Deshalb ist es unausweichlich, dass Negativität zum Lernprozess dazugehört. Dabei muss sich der Lernende nicht vollständig von seinem Vorwissen verabschieden. Dieses erhält sozusagen einen anderen Index. Es ist ehemaliges Wissen, das an seine Grenzen gestoßen ist. So differenziert sich das Erfahrungsfeld aus. Nun kann beispielsweise die Tulpe unter der Hinsicht des Schenkens, im Lichte der Frage nach den optischen oder biologischen Voraussetzungen ihrer Farbe sowie als Dekoration betrachtet werden, ohne dass eine Perspektive die andere grundsätzlich streitig macht. (Vgl. Kapitel 7) Lebensweltliche Erfahrungen sollen hingegen jetzt nicht umgekehrt wissenschaftliches Wissen ersetzen. Vielmehr sollen beide in ihrer Unterschiedenheit beachtet werden. Das erfordert eine Umorientierung. Lernen wird nicht länger als ein progressiver Prozess vom Sinnlichen zum Abstrakten betrachtet, sondern als ein Differenzierungsgeschehen, in dem Wissensformen auseinandertreten und unter Umständen miteinander konkurrieren. Der virtuose Umgang mit vielen Perspektiven könnte ein Ziel sein. Unsere gelebte Öffnung zur Welt, die dazu die Voraussetzung bildet, wurde allerdings im Verlauf der Geschichte unter dem Druck einer zweifelsfreien Erkenntnis auf einen intellektuellen Akt reduziert. Alles spielt sich im Denken ab, in dem sich das Ich selbst entdeckt, weil es seine Wahrnehmungen als Gedanken wiederfindet.

Der Computer ist der ideale unbeteiligte Beobachter, mit dem das reine Wissen liebäugelt. Die Hirnforschung folgt diesem Vorbild, indem sie sämtliche Prozesse mit korrelierenden Hirnaktivitäten koppelt. Die missliche Lage der Reflexion zeigt sich erst angesichts *ihres angeborenen Makels*, immer später zu sein als die zugrunde liegenden Erfahrungen, durch die sie aufgrund der *Dichte der Dauer* unhintergehbar getrennt bleibt. (Vgl. Kapitel 5) Diese Verunreinigung des Denkens ist eine der Bedingungen seiner Möglichkeit und Wirklichkeit. Die Doppeldeutigkeit unserer Existenz, dass wir nämlich *Welt* und *zur Welt* sind, bedeutet Ermöglichung und Begrenzung des Verstehens in eins. Auf der einen Seite gehören wir der Welt als leibliche Wesen an, sind also auf gewisse Weise in sie eingeweiht. Auf der anderen Seite bietet sie mit ihrer Undurchdringlichkeit unserem Sehen, Denken und Handeln Widerstand. Unser Leib ist – wie es der Pädagoge und Anthropologe Martinus J. Langeveld formuliert – „Sprungbrett und Fußfessel in eins". (Langeveld 1968, S. 143) Dass unsere Erfahrung nicht mit den Dingen und nicht mit unserer eigenen Vergangenheit verschmelzen kann, bedeutet keine „schlechte oder verfehlte Wahrheit, sondern eine privative Nicht-Koinzidenz" (Merleau-Ponty 2004, S. 165), die grundsätzliche Versagung einer Vereinigung, welche Sinngebung erst möglich macht. Die Welt muss ihre Verlässlichkeit einbüßen, um uns fraglich und damit für uns zum Gegenstand werden zu können. Bewusstsein von der Welt und Welt selbst bleiben einer vollendeten Synthese beraubt, weil es eines Bruchs mit der Vertrautheit der Welt bedarf, damit ein Bewusstsein von Welt überhaupt entstehen kann. Diese Komplikationen bereiten große Probleme für die sprachliche Genauigkeit, artikuliert sich Wissenschaft doch mit definitorischer Macht. Dennoch ist es gerade diese konstituierende Unbestimmtheit, die ein hohes Maß an Exaktheit fordert. Nicht selten werden Worte deshalb auf die Waage gelegt, weil es nicht gleichgültig ist, wie unterschiedliche Erfahrungen zum Ausdruck gebracht werden.

Gerhard Roth wehrt sich mit Recht gegen jede Sprachzensur, welche er in den Argumentationen mancher Philosophen wahrnimmt. Ihm leuchtet nicht ein, dass man stets zwischen Ursachen und Gründen unterscheiden solle, dass man nicht sagen könne, dass das Gehirn denkt. Vom monistischen Standpunkt aus seien diese Differenzen nicht ausschlaggebend. Er erläutert dies: „Mir scheint der Satz ‚nicht das Ich, sondern das Gehirn hat entschieden!' korrekt zu sein, denn ‚eine Entscheidung treffen' ist ein Vorgang, dessen Auftreten objektiv überprüfbar ist. Auf den linken oder rechten Knopf zu drücken oder (tatsächlich oder virtuell) durch eine linke oder eine rechte Tür zu gehen, ist (oder benötigt) eine Entscheidung, und man kann mit entsprechendem Aufwand experimentell untersuchen, was im Gehirn passiert, bevor und wenn diese Entscheidung getroffen wird." (Roth 2007, S. 33) Zunächst ist fraglich, ob eine Handlung tatsächlich eine Entscheidung *ist* oder ihr lediglich *folgt*. Vielleicht ist es jedoch viel interessanter, darüber nachzudenken, welche Entscheidungen getroffen *wurden*, *bevor* sich die Probanden den Experimenten unterziehen, welche Entscheidungen sie treffen, um die Wahrheit zu sagen oder nicht. Denn die Ergebnisse basieren oft auf den Aussagen der Probanden, die an die Stelle der Aktionen treten. Wie lassen sich diese Selbstdeutungen experimentell von den Aktionen trennen? Wie lassen sich überhaupt bestimmte

Akte isolieren? Wie kann ich die Entscheidung für einen Knopf, der zu drücken ist, davon unterscheiden, dass dem Probanden Probleme seines Alltags durch den Kopf schießen, dass er unerwünschte Einfälle, Sorgen hat?

Aber auch über die Gestaltung der Experimente hinaus bleiben andere Fragen relevant. Unter Umständen ist es doch lohnend, Unterschiede aufrechtzuerhalten, wie sie insbesondere bei Begriffen problematisch werden, die sowohl Prozess als auch Resultat bedeuten. Wenn jemand durch die linke Tür geht, dann kann man sagen, dass er sich für diese Tür entschieden hat, wenngleich noch zu prüfen ist, ob es sich überhaupt um eine Entscheidung handelt. Der Prozess des Entscheidens selbst ist nicht objektiv überprüfbar. Ähnliches gilt für viele menschliche Verhaltensweisen. Um diese Differenzen präzisieren zu können, bedarf es einer genauen Beachtung des sprachlichen Ausdrucks. Weil sich der Vollzug selbst nicht zeigt, kommt es insbesondere darauf an, wie man Akte beschreibt. Roth selbst liefert ein Beispiel: „Der Schluss aus solchen Untersuchungen (sofern sie korrekt durchgeführt und interpretiert wurden) lautet, dass die klassisch-philosophische wie auch alltagspsychologische Aussage ‚mein Arm und meine Hand haben nach der Kaffeetasse gegriffen, weil *ich* dies so gewollt habe!‘ nicht richtig ist." (Ebd., S. 31) Aus der Perspektive einer Philosophie der Erfahrung wird bereits diese Darstellung zu bezweifeln sein. Denn nicht mein Arm und meine Hand greifen zur Tasse, sondern *ich*. Alltagssprachlich unterscheiden wir sehr präzis zwischen Akten, die wir ausführen, und Ereignissen, die unserem Körper widerfahren. Während meine Nase läuft, mein Auge brennt, mein Fuß juckt, mein Ohr klingelt, putze ich mir die Nase, reibe ich mein Auge, kratze ich mich am Fuß und höre ich schlecht. In der Objektivierung zur Körpermaschine ist daher kein Ort für einen freien Willen, nicht einmal für einen unfreien. Deshalb darf es nicht überraschen, wenn man vergeblich danach sucht. Lebensweltlich könnten wir die Sorge um uns nicht tragen, wenn wir nicht die Differenz zwischen Ereignis und Erlebnis kennten. Die Theorie, in diesem Fall das Modell des Menschen als Maschine, hat im Sinne Plessners vorgegriffen. Wenn ich Bewegung eines mechanischen Systems nicht mehr unterscheide von einer menschlichen Tätigkeit, dann ist die Frage nach dem freien Willen obsolet geworden, und wir deuten uns in einer Robotergesellschaft, von der Benjamin Libet sich distanziert.

Vielleicht ist das ein Kern produktiver Auseinandersetzung, nämlich die rhetorischen Suggestionen mit ihren erheblichen praktischen Konsequenzen zu prüfen. Es ist lebensweltlich evident zu sagen, dass ich Kaffee trinke, dass ich denke, dass ich will. Es bedarf einer strengen Analyse, ob es dasselbe ist zu sagen, mein Gehirn denkt, meine Hand greift die Tasse. Bekannt ist, dass es psychopathologische Störungen gibt, in denen Patienten tatsächlich ihren Körper als Instrument erfahren und nicht mehr im strengen Sinne als ihnen zugehörig. (Vgl. Sacks 1987; Merleau-Ponty unter Berücksichtigung von Goldstein 1966, S. 138ff.)

Roth ist zuzustimmen, wenn er feststellt, dass es bei „der Darstellung des komplizierten Verhältnisses von neuronalen Prozessen und mental-psychischen Erlebniszuständen durchaus zu widerspruchsfreien Aussageweisen" kommen kann. Ganz entschieden muss man sich ihm anschließen, wenn er feststellt: „Die ernst zu nehmende Gefahr liegt in der von Neurowissenschaftlern nicht selten vertretenen Auffassung, es gebe jenseits der neuronalen Vorgänge nichts mehr zu erklären. Sollte sich diese Auffassung weiter verbreiten, so könnte es zu Denk- und Sprachverboten umgekehrter Art kommen, wie es die amerikanische Psychologie über Jahrzehnte unter dem starken Einfluss des radikalen Behaviorismus erfahren hat." (Roth 2007, S. 37)

Es ist aber lohnend, unterschiedliche Beschreibungs- und Aussageweisen beizubehalten und dergestalt etwa Entscheidungen nicht Systemen zuzutrauen, sondern Menschen, den Willen von Verursachung zu unterscheiden, kausale Zusammenhänge nicht aus zeitlichen Nähen von Ereignissen zu folgern, Schuld nicht als empirischen Befund zu betrachten. Es ist ein Unterschied zu sagen, dass Lernen die Strukturierung der dynamischen Gehirnarchitektur aufgrund der Selektion von neuronalen Verbindungen voraussetzt, und festzustellen, dass jemand gelernt hat, dass die negativen Zahlen mit zunehmendem Betrag immer kleiner werden. Lernen ist auch durch neuronale Ordnungen bestimmt, aber es geht nicht darin auf. Denn die Bedeutung des bewussten Erlebens als Ursache oder als Wirkung neuronaler Vorgänge ist immer noch so rätselhaft wie auch die Rolle des Selbstbewusstseins. „Diese vermeintliche Selbstverfügbarkeit der Person, die um nichts anderes mehr zu wissen scheint als um das Bild, das sie in dem Spiegel findet, den ihr die Neurowissenschaften vorhalten, ist sehr verkürzt." (Breidbach 1997, S. 417) Eine entscheidende Verkürzung besteht in der Formalisierung des Lernprozesses. Wenn Lernen nur noch als Informationsverarbeitung, als Programmänderung im Gehirn betrachtet wird, welches dergestalt auf sich selbst reagiert, dann hat die Selbstdeutung des Menschen als neuronale Maschine den Sieg davongetragen. Warum aber sollten uns die immensen Fortschritte auf dem Gebiet der kybernetischen Beobachtungstechnologien, die uns etwas zu sehen geben, was wir noch nie sahen, dazu zwingen, jetzt nichts anderes mehr sehen zu können?

Freud schrieb im Jahre 1917 an seinen Brieffreund Georg Groddeck: „Warum stürzen Sie sich von Ihrer schönen Basis aus in die Mystik, heben den Unterschied zwischen Seelischem und Körperlichem auf, [...]? Ihre Erfahrungen tragen doch nicht weiter als bis zur Erkenntnis, daß der ps. [scil. psychische] Faktor eine ungeahnt große Bedeutung auch für die Entstehung organischer Krankheiten hat? Aber macht er diese Erkrankungen *allein*, ist damit der Unterschied zwischen Seelischem und Körperlichem irgendwie angetastet? Es scheint mir ebenso mutwillig, die Natur durchwegs zu beseelen wie sie radikal zu entgeistern. Lassen wir ihr doch ihre großartige Mannigfaltigkeit, die vom Unbelebten zum organisch Belebten, vom Körperlichlebenden zum Seelischen aufsteigt. [...] Ich fürchte Sie sind auch ein Philosoph und haben die monistische Neigung, alle die schönen Differenzen in der Natur gegen die Lockung der Einheit geringzuschätzen. Werden wir damit die Differenzen los?" (Freud/Groddeck 1988, S. 15f.)

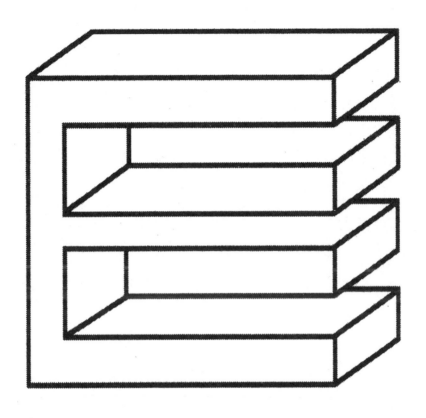

4. Der Zauber von Ganzheit

„Der Mensch ist ein Seil, geknüpft zwischen Thier und
Übermensch, ein Seil über einem Abgrunde.
Ein gefährliches Hinüber, ein gefährliches Auf-dem-
Wege, ein gefährliches Zurückblicken, ein gefährliches
Schaudern und Stehenbleiben.
Was gross ist am Menschen, das ist, dass er eine Brücke
und kein Zweck ist: was geliebt werden kann am Menschen,
das ist, dass er ein *Übergang* und ein *Untergang* ist."
(Friedrich Nietzsche, Also sprach Zarathustra)

„Das alte romantische Paar Herz und Kopf besitzt […] nur
in einer Bilderwelt unbestimmt gnostischen Ursprungs
Wirklichkeit, in den opiumhaltigen Philosophien, die
letzten Endes immer die leere Stelle starker Regime ausfüllen, in denen man sich der Intellektuellen entledigt, indem man sie auffordert, sich ein wenig mit den Gefühlen
und dem Unsagbaren zu beschäftigen."
(Roland Barthes, Mythen des Alltags)

Aristophanes erzählt in Platons *Symposion* folgende Geschichte. Es hat eine frühere
Zeit gegeben, in welcher die Natur der Menschen von ganz anderer Art war. Sie
hatten eine Gestalt wie die Sonne, die Erde oder der Mond. Ihre Form war also
vollkommen wie jene der Kugel. Es gab drei Arten von ihnen: den Mann-Frau-,
den Frau-Frau- und schließlich den Mann-Mann-Kugelmenschen. Mit ihren Ar-
men und Beinen bewegten sie sich wie beim Radschlagen. Sie waren zufrieden, ja
mehr als zufrieden. Ihnen fehlte nur noch die göttliche Macht, um sich vollkommen zu fühlen. Sie begehrten den Zugang zum Himmel, um die Götter zu atta-
ckieren. Zeus bemerkte diese Anmaßung und die damit verbundene Gefahr. Töten
wollte er die Kugelmenschen nicht, waren die Götter doch auf deren Ehrungen
und Opfergaben angewiesen. Seine Lösung war genial: Zeus ließ die Kugelmenschen in der Mitte durch ein Haar „wie mit einem Eierschneider" in zwei Hälften
zerteilen. So verminderte er ihre Macht und verdoppelte gleichzeitig die Zahl der
Verehrer. Er verknotete die Schnittstelle an einem Ort, den wir heute Nabel nennen, und zog die Fläche glatt, ließ aber ein paar Falten übrig, damit diese an den
Verlust der Ganzheit erinnern konnten. Er kehrte die Köpfe zur Schnittseite hin,
damit die neuen Menschen stets an diese Strafe erinnert wurden. Die Menschen
fingen sogleich an, sich zu umarmen. Damit sie ihr Zeugungsgeschäft wieder auf-

nehmen konnten, drehte Zeus aus Mitleid ihre Geschlechtsteile ebenfalls zur Schnittfläche. Die fleischliche Begierde konnte nun also gestillt werden. Dennoch blieb die Sehnsucht nach der verlorenen ganzen Gestalt, nach der ehemaligen Natur, die für immer verloren war. (Vgl. Platon, Symposion, 190a ff.) Platon erzählt hier in einer Weise von der verlorenen Ganzheit, die auch heute noch typisch für die Träume vom *Neuen Menschen* ist. Am Anfang steht ein Paradies, welches der Mensch durch seine Überheblichkeit und Anmaßung aufs Spiel setzt und schließlich verliert. Einzig die Rückkehr zu den Ursprüngen verheißt fortan heilende Kräfte.

Seit ihrem Entstehen wirft man insbesondere den Naturwissenschaften vor, den Menschen von seiner ursprünglichen Verbundenheit mit seiner Welt entfremdet zu haben, seine Erlebnisse zu zerstückeln und ihn selbst zu einem Objekt unter anderen zu machen. Ihre Visionen seien grenzenlos und bewegten sich in den Spuren des göttlichen Schöpfers. Reformen des Lebens sollen hier wie an der Wende vom neunzehnten zum zwanzigsten Jahrhundert korrigierend ansetzen und an den vergessenen vorwissenschaftlichen Reichtum erinnern. Im vorrationalen Verständnis, das Kinder von sich, anderen und ihrer Welt haben, erscheint ein Abbild dieser verlorenen Zeit und damit ein Vorbild für Zukünftiges. Die kindliche Erfahrungswelt wird auf dem vorläufigen Höhepunkt der Entwicklung neuzeitlicher Wissenschaft und Technologie zum Gegenentwurf einer analytischen Weltsicht. Kinder bewegen sich zwar in vorkonventionellen Erfahrungsdimensionen, in denen die Sonne lacht und der Regen weint. Kinder haben ihre Gefühle noch nicht *im Griff*. Aber sie wählen diese Weltsicht nicht. Sie sind in ihr wie in ihrem Element. Ihre beseelte Welt ist keine Option, sondern ein Widerfahrnis, ein *pathos*. Wenngleich gerade deshalb diese primordiale Perspektive nicht absichtlich ausgesucht werden kann, nehmen immer wieder Kritiken Maß an diesem Abglanz von Ursprünglichkeit.

Vor diesem Hintergrund kommt keine romantische Schulkritik ohne die Beschwörung des ganzen Menschen aus. Zwar wird nicht immer präzis bestimmt, was der ganze Mensch sei, aber er wird vermisst. Er ist das Gegenbild zum Gegebenen. Es ist nicht erst die reformpädagogische Rhetorik zu Beginn des zwanzigsten Jahrhunderts, aber diese und ihre Gefolgsleute vor allen Dingen wüten gegen das vermeintliche Schulopfer, den verkopften Schüler, welcher vom vielen Hocken über den Büchern bleich und lebensfern geworden ist. Städte, die von Schloten überschattet werden, Medien, welche die Wirklichkeit ersetzen, motivierten eine Flucht aus der Zivilisation. Heute sollen es vor allem der Computer und das Fernsehen sein, welche den Eskapismus begünstigen. Oft gehen dabei im Ton des Kulturpessimismus unverwüstliche reformpädagogische Wunschträume oder Floskeln mit Ergebnissen der aktuellen Forschungen Hand in Hand. So wird auch das Menschenbild des Hirnforschers Gerald Hüther durch die Sehnsucht nach Ganzheit getragen und zudem von fernöstlichen Weisheiten sowie durch die barocke Lebenslehre des spanischen Jesuiten Gracián inspiriert: „Was diese besonders weitsichtigen und umsichtigen, mutigen Menschen auszeichnet, ist nicht ihr Aussehen, ihre Macht oder ihr Einfluß, sondern die Art und Weise, wie sie ihr Gehirn benutzen: so ganzheitlich und so umfassend wie möglich. Denn was sie suchen, ist nicht etwas Bestimmtes, sondern so viel wie möglich. Und da sich dieses Ziel nicht erreichen läßt, machen sie den Weg dorthin zu ihrem Ziel." (Hüther 2006, S. 103; vgl. auch S. 85, S. 71 und S. 139) Seine Auffassung von Ganzheit verträgt sich mit der Hirnmaschine, ist es für ihn doch nicht von vorrangiger Bedeutung, wie diese Maschine funktioniert, sondern wie man sie gebraucht, und zwar nicht in erster Hinsicht als Denk-, sondern als „Sozialorgan". (Vgl. ebd., S. 18) Der einzige „wirkliche Bedienungsfehler" der Hirnmaschine besteht in der „Unterdrückung und Abwehr von Betroffenheit". (Vgl. ebd., S. 130) Liebe wird schließlich zum Universalschlüssel gelungenen Lebens: Ein liebender Mensch „empfindet tiefe Ehrfurcht vor allem, was lebt und Leben hervorbringt, und er ist betroffen, wenn es zugrunde geht. Er ist neugierig auf das, was es in der Welt zu entdecken gibt, aber er käme nie auf die Idee, sie aus reiner Wißbegierde zu zerlegen. Er ist dankbar für das, was ihm von der Natur geschenkt wird. Er kann es annehmen, aber er will es nicht besitzen. Das einzige, was er braucht, sind andere Menschen, mit denen er seine Wahrnehmungen, seine Empfindungen, seine Erfahrungen und sein Wissen teilen kann. Wer sein Gehirn auf diese umfassende Weise nutzen will, muß also lieben lernen." (Ebd., S. 124) Liebe, Betroffenheit, Ehrfurcht, Entdeckung, Leben, nur kein Begehren auf Wissen, ja keine Analyse – das ist der Ornat, mit dem sich ganzheitliches Denken schmückt, ein Dogmatismus, welcher sich die Sprache von den Neurowissenschaften leiht, ein Kassiber, das in die Welt des gesunden Menschenverstands geschmuggelt wird.

1938 hält Moritz Schlick fest: „Aus dem σύνολον des Aristoteles ist die ‚Ganzheit' oder ‚Totalität' der modernen philosophischen Schriftsteller geworden. Sie führen diese Worte (oder andere von ähnlicher Bedeutung) ohne Unterlaß im Munde und glauben damit auf dem Wege zur Lösung der größten Probleme zu sein. ‚Ganzheit' ist fast zu einem Zauberwort geworden, von dem man Befreiung aus allen Schwierigkeiten erhofft." (Schlick 1971, S. 213) Man glaubt Antworten auf die Fragen nach dem Zusammenhang von Leben und Unbelebtem, von Seele und Leib, von Individuum und Gemeinschaft aufzutreiben. „Man vermeint das Zauberglas gefunden zu haben, welches die wesentlichen Beziehungen zwischen Psychologie, Biologie, Physik und Soziologie endgültig mit vollkommener Klarheit sichtbar macht." (Ebd.) Angst vor dem Chaos, Ablehnung alles Mechanischen und Frösteln angesichts berechnender Vernunft führen dazu, dass sich das Organische vor dem Unbelebten, die Gemeinschaft vor dem Individuum und insgesamt das Ganze vor den Teilen auszeichnet. Es ist dynamisch sowie holistisch und damit das ganz Andere zur Maschine. Ganzheit verheißt Geborgenheit, die man empfindet und nicht befragt. Sie ist „Ausgeburt philosophischer Unklarheit", „eine leere Phrase". (Ebd., S. 222)

Es soll gar nicht bestritten werden, dass Lernende, die gefördert werden sollen, im Unterricht vor allem als epistemische Subjekte in den Blick genommen werden. Als *discipulus* bzw. *discipila*, als Schüler oder als Schülerin, werden diese unter der Hinsicht wahrgenommen, dass sie vor allem lernen. Der Handlungsdruck des alltäglichen Lebens rückt in den Hintergrund. Es bedarf der Muße, um vernünftig begreifen zu können. Eine solche idealisierende Betrachtungsweise ist einer langen Tradition verpflichtet, innerhalb derer die Antworten auf gesellschaftliche Konfliktlagen nicht länger der ererbten Macht oder dem Zufall überlassen bleiben, sondern in der rationalen Gestaltung des Lebens einzelner mit Blick auf das Zusammenleben aller gesucht werden. Das gilt für die griechische Klassik wie für die Aufklärung des achtzehnten Jahrhunderts. Im Lichte dieser *Utopie* kann Schule als ein Ort der Ruhe und der Schonung betrachtet werden, eine reflektierte Gegenwelt, eine *Heterotopie* im Sinne Foucaults. (Vgl. Foucault 2005, S. 7ff.) Hier herrschen andere Regeln als in der Familie und im Freundeskreis. Schule könnte in diesem Verständnis einen *Spielraum* im strengen Sinne des Wortes eröffnen. Der Rigorismus des Lebensernstes würde durchkreuzt von der Freiheit des Spiels, in der Lernende die Distanz zu sich selbst finden und gestalten können. (Vgl. Plessner 1981/1924, S. 94) Konkret könnte das bedeuten, dass hier nicht jeder Einfall, jeder Gedanke, jede Überlegung gleich in die Tat umgesetzt werden muss. Die ungeheuerliche Chance der Revision einer Entscheidung entlastet. Man könnte die Möglichkeiten in Gedanken durchspielen, Konsequenzen erwägen und immer wieder Alternativen auch rückgängig machen. Heute ließe sich vielleicht zeitgemäß formulieren, dass Schule eine Art virtuelle Welt sein kann, in der Gedankenexperimente durchgeführt werden. Denken will geübt sein, sonst findet man keine Lust an ihm. Auch das Scheitern muss erfahren werden, und zwar als ein schmerzhaftes Ereignis und nicht als eine Funktionsstörung einer prinzipiell reparablen Maschine, deren Aufgabe klar ist. Schule könnte der Ort sein, an dem dieser Schmerz in seiner Produktivität erlebt wird. Deshalb muss die Gegenwelt keine heile Welt sein. Illusionäre Überspielungen, Vortäuschungen von Nähe zu den Lernenden, die man sogar dort *abholen will, wo sie sind*, zaubern mit Ganzheiten, die unsere Gesellschaft nicht aufzubieten hat. Eine moderne *Wohnstubenerziehung* in der Schule kann Defizite von Sozialisation und Erziehung in der Familie nicht nachholen, wenn sie nicht auch die daraus folgenden Kosten trägt. Die Differenz zwischen den Erben *kulturellen Kapitals* und den umhegten oder übersehenen Besitzlosen wächst unaufhörlich. Schule ist gewiss in dem hier angedeuteten Sinn als Schonraum wünschenswert, aber sie befindet sich nicht jenseits der gesellschaftlichen Realität. Vor deren Imperativen ist sie nicht geschützt, aber sie kann sie reflektierend zeitweilig einklammern, nämlich angesichts des Wissens um ihren Einfluss. Vermutlich trifft heute dagegen die Beobachtung zu, dass im selbstgesteuerten Lernen der Manager der Zukunft trainiert wird. Schule als Heterotopie war immer schon und ist auch heute ein schöner Traum. Die Forderung, dass sie effektiv auf zukünftiges Handeln vorbereiten soll, ist dagegen Realität. Schule kann die bevorstehenden Konflikte nicht vorwegnehmen oder durch Rezepte deren Lösung vorbereiten. Sie sollte aber die Widersprüche auch nicht wegzaubern. In diesem Sinne antwortet Adorno auf Beckers Frage nach dem Umgang mit den Spannungen zwischen Individuum und Gesellschaft: „Aber dann muß die Erziehung auch auf diesen Bruch hinarbeiten und diesen Bruch selber bewußt machen, anstatt ihn zuzuschmieren und irgendwelche Ganzheitsideale oder ähnlichen Zinnober zu vertreten." (Adorno 1971/1966, S. 119)

Ganzheitsideale verheißen eine *heile Welt*. Diese kennt keine Lücken, Stockungen, „Unverbundenheiten, Anschlußlosigkeit, Hemmungen des Sinnerfassens", tauchen diese dennoch auf, sind sie ihr peinlich. (Vgl. Krüger 1953, S. 148) Ihre bedrohlichen Pole sind auf der einen Seite das Chaos als das Fehlen jeder Ordnung und auf der anderen Seite die Maschine als die perfekte Ordnung. Das Plädoyer für Ganzheit braucht diese Dichotomie, weil es schwer ist zu sagen, was sie selber bedeutet. „In ihren Prägungen, den Phantomen allzu gequälter Herzen, drängt unter schauriger Roheit Verschüttetes wieder hervor. Maßlose Erkaltung der menschlichen Beziehungen durch maschinelle, geschäftliche, politische Abstraktionen bedingt maßlosen Gegenentwurf im Ideal einer glühenden, in allen ihren Trägern überquellenden Gemeinschaft." (Plessner 1981/1924, S. 28) Gerade in orientierungsarmen, beängstigenden Zeiten entwickelt der Ruf nach dem organischen Ganzen, nach einer bergenden Gemeinschaft eine besondere Anziehungskraft. Augenfällig wurde dies unter anderem auch angesichts der Katastrophe des Ersten Weltkriegs. Harrington hält mit Recht fest: „Nach 1918 sprach die Ganzheit oft mit einem politischen Akzent." (Harrington 2002, S. 21) Dieser politische Tonfall kennzeichnet nicht etwa den Reformwillen der Weimarer Zeit, sondern im Gegenteil die reaktionäre Forderung nach einem totalitären Regime, das Ordnung in das Chaos bringt. Die Nationalsozialisten „haben kein System, sie haben eine Organisation, sie systematisieren nicht mit dem Verstande, sie lauschen dem Organischen die Geheimnisse ab." (Klemperer 1996, S. 107) Die Vorliebe für das Organische ermöglicht Bilder von einer Gesellschaft, die ihre Gesundheit durch Ausmerzung krankhafter Zellen bewahren kann und die sich dadurch gleichsam selbst erhält. Bereits 1909 schwärmt Uexküll für den Lebensstoff des Organismus: „Um sich das Verhältnis zwischen Protoplasma und Struktur eindringlich deutlich zu machen, stelle man sich vor, daß unsere Häuser und Maschinen nicht von uns erbaut würden, sondern selbsttätig aus einem Brei herauskristallisierten. Jeder Stein des Hauses und jeder Maschinenteil bewahre noch eine Portion Reservebrei bei sich, der die nötig werdenden Reparaturen und Regulationen vornehme, außerdem besitze jedes Haus und jede Maschine eine größere Anhäufung von Urbrei, die zur Erzeugung neuer Häuser und neuer Maschinen diene." (Zit. nach Harrington 2002, S. 111) Uexküll diagnostiziert den „Wahn der Demokraten" als Beginn einer Krankheit, genauer eines Krebses, der wuchert und damit das Ganze zerstört. Die Aktivität einzelner Zellen ist tödlich. Während Tuberkulose eine „Krankheit der Zeit" ist, in welcher der betroffene Mensch gleichsam vergeht, ist Krebs eine „Krankheit des Raumes". Er breitet sich aus, wuchert. (Vgl. Sontag 2003, S. 17) Krebs ist nicht vornehm. Er ist vulgär. Wenn Menschen mit einem Krebsgeschwür der Gesellschaft verglichen werden, ist jeder im Bilde, um wen es sich handelt, jedenfalls nicht um die Bewohner des Zauberbergs, die mit ihrem Lungenleiden dem Geiste näher als dem Körper sind. „Davon, daß der Patient verzärtelt werden könnte, kann keine Rede sein. Wenn man einmal davon ausgeht, daß der Körper des Patienten von einem Angriff (einer ‚Invasion') bedroht wird, kann die einzige Behandlung nur in einem Gegenangriff bestehen. Die kontrollierenden Metaphern in den Beschreibungen von Krebs sind tatsächlich nicht der Ökonomie entlehnt, sondern der

Sprache der Kriegsführung: Jeder Arzt und jeder bemühte Patient ist mit dieser militärischen Terminologie vertraut, wenn nicht schon dagegen abgestumpft." (Ebd., S. 56) Es geht um die Bekämpfung einer Invasion, um die Tötung der Krebszellen. Immunologisch sind sie feindliche, *bösartige* Fremde im eigenen Körper, welche das organische Ganze bedrohen. Unschwer sich auszumalen, was diese Metapher in der Übertragung auf die Gesellschaft und ihre Mitglieder anrichtet.

Die unkritische Rede von der Ganzheit als Ausweg aus allen Krisen ist von diesen Kontexten gezeichnet, aus denen sie stammt. Das wird kenntlich, wenn man sich in der Geschichte ganzheitlichen Denkens umschaut. Als eine Reaktion auf die zunehmende Atomisierung menschlichen Verhaltens durch die wissenschaftlichen Analysen entwickelte sich im späten neunzehnten Jahrhundert die Gestaltpsychologie. Als ihren Gegner betrachtete sie die so genannte *Mörserpsychologie*, deren beobachtender Blick alles zermalmt, bis nichts mehr zu erkennen ist. Ihr alternatives Konzept bestand darin, von der Wahrnehmung ausgehend, Erkennen als Organisation eines Feldes aufzufassen, das sehr unterschiedliche Strukturen aufweist. Es handelte sich dabei um den Versuch, die Initiative des Subjekts oder des Ich zu relativieren, indem entweder seine tiefe Gefühlsbindung betont oder die Kräftedynamik seines Erfahrungsfeldes hervorgehoben wurde. Christian von Ehrenfels, der als Begründer der Gestalttheorie betrachtet wird, veranschaulicht die Zusammenhänge an einer Melodie. Wenn die einzelnen Töne isoliert werden, verschwindet die Melodie. Dagegen bleibt sie erhalten, wenn man die Tonart oder das Instrument wechselt. (Vgl. Ehrenfels 1978/1890) Es geht um strukturierte Gebilde, die dafür verantwortlich sind, dass wir etwas als etwas wahrnehmen. Gestalten erscheinen als Figuren vor einem Hintergrund. Bestimmte Prinzipien machen verständlich, warum etwas in den Hinter- und warum es in den Vordergrund tritt. Ähnlichkeit, Nähe, Kontinuität und Geschlossenheit prägen die Organisation.

Wesentliche Unterschiede der gestaltpsychologischen Richtungen zeigen sich in der Bewertung des ganzheitlichen Charakters der hervortretenden Gebilde. Diese Differenzen sind in gar keiner Weise nebensächlich, verraten sie doch den Stellenwert von Wissenschaft sowie Weltanschauung, und bestimmen sie insbesondere die Affinitäten zum politischen Diskurs. Die Weggabelung lässt sich markieren durch das Bemühen um wissenschaftliche Klärung der Gestaltbildung bzw. den Verzicht darauf zugunsten ihrer geheimnisvollen Herkunft.

Felix Krüger, Nachfolger seines Lehrers Wundt und führender Vertreter der Leipziger Gestaltpsychologie, beendet seinen Eröffnungsvortrag auf dem 13. Kongress der Deutschen Gesellschaft für Psychologie in Leipzig 1933 mit folgenden Worten:

„Jetzt ist Deutschland von Grund aus aufgerüttelt. Das Volk steht einmütig zusammen, und seine Vorhuten sind aufgebrochen wie Anfang August des Jahres 1914, aber noch freiwilliger. Seine Stände und Klassen sind inniger, daher fester miteinander verbunden als jemals seit Jahrhunderten. Viel Schutt und Verkrustung sind fortgeräumt. Dem Verfall ist Einhalt geboten. Neuland wird angebaut auf weite Sicht. Die Führer unseres neuen Staats, an ihrer Spitze Adolf Hitler, der weitschauende, kühne und gemütstiefe Kanzler, der ein Volksmann ist, schaffen Arbeit.

Sie bewirken Sauberkeit und kämpfen erfolgreich für die deutsche Ehre. Sie wissen, daß dieses edle Volk nicht vom Brote allein lebt. Aber das genaue, wissenschaftliche Erforschen des wirklichen Seelenlebens hat Folgen auch für die Volkswirtschaft und für den Staat. Davon wird jetzt hier in Leipzig einiges noch für die Fernerstehenden erkennbar werden. Wir dürfen hoffen! Gehen wir an unsere Arbeit." (Krüger 1985/1934, S. 295; vgl. Geuter 1985, S. 55ff.)

Wenige Wochen später richtet sich Wolfgang Köhler, Direktor des Berliner Psychologischen Instituts, an die Studierenden seiner Vorlesung vom 3. November 1933:

„Meine Damen und Herren!

Ich habe Sie soeben beim Eintreten in einer Form begrüßt, die die Regierung vorgeschrieben hat. Einen Anlaß, weshalb das nicht geschehen sollte, vermag ich nicht zu sehen. Indessen muß ich eine Bemerkung dazu machen: ich bin Professor der Philosophie dieser Universität, und dieser Umstand verpflichtet mich auch, nämlich zur Aufrichtigkeit gegen Sie, meine Hörer. Ein Professor, der Sie in Wort und Tat über seine Gesinnung täuschen wollte, hätte hier keinen Platz. Sie könnten ihn nicht mehr achten: von Philosophie und wichtigen Menschendingen dürfte er fortan kein Wort mehr zu Ihnen reden. Deshalb sage ich: Die Form meines Grußes war bis vor kurzem das Zeichen einer ganz bestimmten Gruppe von Anschauungen auf politischem Gebiet und sonst. Wenn ich ehrlich bleiben und von Ihnen geachtet werden will, muß ich also erklären, daß ich zwar bereit bin, in jener Form zu grüßen, daß ich aber nicht alle die Anschauungen teile, als deren Äußerung der Gruß zu gelten pflegt oder doch pflegte. Diese Erklärung werden die Nationalsozialisten untern Ihnen besonders begrüßen. Vornehme und saubere Art unter den Deutschen ist eines der Ziele, für welche sich die Nationalsozialisten mit aller Kraft einsetzen. Ich bin kein Nationalsozialist. Aber aus demselben Bedürfnis, vornehm und sauber zu verfahren, habe ich Ihnen gesagt, was der deutsche Gruß in meinem Fall bedeutet und was er nicht bedeutet. Ich erwarte von Ihnen, daß Sie meine Motive respektieren." (Köhler 1985/1933, S. 307; vgl. Henle 1979) Köhler, der selbst nicht von den NS-Gesetzen betroffen war wie etwa Kurt Lewin, Kurt Koffka und Max Wertheimer, protestierte gegen Entlassungen aus rassistischen Gründen und gegen die Gleichschaltungspolitik. Er sollte seinen mutigen Kampf gegen die Nationalsozialisten verlieren. 1935 emigrierte er.

Es kann nun nicht darum gehen, ein schlichtes Kausalverhältnis zwischen der wissenschaftlichen Position und der politischen Option auszumachen. Dass allerdings von den Leipziger Gestaltpsychologen viel mehr Vertreter die nationalsozialistische Bewegung unterstützten als Berliner Psychologen, verstärkt zumindest den Verdacht, dass die Theorieunterschiede auch auf eine mögliche Affinität gegenüber politischen Indienstnahmen hindeuten. Wolfgang Metzgers beinahe trotzige Behauptung aus dem Jahre 1979, dass sich die Berliner Schule der Gestaltpsychologie, zu der er nur sehr bedingt zu zählen ist, „in unauflösbarem Widerspruch zu allen totalitären Systemen, jeder Art und Richtung [befand]" (zit. nach Prinz 1985, S. 90), ist richtig, verschweigt aber Wichtiges, wenn man berücksichtigt, dass er selbst noch 1942 die Parallelität der „nationalsozialistischen Revolution" und der

„gestalttheoretischen Umwälzung" hervorhebt und betont, dass die Gestaltpsychologie als eigentliche „deutsche Form der Psychologie" gelten kann, die den Kampf gegen den „Geist des Westens" aufgenommen hat für die höhere Würde des Ganzen gegen das autonome Individuum, für die „Prinzipien rassischer Kohärenz" gegen die „Beliebigkeit der Angehörigen". (Vgl. Prinz 1985, S. 104ff.)

Bereits der Gründungsvater der Gestaltpsychologie, von Ehrenfels, hat sich dezidiert zu bevölkerungspolitischen Konsequenzen aus dem neuen Ganzheitsdenken geäußert. Ihm steht eine Entwicklungsmoral vor Augen, welche die Verbesserung der menschlichen Konstitution vorantreibt. Die sittliche Moral behindere dabei die Entwicklung der Gattung – eine Einschätzung, welche damals viele Anhänger fand, z. B. auch in Ellen Key. Anknüpfend an Platons Scheitern an der „hellenischen Decadenz", übernimmt von Ehrenfels das Motiv der geistigen Veredelung durch das Christentum und korrigiert es, indem er das *Aufklärungsdogma* der konstitutiven Gleichheit aller Menschen verwirft. Das Ideal der Zeit ist „die Veredelung des menschlichen Blutes". „Die Entwicklungsmoral kann [daher] mit dem Triebwerk also gedrillter Kulturautomaten nicht arbeiten. Sie braucht lebendige Menschen für ihr Ideal des Lebens. [...] Als Kulturmenschen, als humane Menschen müssen wir wieder ganze Menschen werden." (Ehrenfels 1903/1904, S. 224) Eine undogmatisch vertretene Polygamie könne fehlgelaufene christliche Wertorientierungen produktiv korrigieren, indem sie die Naturtriebe von ihrer moralischen Knebelung befreie und der Reproduktion der Rasse zuführe. Die Naturtriebe des Mannes wären nämlich aufgrund der Monogamie dazu genötigt, sich in anderen Bahnen zu verwirklichen, etwa in der Eigentumserwerbung, und würden derart der Fortpflanzung entzogen. „Die Monogamie zu brechen in der Weise, wie Luther das Zölibat der Priester brach – das heischt als Befreiungstat die Entwicklungsmoral." (Ebd., S. 226) Stets fungiert in solchen Visionen Aufklärung und Liberalisierung als Gegenbild zu einer bodenständigen Gemeinschaft, in welcher die Menschen ihre Eigentlichkeit finden.

Die Kritik an den Zerstörungstendenzen der Wissenschaften findet immer wieder neuen Nährboden. Die *Kälte* von Wissenschaft und Technik gibt keinen Anhalt für die verunsicherte Existenz. Aus der Betonung der ganzheitlichen Struktur von Erfahrung wurde unter der Hand die Forderung nach nationalem Einheitsdenken, nach der Unterordnung des Einzelnen unter die Gemeinschaft und schließlich unter den Führer als deren Zentrum. Aus einer auch berechtigten Wissenschaftskritik wurde ideologische Wissenschaftsfeindlichkeit und Weltanschauung. Die Wärme des Gefühls sowie des unmittelbaren Lebens wurde gegen die Kälte von Rationalität, Zivilisation, Technisierung und Gesellschaft ausgespielt. Die organische Ganzheit stand für das Ursprüngliche, das Unverfälschte, das Unmittelbare. Die „Tiefendimension der Gefühle" (vgl. Krüger 1953, S. 131) wurde beschworen, um die Haltlosigkeit von Exaktheitsidealen unvoreingenommener wissenschaftlicher Ideale zu beanstanden. Kritiker der Weimarer Republik lehnten mit dem Zauberwort von Ganzheit eine vertragsstaatliche Assoziation von Individuen ab und setzten eine gleichsam organische Volkseinheit dagegen. Die Gemeinschaft wurde als eine im Unterschied zur Gesellschaft natürliche Einheit angesehen. „Gemeinschaft bedeutet ihren Verfechtern den Inbegriff lebendiger, unmittelbarer, vom Sein und Wollen der Personen her gerechtfertigter Beziehungen zwischen Menschen. Echtheit und Rückhaltlosigkeit sind ihre wesentlichen Merkmale, Gebundenheit aus gemeinsamer Quelle des *Blutes* zunächst ihre einheitsstiftende Idee.

Ohne blutsmäßige Verbundenheit der Glieder, und darunter ist sowohl die biologische Verwandtschaft als auch geheimnisvollere Gleichgestimmtheit der Seelen zu verstehen, lebt keine Gemeinschaft, […]." (Plessner 1981/1924, S. 44) Das Verhältnis des Ganzen zu seinen Teilen, vom Allgemeinen zum Besonderen wird zu einem Muster der konservativen Gesellschaftskritik. Der Einzelne hat sich in dieser Perspektive der Gemeinschaft unterzuordnen, die als natürliche Ganzheit fungierte. An dieser Stelle fällt ein Licht auf Gemeinsamkeiten und Unverträglichkeiten der unterschiedlichen gestaltpsychologischen Richtungen. Gemeinsam ist ihnen, dass sie eine Art Jugendbewegung der Psychologie bildeten. Sie wandten sich gegen den vermeintlichen oder realen Elementarismus sowie Atomismus und betonten die ganzheitliche Gestalt des Seelenlebens. Unterschiede treten in der Beurteilung der Notwendigkeit auf, diese Strukturen mit wissenschaftlichen Mitteln aufzuklären (so die Berliner Schule) oder als diffuse Erlebnisganzheiten zu behandeln, die sich jeder Aufklärung widersetzen (so die Leipziger Schule). Während die Berliner Psychologen, abgesehen von ihren sonstigen Unterschieden, die Gestalt als strukturiertes Ganzes betrachteten, in dem die einzelnen Teile eine mitkonstituierende Bedeutung haben, legten die Leipziger Psychologen Wert darauf, festzustellen, dass das Zugrundeliegende stets ungegliedert und diffus, eine nicht auzulotende Tiefendimension sei. Die Berliner Gestaltpsychologen waren infolgedessen in ihren Forschungen darum bemüht, die Gestaltprinzipien aufzuklären, was ihnen aufgrund ihrer naturwissenschaftlichen Orientierung den Vorwurf des Physikalismus einbrachte. (Vgl. Krüger 1953, S. 129) Nach Auffassung der Leipziger Gestalttheoretiker handelt es sich bei den unhintergehbaren Ganzheiten um unmittelbare Gegebenheiten des Erlebniswirklichen, um das *„total* Ganzheitliche". (Vgl. ebd., S. 156) Dieses muss als in der Uranlage Ererbtes hingenommen werden, das der empirischen Untersuchung entzogen ist. Hierin gründete auch der Bruch mit der experimentellen Assoziationspsychologie Wilhelm Wundts. Sicherlich kann man über den Vorwurf des Physikalismus an Köhlers Erklärungsversuche oder auch an Lewins Feldbegriff streiten. Unbestritten ist jedoch, dass sich diese Wissenschaftler nicht einem diffusen Gefühlsfundament auslieferten, das dann als Legitimation politischer Ideologien dienen konnte. Die Tabuisierung rationaler Aufklärung lässt stets aufhorchen. Die Grenzen der Vernunft sollten durch sie selbst bestimmt und nicht diktiert werden. Damit ist jedoch auch eine grundsätzliche Skepsis gegenüber geschlossenen Ordnungen und gegenüber dem *ganzen Menschen* ausgesprochen. „Eine Gesamtordnung läßt sich nur dann bruchlos denken, wenn der Ort, von dem aus sich das Ganze entfaltet, in dem vorgegebenen Ganzen entschwindet. Was wir Moderne nennen, das läßt sich beschreiben als die Infragestellung dieser Ganzheitsvisionen." (Waldenfels 2001a, S. 16)

Das Dilemma einer phänomenologischen Theorie des Lernens, wie sie im vorliegenden Buch entfaltet wird, besteht darin, dass sie manchen Bedenken Rechnung trägt, die auch vom Standpunkt ganzheitlicher Betrachtungen vorgetragen werden, wenn etwa an die Bedeutung der konkreten Erfahrung und der Situation erinnert wird. Die politischen Konsequenzen, die daraus gezogen wurden, werden jedoch verabscheut: kritiklose Gemeinschaft, Privileg des Blutes und Tyrannei des Gefühls. Jedes Mal, wenn sich Pädagogik aufmacht, moderne Entwicklungen in ihrer Verengung zu thematisieren, betritt sie ein vermintes Gelände. Die Polarisierung der Stellungnahme arretiert nicht selten den Diskurs. Bedenkt man die Gefahren der Intellektualisierung und Formalisierung des Lernens, droht das Risiko, in gegenaufklärerische Fallen zu tappen. Nur unter dem Verdacht romantischer Wissenschaftskritik kann man an die gelebte Welt erinnern. Dass Lernen neben dem Denken *auch* das Wahrnehmen und Fühlen betrifft, muss kein Plädoyer für Irrationalität bedeuten. Entscheidend ist das unscheinbare *auch*, das nicht selten durch das *nur* überrannt wird. Diese verzwickte Lage gilt vor allem für die deutsche Reformbewegung. Deweys Kritik am Intellektualismus war dagegen frei von jedem Argwohn. An seinem Credo für die Wissenschaften wurde nicht gezweifelt, als er in Frage stellt, „daß alles Erfahren eine Form der Erkenntnis sei und daß aller Stoff, alle Natur im Prinzip reduziert und transformiert werden müßten, bis sie in Termini definiert sind, die die geläuterten Objekte der Wissenschaft als solche aufweisen. Die Annahme des ‚Intellektualismus‘ läuft den Tatsachen dessen, was primär erfahren wird, zuwider. Denn Dinge sind in viel höherem Maße Objekte, die behandelt, benutzt, auf die eingewirkt, mit denen gewirkt werden soll, die genossen und ertragen werden müssen, als Gegenstände der Erkenntnis. Sie sind Dinge, die man hat, bevor sie Dinge sind, die man erkennt." (Zit. n. Bellmann 2007, S. 110)

Auch Kurt Lewins gestaltpsychologischer Ansatz ist frei von jedem Verdacht in Bezug auf den Verrat an den Wissenschaften. Im Hinblick auf die Berliner Schule, die sich vor allem mit der Analyse von Wahrnehmungen beschäftigte, ging er einen eigenen Weg. Er widmete sich insbesondere dem menschlichen Handeln, dessen Dynamik er mit mathematischer Genauigkeit erfassen wollte. Seine *Feldtheorie des Lernens* gründete nicht auf einem unzugänglichen Fundament, sondern auf einer *psychologischen* Theorie des Feldes. Im Unterschied zu Köhler, der in seiner eher materialistischen Feldtheorie nach Korrelationen von neuronalen und psychischen Vorgängen suchte, beharrte Lewin darauf, psychologische Erklärungen zu erarbeiten. In der Auseinandersetzung mit Tolman, dem Begründer des „molaren Behaviorismus", der sich in vielem dem Denken Lewins nahe fühlte, hebt Lewin hervor: „So kann ich verstehen, daß ein Wandel im Zustand oder in der Struktur der Person einen Wandel im Forderungswert eines Objektes in der psychobiologischen Umwelt hervorrufen kann und somit als Motivationsprozeß bezeichnet wird. Die Veränderung eines Teils des Feldes, nämlich des Forderungswertes, ist dann die Auswirkung der Veränderung eines anderen Teils des Gesamtfeldes, nämlich der Person. Aber ich kann nicht eine andere als eine mystische Bedeutung darin sehen, einen Motivationsprozeß ‚hinter‘ dem Feld zu suchen." (Lewin 1982/1933, S. 100f.) Lewin konzentrierte sich auf das Verhalten als ein Zusammenspiel von Person und Lebensraum. *„Es ist ohne jeden wissenschaftlichen Wert, hinter das dynamische Feld auf Wesenheiten zurückzugehen, die nicht Teile dieses Feldes sind, was immer* *diese Wesenheiten sein mögen und gleich ob man ihnen philosophische oder physiologische Namen gibt.*" (Ebd., S. 102) Die Dynamik des Feldes wird durch Kräfte bestimmt, welche in der Analyse durch Vektoren dargestellt werden. Vektoren stellen gerichtete Größen dar. Der damals vielfach verpönte Begriff der Richtung wird dergestalt wissenschaftlich rehabilitiert, und Erwartungen werden neben Gewohnheiten in das Reservoir von psychologischen Forschungsgegenständen eingereiht. Die Auffassung vom Lernen als Gewohnheitsbildung verdeckt den Umstand, dass man zuweilen lernen muss, von Gewohnheiten Abstand zu nehmen, Traditionen zugunsten neuer Blickrichtungen zu durchbrechen. Ansonsten ist man im wörtlichen Sinne festgefahren. Der Lebensraum ist ein „hodologischer Raum". Er wird durch seine Pfade strukturiert, nicht durch seine objektiven Ausmaße. Die Bevorzugung von Wegen erklärt sich selten durch deren Länge, sondern durch deren Attraktivität, Sicherheit und Vertrautheit. Topologische Strukturen treten in den Vordergrund. Sie „und Vektorbegriffe vereinigen in sich die Macht der Analyse, die begriffliche Präzision, die Nützlichkeit für Ableitungen und die Adäquatheit im gesamten Bereich psychologischer Probleme auf eine Art und Weise, welche sie [nach Meinung Lewins] allen anderen in der Psychologie bekannten begrifflichen Hilfsmitteln überlegen sein lässt." (Lewin 1982/1942, S. 161f.)

Mit dem Feldbegriff will Lewin präzise Analysen mit der Komplexität des Lebensraums vermitteln. Diese Konzeption ermöglicht es nämlich, reale Dynamiken des Erfahrungswerts operational festzulegen, indem man sie durch den so genannten Forderungswert (nach Tolman *demand-value* oder *demand-character*), Aufforderungscharakter oder durch Valenzen (Mischform aus *valency* und *value*, aus Wichtigkeit und Wert) angibt. (Vgl. Lück 1996, S. 45 und 72; Lewin 1982/1933, S. 126) „Es kann für das Subjekt unmöglich sein, ihm [scil. dem Aufforderungscharakter] zu widerstehen, oder er kann den Charakter eines Befehles oder nur die Stärke einer Bitte oder weniger annehmen." (Ebd., S. 103) Mit diesem Erklärungsmodell hat Lewin einen Weg gefunden, Faszination, Gleichgültigkeit oder Abstoßung zu berücksichtigen, ohne sie in einer nebulösen Tiefendimension aufkommen und verschwinden zu lassen. Der Lebensraum des Lernenden ist durch solche Valenzen bestimmt. Hindernisse unterbrechen mitunter die direkte Zuwendung zu der Verlockung, so dass Umwege erforderlich werden. Dem Appell muss daher gelegentlich der Rücken zugewandt werden, um ihm schließlich doch Folge leisten zu können. „Derartige Aufforderungscharaktere wirken zugleich […] als Feldkräfte in dem Sinne, daß sie die psychischen Prozesse, vor allem die *Motorik*, im Sinne einer *Steuerung* beeinflussen." (Lewin 1926, S. 317) Dinge und Ereignisse begünstigen oder behindern unsere Handlungen. Sie sind nicht lediglich die Summe unterschiedlicher Empfindungen. Sie mischen sich ein. Sie „zeigen uns gegenüber einen mehr oder weniger bestimmten Willen; *sie fordern uns zu bestimmten Handlungen auf.* Das schöne Wetter, eine bestimmte Landschaft locken zum Spazierengehen. Eine Treppenstufe reizt das zweijährige Kind zum Heraufklettern und Herunterspringen; […]." (Ebd., S. 350) Negativ fordern uns die Dinge heraus, wenn sie uns abstoßen, positiv, falls sie uns anziehen. Manche appellieren direkt an uns, unter Umständen weil wir Appetit haben und uns deshalb die Torte anspricht. Andere inspirieren uns auf Umwegen, wenn wir beispielsweise bei einem bestimmten Geruch an den Geliebten denken. Dieselben Dinge ändern sich in ihrem Anspruch. Das Gedicht ist ein anderes, wenn ich es interpretieren muss, oder wenn ich es jemandem widme. Das Verhalten wird nicht länger als Mechanismus von Reizen und Reaktionen betrachtet, sondern als eine Funktion des Lebensraums, der seine Organisation durch Personen und ihre Umwelt erhält. Erst die gesamte Organisation lässt Bewegungen verständlich werden, nicht deren physikalische Regeln.

In seiner frühen Beschreibung der „Kriegslandschaft" veranschaulicht Lewin, der es als Kriegsfreiwilliger bei der Feldartillerie zum Leutnant brachte, wie sich „ein- und dieselbe Reizlandschaft" in ihrer Bedeutung ändert, wenn sich Alltags- und Kampfzonen abwechseln. Als Artillerist sieht er die Landschaft anders als ein Infanterist, ein pflügender Bauer oder ein Spaziergänger. Der marschierende Soldat wird zum Zeugen, wie sich die Friedenslandschaft in eine Kriegslandschaft verwandelt. Die Friedenslandschaft ist *rund, ohne vorne und hinten.* " (Lewin 1982/1917, S. 316) Das ändert sich schlagartig an der Front. Nun gibt es eine Grenze. Nun tauchen eine Richtung, ein Hinten und ein Vorne auf. „Die Gegend zeigt sich als eine *Zone,* die ungefähr parallel der Grenze verläuft. Während im vorhergehenden Bereich die Richtung auf die Grenze *zu* als Richtung der Landschaft erlebt wird, bestimmt jetzt die Ausdehnung *längs* der Grenze die Richtung der Landschaft. Es entsteht eine Grenzzone, die sich in ihrem Charakter als solche gegen den Feind hin rasch verdichtet." (Ebd., S. 317) Es differenzieren sich Grenz- und Gefechtszone aus. Eine Gefahrenzone gewinnt an Gestalt. Eine Friedenslandschaft kann sich weigern, zur Kriegslandschaft zu werden, weil die Dinge noch nicht zu Gefechtsdingen geworden sind, weil keine Stellung bezogen wurde. Friedensdinge als militärische zu beschlagnahmen, bedeutet eine Hilfe für den Soldaten, Trost über die Barbarei in einer ehemaligen Friedenslandschaft. Kriegsgebilde nehmen nicht so ohne weiteres wieder die Gestalt einer Friedenslandschaft an. Sie dauern fort als Wunden und widersetzen sich ihrer Wahrnehmung als natürlicher Lebensraum.

So wie die Welt des Soldaten durch seine militärischen Handlungen strukturiert ist, so ist auch die der Lernenden durch sämtliche Fakten bestimmt, welche seine Situation ausmachen. „Die Welt des Individuums durch die Welt des Lehrers, des Arztes oder sonst jemandes zu ersetzen ist nicht objektiv, sondern falsch." (Lewin 1982/1942, S. 159) Die zentrale Aufgabe der Psychologie besteht nach Lewin darin, eine angemessene Darstellung für die Beziehung zwischen dem Individuum, seiner Erfahrungsgeschichte, seinen Zukunftserwartungen, seinen Wünschen sowie Hoffnungen und seiner Umgebung, seinem Lebensraum zu finden. So nahe diese Aufgabe behavioristischen Lösungen im Sinne von Reiz-Reaktionsbeziehungen kommt, so genau sollte man darauf achten, dass die Feldtheorie des Lernens Reize als Grenzbedingungen behandelt und nicht als innere Teile des Lebensraums. (Vgl. ebd.) Stets kommt es auf die gesamte Situation an, und das bedeutet auch, dass sowohl der Einfluss der Vergangenheit als auch die Rolle der Zukunft, dass reale Gegebenheiten, aber auch Sehnsüchte Beachtung finden müssen. Das bedeutet jedoch ebenfalls, dass es nicht mehr möglich ist, jedes Lernen nach einem Muster zu verstehen, wie es der physikalistische Behaviorismus und die Assoziationstheorie tun. Zwar behielt Lewin als Ideal im Auge, dereinst mit wenigen Formeln die Ableitung der meisten psychischen Prozesse, also auch des Lernens, zu ermöglichen und dadurch den *aristotelischen* vom *galileischen* Denkstil abzugrenzen. Aber der Weg von einer metaphysischen Naturlehre, in welcher die Substanzen im Vordergrund stehen, zu einer mathematischen Naturerkenntnis, die sich auf Relationen und Funktionen richtet, führt zunächst über eine Spezifizierung, die grundsätzlich vier Arten des Lernens unterscheidet: 1. die Veränderung kognitiver Strukturen, 2. die Veränderung der Motivation, 3. die Veränderung der Gruppenzugehörigkeit und schließlich 4. die Veränderung der Beherrschung des eigenen Körpers. (Vgl. ebd., S. 163) Unschwer lässt sich erkennen, wie komplex Lewin den Lernprozess ansetzt. Er beabsichtigt, die kognitiven und sozialen Dimensionen zu analysieren, aber auch die individuellen Voraussetzungen.

Lernen tritt dabei zu Tage als eine zunehmende Gliederung des Erfahrungs- oder Lebensraums. In kognitiver Hinsicht differenziert sich das Wissensfeld aus, indem es seine Unbestimmtheit verliert. Lewin vergleicht diesen Prozess mit dem Einleben in einer fremden Stadt, die zunächst nur durch den Weg vom Hauptbahnhof zur Pension markiert wird. Tag für Tag nehmen die Möglichkeiten von Wegen zu. Der Lebensraum wird mit Linien durchzogen, welche sich jeweils spezifisch unterscheiden, je nachdem, ob ich zu Fuß gehe oder den Bus nehme, ob ich zum Arbeitsplatz fahre, zu einer Verabredung eile oder ein bestimmtes Lokal suche. Die kognitive Strukturierung des Lebensraums wird begleitet durch die Veränderung des sozialen Netzes, das seinen Stil durch Valenzen und Hindernisse erhält. Um eine solche *kognitive Landkarte* (Tolman) zu erhalten, sind Wiederholungen nicht unbedingt das sichere Erfolgsrezept. Im Gegenteil, sie können als psychische Sättigungen zum bloßen Gegenteil führen, dem Verlernen. Desorganisation und Entdifferenzierung sind die Folgen wie bei der ständigen Wiederholung eines Wortes, das schließlich seinen Sinn verliert: „das Sinnvolle [wird] sinnlos, und das Gekonnte wird verlernt." (Ebd., S. 173)

Im Lernen verändern sich die Valenzen und Werte. Das ist besonders bedeutsam mit Rücksicht auf die gesellschaftliche Eigenschaft des Lernens. Soziales Lernen ist dabei nicht eine Art neben dem kognitiven und motivationalen, sondern eine gemeinsame Qualität. Im vorherrschenden Lernverständnis verraten sich politische Optionen. Lewins Beispiel zeigt Spuren seines Schicksals: „Autokratie wird einem auferlegt; Demokratie muß man lernen." (Ebd., S. 174) Beim Lernen demokratischen Verhaltens bringt man die Rolle der eigenen Kräfte in Erfahrung. Beim Lernen autokratischen Verhaltens werden fremde Kräfte auferlegt. „Um eine Person zu einem Verhalten zu bringen, dem sie sich widersetzt, wird häufig eine Schritt-für-Schritt-Taktik angewendet – eine Methode, die Hitler ingeniös eingesetzt hat. Das Individuum wird in eine Situation gestoßen, die sich von der vorhergehenden nicht genügend unterscheidet, um großen Widerstand hervorzurufen." (Ebd., S. 175) Lehren wird hier realisiert als Brechung des Widerstands, als allmähliche Liquidierung der Valenzen im Erfahrungsraum, die vom Lernenden unbemerkt bleiben. Die Veränderung der kognitiven Struktur soll dagegen im Sinne Lewins als „Ereignis" wahrgenommen werden. Es meint die Differenzierung zuvor unbestimmter

Regionen, also keine bloße Strukturveränderung, die eine gewisse Kontinuität aufweist, sondern eine Brechung, die eine weitere Gliederung des Erfahrungsraums ermöglicht. Nun werden Entwicklungen mit Sprüngen und Krisen verständlich, die ansonsten durch die Netze der Kausalität fallen. (Vgl. Merleau-Ponty 1976, S. 156)

Gestalttheoretische Konzepte haben insbesondere phänomenologisches Denken im zwanzigsten Jahrhundert bereichert. Die Nähe zueinander wurde von Vertretern stets wahrgenommen, allerdings in unterschiedlicher Intensität und verschieden im Hinblick auf die Rolle des Bewusstseins entfaltet. Aron Gurwitsch übernahm für seine Analysen des Bewusstseinsfeldes und der Milieuwelt zahlreiche Prinzipien. Unsere Wahrnehmung treffen nach ihm stets auf strukturierte Erfahrungsfelder. „Im Falle einer Leistung oder der erstmaligen Lösung eines Problems erfährt das Feld beim Zustandekommen der Leistung vor den Augen des erfahrenden Subjekts eine Umorganisation und Umstrukturierung." (Gurwitsch 1975, S. 43) Diesen Gestaltwechsel kann man sich unter bestimmten Bedingungen mit Vexierbildern veranschaulichen, die sich zu keiner einheitlichen Wahrnehmung schließen, sondern zwischen den Möglichkeiten hin und her springen, ohne sie gleichzeitig zu verwirklichen. So gelangen wir niemals mehr an unser Erfahrungsfeld, wie es vormals war, aber wir differenzieren beim Lernen etwa zwischen der lebensweltlichen und der wissenschaftlichen Perspektive, die niemals zugleich, aber dennoch im Unterschied voneinander wahrgenommen werden können. Der Gestaltwechsel findet „vor den Augen des erfahrenden Subjekts" statt. Das bedeutet, dass die Nötigung zur Umstrukturierung durch die Aktivität des Subjekts realisiert wird. Trotz aller Achtung für die leibliche Verwicklung in eine organisierte Wahrnehmungswelt hält Gurwitsch am Primat des Bewusstseins und damit an der Freiheit des Ich fest: „Daß meine COGITATIO sich *hic et nunc* gerade auf dieses und kein anderes Ding meiner Umgebung richtet, ist Sache meiner Freiheit. Kein Gegenstand bindet mich an sich. Er kann mir ‚auffallen', sich mir ‚aufdrängen', meinen ‚Blick auf sich ziehen' oder wie man sonst noch zu sagen pflegt. Wenn ich aber einer solchen Tendenz folge und mich ihm zuwende, aktualisiert sich mir in der Zuwendung selbst meine Freiheit." (Gurwitsch 1977, S. 65)

Merleau-Ponty, der seiner Befassung mit Gurwitsch vieles verdankt, war skeptischer im Hinblick auf die Freiheit in der leiblichen Erfahrung. Gegen eine Tendenz der Transformation der gelebten Welt in eine bloß gedachte fahndete er nach obsessiven Beziehungen, die unsere Freiheit beschneiden. Gerade angesichts seiner Kritik an der neuzeitlichen Überschätzung von Bewusstseinsleistungen und seiner Aufwertung unserer leiblichen Existenz auch für Erkenntnisvollzüge stieß er immer wieder an die Grenzen von Sprache, welche das schweigende Einvernehmen mit der Welt brechen muss, um ihren Sinn zu vollenden. Der Philosoph möchte angesichts seiner Inanspruchnahme durch die Welt schweigen und sich dergestalt der Meditation nähern. Er darf jedoch nicht schweigen, wenn er seine zentrale Aufgabe nicht verfehlen will, nämlich zu verstehen. Seine Sprache ist kein bloßer Ersatz der gelebten Welt, gleichsam eine Verdoppelung, in der sich Zeichen und Bezeichnetes entgegenkommen. Sein Sprechen „setzt sich zum Ziel, den Dingen selbst aus der

Tiefe ihres Schweigens zum Ausdruck zu verhelfen." (Merleau-Ponty 2004, S. 18) Der Philosoph nähert sich damit dem Künstler, der wie er seine Welt nicht lediglich abbildet, sondern in seinen Gestaltungen allererst verwirklicht. Wahrnehmen ist nicht dasselbe wie Erkennen. Man verfehlt beide Leistungen in dieser oft unbedachten Gleichsetzung. Wahrnehmen ist im Wortsinne eine Art Nehmen, eine Wiederaufnahme, eine *reprise*, in welcher der Sinn der Dinge, den sie uns durch Anmutungen zuspielen, allererst zum Erscheinen gebracht wird. Wahrnehmung wird von Merleau-Ponty im Unterschied zu Gurwitsch selbst als bedeutungsvoll verstanden. Sie leiht sich ihren Sinn nicht lediglich vom Denken oder Sprechen. Sie selbst verleiht Sinn, der sich gerade dann bemerkbar macht, wenn er am Sprechen scheitert.

Auch wenn daher der Philosoph als solcher nicht verstummen kann, weiß er von einem Schweigen der Erfahrung, von der jedes Philosophieren seinen Ausgang nimmt und zu dem keine Reflexion je zurückkehren kann. Wie ein Motto durchzieht Edmund Husserls programmatischer Satz aus den *Cartesianischen Meditationen* Merleau-Pontys Schriften: „Der Anfang ist die reine und sozusagen noch stumme Erfahrung, die nun erst zur Aussprache ihres eigenen Sinnes zu bringen ist." (Husserl 1977, S. 40) Erfahrung fungiert als ein beredtes Schweigen. Sie bedeutet einen verlässlichen und fraglosen Glauben an die Welt. Erst wenn dieser verletzt wird, setzt Reflexion ein, und alles verliert seinen Sinn, um durch uns seine Bedeutung zurückzugewinnen. Das Denken muss sich dergestalt der Genese seines eigenen Sinns stellen. Dem Sein muss Sinn nun abgerungen werden. Dazu sind wir gleichsam verdammt, wie Merleau-Ponty in Anspielung auf Jean-Paul Sartre sagt. Leibliche Wesen, die wie wir ihr Leben beginnen, ohne im strengen Sinne dabei zu sein, und es auch beenden, ohne den eigenen Tod bezeugen zu können, leiden unter einer versagten Erfahrung, nämlich sich selbst jemals vollständig begreifen zu können. Das gilt aber auch für unser Verständnis der anderen und unserer Welt. Unmittelbarkeit ist unmöglich. Das ist der Preis der Erkenntnis, die aus dem Spalt hervorkommt, der sie von der prärationalen Vertrautheit mit Welt trennt. Für die Reflexion öffnet sich ein Abgrund zur Welt. Zwischen mein Denken und das, was ich denke, schiebt sich eine undurchdringliche Dauer. Es gibt keine Verschmelzung von Denken und Sein, selbst für den Fall nicht, dass das Ich sein eigenes Sein denkt. Die Zweideutigkeit unserer Existenz mündet nicht in eine „ursprüngliche Integrität". Unser Verstehen löst das Geheimnis nicht, das der Ort darstellt, aus dem die Reflexion entspringt. Sollte es wirklich etwas Unmittelbares geben, „so darf keine Spur unserer Annäherung an ihm haften, soll es das Sein selbst sein, so gibt es keinen Weg, der von uns zu ihm hinführt und so ist es grundsätzlich unzugänglich." (Merleau-Ponty 2004, S. 162) Dem Ziel, die Welt durch Erfassen zu beherrschen, steht die Möglichkeit gegenüber, die Welt zu empfangen, sich von ihr mitreißen zu lassen. Nur so kann eine fungierende Einweihung in die Welt begreiflich werden, welche uns einen Sinn zuspielt, den wir durch unseren Eingriff zur Sprache bringen.

Merleau-Pontys Kritik an den damaligen wissenschaftlichen Theorien steht wie bei Husserl auch im Dienst an den Wissenschaften. Diese sollen nicht abgelehnt, sondern dahingehend überprüft werden, mit welchem Recht sie Erfahrungen, die sich nicht unter mathematische oder physikalische Gesetze beugen lassen, als unwahr, trügerisch und unbrauchbar abwerten. „Wir dürfen uns in der Wissenschaft nicht vormachen, mithilfe eines reinen und ortlosen Verstandes zu einem von jeglicher menschlichen Spur unberührten Gegenstand vorzudringen, wie Gott ihn sehen würde. Die Notwendigkeit der wissenschaftlichen Forschung wird dadurch nicht im Geringsten gemindert, sondern es wird lediglich der Dogmatismus einer Wissenschaft bekämpft, die sich für ein absolutes und vollständiges Wissen hält. Dadurch wird man einfach nur allen Elementen der menschlichen Erfahrung gerecht, insbesondere unserer Sinneswahrnehmung." (Merleau-Ponty 2006, S. 17)

Vor diesem Hintergrund ist Merleau-Pontys Anklage einer „intellektuellen Inbesitznahme" zu betrachten (vgl. Merleau-Ponty 2004, S. 334), die er mit bestimmten phänomenologischen Richtungen des zwanzigsten Jahrhunderts teilt. In immer neuen Formulierungen versucht er, Vorwürfe zu entkräften, seine Philosophie sei eine Kapitulation der Vernunft. Dagegen betont er unermüdlich: „Es geht nicht darum, das menschliche Wissen auf Empfindungen zu reduzieren, sondern der Geburt dieses Wissens beizuwohnen, es uns genauso fühlbar zu machen wie das Sinnliche, das Bewusstsein der Rationalität wiederzugewinnen, das man verliert, wenn man glaubt, dass sie etwas Selbstverständliches sei, und die man im Gegensatz dazu wieder findet, indem man sie vor einem Hintergrund der menschlichen Natur in Erscheinung treten lässt." (Merleau-Ponty 2003b, S. 50) Bis heute hält sich seinen Bemühungen gegenüber der Verdacht des Irrationalen, des bloß Literarischen. Die entscheidende Nuance wird dabei übersehen. Merleau-Ponty rehabilitiert das Vorrationale, das Präreflexive und Vorprädikative, aber nicht in der magischen Beschwörung einer unmittelbaren Begegnung, sondern stets in voller Anerkennung des obliquen Blicks, dass es sich nämlich dabei um das Unreflektierte handelt, „das durch die Reflexion verstanden und errungen wird. Die sich selbst überlassene Wahrnehmung vergisst sich und kennt ihre eigenen Leistungen nicht. Weit davon entfernt, dass uns die Philosophie als eine nutzlose Verdoppelung des Lebens erscheint, ist sie im Gegenteil für uns die Instanz, ohne die das Leben sich in der Unwissenheit seiner selbst oder im Chaos auflösen würde. Das heißt aber nicht, dass die Reflexion hochfahrend sein oder ihre Ursprünge verkennen soll." (Ebd., S. 39)

Phänomenologische Bemühungen in diesem Sinne hatten und haben es diesbezüglich nicht leicht, insbesondere weil sich mit ihnen irrationalistische Tendenzen verbrüdern können, die sich in die allgemeine Klage über die Rationalisierung und Technisierung der Lebenswelt einreihen sowie nach neuen Formen der Selbstsorge verlangen. Rationalisierung und Technisierung lediglich zu verwerfen und der Sehnsucht nach einer vormodernen Idylle freien Lauf zu lassen, ist nicht der Weg von Phänomenologen. Sie predigen nicht Irrationalismus und beten die Natur an. Auch Authentizität, gebettet in eine Synthese von Kopf und Herz, ist nicht ihre Sache. Ein versöhnlicher Grund bleibt ihr versagt. Dem Menschen „ist der Umschlag vom Sein innerhalb des eigenen Leibes zum Sein außerhalb des Leibes ein unaufhebbarer Doppelaspekt der Existenz, ein wirklicher Bruch seiner Natur. Er lebt diesseits und jenseits des Bruches, als Seele und Körper *und* als die psychophysisch neutrale Einheit dieser Sphären. *Sie* ist der Bruch, der Hiatus, das leere Hindurch der Vermittlung, die für den Lebendigen selber dem absoluten Doppelaspekt von Körperleib und Seele gleichkommt, in der er ihn erlebt." (Plessner 1975, S. 292)

Um nicht auf diese Weise missverstanden zu werden, betont Husserl 1935 in seinem berühmten Wiener Vortrag *Die Philosophie in der Krisis der europäischen Menschheit*: „Ist, was hier vorgetragen worden, nicht eine in unserer Zeit gerade sehr wenig angebrachte Ehrenrettung des Rationalismus, der Aufklärerei, des in weltfremder Theorie sich verlierenden Intellektualismus, mit seinen notwendigen üblen Folgen, der hohlen Bildungssucht, des intellektualistischen Snobismus? Heißt das hier nicht wieder zurücklenken wollen in die schicksalsvolle Irrung, daß Wissenschaft den Menschen weise macht, daß sie dazu berufen sei, ein echtes, den Schicksalen überlegenes und sich befriedigendes Menschentum zu schaffen? Wer wird solche Gedanken heute noch ernst nehmen? Dieser Einwand hat sicherlich für den europäischen Entwicklungsstand des siebzehnten bis Ende des neunzehnten Jahrhunderts sein relatives Recht. Aber den eigenen Sinn meiner Darstellung trifft er nicht. Es möchte mir scheinen, daß ich, der vermeintliche Reaktionär, weit radikaler bin und weit mehr revolutionär als die sich heutzutage in Worten so radikal Gebärdenden." (Husserl 1976, S. 337) Radikaler ist Husserl, weil er nicht im Dunkel unmittelbarer Existenz stochert, sondern in seiner Kritik an der westlichen Rationalität der Vernunft die Treue hält, indem er nach Letztbegründungen von Erkenntnis sucht. Er will noch weiter vordringen als Descartes, der sich in seinem „ich denke" noch einen kleinen „Erdenrest" bewahrt. (Vgl. Husserl 1977, S. 25) Sein Ziel ist gleichsam ein „reines Bewusstsein". Revolutionärer ist er, weil er für die Vernunft auf die Barrikaden geht, während andere dem *kalten Intellekt* den Rücken kehren, um sich dem *warmen Mutterboden* zu nähern. Husserls Rückkehr zur lebensweltlichen Erfahrung ist der Frage nach der Möglichkeit von Erkennen verpflichtet und nicht einer Nostalgie, die nach dem ungeteilten Ganzen schmachtet. Verschmelzungssehnsüchte waren ihm ebenso fremd wie ein unbekümmerter Irrationalismus. Auch Merleau-Ponty war sich bei seinen Bemühungen um die Aufklärung des Problems, wie die Welt an dem beteiligt ist, was wir von ihr denken, wie wir sie wahrnehmen, fühlen und in welcher Weise wir in ihr handeln, stets der Gefahr bewusst, für irrationalistische und eben auch für faschistische Propaganda missbraucht zu werden. (Vgl. Merleau-Ponty 2004, S. 334)

Er nahm den Verdacht seiner Kritiker offensiv auf, indem er die Rolle des Verborgenen im Prozess der Erfahrung als Frage nach dem Verhältnis von Philosophie und Okkultismus stellt. (Vgl. ebd., S. 237) Wie Husserl kämpfte er gegen Irrationalismus und Antiintellektualismus. Gleichwohl wollte er sich dem Regime einer Bewusstseinsphilosophie entziehen, der prinzipiell nichts dunkel oder verborgen ist, weil sie alles ins Licht der Vernunft kommandieren kann. Eine Philosophie dagegen, die nicht enden will bei einer Existenz, die in ihrem Gedachten aufgeht, bewegt sich auf die Grenzen der Nicht-Philosophie zu. Sie geht von der versagten Erfahrung aus, je an die Sachen selbst zu gelangen. Auch ist es der Reflexion unmöglich, zu ihrem eigenen Beginn zurückzukehren. Diese Nicht-Koinzidenzen meinen keine Kapitulation der rationalen Erkenntnis. Im Gegenteil, sie sind Bedingung ihrer Möglichkeit. Diese Brüche, Entsagungen und Diskontinuitäten wirken gleichsam apotropäisch gegen den Zauber von Ganzheit. Das „wunderbare Bewussthaben", mit dem Husserl den Befund charakterisiert, dass unser Bewusstsein etwas begreifen kann, was ihm transzendent, ein prinzipiell Anderes ist, zielt auf ein Staunen angesichts der Öffnungen unserer Welt für uns und von uns für die Welt, die vor jeder Reflexion liegen. Wie bereits in Kants Kritischer Philosophie dient die Phänomenologie Husserl'scher Provenienz der Vernunft, indem sie deren Grenzen untersucht.

Die Wahrheit ganzheitlicher Anschauungen gründet in ihrer Erinnerung an das engagierte, situierte Bewusstsein und an die Folgen von Dekontextualisierungen. „Nur das desintegrierte Bewußtsein kann parallelisiert werden mit ‚physiologischen' Prozessen, d.h. mit einem Teilgeschehen des Organismus. [...] Wird der Leib auf den Status eines Bewußtseinsobjekts reduziert, so kann er nicht mehr gedacht werden als ein Zwischenglied zwischen den ‚Dingen' und dem Bewußtsein, das sie erkennt, und da das Bewußtsein, einmal dem Dunkel des Instinkts entronnen, nicht mehr die vitalen Eigenschaften der Dinge zum Ausdruck bringt, sondern ihre *wahren* Eigenschaften, besteht der Parallelismus hier zwischen dem Bewußtsein und der wahren Welt, die es direkt erkennt." (Merleau-Ponty 1976, S. 236f.) Jede Sicht hat ihren Preis. In der Erfassung physiologischer Bedingungen verliere ich das engagierte Bewusstsein. Der zwischenleiblichen Erfahrung ist die Koinzidenz von Erkenntnis und ihrem Gegenstand, also jede Weise der Unmittelbarkeit unmöglich. Ganzheitssehnsüchte reagieren auf diese Versagungen. Sie werden gefährlich, weil unkritisch, wenn sie den Verstand verhexen, indem sie ihn mit Gefühl umnebeln. Zur Seite springt dabei das Hexenlatein, ein Kauderwelsch aus Wissenschaftssprache und Lyrik, das den *cerebralen Agenten* als Homunkulus behandelt. „Das Gehirn lernt, und zwar immer", lautet die Botschaft, die alles umfasst. Scheinbar ist eine Ganzheit als Heilmittel aller Zertrümmerungen gefunden, eine merkwürdige Lösung, die sich selbst einer radikalen Scheidung verdankt: „Es erweist sich als unmöglich, ein *somatisches* Substrat für die Wahrnehmung anzugeben. Die Verarbeitung der Reize und die Verteilung der motorischen Impulse vollziehen sich entsprechend den eigentümlichen Artikulationen des phänomenalen Feldes, [...]. Das bedeutet für uns, daß der lebendige Leib und das Nervensystem nicht so etwas wie Annexe der physischen Welt sind, wo sich die Gelegenheitsursachen der Wahrnehmung anbahnen, sondern ‚Phänomene', die sich herausheben aus denen, die das Bewußtsein erkennt. Das Wahrnehmungsverhalten, wie die Wissenschaft es untersucht, läßt sich nicht definieren in der Terminologie von Nervenzellen und Synapsen, es ist nicht im Gehirn und nicht einmal im Körper: Der Wissenschaft ist es nicht gelungen, den ‚zentralen Abschnitt' des Verhaltens von außen her zu konstruieren als etwas, das im Innern eines Hirnkastens eingeschlossen ist, sie kann ihn nur verstehen als eine Dialektik, deren Momente nicht Reize und Bewegungen, sondern phänomenale Objekte und Handlungen sind. Die Illusion einer transitiven Einwirkung von Reizen auf die Sinnesapparate und von diesen ‚auf‘ das Bewußtsein rührt daher, daß wir den physischen Körper, den Körper der Anatome, oder gar den Organismus der Physiologen als abgesonderte Realität ansetzen, obwohl es sich um Abstraktionen, um Momentaufnahmen handelt, vorgenommen am fungierenden Leib." (Ebd., S. 237f.)

5. DER *HOCHTOURIGE LERNER*

„Zeit aber steht für Liebe; der Sache, der ich Zeit
schenke, schenke ich Liebe; die Gewalt ist rasch."
(Max Horkheimer, Begriff der Bildung.
Immatrikulationsrede 1952/1953)

„Zeit ist das am meisten Unsrige und
doch am wenigsten Verfügbare."
(Hans Blumenberg, Lebenszeit und Weltzeit)

„Sprache wird als φύσει, nicht als δεσει erfahren,
‚taken for granted'; am Anfang ist der Fetischismus, und
dem bleibt die Jagd nach dem Anfang stets untertan."
(Theodor W. Adorno, Negative Dialektik)

Während es in der klassischen Antike noch ein Thema langwieriger und aufwändiger Debatten war, ob der Behände in jedem Fall dem Bedächtigen gegenüber zu bevorzugen sei, im Mittelalter vor allem dem Teufel nachgesagt wurde, dass er keine Zeit habe, ist heute der *hochtourige Lerner* zu *Turbobedingungen* Prototyp des effektiven Selbstlerners. Diese Betrachtungsweise entspricht der bereits mehrfach angesprochenen Formalisierung des Lernprozesses. Nicht auf die Inhalte kommt es an, sondern auf das Zeitbudget. Schnelligkeit ist zu einem unbefragten Konkurrenzprinzip geworden. Rekordzeiten gibt es nicht nur im Sport. Die Schulzeit soll verkürzt werden. In jedem Semester werden Studienbeiträge fällig. Deshalb sollte keine Zeit verloren gehen. Computersysteme gewöhnen uns daran, dass Schnelligkeit ein Wert per se ist. Was mit der jeweils gewonnenen Zeit anzufangen ist, bleibt fraglich. Schon die antike Mythologie wusste, dass Zeit (Chronos) ihre Kinder frisst.

Zielscharf, zielführend sind heute anerkannte Einschätzungen von Bedarfssteuerungen, die Unwägbarkeiten, Fehlgänge und Verzögerungen im konkreten Handeln zu vermeiden trachten. Auszeiten werden nicht nur im Mannschaftssport genommen, um Distanz zu gewinnen und mit neuen Orientierungen in das Spiel zurückzukehren, sondern auch im Berufsleben, um sich zu regenerieren oder dem eigenen Lebensweg eine neue Richtung und neuen Schwung zu verleihen. Die verlorene Zeit soll durch die frische Kraft aufgeholt werden. Auch Umwege sind nicht gänzlich verpönt, aber sie müssen rentabel sein und in erster Linie der Anhäufung von Humankapital dienen. Stets geht es um Effizienz, um wirtschaftlich erfolgreiche Investitionen in die Zukunft. Zögern, Einhalten, Warten, einen Schritt zu-

rückgehen oder gar Zeit verlieren verursachen ein Zuspätkommen, welches das
Leben bestraft. Zeit ist kostbar. Man kann sie sich nicht einfach stehlen. Beschleunigung und Mobilität sind unangefochtene Richtlinien gesellschaftlichen Handelns, auch im Bereich des schulischen Lernens. Rumpf spricht von „Turbo-Reife"
und meint die Verkürzung der Zahl der Schuljahre bis zum Abitur auf 12 Jahre.
(Vgl. Rumpf 2004, S. 41f.) Schon ist man dabei, Lehrpläne und Schulbücher zu
„entrümpeln". „Der Schrei nach der Eliminierung ‚unnützen' Lernstoffes ist immer der nach der ‚Erleichterung' der funktionellen Umsetzungen. Zwar ist die
Umständlichkeit des Anspruches zu wissen, was man tut, noch nicht die Garantie
einer humanen oder moralischen Einsicht, aber doch als Typus einer verzögerten
Reaktion potentiell der eines ‚bewußten' Handelns." (Blumenberg 1996, S. 124)
Die Verteidigung der Gegenstände, die geopfert werden sollen, ist schwierig. Was
zählt das Argument, dass es Stoffe gibt, die zur Nachdenklichkeit anregen, deren
Bedeutung gerade darin liegt, „die unmittelbare Nutzbarmachung des Menschen
[zu] erschweren"? (Vgl. ebd.) Nachdenklichkeit scheint wenigen vorbehalten zu
sein. Während beim Nachdenken wenigstens noch ein Ergebnis herauskommt, ist
Nachdenklichkeit ihr eigenes Resultat. Ihre Bedeutung liegt in ihr selbst. Sie ist
Verzögerung par excellence. Epoche (ἐποχή) nannten die Griechen ein Anhalten,
eine Hemmung, eine Unterbrechung. Sie ist als Methode in die Philosophie einge-
gangen als Außerkraftsetzen bestimmter Aspekte zugunsten der klaren Erkenntnis
von anderen. Von Husserl etwa wurde die Seinsgeltung inhibiert, um den Sinn genauer studieren zu können. Die Verzögerung und das Einhalten sind daher notwendige Bedingungen kritischen Erkennens, das sich niemals als prompte Reaktion auf einen Reiz verwirklicht. „Mit dieser ‚Verzögerungskompetenz' ausgestattet,
behandeln wir uns als Wesen, die Gründe haben für ihr Handeln und nicht bloße
Reize. Anders formuliert: Der Mensch ist ein Wesen, das zögern kann, an einem
sozialen Spiel teilnimmt, in dem das Geben und Verlangen von Gründen bedeutsam ist, und sich in einem Raum bewegt, in dem er nicht nur *reagiert*, sondern in
vielfältigen Modi *antwortet*. Als antwortender ist der Mensch kein unbewegter,
sondern ein bewegter Beweger, der *verzögernd* bewegt, jemand, der im Wege steht,
der mitunter durch Nach-Fragen unbequem ist, den reibungslosen Ablauf stört
und nach-denkt. Im Moment der Verzögerung entstehen allererst die Erfahrungs-
spielräume als Differenzen, die ein Lernen ermöglichen, [...]." (Dörpinghaus 2005,
S. 566) Zeit zu *verschwenden*, muss man sich allerdings leisten können. *Zeit ist Geld.*
Zeit ist eine Ressource, die ungleich verteilt ist. Manch einer lernt die Muße erst in
der Schule kennen. Es ist dabei schwierig, wenn nicht gar unmöglich, die Zeit aufzuholen, die den Vorsprung der Begünstigten ausmacht.

Die Zeit der Wissenschaft täuscht. „Die wissenschaftliche Praxis ist derart ent-
zeitlicht, daß sie gern sogar den bloßen Gedanken an das von ihr Verdrängte verdrängt: weil sie nur in einem Verhältnis zur Zeit möglich ist, das dem der Praxis
diametral entgegengesetzt ist, trachtet sie die Zeit zu ignorieren und damit die Praxis zu entzeitlichen." (Bourdieu 1987, S. 149) Im konkreten Handeln ist Gleich-
zeitigkeit versagt. Die Isochronie der gemessenen Zeit ist ein Artefakt, erfunden
mit der Uhr, die sie misst. Die gelebte Zeit ist dagegen unberechenbar. Minuten

können sich wie Stunden dehnen. Die Zeit kann im Fluge vergehen. Dem Glückli-
chen schließlich schlägt keine Stunde.

Wir setzen eine Zäsur und richten unsere Aufmerksamkeit erneut auf die Neurowissenschaften. Die zeitliche Struktur des Bewusstseins ist nicht länger allein eine
zentrale Domäne philosophischen und entwicklungspsychologischen Forschens.
Der Physiologe Benjamin Libet hat sich beispielsweise der Tatsache, dass Bewusstsein Zeit braucht, in zahlreichen Versuchen zugewandt. Er setzte Ergebnisse von
Kornhuber und Deecke voraus, die bereits in den sechziger Jahren des zwanzigsten
Jahrhunderts beobachtet hatten, dass einer Willenshandlung ein messbarer schwa-
cher elektrischer Anstieg der Hirnaktivität vorausgeht. (Vgl. Libet 2005, S. 160)
Wir reagieren beispielsweise auf einen Reiz, bevor dieser bewusst wird. Berühmt
wurde das so genannte Libet-Experiment, mit dem er zeigen wollte, dass der freie
Wille nicht als Initiator von Wunschhandlungen betrachtet werden kann. Die Er-
gebnisse wurden unter amerikanischen Forschern sofort bei ihrer Publikation in
den achtziger Jahren des vorigen Jahrhunderts aufgegriffen und vielfältig diskutiert.
In Deutschland wurden sie mit einer zeitlichen Verzögerung von beinahe zwanzig
Jahren einer breiten Öffentlichkeit bekannt.

Populäre Hirnforscher bezogen sich 2004 allerdings nicht in erster Hinsicht auf
das Problem der Zeitlichkeit von Bewusstseinsakten, sondern nahmen bestimmte
Darstellungen des Libet-Experiments zum Anlass, den freien Willen überhaupt zu
bezweifeln. Dabei unterschieden sie nicht zwischen Determinismus und Zwang, so
dass sie die genetischen Bestimmungen des Menschen umstandslos mit den neuronalen verknüpfen konnten. Somit bleibt für konkretes gesellschaftliches Handeln
und lebensweltliche Evidenzen kein Ort mehr. Botenstoffe übernehmen die Aufgabe, determinierte Verhältnisse zu modulieren. Übrig bleibt die *neuronale Maschine*.
In der Konsequenz werden Strafrecht und auch Pädagogik überflüssig. Beide setzen
für ihre Konzeptionen den freien Willen voraus, wenngleich sie immer wieder mit
deterministischen Positionen liebäugeln, die entlastend wirken, weil sie Verantwortung delegieren. Die Möglichkeit, Prozesse zu kontrollieren, die sich bislang entgegen allen technischen Annahmen, als kontingent herausstellen, ist attraktiv. Dennoch ist es gerade die Praxis, die Determinismen immer wieder konterkariert, weil
sich statt neuer Bestimmtheiten immer neue Unbestimmtheiten zeigen, wie die
Arbeit am *entschlüsselten Genom* fortlaufend beweist. „Trotz ihrer fachlichen Schwäche haben deterministische Thesen unter Umständen jedoch eine erhebliche Wirk-
lichkeitsmacht. Wissenschaftler können auf ‚das bürgerliche Reich wissenschaftlicher Konsistenzvorstellungen' […] schlicht pfeifen und bewusst auf Gesellschafts-
veränderung setzen: auf eine Anpassung der Welt an ihre Theorien. Wollen Deter-
ministen eine sozialpolitische Zukunftsvision realisieren und lösen sich – von der
Öffentlichkeit beflügelt – von den methodischen Standards ihres Fachs, so sind
nahezu beliebige Selffulfilling-Prophecy-Effekte denkbar. Die Reihe der falschen,
experimentell aber ‚beweisbaren' Determinationsthesen ist lang: Unter den Prozeduren der Teufelsaustreibung erweist sich der Besessene als vom Teufel determiniert; der der sozialen Anerkennung für immer beraubte Straftäter zeigt sich als
‚von Natur aus' gefährlich; ohne Zugang zu Bildung sind Frauen und Neger ‚objek-

tiv messbar' dumm." (Gehring 2005, S. 2) Die facettenreiche Debatte, die Libets Experiment in Deutschland ausgelöst hat, soll hier nicht aufgegriffen werden. (Vgl. Geyer 2004) Die Verabschiedung vom freien Willen ist derzeit erst einmal storniert. Kein Experiment und keine neurowissenschaftliche Spekulation konnten gegen die lebensweltliche Evidenz den Sieg davontragen, dass wir uns im konkreten Handeln entscheiden können. Aber Libets Untersuchungen bleiben von Interesse, vielleicht nicht in erster Hinsicht in Bezug auf die zugrunde liegenden Hypothesen, aber doch, was die Unstimmigkeit mancher Annahmen anlangt. Im Grunde zeigt sich wieder der oben erwähnte Konflikt zwischen der Zeit der Wissenschaft und der Zeit, die wir leben.

In seinem berühmten Versuch wollte Libet zeigen, dass Willensprozesse unbewusst eingeleitet werden. Zu widerlegen war die Annahme, dass an ihrem Anfang ein Akteur stehe, der die Initiative ergreift. Zu bekräftigen war der *Unternehmensgeist* des Gehirns. Zu diesem Zweck trainierte er Probanden darauf, *spontan* die Hand bzw. einen Finger zu krümmen und sich später mit Blick auf eine spezielle Uhr daran zu erinnern, zu welchem Zeitpunkt sie diesen Beschluss gefasst hatten. Die Probanden lernten also zuerst, wie Maschinen zu reagieren, damit sie als solche beobachtet werden konnten. Libet hat sich im Vorfeld lange mit dem Problem befasst, wie man das Auftauchen einer bewussten Absicht messen könne. Sein erster Schritt in Richtung Lösung bestand in der Konstruktion einer Uhrscheibe, auf deren Peripherie der Lichtfleck eines Kathodenstrahls einen Kreis beschreibt. Die Besonderheit dieser Uhr besteht darin, dass der Lichtpunkt in 2,56 Sekunden einmal im Kreis herumgeht, also ungefähr vierundzwanzigmal schneller als der normale Sekundenzeiger. Der Abstand zwischen den üblichen Markierungen von 60 Sekunden auf der *Uhrscheibe* entspricht damit einem Wert von 43 ms. Damit wurde in den Augen von Libet die zeitliche Bestimmung eines mentalen Aktes in Millisekunden möglich. Mit einem EEG wurde durch Elektroden auf dem Kopf der Probanden das Bereitschaftspotenzial gemessen. Die Überprüfung, ob die Angaben im Hinblick auf das bewusste Wollen zutreffend waren, bereitete zunächst ebenfalls experimentelle Schwierigkeiten; denn der unmittelbare Vergleich zwischen berichteter und tatsächlicher Zeit ist unmöglich. Stattdessen wurde geprüft, wie genau die Probanden die Technik der Zeitbestimmung beherrschten, um später unter Umständen deren Zuverlässigkeit voraussetzen zu können. Wieder mussten die Versuchspersonen trainiert werden; denn nur als Reiz-Reaktionsmaschinen waren sie zur Messung tauglich. Dieses Mal sollten sie sich den Zeitpunkt einer Hautempfindung durch Reizung merken. Von den objektiven Zeitpunkten der Stimulationen gaben Computerausdrucke Kenntnis, die dann mit dem subjektiven Empfinden verglichen werden konnten. Unter Berücksichtigung von Verzerrungen ergab sich, dass die Differenz von berichteten und objektiven Zeitpunkten durchschnittlich 150 ms betrug, d.h. der Handlungswunsch tritt ungefähr 150 ms vor der motorischen Aktivität auf. Das Bereitschaftspotential wurde per Elektroden mit 550 ms vor der Handlung ermittelt. Das Resultat bestätigte die auf dieses experimentelle Design zugeschnittene Vermutung, dass das Gehirn Willenshandlungen unbewusst einleitet. (Vgl. Libet 2004; 2005, S. 159ff.)

In unserem Zusammenhang kommt es nun nicht auf den Streit um den freien Willen und die daraus eilfertig gezogenen Konsequenzen einiger Hirnforscher hinsichtlich unseres Strafrechts an. (Vgl. Kapitel 3; Gehring 2004; 2006, S. 184ff.) Auch soll die Frage unberücksichtigt bleiben, ob das Krümmen einer Hand bzw. eines Fingers bereits als Handlung zu betrachten ist. Schließlich soll weder die Frage nach der Aufrichtigkeit der Probanden aufgeworfen noch gerätselt werden, was Spontaneität in diesem Kontext bedeuten kann und ob sie mit Freiheit gleichzusetzen ist. Obwohl alle diese Probleme gründliche Befassungen verdienten, soll die Aufmerksamkeit bei unserer Frage nach der zeitlichen Struktur von Lernprozessen auf die fungierende Zeitvorstellung gerichtet werden, welche unter anderem dem Experiment seine Überzeugungskraft verlieh. Libet hat als Naturwissenschaftler beachtliche experimentelle Kreativität aufgewandt, um die *subjektive Zeit* zu bestimmen. Dennoch bleibt der Zeitbegriff äquivok, denn im Versuch werden zwei inkommensurable Zeitvorstellungen unbemerkt nicht unterschieden. Im Hinblick auf Beobachtungsbedingungen handelt es sich dabei einmal um „neurophysiologische Daten, die sich direkt aufeinander beziehen lassen (z.B. Bereitschaftspotenzial, EMG-Potenzial [Die Elektromyographie misst die elektrische Aktivität eines Muskels]) und die mentalen Daten, die sich nur indirekt messen lassen […], nämlich bezogen auf ihrerseits messbare Phänomene, z.B. die Zeigerstellung der Kathodenstrahluhr." (Brücher/Gonther 2006, S. 197) Hinter dem Kürzel *W*, mit dem Libet die Zeit bezeichnet, zu der ein Handlungswunsch entsteht, verbirgt sich eine folgenschwere Doppeldeutigkeit. Denn tatsächlich erinnern sich die Probanden an den Zeitpunkt und geben ihn nicht sofort an. Letzteres wollte Libet durch die spezielle Uhr gerade vermeiden, weil ansonsten mehrere Willensakte im Spiel gewesen seien: die Hand zu krümmen und „jetzt" zu sagen. Libets Experiment ist nicht valide. Es misst nicht, was es zu messen beansprucht. Es misst die erinnerte berichtete Zeit, nicht den Zeitpunkt der Entscheidung. Aber diese Bedenken sind nur das erste Anzeichen einer tiefer gehenden Problematik. Die Zeit der Naturwissenschaften ist nicht gelebte Zeit. Wenn sich Libets Probanden erinnern, verbrauchen sie nicht nur objektiv Zeit, ihre Einschätzung wird auch durch ihr Zeitempfinden geprägt, das keiner objektiven Messung zugänglich ist. Eine genaue Bestimmung innerhalb eines Millisekundenbereichs ist kaum noch mit lebensweltlicher Evidenz zu vereinbaren. Konkrete Willensakte erfordern mehr Zeit. Entscheidungen müssen bedacht, Folgen abgeschätzt und Bedingungen ermittelt werden. Das geschieht nicht in Bruchteilen von Sekunden. „Die Schwäche dieser Art von Argumentation liegt [auch] in der Schwierigkeit, den Anfangspunkt zu bestimmen: Wer oder was aktiviert z.B. Basalganglien und limbisches System?" (Ebd., S. 198) Lässt sich diese Frage allein neurowissenschaftlich klären? Das alltägliche Wollen beschränkt sich nicht auf einen Zeitpunkt. Makrophysikalisch gesehen, liegen die Zeitpunkte dagegen isomorph in einer Reihe. Einer davon meint Gegenwart, ein winziges Intervall, das die Zukunft von der Vergangenheit trennt. Vom Standpunkt lebensweltlicher Erfahrungen spielen Vergangenheit, Gegenwart und Zukunft ineinander und sind in einer linearen Ordnung nicht einzufangen. Sie verwandeln sich in ein *Zickzack*. „Dies bedeutet, daß das, was uns trifft, immer zu früh kommt, gemessen an unseren eigenen Initiativen, und daß diese immer schon zu spät kommen, gemessen an dem, was auf uns einwirkt. Die Zeitverschiebung besteht in eben diesem Zugleich von Vorzeitigkeit und Nachträglichkeit." (Waldenfels 2001b, S. 15) In der gelebten Zeit herrscht Diachronie, dagegen nur in der gedachten Synchronie.

Lernen, Wahrnehmen, Erinnern sowie Wollen und Handeln sind Vollzüge, die dauern, die Zeit brauchen. Wendet man sich ihnen bewusst zu, verwandelt man sie unwillkürlich in eine Vergangenheit. „Diese Verzögerung gilt bereits, wenn der Reiz direkt im Gehirn appliziert wird. Bei Reizung entfernter Sinnesorgane kommt noch die Verzögerung durch die Erregungsleitung dazu. Ein extremes Beispiel kann das verdeutlichen: wenn ein 30 Meter langer Dinosaurier in den Schwanz gezwickt würde, müßten die Nervenimpulse die ganze Strecke von gut 30 Metern bis zum Gehirn zurücklegen, ehe dort der Bewußtwerdungsprozeß eingeleitet werden kann. Bei einer Leitungsgeschwindigkeit von vielleicht fünf Metern pro Sekunde (ein eher überschätzter Wert) dauert es sechs Sekunden, bis die erste[n] Nervenimpulse im Gehirn ankommen. Was der Dinosaurier als Gegenwart erlebt, liegt dann bereits sieben Sekunden in der Vergangenheit." (Florey 1992, S. 176, Anm. 16) Aber nicht nur die Verzögerung unterhöhlt die Faszination eines Reiz-Reaktionsmechanismus. Auch die Unschärfe im mikrophysikalischen Bereich spitzt das Problem der Zeitlichkeit zu. Die Beobachtung ist mit dem Beobachter verwickelt. Damit dringt die gelebte Zeit in die gemessene ein. Ein altes Bild wird brüchig, nämlich das vom Fluss der Zeit. „Wenn ich aber diese Welt selber betrachte, so habe ich nur ein einziges unteilbares Sein, das sich nicht wandelt. Der Wandel setzt einen bestimmten Posten voraus, an den ich mich versetze und von dem aus ich die Dinge vorüberziehen sehe; es gibt kein Geschehen ohne jemanden, dem es geschieht, und dessen endliche Perspektive die Individualität des Geschehens begründet. Die Zeit erfordert eine Sicht auf die Zeit. Sie ist mithin nicht wie ein Rinnsal, ist keine flüssige Substanz. Nur dadurch konnte dieses Gleichnis [scil. cette métaphore] von Heraklit bis heute sich aufrechterhalten, weil wir insgeheim dem Flusse schon einen Zeugen seines Laufes beigeben." (Merleau-Ponty 1966, S. 467; vgl. Merleau-Ponty 1945, S. 470) Die Metapher des Flusses trägt die physikalische Zeit im Sinne einer Reihe von Jetztpunkten. Aber es gibt kein Gegenüber der Zeit vom sicheren Ufer aus. In unserer Lebenswelt sind Vergangenheit und Zukunft in bestimmtem Sinne gegenwärtig. Was wir erfahren, ist kein pures Jetzt. Die gelebte Gegenwart rekapituliert vielmehr unsere Geschichte und entwirft unsere Zukunft. „Die Zeit ist also kein realer Prozeß, keine tatsächliche Folge, die ich bloß zu registrieren hätte. Sie entspringt *meinem* Verhältnis zu den Dingen [scil. naît de *mon* rapport avec les choses]." (Merleau-Ponty 1966, S. 468; vgl. Merleau-Ponty 1945, S. 471) Die Zeitlichkeit unseres Bewusstseins empirisch zu untersuchen, wie Libet es vorhatte, stellt den Forschenden damit vor nicht unerhebliche Probleme. Von einem *Nacheinander von Jetztpunkten* kann in strengem Sinne nicht gesprochen werden. Denn wie kann es ein Nacheinander angesichts des puren Jetzt geben? Die gelebte Zeit steht unter dem Einfluss des Vergangenen sowie den Geboten des Zukünftigen. Noch unseren Tod können wir nicht als Endpunkt denken so wenig wie unsere Zeugung oder Geburt als Anfang. Die erfahrene Zeit fügt sich weder einem homogenen Zeitstrahl, noch lässt sie sich durch die gemessene Uhrzeit bestimmen. Sie ist nicht neutral. Man muss sie aufwenden, erübrigen, sparen. Sie ist Dauer und kein *Ding ohne Ausdehnung.* „Die Zeit ist diese Spannung des Zögerns und Wählens, oder sie ist nichts. [...]: die Zeit ist das, was verhindert, daß alles auf einmal gegeben ist. Sie hemmt, bzw. sie ist eine Hemmung." (Bergson 1985, S. 112) Diese Grundstruktur gibt Anlass, die Komplexität des Lernens als zeitlichen Vollzug zurückzugewinnen und damit die Vorherrschaft der Beschleunigung anzufechten. Zunächst muss dazu die gelebte Zeit in Erinnerung gerufen werden. In den Blick genommen werden sollen die *aufsässige* Zeit, die *Dichte der Dauer,* die *günstige Gelegenheit* und das *Geheimnis des Anfangens.* Alle diese Dimensionen von Zeitlichkeit lassen sich nur um den Preis ihrer Zerstörung objektivieren. Sie fungieren gleichsam als *ketzerische* Messfehler.

Zuerst soll die Grenze der Intentionalität von zeitlichen Akten bedacht werden, die darin aufscheint, dass sich Zeit aufdrängen, aufsässig werden kann. Wer kennt nicht das Bonmot vom *Unruhestand,* das nicht selten bei Verabschiedungen eingeflochten wird, um die Vitalität der Betroffenen anzuzeigen. Wie die Zeitverschwendung ist die Langeweile in unserer Tradition verpönt. In beiden Fällen spielt ein gewisser Luxus eine Rolle, der beispielsweise im protestantischen Tugendkatalog nicht vorgesehen ist. War Langeweile ehemals das Privileg der Eliten, so ist sie heute kaum mehr Kindern vorbehalten und ein Makel in der *vita activa.* Der einzig legitime Ort der *langen Weile* ist die *vita contemplativa.* Hier kann der Leibeigene Gottes auch darüber grübeln, dass seine Zeit endlich ist und eben nicht lange weilt. Allerdings muss man es sich auch heute noch leisten können, sich zu langweilen.

Während aber Zeitverschwendung auf eine „glückliche Selbstverlorenheit", auf „unendliche gottselige Zerstreuung" und damit auf eine gottgefällige Selbstliebe und Selbstbejahung verweist (vgl. Kodalle 1999, S. 54f.), bedeutet Langeweile ein zweifelhaftes Surplus, eine ungewollte Konfrontation mit sich selbst, eine „Anekelung seiner eigenen Existenz", von der Kant zu berichten weiß. (Kant, Anthropologie in pragmatischer Hinsicht, BA 42) Hier wird nicht Zeit verschwendet, sondern sie soll vertrieben, gar totgeschlagen werden. Der Schein trügt, wenn man meint, nur weil man „zwecklos vegetiere" (vgl. ebd.), unterwerfe man sich den Gesetzen der *Vernunft, und da man gar nichts tue, eben auch nichts Böses anrichte. Man langweilt sich zu Tode.* Man leidet unter *gähnender Langeweile.* Wenn nicht das Sterben, so soll doch wenigstens der Schlaf der Aussetzung des Selbst an sich selbst ein Ende und das Schweigen der Welt vergessen machen.

Nur in der deutschen Sprache drückt das Empfinden der Langeweile den Zeitbezug aus. Im Italienischen meint das Wort *noia,* im Französischen *ennui* und im Englischen *boredom* etwas Lästiges, Verdrießliches. Hier klingt vor allem der Ekel (*taedium*) durch, der Wunsch, die Zeit zu vertreiben, von der zu viel da ist. Diese Zeit soll verschwinden, auch das eigene Selbst, von dem sich die Welt zurückgezogen hat. Luhmann meint sogar, dass die Semantik des Subjekts und die des *ennui* zur gleichen Zeit entwickelt wurden. „Das Bewußtsein entdeckt sich selbst als Subjekt und als Langeweile und fordert, da es sich selbst nicht entlangweilen kann, von der Gesellschaft Unterhaltung." (Luhmann 1987, S. 27)

Langweilen ist kein intentionaler Akt im phänomenologischen Sinne. Sie ist durch pathische Züge bestimmt. Sie überkommt uns. Sie ist ein Modus der gelebten, nicht der gemessenen Zeit. Vor uns dehnt sich die Zeit ins Unermessliche. Man weiß buchstäblich nichts mit sich anzufangen. Langeweile ist das genaue Gegenteil der Zeit-Vergessenheit in der Zeitverschwendung. Sie lässt Zeit aufdringlich werden, zu einem monströsen Gewicht der Existenz anwachsen. Dies ist etwas anderes als die gesuchte Intimität mit sich selbst. Langeweile gibt uns mehr von uns, als wir haben wollen. Sie beraubt uns unserer Ablenkungen durch eine provokante Welt. Sie sorgt dafür, dass sich das Subjekt seiner eigenen Unterworfenheit unter sich selbst grauenvoll bewusst wird. Wen wundert es, dass es noch schlimmer ist, langweilig zu sein, als sich zu langweilen.

In den Sündenkatalog gehört Langeweile, wenn sie als vertane Zeit ohne Erfolg bleibt. Sie ist eine Kostprobe des ewigen Lebens, in dem man sich selbst nicht mehr lieben, weil man sich nicht mehr ausstehen kann. In der Selbstbegegnung ohne Alternativen macht sich eine Art Selbstverneinung breit, in der mit der *Zeit* das *Selbst* totgeschlagen werden soll. Langeweile ist in diesem Sinne ein negativer Luxus, ein schmerzhafter Überschuss, eine schwarze Möglichkeit: „Wenn sich dieses Fenster [scil. auf die Unendlichkeit der Zeit] einmal öffnet, versuchen Sie nicht es zu schließen; im Gegenteil, öffnen Sie es so weit wie möglich. Denn Langeweile spricht die Sprache der Zeit und gibt Ihnen die wertvollste Lektion Ihres Lebens – [...] –, die Lektion von Ihrer völligen Bedeutungslosigkeit." (Brodsky 2000, S. 212) Die Zeit-Verschwendung ist Zeichen der Überfülle unseres Daseins. Die Langeweile gibt einen Eindruck von der Ewigkeit, die man sich nicht wünschen will.

Kinder sollen sich nicht langweilen, sie dürfen sich nicht langweilen. Kinder sind *hochtourige Lerner*, so sieht dies Donata Elschenbroich in ihrem weit verbreiteten Buch *Weltwissen der Siebenjährigen. Wie Kinder die Welt entdecken können.* (Elschenbroich 2002, S. 51) Entgegen der Erwartung, welche der Buchtitel weckt, handelt es sich nicht um eine Untersuchung zum Wissen, wie es Kinder tatsächlich haben, sondern darum, wünschenswertes Wissen zusammenzutragen, das Kinder mit sieben Jahren aufweisen können sollen. In 150 Gesprächen wurde eine beachtliche Liste zusammengestellt. Es handelt sich dabei um „geschuldete Bildungserfahrungen". (Vgl. ebd., S. 27) Lernende fungieren als Kunden bzw. als Unternehmer ihrer selbst. „Das eigenaktive Kind ist das neue Leitbild für Erkenntnisprozesse in frühen Jahren – aber Erwachsene sind darin nicht anders als Kinder. Wir wollen selbst denken, selbst die Leerstellen füllen, selbst den Kanon der frühen Bildungsjahre neu erfinden." (Ebd., S. 36) Was auf den ersten Blick verständlich erscheint, erweist sich auf den zweiten als rätselhaft. Was heißt „eigenaktiv", gibt es auch „fremdaktiv"? Was bedeutet es, die Leerstellen zu füllen? Habe ich mir Lernen so vorzustellen, als würden Lücken gestopft? Fatal ist jedoch, dass die „Löcher des Wissens wandern." (Canetti 1992, S. 9) Aber entscheidend ist wohl, dass nichts einfach so übernommen wird, sondern „erfunden" werden muss. Dies ist eine leserfreundliche Umformulierung der Überzeugung, dass wir alles konstruieren: uns, unsere Welt und unsere Mitmenschen. „Das Kind muss die Welt nicht als etwas Vorgefundenes erfahren, es muss sie *neu erfinden*." (Elschenbroich 2002, S. 53)

Warum darf uns unsere Welt nicht auch als vorgefundene begegnen, welche an der Sinngebung beteiligt ist? (Vgl. Kapitel 6) Warum muss es die eine und wahre Welt geben oder das Universum von ingeniösen Welten? „Im Kind die Kraft zu bestärken, sein eigener Lehrer zu sein, darum geht es." (Elschenbroich 2002, S. 14) Das gesamte Konzept ist darauf abgestellt, ein sich selbst organisierendes System in seinem Fungieren nicht zu stören. Der Selbstlerner ist der Agent, oder genauer: der Funktionär, welchen die neoliberalen Gesellschaften brauchen. „Wenn Kinder, diese hochtourigen Lerner, in den Kindergarten kommen, wissen sie bereits, dass Bäume nicht im Wohnzimmer wachsen [Gummibäume und Bonsais doch schon? – K.M-D], dass Kinder nie älter sein können als ihre Eltern [vorausgesetzt, man geht von biologischen Eltern aus – K.M-D], dass die Kasse am Ausgang vom Supermarkt steht [was geschieht bei zwei Eingängen? – K.M-D], [...]." (Ebd., S. 51) Die wenigen eingeschobenen Rückfragen sollen darauf hinweisen, dass es um die Eindeutigkeit des so genannten Weltwissens schlecht bestellt ist. Gerade die übersehenen Mehrdeutigkeiten können aber „Keime der Vernunft" (Merleau-Ponty) sein. Als Erwachsene sind wir oft funktional gebunden und durch Denk-, Sprach- und Wahrnehmungsgewohnheiten festgelegt. Unsere Welt schillert nicht mehr.

Man wartet in dem Wissenskatalog von Donata Elschenbroich nicht lange auf das nächste Modewort: *Ganzheit*. „Wissen entsteht nur in einem ganzkörperlichen Austausch mit der Welt. Mit ihrem Körper müssen die Kinder auf die Wissensanlässe zugehen." (Ebd., S. 52) Was wird denn nun genau von Kindern erwartet: die Welt zu erfinden oder sich mit der Welt auszutauschen? Auch weitere rhetorische Klischees werden angebracht. Die populäre Hirnforschung wird in den Zeugenstand gerufen, begleitet von fernöstlicher Weisheit: „‚Erkläre mir, und ich vergesse. Zeige mir, und ich erinnere. Lass es mich tun und ich verstehe.' Diese konfuzianische Maxime wird bestätigt durch neure Ergebnisse der Hirnforschung. Synapsen bilden sich im Gehirn des Kleinkinds vor allem dann, wenn es ‚selbstwirksam' ist, ‚selbstbildend', aktiv beteiligt." (Ebd., S. 52f.) Dass Kinder nur selbst lernen können, ist einleuchtend wie die Tatsache, dass sie ihren Durst nur löschen können, wenn sie selbst trinken. „Wie würde es aufgenommen, wenn jemand sagte: ‚Gelungenes Trinken setzt voraus, dass der Trinkende sich an seinem Trinken beteiligt!' Solche Sätze treten gehäuft in Texten auf, in denen zugleich ein neues, zeitgemäßeres, anspruchsvolleres Verständnis von Lernen beschworen wird. Wo anders als im Lernenden selbst findet Lernen statt – freilich aktiv, wie denn sonst? Daß es überhaupt kein Lernen außerhalb Lernender selbst gibt und geben kann, ist weder neu noch zeitgemäß noch anspruchsvoll." (Heid 2001, S. 51)

Lernende sind Kunden. Ihnen müssen geeignete Lernumgebungen angeboten werden, damit sie selbst aktiv werden können. Sie werden mit Materialien konfrontiert, die selbstgesteuertes Lernen veranlassen und motivieren, Rückmeldungen zum Lernerfolg geben und erwünschte Kooperationen begünstigen. Auch diese Marginalisierung der Lehrenden kann auf eine weit über die Reformpädagogik an der Wende vom neunzehnten zum zwanzigsten Jahrhundert hinausgehende Tradition bezogen werden. Was heute der *Coacher*, der *Moderator*, der *Animateur*, der *Entwicklungshelfer* und der *Facilitator* ist, das war für Erhard Weigel, diesen vielsei-

tigen Theoretiker und Erfinder im Klima des Barock, der *Ludimoderator.* (Vgl.
Friedrich 1999, S. 56f.) Mit diesem Kunstwort ersetzte er den Titel *Ludi-magister,*
welcher den Schulmeister bezeichnete. Der *Ludimoderator* war dafür zuständig,
dass aktiv gelernt wurde. Auch diese merkwürdige Formulierung stand damals bereits zur Verfügung. Der *Ludimoderator* hatte die *Aretologistica,* die tugend-übende
Rechenkunst in die Praxis umzusetzen, und zwar rasch, mit der Gründlichkeit der
Mathematik und in fröhlicher Atmosphäre.

Für Weigel war es wie für seine Zeitgenossen Ratke, Becher und Comenius
selbstverständlich, dass Lernen schnell gehen müsse. Dies war eine der Reaktionen
auf die Folgen des Dreißigjährigen Krieges. Es keimte die Hoffnung auf, durch Erziehung und Unterricht zur Verbesserung der gesellschaftlichen Verhältnisse beizu-
tragen. Es entstanden die großen Instaurationen, zu denen auch die Didaktiker des
Barock einen Beitrag leisten wollten. *Tuto, cito et iucunde* hieß der Schlachtruf, den
Comenius ausbrachte. Alles soll schnell und angenehm gelernt werden. *„Wir wollen alles schnell erlernen."* (Comenius 2001/1677, S. 147; 1965/1677, S. 209)
Comenius wollte seine Didaktik später in seine Pansophie integrieren. Hatte er
sich doch auch heftige Kritik vor allem von Hübner zugezogen, der 1639 seinem
Entsetzen Ausdruck verlieh, Comenius vertrete die Auffassung einer didaktischen
Sekte, der es lediglich um die Frage gehe: „quam quomodo quilibet quoslibet quaelibet, quam optime possit docere" – wie jedermann einen jeden was auch immer
so gut wie möglich lehren könne. (Vgl. Schaller 2002; 2004, S. 68) *Iucunde* steht
für die schwierige Balance zwischen der Schnelligkeit (*cito*) und der Gründlichkeit
(*tuto* oder *omnino*) des Lernens, eine Aufgabe, die an heutige Bemühungen erinnert, die Freude am Lernen mit der Zielführung in Einklang zu bringen. Auch
Comenius wollte nicht, dass Schulen „Stampfmühlen und Werkbuden", sondern
„Spielstätten" sind. (Vgl. Comenius 2001/1677, S. 139; 1965/1677, S. 196) Ebenfalls bestand er darauf, *„daß alles von selbst fließt."*

1. Alles muß mit dem Versprechen gelehrt werden, daß hier Neues vorgetragen
werde. Denn jeder lernt das Neue gern. 2. Alles soll freundlich gelehrt werden, damit das Zuhören Freude macht; denn es gibt keinen, der nicht gern auf solche Art
veredelt werden möchte. 3. Alles soll durch offene und untrügliche Beweisführung
gelehrt werden; denn niemand läßt sich gern täuschen. 4. Alles durch αὐτοψία –
durch eigene Betrachtung; denn jeder glaubt sich selbst mehr als anderen. 5. Alles
durch αὐτονομία – Das Lernen des Ganzen soll dem Willen des Lernenden überlassen sein; denn jeder will lieber seinem eigenen als einem fremden Willen folgen.
6. Alles durch αὐτοκράτεια – Das Lernen des Ganzen soll dem Vermögen des
Lernenden überlassen sein; jeder soll selbst erproben und Versuche anstellen. 7.
Alles bis zur αὐτάρκεια – Das Lernen des Ganzen soll [alles] bis zur Hinlänglich-
keit geführt werden, bis jeder Schüler bekennt, daß ihm durch das Ganze Genüge
getan wurde." (Ebd.) Trotz aller Ähnlichkeiten sollte man sich dennoch davor hü-
ten, vorschnell den Ornat comenianischer Autorität über heutige Parolen des
selbstgesteuerten und lustvollen Lernens zu stülpen. Noch fand sich nämlich der
Lernende im Sinne von Comenius in einer göttlichen Ordnung geborgen, und sein
Selbst fungierte als Spiegel der göttlichen Vernunft. Es dämmerte ihm bereits die

Gefahr, dass das – wenn auch vergnügliche – Eintrichtern der rechte Weg sei. „Um diese *Achtsamkeit auf das Ganze der göttlichen Schöpfungswelt* im Lernen einzumahnen, erweiterte er die Formel *omnes, omnia* um eine dritte pädagogische Maßgabe – um *omnino.*" (Schaller 2007, S. 182) Alle sollte alles *von Grund auf* gelehrt werden. Keine Rede konnte von Selbstorganisation und Selbstbestimmung diesseits dieses Rahmens sein, und das *cito* richtete sich gegen das Unnütze nicht als das Ineffiziente, sondern gegen die Zerstreuung, in der das Wesentliche, die Wiedereinrichtung einer göttlichen Herrschaft, verfehlt wurde. Erst in der bürgerlichen Leistungsgesellschaft, in der die Maschinen den Takt bestimmen, wird Geschwindigkeit als solche zur Tugend. Denn nun „zwang der Rhythmus der Signale, Pfiffe, Befehle allen zeitliche Normen auf, die den Lernprozeß beschleunigen und zugleich die Geschwindigkeit als Tugend lehren sollte." (Foucault 1977, S. 199) Das neuzeitliche Erkennen *more geometrico* hatte das Leben selbst erfasst. Die Zeit wurde nun die Zeit der Uhren, die gemessene Zeit, die für alle gleich ist. Auf der Strecke blieb langfristig ein qualitativer Zeitbegriff, der Ausdruck lebensweltlicher Erfahrung ist.

Bernhard Waldenfels erzählt: „Ein fünfjähriger Junge wird gefragt: ‚Ist Aurel dein Bruder?' Das Kind antwortet: ‚Ja, er ist mein Bruder.' Ich frage zurück: ‚Bist du auch der Bruder von Aurel?' und bekomme die schöne Antwort: ‚Nein, ich bin schon älter.'" Hält man sein Urteil im Hinblick auf eine mangelhafte Reversibilität im Sinne Piagets einen Augenblick zurück, so kann eine andere Interpretation „in dem kindlichen ‚Fehler' eine bestimmte Weisheit entdecken, denn dem Erstgeborenen ist zumindest zuzubilligen, daß er nicht in gleicher Weise Bruder geworden ist wie der Zweitgeborene. Der jüngere der beiden Brüder fand den älteren schon vor, als er auf die Welt kam, er kam *als Bruder* auf die Welt." (Waldenfels 2000, S. 177) Zeit meint hier nicht den gemessenen Verlauf, der Ereignisse nach vorher und nachher ordnet. Zeit hat hier immer noch einen qualitativen Charakter. Geschwisterrivalitäten lassen sich nur verstehen, wenn man auch in Betracht zieht, dass Schwestern und Brüder auf je ihre Weise Schwestern und Brüder sind, etwa als Konkurrenten von erstem, zweitem, drittem und viertem Kind. Der kindlichen Einschätzung eignet eine besondere Genauigkeit. Zeitliche Ereignisse treffen und betreffen uns in unterschiedlicher Weise. Aurel wird den Erstgeborenen zum Bruder machen, indem er selbst dem älteren von Anfang an als Bruder geschenkt wurde.

Die Rolle, welche der Geschwindigkeit heute beigemessen wird, verursacht, dass alle anderen Dimensionen der gelebten Zeit an Bedeutung verlieren, und uns ein solches Beispiel befremdlich vorkommt. Dennoch wissen wir, dass uns Zeit etwas antut, auch gerade dadurch, dass wir Beschleunigungen nicht oder nicht mehr gewachsen sind. Das Idol der Schnelligkeit ist selektiv. Es sondert Schwache und Alte aus. Sie werden zu einem Kostenfaktor, den man sich unter Umständen gesellschaftlich nicht leisten kann oder will. Dabei ist die Frage nach dem Wert von Geschwindigkeit nicht neu. Er ist konjunkturabhängig, verschwindet jedoch niemals gänzlich. Im *Charmides* etwa greift Sokrates wie auch anderenorts zu seiner Zeit gängige Meinungen auf, um deren Aussagekraft hinter sich zu lassen. Unter anderem geht das Gespräch um Besonnenheit, eine besonders angesehene Tugend. In der Erläuterung, was Besonnenheit meinen möge, taucht als erstes das Wort *Bedächtigkeit* auf. Damit fällt ein Schatten auf die Tugend der Besonnenheit. Denn es ist nicht schön, behäbig ein Musikinstrument zu spielen oder zu boxen bzw. zu ringen. Behändigkeit ist hier wie überhaupt bei körperlichen Bewegungen gefragt, die elegant und mühelos erscheinen sollen. Aber auch für die Seele gilt Ähnliches; denn die Geistesgegenwart [*agchinoia*] ist doch besser als ein langsames Begreifen. Insgesamt geht es darum, die Ruhe von der Langsamkeit zu unterscheiden, denn sich Zeit zu lassen, muss nicht bedeuten, besonnen zu sein. Es kann auch auf Schwerfälligkeit verweisen, die sowohl im Kämpfen als auch beim tugendhaften Verhalten hinderlich ist. Sokrates geht es an dieser Stelle nicht um einen Begriff, der Wettkampfcharakter hat: Je jünger man auf den Arbeitsmarkt kommt, umso größer sind die Chancen. Er möchte aber auch nicht Trägheit favorisieren, welche der Eleganz tugendhafter Lebensformen widerspricht. Es geht also nicht um bloße Schnelligkeit, sondern um Geistesgegenwart. (Vgl. Platon, Charmides 159b-160a) Es kommt auf die Qualität der Schnelligkeit an. Langsam kann bedächtig, besinnlich meinen, aber auch behäbig sowie schwerfällig, was etwa ein Problem von Hopliten sein konnte, die ihren massiven Panzer im Kampf tragen mussten.

Von der *Gier des Gehirns* nach Neuem ist heute die Rede und von der *Hirnlust*, ohne welche Lernen gar nicht zustande komme. Der *cerebrale Agent* stellt Ansprüche. Mit der Betonung von Geschwindigkeit und Lust stellt sich die Drohung ein, bloß kein kritisches Zeitfenster zu verpassen, weil das Gehirn dann nicht mehr kann, was es auch nicht mehr will. Die so genannten Motivations- oder Belohnungssysteme verkümmern, wenn sie nicht abgerufen werden. In neurophysiologischer Hinsicht bedeutet dies, dass die dopaminergen Fasern unter ungünstigen Bedingungen in geringerer Zahl auftreten. Management und Steuerung sind gefragt. Die Entdeckergeste, mit der mitunter alt vertraute Zusammenhänge im neuen Sprachgewand daherkommen, ist verblüffend. Das Wissen darüber, dass Lernen mit Lust oder Begehren zusammenhängt, ist uralt. Nur deshalb war etwa in Sokrates' Lernprogramm die zweite Stufe vorgesehen, auf welcher nach einer Bewährungsprobe des scheinbar Selbstverständlichen das Nichtwissen als solches bemerkt werden muss. Aus diesem enttäuschten Bewusstsein entsteht das Begehren nach Wissen, der Wunsch zu lernen. Möglich wird die Enttäuschung durch eine grundsätzliche Versagung, nämlich bei den Dingen selbst zu sein. Menschen sind auf Verstehen angewiesen, weil sie für sich selbst als zeitliche stets zu spät kommen.

„Die Zeit fehlt dem Bewußtsein nicht, sie bewirkt, daß es sich verfehlt." (Lyotard 1987, S. 137) Es ist wohl eine der größten Demütigungen des Menschen, dass ihm jede unmittelbare Erfahrung versagt ist. Sich auf Erfahrung zu berufen, bedeutet deshalb auch immer das Eingeständnis prinzipiellen Scheiterns. Dennoch gibt uns unsere Erfahrung unsere Welt wie kein Denken. Diese Versagung eines unmittelbaren Kontakts hat, wie im 4. Kapitel gezeigt wurde, Verschmelzungssehnsüchte verschiedener Art beflügelt. Man denke nur an Descartes' Versuch, an einen Punkt zu gelangen, in dem Denken und Sein zusammenfallen. Auf dem Gipfel seines Zweifelns hält er fest: „Aber da ist, ich weiß nicht was für ein höchst mächtiger, höchst verschlagener Betrüger, der mich immerzu mit Absicht täuscht; also bin ohne Zweifel auch ich, wenn er mich täuscht, und er täusche mich, so sehr er kann, dennoch wird er niemals zustande bringen, daß ich nichts sei, solange ich denken werde, daß ich etwas sei; so daß, nachdem alles mehr als genug erwogen worden ist, endlich festgestellt werden muß, daß dieser oberste Grundsatz: ,*Ich bin, ich existie- re*‘, sooft er von mir vorgebracht oder im Geiste ergriffen wird, unausweichlich wahr ist.“ (Descartes 1956/1641, S. 41) Das Fundament namens *ego cogito, ego existo*, das er daraus folgerte und das er für unerschütterlich hielt, war damit gleich zu Beginn als *Vollzug* des Denkens von der Flüchtigkeit der Zeit bedroht. (Vgl. Rogozinski 1988, S. 194) Eine Erkenntnis, die auch tatsächlich Wirkliches erkennt, ist damit auf eine weitere Bürgschaft angewiesen, nämlich auf Gott als Garanten des Commerciums von Denken und Welt. (Vgl. Rehn 1994)

Kants Kritische Philosophie wird dagegen von ihm nicht entfaltet, um ohne Gott als Gewährsmann auszukommen und stattdessen eine andere, neue Koinzidenz zu gewinnen, sondern angesichts der Unmöglichkeit, die Berührung von Denken und Sein zu bezeugen. „Die berüchtigte Frage, wegen der Gemeinschaft des Denken- den und Ausgedehnten, würde also, wenn man alles Eingebildete absondert, ledig- lich darauf hinauslaufen: *wie in einem denkenden Subjekt überhaupt, äußere An- schauung*; nämlich die des Raumes (einer Erfüllung desselben, Gestalt und Bewe- gung) *möglich sei*. Auf diese Frage aber ist es keinem Menschen möglich, eine Antwort zu finden, und man kann diese Lücke unseres Wissens niemals ausfüllen, sondern nur dadurch bezeichnen, daß man die äußere Erscheinung einem trans- zendentalen Gegenstande zuschreibt, welcher die Ursache dieser Art Vorstellungen ist, den wir aber gar nicht kennen, noch jemals einigen Begriff von ihm bekommen werden.“ (Kant, Kritik der reinen Vernunft, A 392f.) Die Lücke bleibt. Immer wie- der führt sie zu den unterschiedlichsten Anstrengungen, sie zu schließen.

Auch Husserls Devise *Zu den Sachen selbst* antwortet auf dieses Dilemma, ohne aber irgendeinen Mythos des Unmittelbaren im Sinn zu haben. Phänomene sind in seinem Verständnis keine Dinge, zu denen wir in unmittelbaren Kontakt treten können, sondern die Gegenstände im Geflecht von intentionalen Bezügen, in dem etwas als etwas aufgefasst wird. Phänomenologie bedeutet dementsprechend auch keinen harmlosen Realismus, sondern eine „widernatürliche[] Anschauungs- und Denkrichtung“ (Husserl 1968, S. 9). Husserl schwankt zwischen einem starken Vertrauen auf ein Sinn konstituierendes Bewusstsein und dem Erstaunen ange- sichts des „wunderbare[n] Bewußthaben[s] eines so und so gegebenen Bestimmten oder Bestimmbaren [...], das dem Bewußtsein selbst ein Gegenüber, ein prinzipiell Anderes, Irreales, Transzententes ist“ (Husserl 1980, S. 204). Seine Phänomenolo- gie bleibt den Leistungen des Bewusstseins treu, aber nicht ohne Irritationen durch das, was dem Bewusstsein fremd ist. Merleau-Ponty nimmt in seiner Phänomeno- logie diesen Konflikt auf. Er legt die gleichsam magische Fähigkeit des Bewusst- seins, von etwas affiziert werden zu können, nicht zu den Akten und kämpft mit ihrer bedrückenden Problematik. Er fragt sich: „Wird diese Zerrissenheit der Refle- xion, (die *aus sich herausgeht*, um zu sich zurückzukehren) jemals aufhören?“ (Mer- leau-Ponty 2004, S. 232) Wie ein Motto fungiert die von Husserl an eine deskrip- tive Bewusstseinslehre gerichtete Aufgabe: „die reine und sozusagen noch stumme

Erfahrung" zur Aussprache ihres eigenen Sinns zu bringen. (Vgl. ebd., S. 167 und S. 171; vgl. Waldenfels 1995, S. 105ff.)

Dass die Erfahrung eines Unmittelbaren versagt, ja einem menschenmöglichen Verstehen geradezu untersagt ist, schärft den Blick dafür, dass das Denken als Reflexion eine Rückkehr bedeutet, die auf etwas zurückkommt, das sich längst ereignet hat. „Die Reflexionsphilosophie wird sich [...] niemals im Geist, den sie enthüllt, einrichten können, um die Welt von dort aus als ihr Resultat zu erkennen. Gerade weil sie Reflexion ist, Rück-kehr, Rück-gewinnung oder Wieder-aufnahme, kann sie sich nicht vormachen, sie wäre schlichtweg eins mit einem konstitutiven Prinzip, das im Schauspiel der Welt bereits am Werk ist, und sie nähme von diesem Schauspiel aus denselben Weg, den das konstitutive Prinzip in der umgekehrten Richtung verfolgt hätte." (Merleau-Ponty 2004, S. 69) Der Anfang eines Bewusstseinsaktes ist nicht durch den Akteur zu bezeugen. Insofern ist jedes Nachdenken Wiedererinnerung.

Die Täuschung darüber, dass sich die Reflexion an ihrem Anfang begegnen kann, gründet in einem traditionsmächtigen Transformationsprozess, in dem sich eine wahrgenommene Welt in eine gedachte, das Ich in ein bloß denkendes und der Andere in den Undenkbaren umgebildet haben. Eine gelebte Öffnung zur Welt wurde unter dem Druck einer zweifelsfreien Erkenntnis zu einem intellektuellen Akt. Alles spielt sich im Denken ab, in dem sich das Ich selbst entdeckt, weil es seine Wahrnehmungen als Gedanken wiederfindet. Die Hirnforschung trägt dieser Entwicklung Rechnung, indem sie sämtliche Prozesse mit korrelierenden Hirnaktivitäten koppelt. Die missliche Lage der Reflexion, nämlich „einen umgekehrten Gang der Konstitution zu beanspruchen und ihn gleichzeitig auszuschließen" (ebd.), zeigt sich erst angesichts *ihres angeboren Makels*, immer später zu sein als die zugrunde liegenden Erfahrungen, durch die sie aufgrund der *Dichte der Dauer* unhintergehbar getrennt bleibt. Dass Wahrnehmen nicht Urteilen meint, wird besonders deutlich beim Verstehen von psychisch Kranken. In seinen Analysen der Halluzination zeigt Merleau-Ponty, dass man dem Betroffenen nicht gerecht wird, wenn man seine Erfahrungen als bloß fehlgeleitete Urteile oder pure Einbildungen deutet. Der Kranke wird berührt durch eine Welt, die er nicht verwechselt mit dem bloßen Schein, die er vielmehr aus Trümmern aufbaut im Sinne einer symbolischen Landschaft, die uns anderen mitunter sehr fremd ist. Aber nicht nur der Kranke ist ausgeliefert an eine Welt, die ihn ignoriert. „Durch seine Sinnesfelder und durch seinen Leib ist auch der Normale von jener klaffenden Wunde gezeichnet, durch die die Illusion in ihn Eingang findet; auch seine Weltvorstellung ist verletzlich. Wir glauben an das, was wir sehen, vor jeder Verifikation, und die klassischen Wahrnehmungstheorien führen zu Unrecht in die Wahrnehmung selbst intellektuelle Leistungen und eine Kritik der Sinneserzeugnisse ein, auf die wir in Wirklichkeit erst zurückgreifen, wenn die gerade [scil. la perception directe] Wahrnehmung in der Zweideutigkeit scheitert." (Merleau-Ponty 1966, S. 394; 1945, S. 394f.) Es ist dieser Wahrnehmungsglaube der unser Verstehen ermöglicht und zugleich begrenzt. (Vgl. Meyer-Drawe 1996a) „Der Normale genießt nicht seine Subjektivität, er flieht sie vielmehr, er ist ein für allemal zur Welt und hat seinen freimütig-naiven

Zugang zur Zeit, indessen der Halluzinierende sich des Zur-Welt-seins bedient, um aus der gemeinsamen Welt sich eine private Umwelt herauszulösen, und so beständig an der Transzendenz der Zeit sich stößt." (Merleau-Ponty 1966, S. 394) Wir kommen dem Verständnis von Halluzinationen nur dann näher, wenn wir auf das Gegenbild eines sich selbst vollständigen Bewusstseins verzichten, wenn wir also den Keim der Abweichung in uns selbst entdecken. Von der Halluzination können wir lernen, dass wir uns niemals vollständig selbst besitzen, dass die Illusion nicht das bloße Gegenteil der Wahrnehmung ist, sondern zu ihr gehört. Für den Halluzinierenden hat die wirkliche Welt ihre Ausdruckskraft eingebüßt. Seine Halluzinationen gelten als real und setzen sich an die Stelle der Wirklichkeit. Sie können herrschen, weil auch sie den Charakter eines *Urglaubens* haben. Unser Wahrnehmungsglaube begründet unsere gelebte Erfahrung, die sich als fungierende nicht allein der Initiative eines Bewusstseinsaktes verdankt. Die Koinzidenz, die sich im *cogito* vollzieht, ist nach Merleau-Ponty nur eine präsumtive. „Faktisch schiebt sich schon zwischen mich, der ich soeben dies denke, und mich, der ich denke, daß ich dies dachte, die Undurchdringlichkeit der Dauer, und stets kann ich zweifeln, ob dieser schon vorübergegangene Gedanke wirklich dieser war, wie ich ihn gegenwärtig sehe." (Merleau-Ponty 1966, S. 396) Für die Reflexion öffnet sich – wie auch schon Kant wusste – ein Abgrund zur Welt. Das Unreflektierte meiner Reflexion ist damit nicht das schlechthin Unverstehbare, denn meine gegenwärtigen Erfahrungen bezeugen meine Vergangenheit, die ich auch im anderen erkennen kann. Es gibt keine Verschmelzung von Denken und Sein, auch nicht für den Fall, dass das Ich sein eigenes Sein denkt. Die Zweideutigkeit unserer Existenz mündet nicht in eine *ursprüngliche Integrität*. Unser Verstehen löst das Geheimnis nicht, das der Ort darstellt, aus dem die Reflexion entspringt. Sollte es wirklich etwas Unmittelbares geben, „so darf keine Spur unserer Annäherung an ihm haften, soll es das Sein selbst sein, so gibt es keinen Weg, der von uns zu ihm hinführt und so ist es grundsätzlich unzugänglich." (Merleau-Ponty 2004, S. 162)

Die Doppeldeutigkeit unserer Existenz, dass wir nämlich *Welt* und *Zur-Welt* sind, bedeutet Ermöglichung und Begrenzung des Verstehens in eins. Auf der einen Seite gehören wir der Welt als leibliche Wesen an, sind also auf gewisse Weise in sie eingeweiht. Auf der anderen Seite bietet sie mit ihrer Opazität unserem Sehen, Denken und Handeln Widerstand, bleibt sie undurchdringlich. „Im Augenblick, wo meine Wahrnehmung reine Wahrnehmung, Ding oder Sein wird, erlöscht sie; im Augenblick, wo sie sich entzündet, bin ich schon nicht mehr das Ding." (Ebd.) An dieser Stelle begegnen sich Merleau-Ponty und Plessner, die beide unsere Doppeldeutigkeit nicht in einem Fundament unterlaufen oder in einer Synthese überfliegen wollen, sondern dabei haltmachen, dass wir nichts anderes sind als das Verhältnis zur Verhältnishaftigkeit von Leibsein und Körperhaben. Wir sind nicht anders als in Zweideutigkeit.

Merleau-Ponty veranschaulicht dies an der Sprache, die uns gleichzeitig mit den Dingen und uns selbst verbindet, die uns und die Dinge bezeugt, gerade weil sie nicht eine Unmittelbarkeit des Gebens unterbricht, sondern selbst diese Gebung ermöglicht. Weil es keine Unmittelbarkeit gibt, ist Sprache nicht trügerisch. Es gibt nichts Authentisches, das sich maskieren könnte. Sprache ist tätig, nämlich als jene Sprache, „die sich selbst nur von innen her und durch die Praxis kennenlernt, sie ist offen für die Dinge, aufgerufen von den Stimmen des Schweigens und führt einen Artikulationsversuch fort, der das Sein eines jeden Seienden ist." (Ebd., S. 168) Jedes Verstehen profitiert von der Lebendigkeit des Vollzugs, der weder eine völlig transparente Welt noch ein unantastbares Bewusstsein kennt. Als leibliche Wesen stehen wir in Beziehung zu unserer Welt, die ihre Existenz nicht nur unserer Initiative verdankt. In der Versagung einer letzten Verschmelzung entspringt unsere Möglichkeit, unsere Welt zu gestalten und sie nicht nur hinzunehmen oder in einem *überfliegenden Denken* zu ignorieren. Unser Wahrnehmen und Sprechen schlägt sich an den Dingen nieder. In dieser Brechung sind sie uns zugänglich. Jenseits dieser Matrix breitet sich die *Nacht der Identität* aus, die jede Artikulation unmöglich macht.

Dass unsere Erfahrung nicht mit den Dingen und nicht mit unserer eigenen Vergangenheit verschmelzen kann, bedeutet „keine schlechte oder verfehlte Wahrheit, sondern eine privative Nicht-Koinzidenz" (ebd., S. 165), einen grundsätzlichen Entzug, welcher Sinngebung möglich macht. *Um die Welt zu verstehen, darf sie nicht selbstverständlich sein.* Bewusstsein von der Welt und Welt selbst bleiben einer vollendeten Synthese beraubt, weil es eines Bruchs mit der Vertrautheit der Welt bedarf, damit ein Bewusstsein von Welt überhaupt entstehen kann. Es handelt sich um eine Ermöglichung durch Privation, was man als Endlichkeitsstruktur unserer Existenz und unseres Verstehens interpretieren kann. Weder in Bezug auf unsere konkrete Existenz noch im Hinblick auf unser Denken können wir Anfang und Ende im strengen Sinne erfahren. Die Dichte der Dauer und der Welt ziehen unserem Verstehen hier unüberwindliche Grenzen, die sich in jede Weise unseres Zur-Welt-seins einzeichnen. Vielleicht ist die Sehnsucht nach der Verschmelzung mit dem Unmittelbaren eine der möglichen Antworten auf diesen Entzug.

Stimmt man mit Merleau-Ponty überein, dass sich jedes Verstehen angesichts einer privativen Nicht-Koinzidenz von Denken und Welt vollzieht, dann meint Lernen eine *Eroberung*, die ihre Spuren hinterlässt. Als pure Gewalt kann es aber nur dann bestimmt werden, wenn man ignoriert, dass wir in ihm eine Resonanz auf eine Welt bilden, die sich meldet, die uns etwas antut, wie Heidegger sagt. (Vgl. Heidegger 1977, S. 86) Diese Resonanz zeigt sich in vorbegrifflichen Erfahrungen, wenn wir darauf verzichten, diese lediglich im Sinne von konstitutiven Akten zu betrachten. Es gibt – wie Merleau-Ponty sagt – „ein Band zwischen Fleisch und Idee" (Merleau-Ponty 2004, S. 195), das nicht die Koinzidenz des Denkens mit dem Unmittelbaren meint. Wir erfahren diesen Zusammenhang etwa in der Musik, welche die bloß bemächtigenden Strukturen von Verstehen zweifelhaft werden lässt. „Nicht mehr der Musiker ist es, der die Sonate produziert oder reproduziert: sondern er fühlt sich und die Anderen fühlen ihn im Dienste der Sonate, sie ist es, die durch ihn hindurch singt oder so brüsk aufschreit, daß er sich ‚auf seinen Bogen stürzen muß', um ihr folgen zu können." (Ebd., S. 198) Um verstehen zu können, dürfen wir nicht alles verstehen. Insofern sind wir alle mit dem Knaben verwandt, der seine Haltung nach Maßgabe der Skulptur des *Dornausziehers* aus der frühen römischen Kaiserzeit inszenieren wollte, nachdem er sich selbst ungesucht in dieser Pose im Spiegel überrascht hatte. Vergeblich suchen wir die unvermittelte Selbstbegegnung durch Reflexion zu erreichen. Dass das Verstehen unserer Welt, des anderen und unserer selbst unvollendet bleiben muss, bedeutet sein Lebenselixier, das gleichzeitig ein Elixier aus der Küche des Teufels ist, welcher der Zuversicht, dass die Zeit alle Wunden heilt, entgegenhält, dass es die Zeit ist, die Wunden reißt.

Durch die Selbstverfehlung menschlicher Vollzüge entsteht Raum für Ereignisse, für Gelegenheiten, die ergriffen werden können, gerade weil nicht mit ihnen gerechnet wurde. Es ist die Kunst des Lehrens, die Gunst des Augenblicks beim Schopf zu fassen, wenn dem Lernenden das Selbstverständliche zweifelhaft wird, wenn er stutzt, staunt, an sich selbst zweifelt, ihm sprichwörtlich der Boden unter den Füßen weggezogen wird. Anfänge von Lernen scheinen darin auf, dass das Hergebrachte nicht mehr verlässlich ist, sich die Lösung des Problems jedoch noch nicht abzeichnet. Wie Platon im *Symposion* zeigt, gründet hier das Begehren nach Wissen, nämlich zwischen dem Weisen, der nicht nach Wissen begehrt, weil er es besitzt, und dem Unwissenden, der nichts vermisst und deshalb nichts begehrt. (Vgl. Platon, Symposion, 204a) Die Frage drängt sich auf, wie man auf etwas *stößt*, was fungierende Selbstverständlichkeiten sowohl im Hinblick auf die Selbsteinschätzung als Wissender als auch die Überzeugung, sich in Bezug auf die Sache auszukennen, außer Kraft setzt. *Auf etwas stoßen* kann man nur, weil man es nicht sucht, aber in der Entdeckung bemerkt, dass es das Passende ist. Eine Gelegenheit bietet sich an, die man vorher nicht wahrgenommen hat. Vergleichbar dem Fallen der Glückszahl beim Würfeln, ergibt sich unerwartet eine Chance, welche allerdings erst dann zur Chance wird, wenn sie ergriffen ist. Diese eigentümliche Struktur eines kritischen Moments im Lern- und Lehrprozess soll im Folgenden mit Hilfe des Verständnisses von *kairos* erläutert werden (vgl. Meyer-Drawe 2007b), der dabei wie die Langeweile für die qualitative Seite der Zeit steht.

Kairos wurde im Griechischen zunächst wertneutral verstanden. Er meinte ein Treffen von Worten und Taten, das auch tödlich sein konnte. Stets geht es um eine Öffnung (die *porta* in *opportunitas*), welche verfehlt werden kann. Erst später setzte sich der zeitliche Gesichtspunkt durch, und zwar als eine Art Zeitmitte oder -höhepunkt zwischen dem *telos* der Handlungen und der *arche* einer ruhmreichen Zukunft, zwischen Spiegel und Fernrohr. Im Wechsel der Zeiten, welchen das Wort *chronos* bezeichnet, „formieren sich immer wieder Kairoi, durch die das Handeln der Menschen sich dem Geschehen erfolgreich verknüpft. Diese Kairoi sind Angelpunkte, an denen sich menschliches Handeln *einschleust* in den Lauf der Dinge." (Buchheim 1986, S. 84) Handeln als Ergreifen des Richtigen zur rechten Zeit am richtigen Ort ist nicht als pure Initiative aufzufassen. „Handeln ist – so verstanden – sehr viel mehr Antwort als frei begonnener Akt." (Ebd.) Einschleusen, Einfädeln sind Sprachbilder, mit denen eine Weltsicht begreiflich werden kann, die uns heute sehr fremd ist. Die Freiheit des Menschen besteht hier darin, wie er etwas vollbringt, was sich an ihm vollzieht. Das Vollbringen unterscheidet sich wesentlich vom neuzeitlich privilegierten Hervorbringen, weil es sich ereignet, bevor jemand ein Subjekt der Initiative und etwas Objekt dieser Aktivität ist.

Homer konnte den kairologischen Moment noch ganz genau bestimmen. Es ist nämlich die Stelle oben „am Scheitel, allwo die äußersten Haare der Rosse/Vorn entwachsen dem Haupt, und am tödlichsten [*kairion*] ist die Verwundung“. (Homer, Ilias, 8, 84) Im Hinblick auf Hektors Geschicklichkeit heißt es: „Eben hatte sich dieser den Pfeil aus dem Köcher genommen/Und auf die Sehne gelegt, da traf ihn der mächtige Hektor,/Wie er die Sehne zog, am Schlüsselbein gegen die Achsel,/Zwischen Hals und Brust, wo am tödlichsten [*kairion*] ist die Verwundung.“ (Ebd. 8, 326)

Die Sophisten betrachteten den *kairos* als unerkennbar, was für sie zugleich bedeutete, Bedingungen zu schaffen, unter denen er doch erwischt werden kann. Längst hatten sich radikale Zweifel an der menschlichen Erkenntnisfähigkeit breitgemacht. Die Messbarkeit des Maßvollen war zum Problem geworden. Lebens- und Redekunst bezogen sich auf den schwer zu bestimmenden rechten Augenblick. „καιρός‘, das ist das Zauber-Wort, das hilft, Subjektivität zu sparen. Denn zwischen den zwei Stufen, noch nicht handeln zu können und bestimmt handeln zu müssen, zwischen πράγματα und καιρός verschwindet gerade das Moment der subjektiven Bestimmung von Handlung.“ (Buchheim 1986, S. 83) Durch den *kairos* wirkt der Mensch, er richtet etwas aus. Er empfängt den Ruf, was die Stunde geschlagen hat. „Der Kairos bleibt eine Formation der Umstände im Lauf der Dinge, die eine unüberschaubare Situation auf einen so prägnanten Nenner bringt, dass sie sozusagen zur *Handlungsvorschrift* wird. Der Kairos ist das Gebot der Stunde.“ (Ebd, S. 85)

Auch Platon schätzt den *kairos* als das rechte Maß. So steht in seiner Staatsverfassung: „Denn ich denke, was zu verrichten ist, pflegt nicht auf die Muße dessen, der etwas tun soll, zu warten, vielmehr muß dieser dem, was getan werden soll, ordentlich nachgehen und nicht nur beiläufig. [...] Hiernach also wird alles reichlicher zustande kommen und schöner und leichter, wenn einer eines seiner Natur gemäß und zur rechten Zeit (*kairo*) mit allem anderen unbefaßt, verrichtet.“ (Platon, Politeia, 370b f.) Es geht um das wache Auge im Hinblick auf das Gelingen der Tat, die nicht allein in unseren Händen liegt. Der *kairos* selbst ist unzeitlich. Er ermöglicht als Urmaß die weltliche Angemessenheit des Denkens, Redens und Handelns. Aristoteles hebt die ethische Dimension hervor und erörtert mit *kairos* das Gute in der Dimension der Zeit. Es ist das günstige *Wann* einer jeden Art von *kinesis*. In der pythagoreischen Zahlenmystik bedeutete *kairos* die Sieben, die vollkommenste Zahl, welche die kosmischen Rhythmen und Ordnungen bestimmte. Von hier aus führt eine Spur in die Medizin. Gorgias soll eine eigene Schrift über den *kairos* verfasst haben. Sein Schüler Isokrates widmet dem *kairos* in seiner Rhetorik zahlreiche Ausführungen. Weil die günstige Gelegenheit nicht zu antizipieren ist, müssen die Schüler „die Bereitschaft erwerben, ihre *lógoi* für den jeweiligen *kairós* offen zu halten, der Unterricht muß ihnen ein ‚kairologisches‘ Gespür vermitteln, das sie – wie Isokrates [...] formuliert – dazu befähigt, ‚für das, was gegenwärtig ansteht, das Erforderliche zu sagen oder zu raten.‘“ (Held 2000, S. 119f.) Die Befähigung erwirbt man durch Übung und Erfahrung. Die *kairoi* können daher nicht Gegenstand wissenschaftlichen Wissens sein.

Trotz der vielfachen Beachtung des kairologischen Grundzugs von Denken, Reden und Handeln vollzieht sich schrittweise eine Reduktion, welche in der Stoa schließlich nur noch die Zeit in einer Art Augenblicksethik berücksichtigt. „Die Richtigkeit (*rectitudo*) einer Handlung besteht darin, dass sie die Anforderungen der jeweiligen Gegenwart erfüllt. In der Kürze und Begrenztheit des Augenblicks spiegelt sich dem Menschen die Begrenzung des Lebens wider." (Falkenhayn 2003, S. 31f.) Von einer bestimmbaren Örtlichkeit in der Archaik über das geschärfte philosophische Bewusstsein von der Unverfügbarkeit der Zeit und von der Gunst, welche von ihr ausgeht und nicht von uns, sowie einer Ethik des Gebots der Stunde verändert sich das Verständnis hin zu einer mäßigenden Lebenshaltung, die nicht nach dem trachtet, was nicht in ihrer Verfügung steht. Das Unverfügbare erhält auch deshalb im Laufe der Zeit einen negativen Index.

Vielleicht ist ein erster Schritt zur Rehabilitierung des günstigen Augenblicks dadurch zu erreichen, dieses *auf etwas Stoßen* wieder ernst zu nehmen. Dann wird deutlich, dass dieser Stoß seinen Anfang nicht in uns hat, sondern in einer Störung, einer Diskontinuität, einem Staunen, einer Überraschung sowie einer Irritation. Etwas muss unsere Aufmerksamkeit auf sich ziehen, bevor wir ihm Aufmerksamkeit widmen können. Aufmerksamkeit wird geweckt, nicht verursacht. Es handelt sich also um einen medialen Akt, in dem pathische Momente eine wesentliche Rolle spielen. Dadurch werden wir an einen Handlungstyp erinnert, der nicht als das Ergreifen einer Initiative oder als Folge einer Entscheidung aufzufassen ist, sondern vielmehr als ein Aufgreifen, ein Aufgabeln einer Gelegenheit, welche sich uns bietet. Das bedeutet nicht, nichts zu tun. Vielmehr ist eine besondere Achtsamkeit gefragt, die nicht nur das bemerkt, was sich auf dem erwarteten oder geplanten Weg befindet.

Seit sich in Neuzeit und Moderne die Vorstellung durchgesetzt hat, der Mensch liege als Subjekt allem zugrunde, ist es schwierig, dessen eigene Unterwerfung in den Blick zu nehmen. Den Griechen der Klassik und auch den Denkern des Hellenismus war es möglich, sich gleichsam ein Einschleusen in den Gang der Dinge vorzustellen, in dem Widerfahrnis in Gestaltung umschlägt. Dieses Widerfahrnis ist nicht die Alternative zum Akteur mit Selbsterhaltungsprätentionen, sondern ein Moment am Geschehen selbst. Diese Weltsicht verdichtet sich im Verständnis des *kairos*, welcher streng genommen nicht zu bezeugen ist, weil er als eine Art *Heteropraxie* gegeben ist, statt gefordert zu sein. (Vgl. Waldenfels 1994, S. 462) Seine Plötzlichkeit (*exaiphnes*) und die Dichte der Dauer, die uns von ihm trennt, bestimmen die Grenzen unserer Macht.

Warum aber lohnt sich diese Rückbesinnung auf die Struktur einer Unverfügbarkeit, die gleichwohl kein Dementi jeder Verfügung ist, aber auch nicht zum favorisierten Zeitmanagement von heute zu zählen ist? Eine ehemals sehr bekannte Lösung wurde durch Copei in seiner Studie zum „fruchtbaren Moment im Bildungsprozeß" angeboten. (Vgl. Copei 1969/1930; vgl. Meyer-Drawe 1984) Copei beruft sich in seinen Analysen auf Platon und die Kunst des Sokrates, die unbekümmerte Selbstsicherheit dessen, der zu wissen meint, zu zerstören zugunsten einer produktiven Verlegenheit, in der das Begehren nach Wissen entspringt. Dies ist der von ihm so genannte „fruchtbare Moment". (Vgl. Copei 1969/1930, S. 21) Er veranschaulicht das Gemeinte in einem berühmt gewordenen Beispiel. Es handelt von einer Klasse am Ende des dritten Schuljahres. Heimatkunde wird unterrichtet. Man hat – wie es damals üblich war – die bergige Umgebung in unmittelbarer Nähe erwandert. Man hat sie in dem Sandkasten, der zu dieser Zeit noch zur obligatorischen Ausstattung des Klassenraums gehörte, nachgestaltet und sie schließlich auf die Wandtafel projiziert. Nun sollen die Kinder die Hügel auf der Landkarte wiedererkennen – eine Aufgabe, die mit eigenen Schwierigkeiten aufwartet, von der wir als Erwachsene eine Ahnung gewinnen können, wenn wir daran denken, wie verwirrend es sein kann, mit dem Auto nach einer Stadtkarte einen Weg zu finden, auf der etwa Einbahnstraßen und Baustellen nicht verzeichnet sind. Den Schülern fällt auf, dass neben den Hügeln Zahlen stehen und vermuten richtig, dass es sich dabei um die Berghöhen handelt. Die Frage wird aufgeworfen, wie man Berghöhen denn messe. „Der Lehrer erkennt sofort, daß die durch diese Frage entstandene glückliche Unterrichtssituation genutzt werden muß; er gibt den Weg seiner eigenen Überlegungen auf und ermuntert die Schüler, ihre Meinungen zu der Frage zu äußern." (Ebd., S. 107) Der Lehrer ist auf eine Möglichkeit gestoßen, die er in dieser Form nicht vorhersehen konnte, weil ihm das Lesen einer Karte selbstverständlich und die mathematische Methode der Bergmessung als normal erscheinen. Aus dem Blick geraten ihm die anderen Dimensionen von Höhe, etwa die Wanderhöhe, die sich je nach Schräge des Berges sehr unterschiedlich darstellen kann. Vielleicht wählt man zum Anstieg den steilen und zum Abstieg den flachen Hang. Die Kinder wissen nicht nichts. Sie haben ein lebensweltliches Verständnis von Höhe und vom Messen. Letzteres geschieht mit einem Maßband, das sie unter Umständen daher kennen, dass ihr Körperwachstum kontrolliert wurde. So greifen sie selbstbewusst auf dieses Wissen zurück und vermuten, dass man ein Seil an den Berghang legen müsse. Ein erster Einwand wird sofort vorgebracht. Er stammt aus der Erfahrung: Ein solch langes Seil gäbe es gar nicht. Der nächste Schritt verharrt in der anschaulichen Höhenkonzeption. Es sollen nämlich Streckenabschnitte gemessen und dann zusammengezählt werden. Hier greift der Lehrer ein, indem er das Problem anspricht, an welchen Hang sie denn das Maß anlegen wollen. Es entsteht Verlegenheit; denn man weiß, dass die Hügel, die im Umkreis erkundet wurden, sehr unterschiedliche Hänge haben. Der Lehrer gibt einen Hinweis. Man solle die Vermutungen im Sandkasten prüfen. Das leibliche Höhenverständnis gerät hier unter erheblichen Druck. Da gibt es den flachen sowie den steilen Hang. Der letztere müsste nach der fungierenden Höhenvorstellung weniger hoch als der erste sein. Es entsteht eine Ungereimtheit in der Anschauung selbst. Die Verlegenheit wird gesteigert. Die Zahlen geraten in Widerspruch zur sinnlichen Wahrnehmung. Die Aporie spitzt sich zu: Nach dem anschaulichen Messverfahren muss ein Berg verschiedene Höhen haben. Aber nach der Karte hat jeder Berg genau eine Höhe. „Da kommt ein Schüler auf die glückliche Lösung. ‚Ich weiß es', sagt er; aber er gibt die Antwort nicht mit Worten, sondern mit der Hand: er nimmt das Metermaß und steckt es von der Spitze des Sandberges *senkrecht bis auf den Grund*." (Ebd., S. 108) Der Lehrsatz des Pythagoras klingt in der Handlung an, was folgen muss, ist die begriffliche Fassung und die Entfaltung des mathematischen Verfahrens.

Der *kairos*, das Versagen der vermeintlichen Kompetenz ohne Rettung, beunruhigt, verunsichert. Er steht für Momente des Unbestimmbaren im pädagogischen Zusammenhang. Gleichzeitig lässt er sich kaum dazu missbrauchen, pädagogisches Handeln überhaupt unter Verdacht zu stellen; denn die Gelegenheit muss ergriffen werden, die Gunst der Stunde muss erkannt werden. Das Vollbringen ist nicht weniger anstrengend als das Hervorbringen. Der *kairos* fordert pädagogisches Handeln als eine Antwort auf günstige Gelegenheiten, deren Gunst sich allererst im Ergreifen zeigt. Im *kairos* sind Freiheit und Geschick verflochten. Der Schopf der Gelegenheit ist nicht das Gegenteil kalkulierender Rationalität. In jedem Erkennen und damit auch in jedem Lernen fungiert eine Gunst, auf die Lehren als Kunst Acht haben sollte.

Kairologische Strukturen bestimmen den Alltag von Lehren und Lernen. Allerdings werden sie besonders relevant, wenn es sich um die Anfänge des Lernens handelt. Dabei ist eine theoretische Erörterung kaum von ihren praktischen Folgen zu trennen, was hier wie auch anderswo auf dem Felde des pädagogischen Denkens nicht bedeutet, dass das Denken Allgemeines ausbrütet, welches im Handeln angewendet wird. Spezifische Weisen der Thematisierung bringen vielmehr eine bestimmte Praxis mit ihren Möglichkeiten in den Blick und vernachlässigen andere Handlungsalternativen. Die Frage nach den Anfängen des Lernens kann dabei, wenn man sie überhaupt aufwirft, in sehr unterschiedlicher Weise gestellt werden. Häufig wird damit das Problem verbunden, *wo* das Lernen zu beginnen habe. Wir kennen darauf traditionsreiche Antworten: vom Einfachen zum Komplexen, vom Besonderen zum Allgemeinen, vom Nahen zum Fernen, vom Sinnlichen zum Abstrakten. (Vgl. u.a. Koch 2003) Daran knüpfen zahlreiche weitere Erörterungen an. Gibt es eigentlich das jeweils eine ohne sein anderes? Wie kommt etwa das Abstrakte im Sinnlichen zum Tragen, ohne dass es eigens begriffen wird? (Vgl. Böhmer 2002, S. 160 ff.)

Ohne auf die unterschiedlichen Möglichkeiten einzugehen, kann allgemein festgehalten werden, dass mit den jeweiligen Antworten stets Weichen gestellt sind. Anfänge sind – wie im griechischen Wort *arche* noch deutlich wird – beherrschende Anfänge. „Die Griechen", so führt Heidegger aus, „hören aus diesem Wort meist ein Doppeltes heraus: ἀρχή meint einmal das, von woher etwas seinen Ausgang und Anfang nimmt; zum anderen aber das, was zugleich *als* dieser Ausgang und Anfang *über* das Andere, was von ihm ausgeht, weggreift und so es einbehält und damit beherrscht." (Heidegger 1976, S. 247) Anfänge sind in Bezug auf das Ganze oft schon die Hälfte, wie eine alt bekannte Spruchweisheit in Erinnerung hält: „Dimidium facti, qui coepit, habet." (Horaz zit. n. Büchmann 1977, S. 84) Diese Erfahrung drückt sich auch in der Verzweiflung darüber aus, mitunter alles falsch angefangen zu haben, was bedeutet, dass man dem Ganzen nicht so ohne weiteres eine neue Wendung geben kann. Mit Anfängen wird nicht voraussetzungslos eingesetzt. Sie können aber den Charakter einer Zäsur haben oder einen „unentstandenen Anfang" meinen. (Vgl. Dörpinghaus 2003, S. 455 ff.) Gerade die letzte

Struktur soll Gegenstand der folgenden Ausführungen sein. Es geht nicht um die Frage, *womit* das Lernen anfangen kann oder soll, sondern vielmehr um die Frage, *wie* Lernen anfängt.

Man kann zum Beispiel einen Anfang *machen*. Diese Bedeutung kennen wir auch beim Lernen. Denn wir nehmen eine Aufgabe in Angriff, indem wir Bücher aufschlagen, im Internet suchen, Filme anschauen oder jemandem zuhören. Irgendetwas werden wir dabei lernen, wenn vielleicht auch nicht immer das Beabsichtigte. Einen Anfang mit dem Lernen zu machen, bezieht sich meistens auf einen Vorgang, in dem ein bereits etablierter Erfahrungshorizont erweitert oder auch in seinem Bestand gesichert wird. Anfangen bezieht sich dabei auf einen Willensakt. Wenngleich diese Formulierung trivial klingen mag, dass am Anfang eines Wissens- und Erkenntnisprozesses ein Entschluss steht, so ist sie doch nicht selbstverständlich. Vielmehr weist dieser Akt auf eine typisch neuzeitliche Signatur, welche wir von Descartes kennen. In seiner Suche nach absolut gewissen Gründen menschlichen Erkennens geht er resolut zur Sache, indem er sich entschließt (*je me résolus*), „wie ein Mensch, der sich allein und in der Dunkelheit bewegt, so langsam zu gehen und in allem so umsichtig zu sein, daß ich, sollte ich auch nicht weit kommen, mich doch wenigstens davor hütete, zu fallen." (Descartes 1969/1637, S. 27) Konkret besagt dies, dass er eine „feste und unabänderliche Resolution" fasst, sein Erkennen strikt an die Regeln der Methode zu binden (vgl. ebd., S. 30f.), um zur Wahrheit zu gelangen.

An diesem Anfang steht also kein Staunen, kein Verwundern wie etwa bei Platon (Theaitetos, 155d) und Aristoteles (Metaphysik, I (K) 982b, 12), sondern ein fester Wille, in welchem sich die Initiative des erkennenden Subjekts kundgibt, das keine Überraschungen liebt. Auf der Strecke war im Verlaufe der Zeit die Geborgenheit im Kosmos geblieben, wie die Griechen sie kannten. Aber auch der Glaube an eine Offenbarung – unabhängig von jeder menschlichen Entschlusskraft –, der in der christlichen Tradition einen sicheren Grund bot, büßt an Autorität ein. Der Anfang als eine Art Resolution ist jedoch nur eine, im Hinblick auf menschliches Lernen vielleicht nicht einmal entscheidende Variante, selbst wenn sie sich als dominierende Möglichkeit normalisiert hat. Viel häufiger ist wohl ein Anfangen, das sich als solches erst im Rückblick erweist und das sich didaktisch sowie methodisch nur sehr schwer verwirklichen lässt. Es reagiert nicht auf einen Mangel an Erkenntnis, sondern nistet in einem Überschuss an Welterfahrung. Dabei handelt es sich um ein erstes Mal, das ohne Zeugen bleibt, weil es um die Eröffnung eines neuen Verständnishorizontes geht, wenn etwa im schulischen Lernen die spezifische wissenschaftliche Blickweise gegen das lebensweltliche Meinen gesetzt wird. Eine neue Perspektive wird eröffnet, eine neue Bewegung in das Repertoire des Körpers aufgenommen. Wer kann schon, falls er sich die Frage überhaupt vorlegt, genau sagen, wann er zum ersten Mal begriffen hat, dass mathematische Gebilde in strengem Sinne in unserer Lebenswelt keinen Ort haben? Wer kann präzis von sich angeben, wann der Aufschwung am Barren in das eigene Körperschema integriert wurde und fortan zuverlässig fungiert? Wer kann datieren, wann das selbstständige Autofahrenkönnen exakt begonnen hat? Die Frage nach dieser Art von Anfang hat etwas

Aussichtsloses. Wagt man einen Antwortversuch, so stellt sich der Sog der Iteration ein, weil wir auf immer weitere Voraussetzungen stoßen. Die Zäsuren sind Ereignisse, die hinter uns liegen, wenn wir sie bemerken. Ein Vergessen breitet sich über die Sache und uns aus, darüber, wie sie und wir waren, bevor wir lernten.

Dass dies überhaupt ein Problem ist, wird heute mitunter kaum bemerkt, weil Lernen als ein lebenslanger Prozess betrachtet wird, der kein Ende findet und welcher bereits vor der Geburt beginnt. Anfänge werden in den genetischen Dispositionen gesucht, welche den Aufbau dynamischer Hirnarchitekturen (*arche – tekton*) beeinflussen. Endlich scheint man Beweise dafür gefunden zu haben, was beim Lernen im Gehirn geschieht. Angesichts der Faszination von den mit bildgebenden Verfahren sichtbar gemachten Aktivitäten des Gehirns schwärmt zum Beispiel eine Journalistin: „Säuglinge und Kleinkinder können und wissen viel mehr, als Erwachsene gemeinhin denken. Lange bevor sie das erste Wort sprechen, bedienen sie sich einer Fülle komplexer Forschungs- und Erprobungsstrategien." (Thimm 2003, S. 200) Von Erproben mag wohl noch die Rede sein, aber wenn behauptet wird, dass Säuglinge einem „Kategorientest" ausgesetzt werden, dürfen Zweifel aufkommen. Man macht es sich zu leicht, derartige Einschätzungen als außerwissenschaftliche Popularisierungen herunterzuspielen. Auch renommierte Forscher nehmen gerne die Schützenhilfe neurophysiologischer Untersuchungsergebnisse zur Erläuterung von Lernvorgängen in Anspruch (vgl. u.a. Roth 1991 und 2004; Singer 1992; Spitzer 2003; Sachser 2004), ohne die damit verbundenen Reduktionen zureichend zu thematisieren. Zu diesen Verkürzungen gehört auch die Vernachlässigung der qualitativen Seite der Zeit, die zwar erlebt, aber nicht datiert werden kann. Insbesondere die Frage nach dem Anfang des Lernens wird dadurch trivialisiert. Wenn Lernen nur noch als Informationsverarbeitung, als Programmänderung im Gehirn betrachtet wird, welches dergestalt auf sich selbst reagiert, dann ist das Anfangen wie ein Anschalten. Die Frage nach der Verwicklung des Lernenden in das Ereignis des Anfangens oder nach *unentstandenen Anfängen* hat in diesen Konzeptionen keinen Ort. Maßgebend ist allein die Zukunft der Hirnarchitektur. Damit verbindet sich die Drohung, dass es für alles ein *zu spät* gibt. Hier besinnt man sich wieder auf das bereits betagte Konzept der sensiblen Phasen, welches das Schicksalhafte allen Anfangens mit umfasst. Aber auch hier kann man den unabschließbaren Regress nicht vermeiden: Bevor das Kind sprechen kann, kann es unglaublich viel verstehen. Bevor es mit dem Vis-à-vis des Sprechenden auch nonverbal kommunizieren kann, hat es pränatal Erfahrungen mit menschlichen Stimmen und insbesondere der mütterlichen Stimme gemacht. Die Frage nach dem Anfang des Lernens nähert sich der Frage nach dem Anfang der menschlichen Existenz.

Die Erläuterung menschlichen Lernens ist vor allem zu einer Sache der Zukunft geworden. Unsere Zukunft wird durch eine globale und vernetzte Wissensgesellschaft bestimmt. Daran ist zumindest zweierlei bemerkenswert. Zum einen kann die Frage aufgeworfen werden, welche nicht erst im achtzehnten und neunzehnten Jahrhundert Pädagogen beschäftigte, ob man nicht dem Verweilen mehr Bedeutung zumessen müsse als der Eile. (Vgl. Dörpinghaus 2005; 2007) Dieser bereits reich diskutierte Konflikt scheint heute in Technologien erledigt zu sein, bei denen die Ausrichtung auf Zukunft selbstverständlich und die Geschwindigkeit ein Wert an sich ist. Zum anderen kann man sich durch das Wort *Lerner* befremden lassen, welches aus dem Englischen bzw. Amerikanischen in unser pädagogisches Vokabular übernommen wurde. Im Deutschen konnten wir dem Lehrer vorher nur den Lernenden gegenüberstellen. Es ist stets interessant, darauf zu achten, was wir nicht in Worte fassen können. Dass wir auf der Seite der Lernenden kein Äquivalent für den Lehrer haben, kann daran erinnern, dass Lernen nur als Aktivität und nicht als Ergebnis in Erscheinung tritt, um es mit Nietzsches Worten zuzuspitzen: *„nur der Thäter lernt.*“ (Nietzsche 1988d, S. 331) Der heutige *Lerner* wird vor allem als selbstgesteuert, vernetzt und als einem Lernen ohne Ende ausgeliefert betrachtet. Dem selbst organisierenden Lernen werden Lehrer als *Entwicklungshelfer*, als *Prozessbegleiter*, als *Animateure*, als *Lernberater* und *Moderatoren* an die Seite gegeben. Es stellt sich ein eigentümlicher Befund ein: Lernen soll unabhängig vom Lehren begriffen werden. Irreführend wäre es dabei aber, an Sokrates zu denken, welcher von sich behauptete, in „Wahrheit [...] nie irgend jemandes Lehrer gewesen zu sein“ (vgl. Fischer 1997, S. 71ff.). Sokrates' Kunst der Elenktik war sehr viel mehr als eine bloße Begleitung. Sie konfrontierte den Lernenden mit sich selbst als Nichtwissenden, was stets eine schmerzhafte Selbstbegegnung bedeutete, der eine Art narkotischer Zustand vorausging.

Die Umorientierung der Thematisierung des Lernens von der Frage nach seiner Herkunft zu einer Frage der Zukunft geht einher mit den anderen Temporalisierungsprozessen der Moderne, die im Allgemeinen mit der von Koselleck so benannten Sattelzeit beginnt. Die wachsende Aufmerksamkeit gegenüber den individuellen Leistungsmöglichkeiten war verbunden mit einer Kritik an der bestimmenden Bedeutung der Herkunft. Es entsteht ein Konzept von *der* Zukunft (vgl. Hölscher 1999, 34ff.), welches das Ganze aller zukünftigen Dinge nicht nur als Zeitform, sondern auch dem Inhalt nach bezeichnet. Koselleck erinnert in diesem Zusammenhang an Jacob Grimms Verständnis von *erfahrung*, das sich vor allem auf Aktivitäten wie Erkundung, Erforschung und Prüfung bezog und damit in unmittelbare Nähe zum griechischen *historein* rückt, das erst in zweiter Linie Erzählen meint und in erster Erkunden und Erforschen. Im Verlaufe der frühen Neuzeit verliert Erfahrung ihre Dimension des Forschens und Erkundens zugunsten der stärkeren Betonung des Gewahrens und Vernehmens. (Vgl. Koselleck 2000, S. 28) Grimm bedauert diese Ausdifferenzierung und bezweifelt, ob tätige Kunde von erleidender Wahrnehmung zu trennen sei. Vor diesem Hintergrund attestiert Koselleck Kant, dass dieser die gesamte Fülle der Bedeutung von Erfahrung wiedergewonnen habe, indem er einen rezeptiven bzw. anschauenden und einen aktiven bzw. urteilenden Anteil anerkenne. Erfahrung sei doppelseitig, weil sie sowohl auf die Wirklichkeit als auch auf deren Erkenntnis verweise. (Vgl. ebd., S. 29) Im Hinblick auf den Anfang der Erkenntnis führt diese Doppelseitigkeit zu nicht unerheblichen Problemen. Kant unterscheidet nämlich einen logischen von einem zeitlichen Anfang. Wie auch in vielen anderen Hinsichten bricht Kant hier mit einer neben der platonischen Tradition wechselhaft bedeutungsvollen aristotelischen Überlieferung. Aristoteles hatte keine Veranlassung, das Prinzipielle vom Zeitlichen zu trennen. Er reagierte mit seiner Lerntheorie auf Probleme, die durch Platons Verständnis vom Lernen als Wiedererinnern entstanden waren. Platon seinerseits hatte mit seiner Anamnesislehre das überlieferte eristische Paradox von Suchen und Finden auflösen wollen, das eine der ganz frühen Fassungen der Frage nach dem Lernanfang darstellt. Beide – Platon und Aristoteles – antworten mit ihren Vorschlägen auf die beunruhigende Einsicht, dass Lernen als solches immer schon etwas voraussetzt. In beiden Versionen wird kenntlich, dass Lernen im Sinne der Eröffnung einer neuen Erkenntnishinsicht, einer anderen Wahrnehmungsperspektive und auch Handlungsweise letztlich der Initiative des Betroffenen entzogen ist. Einmal müssen mit Assistenz der Sinne unvergängliche Ideen wiedererinnert werden. Das andere Mal muss ein Vorwissen, welches aus einer lebensweltlichen Bekanntheit von Dingen, also vor allem aus einer sinnlichen Vertrautheit besteht, in ein wissenschaftliches Wissen umstrukturiert werden. Zugespitzt ausgedrückt, findet sich der vergewissernde Grund einmal im Reich der Ideen, das andere Mal in den Dingen selbst, in welchen das Allgemeine als Möglichkeit ruht. In beiden Fällen lernt der Lernende nicht nur etwas über die Sache, sondern auch über sich selbst. Er bringt sich als jemanden in den Blick, der sich und die Dinge anders sehen muss. Das jeweils Neue wird dem Alten abgerungen und nicht lediglich hinzugefügt.

Im Unterschied zu Aristoteles hebt Platon das Schmerzhafte der Umkehrbewegung hervor. Im Unterschied zur *epagoge* spricht er von einer *periagoge*, also nicht von einem Aufstieg des Wissens, sondern von einer Umwendung. Mit seiner Erinnerung an den Geburtsschmerz zeigt er gleichzeitig auf ein weiteres Strukturmoment des Anfangens von Lernen. So wie ich den Beginn meines Lebens in strengem Sinne nicht erfahre, so entzieht sich mir das Ereignis des Lernanfangs. Das Neue wird im Leiden ans Licht der Welt oder der Vernunft gebracht. Während Platon noch den positiven Sinn des Negativen herausstreichen kann, wird dies für Aristoteles schwieriger, weil für ihn das Leiden zu den Affekten zählt, der *nous* aber „unleidensfähig" [ἀπαθής] ist. (Aristoteles, Über die Seele, III. 5 430a, 18) In Bezug auf den *logos* werden Lernen und Leiden zu Gegensätzen. (Vgl. Dörrie 1956, S. 337) Das Leiden wird im Hinblick auf das Wirken wie die Materie im Vergleich zu den Prinzipien als weniger ehrwürdig eingeschätzt. Lernen wird von Aristoteles explizit auf Wissen bezogen. Der göttliche Intellekt in uns wird als nichtleidend gedacht. Dennoch muss auch dieser Intellekt affiziert werden können, damit er erkennen kann. Aristoteles bestimmt hier die vergängliche Vernunft als leidensfähige (*pathetikos nous*). Diese Art passiver Intellektualiät repräsentiert eine komplexe Struktur, die uns zu denken heute schwerfällt. Um einzelne Dinge in der Wirklichkeit erkennen zu können, bedarf der Denkende nach Aristoteles der Wahrnehmung. Prinzipien denkt die Vernunft ohne einen Rückgriff auf die sinnliche Wahrnehmung. Sie müssen sich allerdings dem Denken anbieten: „das Denken wird zwar von den Erkenntnisgegenständen affiziert, erleidet somit etwas, jedoch nicht so wie ein Wahrnehmungsorgan etwas erleidet, dessen Funktion nämlich außer Kraft gesetzt wird, wenn es von einem übermächtigen Wahrnehmungsgegenstand affiziert wird; zu starkes Licht etwa blendet das Auge. Für das Denken aber gilt: Je erhabener der Denkgegenstand, desto besser wird er vom Denken erkannt." (Mojsisch 2001, S. 137) Die Rede vom „leidenlosen Leiden" erinnert an Platons Betonung des „unentstandenen Anfangs". (Platon, Phaidros, 245c) In diesen wie in anderen Beispielen (vgl. auch Stravoravdis 2003) finden wir im Griechischen eine Möglichkeit, die Verwicklung des Menschen in Gegebenheiten zu verstehen, ohne ihn im Sinne der modernen Figur eines souveränen Subjekts zu begreifen. Es handelt sich gerade beim Anfangen von Lernen und Erkennen um eine eigentümlich aktive Passivität, die Verwirklichung einer Möglichkeit, welche sich als solche allererst in der Umsetzung zeigt.

Das sprichwörtliche *pathos – mathos* findet seinen schönsten literarischen Ausdruck durch Aischylos: „*pathei mathos*" (durch Leiden lernen) in der dritten Strophe des Eingangschores aus dem *Agamemnon*:

> „Zeus führt uns der Weisheit Pfad:
> Leid ist Lehre,
> Ewig steht dies Wort.
> Statt schmerzvergessenden Schlafes
> Rieselt die Qual zum Herzen
> Und widerstrebend
> Werden wir klug;
> Gewaltsam führen die Götter die Ruder,
> Verleihen die Weisheit."

Der Schlaf lässt den Schmerz vergessen und macht Lernen unmöglich. Zum Lernen in diesem Sinne gehört nämlich die empfundene Qual, das Leiden unter unserem Nichtwissen, das Widerstreben, ins Licht der Wahrheit zu schauen, welches dem Schlafenden fremd ist. Dieses Widerfahrnis gründet darin, dass wir das Vertraute, das Gewohnte und das Heimische bevorzugen (vgl. Deibl 2005), dass wir uns nicht in Unruhe versetzen lassen, nicht den Boden unter den Füßen verlieren wollen. Zeus ist in diesem Zusammenhang der Lehrer, welcher einen Weg kennt, der zur Weisheit führt. Dies deutet auch darauf hin, dass der Wissende hier nicht mehr wie noch bei Homer als der durch Göttergaben Beschenkte betrachtet wird, der nur gelegentlich der Unterstützung bedarf, wobei diese Unterstützung diskret verlaufen musste und den Betreffenden auf keinen Fall beschämen durfte. Der Ruhm hatte in der Öffentlichkeit stets an erster Stelle zu stehen. Noch Sokrates wird man kritisieren, weil dieser seine Gesprächspartner in peinliche Situationen verwickelt, in ihrer Unwissenheit beschämt und auf die Destruktion des Mitgebrachten zielt.

Wir können an dieser Stelle festhalten: Die Entwicklung des Lernverständnisses folgt in unserer westlichen Tradition einer vorherrschenden Tendenz, nämlich von der zunächst vor allem bedeutsamen Herkunft geht der Weg zu einer beinahe ausnahmslosen Vorherrschaft der Zukunft. Von der aristokratischen Attitüde (vgl. Snell 1973, S.182), etwas gewohnt zu sein und es nicht anders zu kennen, aber auch nicht anders kennen lernen zu wollen, spannt sich der Bogen bis zu einer ler-

nenden Weltgesellschaft, welche durch sich selbst organisierende Systeme betrieben
wird und ihre Aktivitäten ausschließlich an der Zukunft misst.

> Pindar hält die Haltung der Herrschenden in den Olympien fest:
> „Viele rasche Geschosse [d.h. ‚treffende Worte'] hab ich zur Hand
> Im Köcher,
> Zu Verständigen redenden Munds, der Allgemeinheit mangelt's
> An Deutern. Kundig (σοφός) ist, wer vieles innehat von Natur:
> Lernekluge, gellen Tones allesbeschwatzend, krächzen wie Raben Sinnberaubtes
> Gegen den heiligen Vogel des Zeus [den Adler]."
> (Zit. nach Ballauff 1969, S. 41)

Heute ist die Lage mehrdeutig. Das, was „man innehat von Natur", wird mit den
genetischen Dispositionen als relevant für die personale Entwicklung erachtet. Dass
das Erbgut eine Rolle spielt, wird kaum bestritten, diskutiert wird allerdings das
Ausmaß dieser Bedeutung. Hirnphysiologische Forschungsergebnisse sprechen dafür, dass nicht alles angelegt ist, sondern dass Entwicklung abhängig von Umwelt-
einflüssen verlaufe. Lernen wird dabei in Anlehnung an Computersysteme vor allem als Gedächtnisbildung thematisiert. Dieser Prozess wird als Speichervorgang
von Informationen gesehen, in dem das Gehirn selbstbezüglich fungiert. Es prägt
erfolgreiche Strukturen aus und tilgt unbrauchbare. Der Weg geht also von einer
Überfülle an Möglichkeiten zu einer begrenzten Anzahl von Verknüpfungen. Am
Ende steht eine in zunehmendem Maße veränderungsresistente Hirnarchitektur,
die auf wundersame Weise zur Lebenswelt und ihren Herausforderungen *passt*. Von
erfahrungsabhängigen Entwicklungen wird gesprochen. Gemeint sind Veränderungen so genannter neuronaler Netze, die auf die Interaktion von cerebralen Aktivitäten mit der Umwelt zurückgehen. Sowohl Behavioristen, Kognitionswissenschaft-
ler als auch Phänomenologen sprechen in ihren Lerntheorien von Erfahrung. Das
ist möglich, weil diesem Begriff eine unreflektierte Evidenz innewohnt, die er mit
dem Begriff Lernen teilt. Es wäre zu prüfen, in welchem Ausmaß die Bezugstheori-
en in der Lage sind, nicht nur den gesunden Menschenverstand zu beanspruchen,
sondern mit ihren eigenen Mitteln Erfahrung terminologisch zu bestimmen. Bevor
sich das letzte Kapitel des Buches dieser Frage widmet, soll zunächst das Anfangen
als Erfahrung thematisiert werden.

Im Griechischen gibt es ein Medium des Verbs *anfangen*: *archomai*. (Vgl. Xenophon: Kyropädie, S. 652 und ders.: Erinnerungen an Sokrates, S. 156) Diese mediale Form ist uns heute im Deutschen unvertraut und nur sehr schwer auszudrü-
cken. Dennoch kennen wir Akte, welche medialen Charakter haben, etwa *sich freu-
en, sich täuschen* oder auch *geboren werden, altern* und *aufwachen*. Allen diesen
Vollzügen ist gemeinsam, dass wir selbst daran beteiligt sind, ohne sie auszulösen.
Wir sind dabei nicht lediglich passiv, aber auch nicht ausschließlich aktiv. Das Subjekt „vollbringt etwas, was sich an ihm vollzieht". „Im Medium, [...], zeigt das Verb
einen Prozeß an, dessen Sitz das Subjekt ist; das Subjekt befindet sich innerhalb des
Prozesses." (Benveniste 1974, S. 194) Noch sind jemand und etwas nicht als Sub-

jekt und Objekt konfrontiert. Zu lernen anfangen, ist ein solcher Vollzug, in dem
eine Möglichkeit verwirklicht wird, ohne dass eine Entscheidung vorausginge.
Ebenso wenig, wie ich mir vornehmen kann, morgen früh mit dem Staunen zu
beginnen, kann ich mir in strengem Sinne einen Zeitpunkt wählen, um mit dem
Lernen anzufangen. (Vgl. Waldenfels 1994, S. 214 ff.)

Es ist erhellend, darauf zu achten, wie dieses eigentümliche Anfangen ohne eigenen Entschluss in unterschiedlichen Erörterungen des menschlichen Lernens betrachtet wird, die hier nur gestreift werden können. Als eine berühmte Antwort auf
diese Versagung eines eigenmächtigen Beginnens kann Platons Anamnesis-Lehre
interpretiert werden. Menschen müssen lernen, weil sie durch ihre leibliche Geburt
die Privilegien der unsterblichen Seele eingebüßt haben, alles in Erfahrung gebracht
zu haben. Mühsam erinnern sich die Einzelnen an Ideen, indem sie im Gespräch
mit anderen nicht nur die Untauglichkeit ihres Wissens in Erfahrung bringen, sondern auch sich selbst als Wissende in Zweifel ziehen. (Vgl. Benner 2003, S. 97ff.)
Wie bei der Geburt ist der Schmerz Voraussetzung für die Entstehung des Neuen
Der Preis der sinnlichen Welt ist das Vergessen der Ideen. Mit einer Versagung beginnt das menschliche Lernen. Es handelt sich um ein *Vergessen des Unvordenklichen*, welches niemals Gegenstand unserer Erfahrung war, das aber dennoch als
Quelle der Erinnerung fungiert: Sie erwächst – wie Ricœur formuliert – aus „dem,
was die Geburt nicht auszulöschen vermochte und wovon sich das Wiedererinnern
ernährt. So ist es möglich, zu *lernen*, was man auf eine gewisse Weise nie zu wissen
aufgehört hat." (Ricœur 1998, S. 133f.) Der Entzug, durch welchen das Reich der
Ideen charakterisiert ist, erweist sich darin, dass der Weg zu ihm nur über den Tod
führt.

Wie kaum ein anderer hat Platon das Schmerzhafte beim Lernen, insbesondere
beim Anfangen des Lernens betont. Sein berühmtes Höhlengleichnis kann in dieser Hinsicht nicht nur als Bildungs-, sondern auch als Lerntheorie aufgefasst werden: Von denen, die in der Erdhöhle ihr Leben lang an einen Ort gefesselt waren,
ohne den Kopf wenden zu können, und die deshalb die Schatten, die von einem
Feuer, gleichsam einer Sonnenimitation, an die Höhlenwand geworfen wurden,
für das wahre Wirkliche halten mussten und schließlich auch wollten, wird einer
entfesselt und genötigt, auf das Sonnenlicht zuzugehen, das durch eine lang ge-
streckte Öffnung oben zu sehen ist. Dieser Aufbruch zum Licht hat zunächst gar
nichts von einem Jubel über die Begegnung mit einer Idee als solcher. Der Betroffene wird im Gegenteil in mehrfacher Hinsicht zum Opfer seiner Befreiung. Ins Sonnenlicht zu blicken, blendet ihn und schmerzt seinen Augen. Der Blick zurück in
die Höhle ist vom Nachflimmern beeinträchtigt, so dass er weder die Idee des Guten schauen noch sich in den Schutz der bloßen Meinung und sinnlichen Wahrnehmung zurückziehen kann. Dieser Zustand der Schwebe markiert den Anfang
des Lernens: Das Neue wird noch nicht verstanden, dem Alten wird nicht mehr
getraut. Wer wollte schon freiwillig in eine solche unbequeme Lage geraten? Der
Spott seiner Höhlenmitbewohner ist dem Zwangsbefreiten deshalb sicher. Sie werden lieber den töten, welcher ihnen die Fesseln abnimmt, als diese Qual des Lernens auf sich zu nehmen. (Vgl. Platon, Politeia, 514a ff.)

Platon unterscheidet sehr genau zwischen den Schmerzen, welche das ungewohnte Sonnenlicht verursacht, und dem Unbehagen, das entsteht, wenn man aus der Lichtfülle ins Reich der Schatten hinabsteigt. Nur die erste Lebensweise ist glücklich zu nennen. Die zweite ist lediglich zu bedauern. Anfangen zu lernen heißt nicht anfangen zu sehen. Sehen konnten die Gefesselten auch vorher, wenn auch nur Schatten. Die Umlenkung oder Umwendung der Seele gründet in einer Sehstörung. (Vgl. ebd., 521c) Das Sehen muss daraufhin in eine taugliche Richtung gebracht werden. Dies ist auch die Kunst des Lehrens, das nicht wie bei den Sophisten davon ausgeht, dass Lernen bedeute, dem Blinden gleichsam Augen einzusetzen (vgl. ebd., 518b f.) oder so zu tun, als wäre „die Weisheit so ein Ding […], dass sie aus dem Volleren in den Leereren von uns flösse, wenn wir einander berühren, wie das Wasser in den Bechern, das durch den Wollfaden aus dem volleren in den leereren fließt." (Platon, Symposion, 175d f.) Die Komplikation des Lernens besteht darin, dass wir Augen haben, auch wenn sie „mit barbarischem Schlamm" verschmiert sind (vgl. Platon, Politeia, 533d) und dass wir keine leeren Gefäße sind, sondern nur mit anderem gefüllt. Das Anfangen des Lernens gründet in einer Störung eines unter anderen Umständen verlässlichen Vollzuges. Diese Störung ist ein Widerfahrnis und niemals Ergebnis eines Entschlusses. Ich kann zwar wollen, nicht gestört zu werden, und dafür Sorge tragen, aber nicht, gestört zu werden, und erfolgreich darauf warten.

Aristoteles betrachtet die Ideen nicht länger wie sein Lehrer Platon als die wahre Wirklichkeit. Das Allgemeine, das Wesen einer Sache, bedarf des Einzelnen, um zu sein. Eine ewige Ideenwelt, die unabhängig von Einzeldingen existieren kann, ist ihm zufolge nicht zu denken. Das hat Folgen für das Verständnis des menschlichen Lernens. Aristoteles verwirft die platonische Auflösung der sophistischen Paradoxie von der wechselseitigen Voraussetzung von Suchen und Finden: „Aber nichts, dünkt mich, hindert, daß man was man lernt, in einer Weise weiß und in einer anderen Weise nicht weiß. Denn es ist keine Ungereimtheit, wenn man nur irgendwie weiß was man lernt, sondern wenn man es schon so und so weiß, nämlich in der Hinsicht und in der Weise, wie man es lernt." (Aristoteles, Zweite Analytik, I,1 71b, 7ff.) Weil das Allgemeine immer nur in Gestalt des Einzelnen auftritt, gibt es grundsätzlich zwei Weisen der Begegnung mit ihm: Wir wissen von der Sache in der Hinsicht des ihr angemessenen Prinzipiellen. Wir wissen aber von ihr auch in der Perspektive des für uns bekannteren Allgemeinen. Der Entzug des Anfangens liegt nicht in einem Ideenreich, das wir lebend nicht erfahren, sondern darin, dass wir es mit einer Möglichkeit zu tun haben, die sich als solche erst in ihrer Verwirklichung zeigt. Als Wiedererinnerung wie auch als Umstrukturierung eines Vorwissens ist Lernen der eigenen Entschlusskraft entzogen. Wir sind immer schon von anderen Menschen, aber auch von uns selbst und den Dingen in Anspruch genommen, bevor wir in bestimmter Weise darüber sprechen. In dieser Perspektive stehen sich Platon und Aristoteles in ihren Auffassungen vom Lernen trotz aller Unterschiede nahe. Lernanfänge werden nicht gesetzt, sie bedeuten Irritationen eines Vollzugs, in welchen sie einschneiden.

In der Einleitung zur *Kritik der reinen Vernunft* hält Kant das vertrackte Problem des Anfangens mit folgenden Worten fest: *„Daß alle unsere Erkenntnis mit der Er-*

fahrung anfange, daran ist gar kein Zweifel; denn wodurch sollte das Erkenntnisvermö-
gen sonst zur Ausübung erweckt werden, geschähe es nicht durch Gegenstände, die unse-
re Sinne rühren und teils von selbst Vorstellungen bewirken, teils unsere Verstandestätig-
keit in Bewegung bringen, diese zu vergleichen, sie zu verknüpfen oder zu trennen, und
so den rohen Stoff sinnlicher Eindrücke zu einer Erkenntnis der Gegenstände zu verar-
beiten, die Erfahrung heißt? Der Zeit nach geht also keine Erkenntnis in uns vor der
Erfahrung vorher, und mit dieser fängt alle an.

Wenn aber gleich alle unsere Erkenntnis mit der Erfahrung anhebt, so entspringt sie
darum doch nicht eben alle aus der Erfahrung." (Kant, Kritik der reinen Vernunft,
B1) Kant beschreibt den Beginn des Erkennens wie das Erwachen, wie das Erwecken des Erkenntnisvermögens zum Zwecke seiner Ausübung. In diesem Bild hält
er den medialen Charakter des Anfangens fest. Trotz aller Unterschiede klingt hier
der *pathetikos nous* im Sinne von Aristoteles nach. Kant bleibt dieser Übergang allerdings verdächtig, weil nicht ganz genau zu unterscheiden ist, was unser eigenes
Erkenntnisvermögen in diesem Moment leistet und was durch sinnliche Eindrücke
bloß veranlasst ist. Eine solche Scheidung von allem Sinnlichen müsste Erkenntnisse *a priori* zurücklassen, die unbeschadet vom Zahn der Zeit sind. Die Differenz
von Anheben und Entspringen, gleichsam das Aufwachen der Vernunft, hinterlässt
Spuren in weiteren Bestimmungen des Lernens.

So kann sich Kant ein Apriori denken, das erworben ist. Er unterscheidet in seiner Streitschrift gegen Eberhard eine ursprüngliche von einer abkünftigen Erwerbung *acquisitio originaria – acquisitio derivativa.* Nur die derivative Erwerbung bedeutet Lernen. Eine ursprüngliche Erwerbung bezieht sich auf das, „was das Subjekt der Erwerbung ursprünglich erzeugt" (vgl. Buck 1989, S. 25), was also von
keinem anderen vorgängigen Besitz abhängig ist. (Vgl. Kant, Über die Entdeckung,
B 68 ff.) Kant reagiert mit der Bestimmung der unterschiedlichen Erwerbungen
auf die Unterstellung angeborener Ideen, deren Annahme die Grenzen der Vernunft übersteigt. Er unternimmt den akrobatischen Akt, Ursprünglichkeit und
Gewordenheit zusammenzudenken. So ermöglicht er es auch, dabei zu bleiben,
dass apriorische Erkenntnisse nicht aus der Erfahrung stammen, zugleich aber nur
bei „Gelegenheit von Erfahrung" von ihren empirischen Bedingungen befreit werden können. (Vgl. Kant, Kritik der reinen Vernunft, A 66) Dass unsere Erkenntnis
nicht allein aus der Erfahrung *entspringt,* bedeutet, dass sie apriorischer Bestimmungen bedarf, welche nicht gelernt werden können. „Zwischen mir und meiner
Empfindung liegt die Dichte eines *ursprünglichen Erwerbs*, die mir eine gänzlich
sich selber klare Erfahrung verweigert. Ich erfahre die Empfindung als Modalität
einer allgemeinen Existenz, die je schon einer physischen Welt sich ausgeliefert hat,
die mich durchdringt, ohne dass ich ihr Urheber wäre." (Merleau-Ponty 1966,
S. 254)

In der Philosophie unserer Zeit wird daher vor allem in phänomenologischen
Konzeptionen die spannungsreiche und fragile Struktur unserer Erfahrung betont.
(Vgl. Waldenfels 2002) Erfahrung ist in dieser Hinsicht niemals unmittelbar bei
den Dingen, insofern taugt sie nicht so ohne weiteres als Anfang des Lernens. Sie
ist durch Bruchlinien gekennzeichnet, welche sie verwundbar machen. Der Anfang

des Lernens ist in diesem Sinne keine Initiative, sondern eine Antwort auf einen Anspruch. „Dieses Antworten ist [...] ganz und gar vom Getroffensein her zu denken, in der *Nachträglichkeit* eines Tuns, das nicht bei sich selbst, sondern beim anderen beginnt, als eine Wirkung, die ihre Ursache übernimmt. Der Antwortende tritt primär auf als der, *dem* etwas widerfährt und widerfahren ist. Diese Verzögerung läßt sich niemals aufholen; um sie aufzuholen, müßte ich mein eigenes ‚Vor-Sein' aufholen, obwohl dieses unauflöslich mit fremden Einwirkungen verquickt ist." (Waldenfels 2002, S. 59) In dieser Perspektive hat jedes Lernen, selbst die Übung, auch die Wiederholung, die Dimension einer eigentümlichen *Neuschöpfung*, die sich rückwirkend auf das eigene Agieren richtet und „von der ab die Geschichte des Verhaltens sich qualitativ ändert." (Merleau-Ponty 1976, S. 112) Im Lernen ereignet sich eine Reprise unserer eigenen Geschichte, die alles in einem neuen Licht sehen lässt, weil es als solches allererst beleuchtet wird, eine Art „ursprüngliche Erwerbung", weil die Möglichkeit erst bei Gelegenheit von Erfahrung entsteht. „Ein Anfang ohne Anfang ist möglich als Antwort; der Mensch als Antwortender ist ein Beweger, der bewegt wird." (Dörpinghaus 2003, S. 456)

Lenkt man aus dieser Perspektive den Blick zurück auf die derzeitige Bezauberung des Lerndiskurses durch die Hirnforschung, so könnte sich Ernüchterung breitmachen. Anfänge des Lernens sind mehr als genetische Dispositionen, die durch eine Ökonomie der Zeitfenster organisiert und durch die Anregung des Stoffwechsels im Gehirn beschleunigt werden. Sie bedeuten auch anderes als das Einschalten eines Stromkreises. Ohne Gehirn gäbe es sicherlich kein Anfangen des Lernens, aber anfangen zu lernen ist anderes als ein bloßer Impuls im neuronalen Netz. Der inchoative Charakter eines Ereignisses, das wir erleben, ohne es zu verursachen, welches wir vollbringen, ohne es hervorzubringen, findet keinen Ort auf dem Feld purer Aktivität und keine Sprache in digitalen Modellen. Florey, der nicht nur vom Standpunkt eines Philosophen, sondern auch aus dem Blickwinkel eines Biologen und Wissenschaftshistorikers die Geschichte der Hirnforschung untersucht, verallgemeinert die Problemlage, indem er sagt: „Die heutigen Kenntnisse über die Gehirnmaschine sind, verglichen mit dem Wissensstand etwa der letzten Jahrhundertwende [scil. vom neunzehnten zum zwanzigsten Jahrhundert], überwältigend. Angesichts der Bedeutung der Frage nach dem Zusammenhang von Gehirn und Geist (um diese einfache Metapher zu benutzen) sind sie immer noch ungenügend. Diese Einsicht macht bescheiden. Was wir aus der Sicht der Philosophen – und der Psychologen – über den Geist wissen, ist mehr als das, was uns die Hirnforschung über diesen Geist lehren kann." (Florey 1996, S. 84)

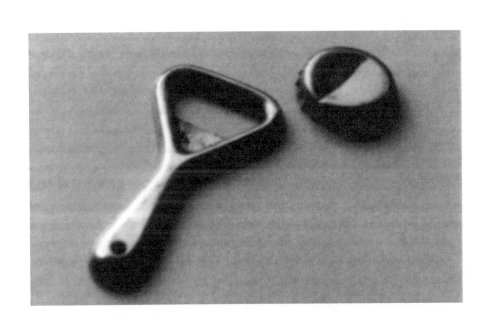

6. Der Einspruch der Dinge

„Il n'y a pas de vision sens pensée. Mais il ne *suffit* pas
de penser pour voir: […]."
(Maurice Merleau-Ponty, L'Œil et l'Esprit)

„Das Gehirn nahm sich huckepack und las sich selbst,
genau wie die Welt."
(Richard Powers, Das Echo der Erinnerung)

Hans ordnet den Nachlass von Arne, der als Pflegekind in seine Familie kam und
der sich in der Elbe ertränkte. „Ach, Arne, an diesem Abend brachte ich es einfach
nicht fertig, deine Hinterlassenschaft einfach einzusammeln und still wegzuräu-
men und für unbestimmte Zeit in die ewige Dämmerung des Bodens zu verban-
nen. Zuviel kam da herauf und bot sich an, jedes Ding bezeugte etwas, gab etwas
preis, wie von selbst stiftete es dazu an, Vergangenheit zum Reden zu bringen."
(Lenz 1999, S. 8) Dinge von Verstorbenen gewinnen für die Hinterbliebenen oft
ein eigentümliches Gewicht. Über ihren Gebrauch hinaus weisen sie auf geteilte
Erfahrungen, auf gemeinsame Freude und erlebtes Leid. Sie erinnern an Vorlieben,
an Schrullen. Sie fungieren als Nachbild gelebter Erfahrungen, welche sich in ihnen verdichten. Sie tragen Spuren. Die banalsten Sachen wie ein nahezu unbrauchbarer Dosenöffner, eine oftmals geklebte, eigentlich unansehnliche Kaffeedose, eine zerkratzte Leselupe strahlen und halten eine Art stummen Kontakt am Leben.

Merleau-Ponty, der sich in seinem Philosophieren immer wieder durch die Sicht
von Kindern irritieren und bereichern ließ, hat die Dinge einmal als „Beinahe-Ka-
meraden" bezeichnet. Man kann sie zwar nicht als Gesprächspartner im strengen
Sinn betrachten, aber sie sind „Dornen in meinem Fleisch" (Merleau-Ponty 2004,
S. 234). Dinge begegnen uns nicht lediglich als Sachen, die wir registrieren oder
nicht. Sie teilen mit uns die Materie und bieten uns Widerstand. Wir können sie
im wahrsten Sinne des Wortes begreifen. Wir können über sie stolpern. Wir gehen
ihnen aus dem Weg. Sie rivalisieren miteinander. Sie stellen Ansprüche an uns und
fordern uns heraus. (Vgl. Lewin 1926, S. 317) Sie ziehen uns in ihren Bann. Dinge
überraschen uns, indem sie Assoziationen hervorrufen – glücklicherweise oder be-
klemmend schmerzlich. Wir sammeln sie. (Vgl. Sommer 1999) Wir zerstören sie.
Wir bewundern sie. Sie gehen uns etwas an. Sie verzaubern und verraten uns. Als
Kompagnons können sie uns nämlich auch in den Rücken fallen. Das dunkle Haar
auf der weißen Keramik liefert den heimlich Besuchten aus. Die Kekskrümel brechen das Geheimnis der Naschkatze. Die Dinge werden uns verraten – das be-

fürchten die Zofen, die in der Abwesenheit der Herrschaften mit fremdem Luxus spielen. Die Dame des Hauses wird die Spuren bemerken, sie „bewegt sich mitten unter den Dingen, die sie zähmt und entziffert. [...] Alles wird sprechen." (Genet 1957/1946, S. 56f.)

Alles soll sprechen! Dies war ein listiger Plan der Reformpädagogin Maria Montessori: „Nicht nur die Gegenstände zur Sinneserziehung und zur Bildung, sondern alles in der Umgebung ist so vorbereitet, daß die Fehlerkontrolle leicht gemacht wird. Von den Möbeln bis zu dem Entwicklungsmaterial sind alle Gegenstände Verräter, vor deren warnender Stimme man nicht fliehen kann. [...] So wird die gesamte Umgebung zu einem strengen Erzieher, zu einem aufmerksamen Wachtposten. Jedes Kind empfindet seine Warnungen, als stünde es ganz allein vor diesem unbeseelten Lehrer." (Montessori 1996, S. 117) Die Dinge sind neben der Natur und den Menschen wichtige Erzieher, so betont auch Jean-Jacques Rousseau. Sie bilden unsere eigentliche Erfahrung, indem sie uns etwas antun. (Vgl. Rousseau 1966, S. 37)

Dinge sind in unserer Lebenswelt nicht lediglich Objekte mit bestimmten Maßen und Gewichten. Sie tauchen als Geschenke auf, vielleicht als solche, die *die Freundschaft erhalten*, aber auch als jene, in denen man sich selbst gibt. (Vgl. Langeveld 1968, S. 145f.) Dinge sind im Wege und sie sind zur Hand. Was wir im Alltäglichen erleben, etwa die Herausforderung des bunten Zauberwürfels, seine sechs Seiten durch knifflige Prozeduren monochrom zu gestalten, oder auch Gegenstände auszurichten, zu stapeln oder im Gegenteil zu verstreuen, Tuben und Flaschen zu schließen, an ihnen zu riechen, sie zu betasten und vieles mehr, wird kaum hinübergerettet, wenn es um Lernen geht. Hier dominiert alsbald die kognitive Dimension. Wahrnehmungen spielen dabei oft auch dort noch eine untergeordnete Rolle, wo sie eigens hervorgehoben werden. Sie sollen etwa als *Kompensation* zu wissenschaftlichem und technischem Wissen sowie als Gegengewicht zu Nützlichkeitserwägungen dienen. Eine weitere Aufgabe, welche der sinnlichen Erfahrung gelegentlich zugewiesen wird, ist die *Motivation*, bevor das eigentliche Lernen beginnt. Geschickte Inszenierungen sollen den Lernenden dort abholen, wo er sich vermeintlich befindet. Sie dienen oft einem *Betroffenheitskult* oder einer angeblichen Schülernähe, welche Wahrnehmungen in gleicher Weise instrumentalisiert wie die bloße Kompensation. Es kommt kaum darauf an, ihre lebensweltliche Bedeutung zu entfalten, sondern sie gleichsam als Sprungbrett zu anderem zu nutzen.

Sinnlichkeit gehört allerdings nicht bloß als Ausgleich zu einer technologischen Wissensgesellschaft zum Lernen, sondern sie ist dem menschlichen Denken eigentümlich, das ohne sie weder möglich noch wünschenswert wäre. Dementsprechend bedeuten sinnliche Erfahrungen nicht eine Motivation, die ihr Werk getan hat, wenn das *eigentliche* Lernen begonnen hat. Sie begleiten das Lernen ständig, indem sie es anstacheln, aber auch indem sie im Wege stehen, weil sie den Lernenden an Konventionen binden, die schwer zu durchschauen sind. „Was der Leib gelernt hat, das besitzt man nicht wie ein wiederbetrachtbares Wissen, sondern das ist man." (Bourdieu 1987, S. 135) Dies einzusehen, ist deshalb so schwierig, weil wir uns daran gewöhnt haben, alles nach dem Muster des Denkens zu begreifen. Wir bestreiten den vorprädikativen Erfahrungen ihr Recht, weil sie sich gegen eine vollständige Abbildung in Sprache widersetzen und weil sie im *Gerichtshof der Vernunft* eigentümlich fehl am Platze wirken.

Die Rolle der sinnlichen Erfahrungen aufzuwerten, heißt jedoch nicht, einen *Betroffenheitskult* zu feiern, sondern meint eine *Hingabe* an die Sache. Die Dinge existieren, ohne dass wir sie denken – darin besteht die Wahrheit des Konstruktivismus. Aber wir verstehen sie nicht, ohne sie zur Sprache zu bringen. „Im Mittel des sprachlichen Ausdrucks wird die Sache vergegenwärtigt, gefunden wie erfunden, gemacht wie entdeckt. Er hebt sich von ihr ab, da er in seiner Gliederung immer zugleich das an ihr Ungesagte als Hintergrund vermittelt. […] Sprache verdeckt die Sache wie ein Kleid und bildet zugleich ihr Skelett, das ihr zur Aussagbarkeit und Figur verhilft. Sprache artikuliert, zerstückelt und tut der ungeteilten Sache, dem Gegenstand ‚selbst‘, Gewalt an und folgt ihr doch nur, schmiegt sich ihr an, läßt sie erscheinen, entbirgt sie." (Plessner 1983b, S. 176f.) Wie ein Kleid den Körper, so bringen Worte die Dinge in die Erscheinung, indem sie sie verhüllen. „Das Anschauen entspringt nicht frei aus einem erkennenden Wesen, so gar, daß mit diesem Ursprung auch schon das Angeschaute selbst vorhanden wäre, sondern dieses anschaubare Seiende muß sich von sich aus melden, d.h., es muß das erkennende Wesen selbst betreffen, es rühren, ihm gleichsam etwas an-tun und sich bemerkbar machen – es affizieren." (Heidegger 1977, S. 86) Dieser Anspruch wird im allgemeinen Umgang mit den Dingen oft vergessen. Gleichsam mit schlafwandlerischer Sicherheit kooperieren wir mit ihnen. Erst durch eine Störung, etwa wenn das Radiergummi nicht am angestammten Platz liegt, wenn die Uhr stehen bleibt, wenn das Auto nicht zu starten ist, wenn sich der Computer wie von selbst unseren Befehlen widersetzt oder diese sehr unerwartet missachtet, werden wir aufmerksam. Um es genau zu sagen: Dinge wecken unsere Aufmerksamkeit. (Vgl. Waldenfels 2004, S. 22) Es gibt eine Rätselhaftigkeit des Wahrnehmens, welche dem „Wunder des Bewusstseins" (vgl. Husserl 1980, S. 204; Merleau-Ponty 1966, S. 52) in nichts nachsteht.

Phänomenologie als Philosophie der Erfahrung sollte dieses Mirakel nicht vertuschen. Sie bleibt gezeichnet von den „Bruchlinien der Erfahrung" (Waldenfels 2002) und von der Schattenhaftigkeit der Lebenswelt, der sie entstammt. Ihre Verwicklung mit der Welt ist nicht aufzulösen. Die frontale Begegnung von Ich und Welt bzw. dem anderen sowie auch mit sich selbst, die Maß am göttlichen Betrachter nimmt, führt in die Weglosigkeit entweder eines bloßen Idealismus, der das Worüber seines Redens auf dem Weg der Erkenntnis verliert, oder eines bloßen Naturalismus, der – angekommen bei den Dingen – vergessen hat, warum er über sie reden sollte. Mit dem Computer hat sich ein solches Denken ein Epitaph geschaffen. Merleau-Ponty ersetzt das Bild einer frontalen Begegnung eines Subjekts mit seinen Objekten deshalb durch das Bild einer lateralen Verflechtung, einer obliquen Beziehung, einem Blick, der vom Himmel auf die Erde zurückkehrt und sich sowie seinesgleichen von der Seite betrachtet. Am Subjekt wird dabei dessen Verwandtschaft mit den Objekten ausgemacht, aber auch am Objekt wird erkannt, dass es seine spezifische Gegebenheitsweise nur der Intervention des Subjekts verdankt. Philosophie „ist offen für die Dinge, aufgerufen von den Stimmen des Schweigens und führt einen Artikulationsversuch fort, der das Sein eines jeden Seienden ist." (Merleau-Ponty 2004, S. 168)

Dieser Artikulationsversuch ist zerbrechlich. Er hat es schwer, sich Beachtung zu verschaffen, weil im Verlauf der westlichen Geschichte die imperiale Gebärde des erkennenden und herstellenden Subjekts jede Weisung, die nicht ihm selbst entstammt, als Mystik verwirft. Eine kleine Erinnerung an die Geschichte, in der unsere beredsame Welt gleichsam zum Schweigen gebracht wurde, soll im Nachstehenden dabei helfen, die Appelle der Dinge im Prozess des Lernens zu rehabilitieren. Dabei ist das Schweigen einer beredsamen Welt ganz konkret gemeint, wenn wir nämlich an die Zerstörung unserer Lebenswelt denken, die so schwer und vielleicht überhaupt nicht mehr aufzuhalten ist. Wider besseres Wissen wird die Atmosphäre belastet, die Erde weiter erwärmt, werden die Regenwälder abgeholzt, wird polares Eis zum Schmelzen gebracht, ist der Handel mit Waffen ein ubiquitäres Phänomen. Für die Entwicklung einer zunehmend abstrakteren Rationalität und für die Umgestaltung unserer Lebenswelt in eine bloße Lebensressource gibt es viele Gründe, die auch vielfach miteinander verwickelt sind. Es sollen daher aus diesem Knäuel nur einige Fäden herausgezogen werden. Dabei wird von folgender Annahme ausgegangen: Die Ausdifferenzierungen eines profanen Weltbegriffs tragen insbesondere seit dem neunzehnten Jahrhundert dazu bei, „das Denken von Welt immer mehr von Konzepten des Kosmos und der Natur zu lösen und immer weiter in Richtung der geschichtlich-sprachlich-sozialen Existenz des Menschen zu leiten. Nicht mehr eine kosmische Weltordnung ist als konstante Naturbühne dem menschlichen Leben vorgegeben (und in ihrer mathematisch-mechanischen Gesetzmäßigkeit vorrangige Erkenntnisaufgabe von Philosophie und Wissenschaft), sondern alles erfahrene und erfahrbare Sein wird zunehmend als Sinnkonstitutionsleistung des Menschen angesehen, der damit als eigentlicher Schöpfer seiner Welt erkannt ist." (Welter 1986, S. 22) In seinen Schöpfungstechnologien ist der Mensch längst beim Experimentieren mit menschlichem Erbgut angelangt. In der Geschichte der Selbstdeutungen des Menschen bildet die neuronale Maschine den derzeitigen Höhepunkt. (Vgl. Kapitel 3) Sie funktioniert wie ein Datenverarbeitungssystem, das geschlossen operiert, weil es nur auf interne Signale reagiert. Das menschliche Gehirn ist in diesem Zusammenhang zum absoluten Souverän avanciert. Nicht mehr das autonome Subjekt ist das Zentrum, um das alles kreist, sondern das Gehirn, das denkt, kommuniziert, bewertet, entscheidet, interpretiert und lernt. Was zu Beginn der Moderne noch als Problem gegenwärtig war, nämlich die Überzeugung, dass der Mensch in einem riskanten Spagat sowohl ein Teil der Welt ist als auch ihr Gegenüber, hat sich als Schwierigkeit verflüchtigt und nur den Eindruck hinterlassen, dass wir der Welt gegenüberstehen, und zwar als Denkende, Wahrnehmende und Handelnde, auf jeden Fall jedoch als Schöpfer.

Sowohl in zeitgemäßen systematischen pädagogischen Entwürfen als auch in Didaktiken und Lerntheorien scheint es derzeit mitunter so, als ob unsere Welt ausschließlich als das zu betrachten sei, als was wir sie konstruiert haben. Angeregt vor allem durch neurobiologische Forschungen, geht der so genannte Radikale Konstruktivismus davon aus, dass unspezifische Reize in den sensorischen Oberflächen unserer Sinnesorgane physikalische Ereignisse auslösen, die dann im Nervensystem verarbeitet werden. Kognition wird also zu einer *Interpretation* von internen und Umweltreizen. Erst das kognitive System mit Hauptsitz im Gehirn erzeugt Information, kurz: Es konstruiert. Es reagiert auf sich selbst. Radikal wird diese Position deshalb genannt, weil auf eine Realitätsannäherung überhaupt verzichtet werden soll. Dabei unterscheiden einige Vertreter *Realität* von *Wirklichkeit*, um anzuzeigen, dass es hier nicht um ontologische Debatten geht. Jenseits der Erscheinung unserer Welt mag es eine Welt geben. Über diese können wir aber weder etwas wissen noch etwas sagen. Diese Welt wird als Realität oder transphänomenale Welt bezeichnet. Im Unterschied dazu wird von Wirklichkeit gesprochen, wenn die Welt gemeint ist, die wir konstruieren. Die Wirklichkeit profitiert von der Realität; denn sie ist der Ort, an dem die Konstruktionen stattfinden. Was das menschliche Gehirn anlangt, so wird es von einer Doppeldeutigkeit heimgesucht, die jedem Monismus ein Horror ist. „Dasjenige Gehirn, das mich hervorbringt, ist mir selbst unzugänglich, genauso wie der reale Körper, in dem es steckt, und die reale Welt, in welcher der Körper lebt. Daraus folgt zugleich: Nicht nur die von mir wahrgenommenen Dinge sind Konstrukte der Wirklichkeit, *ich selbst bin ein Konstrukt.* [...] Dies bedeutet, daß das reale Gehirn eine Wirklichkeit hervorbringt, in der ein Ich existiert, das sich als *Subjekt* seiner mentalen Akte, Wahrnehmungen und Handlungen erlebt, einen Körper besitzt und einer Außenwelt gegenübersteht." (Roth 1994, S. 293) Nicht zu übersehen ist, dass sich das Mirakel des Bewusstseins unaufhaltsam einschleicht. Auf es zu verzichten, hätte zur Folge, dass die Konstrukte samt ihrer Konstrukteure verhungern und verdursten müssten. Auch Phänomenologen glauben nicht, an die Dinge selbst heranzugelangen. Sie begegnen jemandem oder etwas stets in der Differenz des *etwas als etwas.* „Das signifikative Als fungiert als Fuge oder Scharnier der Erfahrung, innerhalb deren es Sinn oder Bedeutung und Wahrheit gibt." (Waldenfels 2002, S. 378) Im Unterschied zum Konstruktivismus zeigen phänomenologische Überlegungen allerdings, „wie sich die Wirklichkeit *im Bewußtsein selbst* als *bewußtseinsunabhängig* herausstellt." (Tengelyi 2002, S. 793) Es gibt eine Sinnbildung, die nicht von der Sinngebung des Bewusstseins ausgeht. Etwas ist anregend. Etwas stört. Etwas ruft Erstaunen hervor. Etwas überrascht mich, oder ich habe einen Einfall. Dies widerfährt dem Bewusstsein, ohne dass es von ihm gestiftet wird. Diese Ereignisse lassen sich nicht nach Idee und Realität sortieren. Sie werden konkret, indem sie erfahren werden. Weder geht ihnen ein intentionaler Akt voraus, noch bilden sie eine Welt ab, die fertig vor ihnen liegt.

Aber diese Phänomene finden kaum Beachtung. Ihre Unkalkulierbarkeit hat sie diskreditiert. Das Denkkollektiv hat sie längst als Gespenster des Alltags ausgeschieden. Die Beobachtungstechnologien rechnen nicht mit ihnen, weil Kontingenzen durch ihre Optik fallen. Vielmehr scheint es entlastend zu sein, sich nicht mehr um die Erkenntnis der Realität bemühen zu müssen. Für Lehrende bedeutet dies, dass sie auch die Lernenden wie nicht-triviale, also autopoietische Maschinen zu betrachten haben, die physikalische Reize intern kognitiv verarbeiten, was lediglich kontingent mit den Akten der Lehrenden zusammenhängt. (Vgl. Luhmann 1991, S. 37) Konsequenterweise werden Versuche von Neucodierungen pädagogischer Phänomene vorgenommen, die nicht die inkriminierte Annahme einer wie auch immer bestimmten Erziehungsabsicht mit sich führen, etwa Lenzens Unterfangen, den Bildungsbegriff durch Konzepte der Selbstorganisation, Autopoiesis sowie Emergenz abzulösen und Erziehung als kurative Begleitung von Lebensläufen aufzufassen. (Vgl. Lenzen 1997a und b) Selbst wenn man diese Reaktion auf reale Ohnmachtserfahrungen und die übereilte Übernahme externer Theorieangebote für eine bloße Ausnahme halten möchte, kommt man nicht umhin, die auffällige Attraktivität systemtheoretischen Denkens im Sinne von Luhmann für pädagogische Entwürfe feststellen und die Faszination didaktischer Konzeptionen von Theoriefragmenten des Radikalen Konstruktivismus bemerken zu müssen. Auffällig ist, dass der Verabschiedung von Vorstellungen der Höherbildung des Menschengeschlechts und damit der Preisgabe modernen pädagogischen Selbstbewusstseins Verzichte auf wahrheitsfähige Erkenntnisse der Wirklichkeit entsprechen. Es handelt sich aber nicht nur um eine Demontage moderner pädagogischer Utopien und Hoffnungen auf Erkenntnis, sondern diesseits des wissenschaftlichen Rahmens ist unsere reale Lebenswelt bedroht. Konstruktivistische Konzepte spiegeln in dieser Hinsicht zentrale Merkmale unserer heutigen Zeit. Wir kennen kein Schicksal, sondern die Welt ist das, als was wir sie denken. In den Hintergrund tritt die unausweichliche Tatsache, dass wir jede Zerstörung unserer Welt auch uns selbst zufügen. Dass wir in unserem Erkennen funktionieren wie ein operativ geschlossenes System, ist nur eine Seite des Geschehens, die überzeugend daran erinnert, dass wir nicht wissen können, wie Realität und Sinn zusammenspielen. Die andere Seite besteht darin, dass wir auf gewisse Weise verdammt sind zum Sinn, wie Merleau-Ponty in Anspielung auf Sartre formuliert. (Vgl. Merleau-Ponty 1945, S. XIV)

In diesem Zusammenhang drängt sich die Frage auf, warum wir es für überzeugend halten sollen, dass wir unsere Welt konstruieren, warum wir nicht in gleichem Maße durch das Problem beschäftigt werden, warum wir überhaupt eine Welt konstruieren und warum dann so und nicht anders. Mit anderen Worten: Die Verlockung konstruierender Sichtweisen gründet in Konstellationen, die weit über bloß erkenntnistheoretische Entwicklungen hinausgehen und die ihre Plausibilität dadurch erhalten, dass sie die derzeit anziehendere Seite eines im Grunde mehrdeutigen Verhältnisses betonen, wobei andere Sichtweisen als rebellische Potenziale auf das Ende ihrer Unterdrückung lauern können. Allerdings besteht die Gefahr, dass in diesem Falle, also in Bezug auf die Weltlichkeit unserer Existenz, der Widerstand zum gänzlichen Schweigen gebracht wird. Eine Signatur prägt sich nämlich immer deutlicher aus: ob es sich um die moderne, globalisierte Industrie- und Kapitalgesellschaft handelt, um wissenschaftliche und technologische Fortschritte oder um Entwicklungen in der philosophischen Erkenntnistheorie: Alle bestreiten auf ihre Weise Ansprüche der Welt. Diese erscheint als ökonomisch abstrakt, erkenntnistheoretisch als unerreichbar und pädagogisch als verabschiedet.

Die Herausbildung der Negation unserer gelebten Welt könnte man in einem Streifzug durch die Entwicklung westlicher Wissenschaften auskundschaften. Also gehen wir mit Siebenmeilenstiefeln zurück: Die neuzeitlichen Wissenschaften beginnen mit dem Vorhaben, gegen den Augenschein gesetzmäßige Zusammenhänge anzunehmen und zu beweisen. Hat man das Gesetz entdeckt, so kann man das Beobachtete prinzipiell herstellen. Erkennen meint Herstellenkönnen. Galileis Zeitgenosse Kepler mahnt: „Wie das Ohr dazu geschaffen ist, den Schall aufzunehmen, und das Auge, die Farben wahrzunehmen, so ist der Geist geformt, nicht alles Mögliche, sondern Quantitäten zu verstehen. Er begreift ein gegebenes Ding umso klarer, je näher es sich auf seine Quantitäten zurückführen läßt; je weiter aber ein Ding sich von Quantitäten entfernt, desto mehr Dunkelheit und Irrtum wohnt ihm inne." (Zit. nach Ivanceanu/Schweikhardt 1997, S. 124) Im Rahmen dieser Betrachtung hat ein Offenbarungsglauben keinen Ort mehr. Bacon befindet sich noch im Übergang, wenn er feststellt: Die „Natur der Dinge offenbart sich mehr, wenn sie von der Kunst bedrängt wird, als wenn sie sich selbst frei überlassen bleibt." (Bacon 1990/1620, S. 57) Kant legt den einmal beschrittenen Weg fest und konstatiert: dass die Naturwissenschaftler „begriffen, daß die Vernunft nur das einsieht, was sie selbst nach ihrem Entwurfe hervorbringt, daß sie […] die Natur nötigen müsse, auf ihre Fragen zu antworten, nicht aber sich von ihr allein gleichsam am Leitbande gängeln lassen müsse, […]." (Kant, Kritik der reinen Vernunft, B XIII) Heisenberg nähert sich im vorigen Jahrhundert dem vorläufigen Höhepunkt dieser Entwicklung, wenn er seinen Eindruck notiert, „daß zum erstenmal im Laufe der Geschichte der Mensch auf dieser Erde nur noch sich selbst gegenübersteht", weil durch „die Art der Beobachtung […] entschieden [wird], welche Züge der Natur bestimmt werden und welche wir durch unsere Beobachtungen verwischen." (Zit. nach Arendt 1981, S. 364) Säkularisierung bedeutet in dieser Sicht *Ver*weltlichung und *Ent*weltlichung in eins. Das scheint in der Ambivalenz ihrer Folgen wider. Physik profaniert Welt und räumt dem unbeteiligten Beobachter den Rang eines Schöpfergottes ein. Der Bedeutungsverlust einer herausfordernden Welt ist deshalb auch nur dann verständlich zu machen, wenn man die Verbindung von Entweltlichung einer monotheistischen Religion mit der erkenntnistheoretischen Privilegierung einer *res cogitans*, die nicht auch *res extensa* ist, und mit der wissenschaftlichen Objektivierung herstellt. Die Unweltlichkeit des christlichen Gottes hinterlässt Spuren bis in unsere heutige Zeit. Je eifriger die christlichen Bemühungen waren, Gott als jenseitigen, extramundanen verständlich zu machen, umso mehr wandelte sich die Welt zum Reservoir dafür, Zeichen für seine Existenz zu geben. Als Thema wird Welt allererst hervorgebracht aufgrund der Unbegreiflichkeit ihrer unweltlichen Gründe. Die wirkliche Welt wird dabei schnell durch die mögliche – mit den Worten von Comenius: durch den *mundus possibilis* – beherrscht. (Vgl. Meyer-Drawe 1997) Die gelebte Welt wird für den Gläubigen zu einem Übergangsphänomen und für den Erkennenden zum bloßen Schein. Die nachlassende Kraft des Offenbarungsglaubens macht Platz für andere Ordnungen, vor allem für die mathematische, die auch unsichtbar ist und ebenso von enormer Schöpfermacht zeugt. Der neuzeitliche Mensch erfährt damit in seiner Anstrengung, die Welt zu beherrschen, neben den unbestreitbaren Fortschritten in der Erkenntnis und den Technologien, einen doppelten Weltverlust. Weder ein jenseitiger Schöpfer noch abstrakte Gesetze der Erkenntnis geben ihm Orientierungen in seiner konkreten Erfahrungswelt.

Die Entwicklung der Deutung des Menschen vom Teil der Welt zu ihrem bloßen Beobachter hängt eng mit anderen Virtualisierungen unserer Welt zusammen, deren eleganteste Gestalt die Mathematik zeigt. Der Kalkül der frühen Neuzeit entspricht dabei der Methodisierung der Naturwissenschaften. „Im Kalkül erhalten die Zeichen eine Autonomie gegenüber den Objekten der Referenz, kraft derer sie zum eigentlichen Gegenstand der mathematischen Analysis avancieren." (Krämer 1997, S. 29) Veranschaulicht werden kann dieser Zusammenhang auch am Verhältnis von euklidischer und analytischer Geometrie. Beide sind abstrakte Theoriegebäude. In der analytischen Geometrie wird allerdings noch das Figürliche negiert, indem es in algebraischen Formeln verschwindet. Der wissenschaftliche Blick gestaltet sich nach dem Vorbild des göttlichen. Deutlicher Ausdruck dieser Ambition ist die Entstehung der Zentralperspektive in der Renaissance. „Mit der Erfindung und Verbreitung der Zentralperspektive wird das ‚etwas als etwas sehen' zur methodischen Prozedur." (Ebd., S. 28) Die Zentralperspektive lässt die Dinge nicht so erscheinen, wie sie sind. Auf der einen Seite repräsentiert sie unsere Verankerung in der Welt und fängt den individuellen leiblichen Stil der Wahrnehmung auf. Auf der anderen Seite jedoch wird mit ihr ein Gesichtspunkt konstruiert, den jeder Beliebige einnehmen könnte. Die Zentralperspektive arbeitet deshalb mit Illusionstechniken, die als Modelle des Realen fungieren. Virtuelle Realitäten stehen – so betrachtet – in dieser Tradition. Das führt dazu, dass symbolische Welten im Realitätsmodus inszeniert und Phänomenalität sowie Konstruktivität überblendet werden. (Vgl. ebd., S. 33) Innovationen auf dem Gebiet der Medientechnologien können deshalb auch für die Erklärung der Faszination durch den Radikalen Konstruktivismus herangezogen werden. Nicht die sinnlich erfahrbare Realität unterfüttert abstrakte Theorien, sondern umgekehrt machen allererst virtuelle Modelle Wirklichkeit verständlich. „Sobald die Techniken künstlicher Intelligenz und virtueller Realitäten den Rang von Erklärungsmodellen erhalten für das, was ‚Geist' oder was ‚Realität' jeweils bedeutet, bleibt die Formalität nicht mehr bloße Eigenschaft eines Beschreibungssystems, sondern wird als eine Eigenschaft der zu beschreibenden Vorgänge selbst hypostasiert. Das ist z.B. der Fall, wenn die Kognitionswissenschaft die Kognition nicht nur in formalen Termini beschreibt, vielmehr vermutet, daß Kognition selbst eine genuin formale Prozedur sei." (Ebd., S. 34) Ohne Zweifel begleiten und stützen die Beobachtungstechnologien diesen Vorgang. Sie lassen nur das gelten, was durch sie sichtbar ist. Bereits in vorangegangenen Überlegungen sind wir auf dieses Problem gestoßen, dass insbesondere dadurch zu bemerken ist, dass Realität und Modell unbekümmert verwechselt werden, eine Konfusion, deren Suggestionskraft erheblich ist. Durch Formalisierung wird diese Verwechslung unkenntlich. Man glaubt sie buchstäblich mit Händen greifen zu können, diese neuronalen Netze im Gehirn.

Der Fluch neuzeitlicher und moderner Erkenntnisse scheint in Einäugigkeiten zu bestehen, denen man nur durch das Lüften einer Augenklappe beikommt, aber auch nur dann, wenn diese Augenhöhle nicht schon längst leer ist. Die durchgreifende Umgestaltung unserer gelebten Welt in eine gedachte wäre dabei nicht zu verstehen, wenn wir uns nicht auch ihre reale Abstraktion vergegenwärtigten. Aus der Sicht des Historischen Materialismus entwickelt sich die Geldwirtschaft korrespondierend mit der Geschichte der Herrschaft des Intellekts oder auch des Logos. Sohn-Rethel weist in dieser Hinsicht das Geld als die „bare Münze des Apriori" aus. (Vgl. Sohn-Rethel 1990) Danach sind Waren- und Denkform „eng zusammengehörige Elemente ein und derselben Formation; ja, das kantische Transzendentalsubjekt ist in und mit der Warenform gegeben. Nicht zufällig entsteht die Form abstrakten, logischen Denkens gleichzeitig mit der Münzprägung in Ionien um 680 v. Chr. Denn die getauschten Dinge sind nicht gleich (sonst wäre der Tausch ja auch völlig unsinnig), doch der geldvermittelte Tauschakt setzt sie gleich. Und er setzt damit zugleich die von allen konkreten Einzelbestimmungen abstrahierenden Denkformen frei und voraus, die vernünftige (Inter-)Subjektivität ausmachen." (Hörisch 1990, S. 9) Der geldvermittelte Äquivalententausch formalisiert die Erlebnissubjekte zu Gesellschaftsmitgliedern. Er ist gleichgültig gegenüber einer vieldeutigen Welt und kennt keine Unwägbarkeiten. Die Abstraktion von einer vernehmlichen Welt zu einer bloß gedachten gründet im Lichte dieser Betrachtungsweise nicht lediglich in Erkenntnisakten, sondern vor allem in gesellschaftlichen Prozessen. Im gemünzten Geld tritt Gleichgültigkeit gegenüber der sinnlichen Welt in Erscheinung. Geld verdirbt nicht wie etwa Nahrungsmittel. Man kann es beliebig horten. Es teilt die Unvergänglichkeit mit den bereits erwähnten anderen Mächten wie Gott und Mathematik. Es ist gleichgültig gegen das, was es vertritt. Es steht für den Wert der Sklaven wie für jenen von Lebensmitteln. Hier wurzelt auch sein liberalisierendes Potenzial – wie Georg Simmel in seiner *Philosophie des Geldes* zeigt. (Vgl. Simmel 1989/1901) Der Substitution der gelebten Welt durch eine mathematische oder virtuelle entspricht die Umwandlung des Warentauschs in den Geldverkehr. Münzprägung und pythagoreische Mathematik, die von den Dingen sagt, sie wären Zahlen, bahnen die Herrschaft eines *logos* an, für den die Ideen wirklicher sind als das physische Sein. Wir erleben derzeit eine besonders eindrucksvolle Variante dieser Entwicklung etwa im bargeldlosen Zahlungsverkehr oder beim Einkauf im Internet. Das Feilschen um Preise organisiert sich an der Börse beispielsweise selbstreferentiell, ohne dass die Menschen ihre konkrete Welt am Ende wiedererkennen. Auch in diesem Licht zeigt sich, dass die konkrete, sinnlich erfahrbare Welt zunehmend verdrängt wird durch ein formale, unsinnliche. Dies kann auf die Protestressourcen an den Rändern des Geschehens verweisen. Es kann aber auch geschehen, dass sich die Realabstraktion totalisiert. Im Verbund mit den anderen Vollzügen der Weltnegierung kann sich die Lage derart verschärfen, dass wir vollständig sprachlos werden im Hinblick auf eine *transphänomenale Welt*, die uns Widerstände und Herausforderungen bietet, die wir aber nicht mehr für wahr halten können.

Selbst die Phänomenologie des zwanzigsten Jahrhunderts, die unsere konkreten Erfahrungen in der Welt zum Ausgangspunkt ihrer Reflexionen nimmt, gehört in das Panorama der Weltnegationen. Husserls transzendentale Phänomenologie arbeitet die Verneinung der Welt geradezu als das Herzstück seiner Lehre von der Reduktion aus. Nach seiner Auffassung war Descartes, dem er in vielem folgt, nicht radikal genug. Zum einen fungiert nämlich in der fundamentalen Differenz von *res cogitans* und *res extensa* „ein kleines Endchen der Welt" (vgl. Husserl 1977, S. 25), zum anderen hat Descartes nicht wirklich seine lebensweltlichen Erfahrungen inhibiert, sondern nutzt sie in der Gewissheit des *Ich bin, indem ich denke*. Das durch die *epoche* entweltliche Cogito ist lediglich eine Modifikation einer weltlichen Haltung. Das cartesische Erkenntnisfundament macht von ihr Gebrauch und verfehlt dadurch eine letztliche philosophische Radikalität. (Vgl. ebd., S. 27 und Husserl 1976, S. 83f.) Erst eine transzendentalkritische Reduktion erreiche die Erkenntnis, dass das Bewusstseinsleben reines leistendes Leben ist, das kein Teil der Welt ist und in das keine Faktizität hineinspielt. Ein solcher Zweifelsgang kann schließlich auf den vernünftig bewiesenen Gott, den Descartes noch als Garanten der Entsprechung von Vorstellungen und Wirklichem brauchte, verzichten, weil er bei den *cogitationes als cogitationes* endet: „*Sum cogitans,* diese Evidenzaussage lautet konkreter: *ego cogito – cogitata qua cogitata.*" (Husserl 1976, S. 79) Jede Spekulation in Bezug auf ein *Draußen* der egologischen Seinssphäre erweist sich aus dieser Sicht als ungeheure Naivität, obwohl sich gleichzeitig „dieses *ego zu einem Paradoxon, zum größten aller Rätsel macht.*" (Ebd., S. 82) Bemerkenswert ist, dass eine Philosophie, die sich die Rehabilitierung der Lebenswelt zur leitenden Aufgabe gemacht hat, dieses Ziel wohl nur über das „absolute Bewusstsein als Residuum der Weltvernichtung" (vgl. Husserl 1980, S. 91 [Überschrift]) erreichen kann, und das, obwohl die drohende Katastrophe gesehen wird: „Der Subjektbestand der Welt verschlingt sozusagen die gesamte Welt und damit sich selbst." (Husserl 1976, S. 183)

Kant ist wohl der Erfinder der Begriffe *Weltanschauung* und *Weltbegriff.* Er setzt auch das transzendentale Subjekt in Kraft, das Konstitutionsprinzip von Welt ist, ohne ihr anzugehören. [Am Rande sei hier eine aufschlussreiche Episode vermerkt: Dass *sein* kein reales Prädikat ist, demonstriert Kant am allmächtigen Gott und daran, dass hundert wirkliche Taler nicht das mindeste mehr enthalten als hundert mögliche. (Vgl. Kant, Kritik der reinen Vernunft, B 627)] Nicht länger läuft die Philosophie „schnüffelnd an den Dingen" herum, spottet Heinrich Heine: „Kant [...] läßt die Vernunft, die Sonne, stillstehen, und die Erscheinungswelt dreht sich um sie herum und wird beleuchtet, je nachdem sie in den Bereich dieser Sonne kömmt." (Heine 1997/1834, S. 99) Nun zeigt sich kein Kosmos mehr von sich aus. Es offenbart sich auch keine Schöpfungsordnung. Diese Vernunft emanzipiert sich von der bloßen Sinnlichkeit, sie folgt nicht der Ordnung der Dinge, so wie sie sich zeigen, sondern „macht sich mit völliger Spontaneität eine eigene Ordnung nach Ideen, in die sie die empirischen Bedingungen hinein passt, [...]". (Kant, Kritik der reinen Vernunft, B 576) Hier treffen wir auf den Ordnungsruf der Vernunft. Gleichwohl sind die Dinge nicht gänzlich entmündigt. Sie können uns etwas antun, uns affizieren. Was aber kann gemeint sein, wenn Kant immer wieder davon ausgeht, dass das Gemüt *affiziert* wird? Anschauung, ohne die Begriffe nichts begreifen, findet nämlich nur statt, „so fern uns der Gegenstand gegeben wird; dieses aber ist wiederum, *uns Menschen wenigstens,* nur dadurch möglich, daß er das

Gemüt auf gewisse Weise [sic!] affiziere. Die Fähigkeit (Rezeptivität), Vorstellungen durch die Art, wie wir von Gegenständen affiziert werden, zu bekommen heißt *Sinnlichkeit*." (Kant, Kritik der reinen Vernunft, B 32) Diese bleibt von der Erkenntnis des transzendentalen Gegenstands „himmelweit unterschieden." (Ebd., B 61) Die Annahme einer intelligiblen Ursache der Erscheinungen, also die Annahme eines transzendentalen Objekts, das „uns gänzlich unbekannt" ist und bleiben wird, ist dabei notwendig, „damit wir etwas haben, was der Sinnlichkeit als einer Rezeptivität korrespondiert." (Ebd., B 522) Vorstellungen in der Anschauung, also Sinnlichkeit, sind möglich mit (Sinne) und ohne Gegenwart des Gegenstandes (Einbildungskraft). Die Sinne sind unterschieden in äußere und den inneren Sinn. Äußere Sinne sind solche, „wo der menschliche Körper durch körperliche Dinge", und der innere Sinn ist jener, „wo er durchs Gemüt affiziert wird" (Kant, Anthropologie in pragmatischer Hinsicht, B 46). Danach können also körperliche Dinge und Vorstellungen affizieren. Schließlich ist sogar das transzendentale Objekt, dieses „unbekannte Etwas", imstande zu affizieren. (Kant, Kritik der reinen Vernunft, A 358) Das ist bemerkenswert: Etwas, von dem wir in keiner Hinsicht Erfahrungen haben, kann uns etwas antun. Es existiert damit in gewisser Weise nur als Affizierendes wie ein Trauma. Die moderne Vernunft ist von Beginn an traumatisiert. Sie bleibt beunruhigt durch etwas, dessen sie nicht habhaft werden kann.

Die zentrale Gefährdung der Vernunft als Vermögen eines freien Willens gründet im „Despotism der Begierden", „wodurch wir, an gewisse Naturdinge geheftet, unfähig gemacht werden, selbst zu wählen, indem wir uns die Triebe zu Fesseln dienen lassen, die uns die Natur nur statt Leitfäden beigegeben hat, um die Bestimmung der Tierheit in uns nicht zu vernachlässigen, oder gar zu verletzen, *indes* wir doch frei genug sind, sie anzuziehen oder nachzulassen, zu verlängern oder zu verkürzen, nachdem es die Zwecke der Vernunft erfordern." (Kant, Kritik der Urteilskraft, B 392f.) Wir dürfen zwar unsere Animalität nicht verletzen, sollten ihr aber nicht blind Folge leisten. Kant verteidigt die Sinne gegen die Vorwürfe, dass sie die Vorstellungskraft verwirrten, dass sie sich zur Wortführerin des Verstandes aufspielten und dass sie schließlich betrügerisch seien. Allerdings schließt er sich auch nicht den Preisungen der Sinne an, in denen das Prägnante, das Emphatische und das Einleuchtende gerühmt werden. (Vgl. Kant, Anthropologie in pragmatischer Hinsicht, B 30f.) Grundsätzlich ist jedoch die Differenz zwischen der Aktivität des intellektuellen Erkenntnisvermögens und dem passiven sinnlichen Verhalten des Gemüts zu beachten. Hier wird allerdings nicht zwischen zwei gleichberechtigten Partnern unterschieden, sondern es gilt ein Herrschaftsverhältnis als Bedingung der Möglichkeit der freien Willkür: „Dazu aber wird erfordert, dass der *Verstand* herrsche, ohne doch die Sinnlichkeit, (die an sich Pöbel ist, weil sie nicht denkt), zu schwächen: weil ohne sie es keinen Stoff geben würde, der zum Gebrauch des gesetzgebenden Verstandes verarbeitet werden könnte." (Ebd., B 31)

Der Eindruck, dass die Sinne verwirren, ist danach falsch; denn es ist der Verstand, der seiner Aufgabe nicht nachkommt, Ordnung in das gegebene Mannigfaltige zu bringen. Auch gebieten die Sinne nicht über den Verstand. „Sie bieten sich vielmehr nur dem Verstande an, um über ihren Dienst zu disponieren." (Ebd., B

32f.) In einer Welt der Erscheinungen ist es wiederum der Verstand, der seine herrschaftlichen Pflichten nicht wahrnimmt und sich in übereilten und dunklen Überlegungen verrennt. Die Sinne „sind wie das gemeine Volk, welches, wenn es nicht Pöbel ist (ignobile vulgus), seinem Obern, dem Verstande, sich zwar gern unterwirft, aber doch gehört werden will." (Ebd., B 33) Der älteste Vorwurf, dass nämlich die Sinne täuschen und betrügen, ist schließlich auch nur wieder dem Verstand anzulasten, der Erscheinungen mit Erfahrungen verwechselt. Diese Apologie der Sinnlichkeit weist einen Weg, der den Sinnen in ihrem vollen Anspruch gerecht werden und einen in Abstraktionen vertrockneten Verstand vermeiden will. „Ohne Sinnlichkeit würde uns kein Gegenstand gegeben, und ohne Verstand keiner gedacht werden. Gedanken ohne Inhalt sind leer, Anschauungen ohne Begriffe sind blind." (Kant, Kritik der reinen Vernunft, B 75) Rätselhaft aber bleibt, wie sich die Sinnlichkeit Gehör verschafft, wie sie sich dem Verstand anbieten kann. Überspitzt könnte man festhalten, dass der Sinnlichkeit bei Kant auch noch die Fehlbarkeit genommen wird. War nach Platon unsere Leiblichkeit noch so mächtig, dass sie die Seele einkerkern konnte, und zwar in einem Gefängnis, aus dem nur der Tod befreite, wird sie bei Kant zum Büttel, der nicht einmal zum Irrtum fähig ist.

Reiner Verstand und reine Vernunft sind letztlich von aller Sinnlichkeit geschieden. Sie sind selbstgenügsam und eine „durch keine äußerlich hinzukommende Zusätze zu vermehrende Einheit." (Ebd., B 90) Die reine Vernunft ist als transzendentale Subjektivität unabhängig von Erfahrungen und von der Sinnenwelt überhaupt. Sie fußt in sich selbst und unterliegt keinem Wandel. Damit sollte der „böse Geist der Zeitlichkeit" ausgetrieben werden, der das cartesische Fundament so anfällig machte. (Vgl. Rogozinski 1988, S. 193f.) Allerdings bleibt auch bei Kant eine letzte Unsicherheit, die ihn mit Descartes verbindet. Er räumt nämlich ein: „Denn wir selbst können aus unserem Bewußtsein darüber nicht urteilen, ob wir als Seele beharrlich sind, oder nicht, weil wir zu unserem identischen Selbst nur dasjenige zählen, dessen wir uns bewußt sein [sind], und so allerdings notwendig urteilen müssen: daß wir in der ganzen Zeit, deren wir uns bewußt sein [sind], eben dieselbe sind." (Kant, Kritik der reinen Vernunft, A 364) Das Diabolische der Zeit kehrt immer wieder. (Vgl. Kapitel 5) In Bezug auf den Menschen bedeutet dies: Das vernünftige Wesen hat grundsätzlich *zwei Standpunkte*, von denen aus es sich betrachten kann, „*einmal*, so fern es zur Sinnenwelt gehört, unter Naturgesetzen (Heteronomie), *zweitens*, als zur intelligibelen Welt gehörig, unter Gesetzen, die, von der Natur unabhängig, nicht empirisch, sondern bloß in der Vernunft gegründet sein [sind]." (Kant, Grundlegung zur Metaphysik der Sitten, B 108f.) Sinnlichkeit und Verstand sind „für diese Erdenwelt" bestimmt. Vernunft und freier Wille sind von ihr entbunden. Wie aber spielen diese Welten ineinander? Nach Kant kann diese Verbindung niemals durch die Sinne gestiftet werden, sondern nur durch die synthetisierende Kraft des Verstandes. Sinnlichkeit ist nach Kant bloße Empfänglichkeit, Rezeptivität. Nur der Intellekt arbeitet *sua sponte*. Damit ist Affektion in strengem Sinne nicht mehr zu begreifen, denn damit das Gemüt affiziert werden kann, muss ihm etwas angetan werden, muss es einem Anspruch ausgeliefert sein, der nicht ihm selbst entstammt, auf den es gleichwohl antwortet. (Vgl. Waldenfels

1994) Man stößt auf etwas, was einem selbst zustößt. (Vgl. Heidegger 1989, S. 161) Sinn-Gebung wird in produktiver Weise doppeldeutig. Spontaneität und Rezeptivität bilden ein Chiasma, ein Geflecht, in dem Vernunft, Verstand und Sinnlichkeit verwoben sind. „Das Anschauen entspringt nicht frei aus einem erkennenden Wesen, [...], sondern dieses anschaubare Seiende muß sich von sich aus melden, rühren, ihm gleichsam etwas an-tun und sich bemerkbar machen – es affizieren." (Heidegger 1977, S. 86) Der „Exorzismus der Vernunft" (vgl. Heine 1997, S. 93) prallt auf Luzifer, der nicht die Dunkelheit sucht, sondern mit einem anderen Licht aufwartet.

Immer wieder kommt Kant darauf zurück, dass Gegenstände „unsere Sinne rühren und teils von selbst [sic!] Vorstellungen bewirken, teils unsere Verstandestätigkeit in Bewegung bringen, [...]?" (Kant, Kritik der reinen Vernunft, B 1) Auch geht er von der entscheidenden Differenz aus, dass „alle unsere Erkenntnis mit der Erfahrung anfange", aber doch nicht „aus ihr entspringt" (ebd.); dennoch sucht er nach einer Erkenntnis, die vollständig unabhängig von Sinneseindrücken und Erfahrung als reines spontanes Vermögen denkbar ist. Zwar besteht für Kant kein Zweifel an der Existenz der Außenwelt (vgl. ebd., B XL f.), aber er gerät mit seiner Kritik an eine schwer zu begreifende Grenze, an der sich nämlich transzendentale Gegenstände von empirischen, die er Dinge nennt, sondern, wobei es die Dinge als solche sind, die auf gar keine Weise der Erfahrung zugehören, aber dennoch erscheinen können. Die Phänomenalität unserer Erfahrungswelt bleibt in ihrer Entstehung in Dunkelheit gehüllt. Auf dieses Problem trifft präzis zu, was Kant in der Vorrede zur ersten Auflage der Kritik der reinen Vernunft gleich zu Beginn festhält: „Die menschliche Vernunft hat das besondere Schicksal in einer Gattung ihrer Erkenntnisse: daß sie durch Fragen belästigt wird, die sie nicht abweisen kann, denn sie sind ihr durch die Natur der Vernunft selbst aufgegeben, die sie aber auch nicht beantworten kann, denn sie übersteigen alles Vermögen der menschlichen Vernunft." (Ebd., A VII) Die Kritik der reinen Vernunft ist deshalb negativ. Sie bestimmt die Grenzen der Erkenntnis, in deren Zentrum sie sich selbst findet. Erkenntnis ist Selbsterkenntnis der Vernunft, die über sich selbst zu Gericht sitzt, nicht um mit „Machtsprüchen" zu herrschen, sondern nach Maßgabe von „ewigen und unwandelbaren Gesetzen" zu urteilen. (Ebd., A XI) Selbstkritik gründet dabei in der Voraussetzung, „daß die Vernunft nur das einsieht, was sie selbst nach ihrem Entwurfe hervorbringt, daß sie mit Prinzipien ihrer Urteile nach beständigen Gesetzen vorangehen und die Natur nötigen müsse, auf ihre Fragen zu antworten, nicht aber sich von ihr allein gleichsam am Leitbande gängeln lassen müsse; [...]." (Ebd., B XIII) Die Belehrung durch die Natur erfährt die Vernunft nicht „in der Qualität eines Schülers, der sich alles vorsagen läßt, was der Lehrer will, sondern eines bestallten Richters, der die Zeugen nötigt, auf die Fragen zu antworten, die er ihnen vorlegt." (Ebd.) Nicht allein, aber doch auch durch die Natur geführt, zitiert die Vernunft die Zeugen herbei.

Wie aber ist dieses auch zu verstehen, das die Vernunft zu einer menschlichen macht? Kant räumt ein, dass man, wenn man schon die Dinge an sich nicht erkennen, sie doch denken kann. „Denn sonst würde der ungereimte Satz daraus folgen, daß Erscheinung ohne etwas wäre, was da erscheint." (Ebd., B XXVI f.) Unsere Anschauung ist keine ursprüngliche, *„durch die selbst das Dasein des Objekts der An-schauung gegeben wird (und die, so viel wir einsehen, nur dem Urwesen zukommen kann), sondern von dem Dasein des Objekts abhängig, mithin nur dadurch, dass die Vorstellungsfähigkeit des Subjekts durch dasselbe affiziert wird, möglich ist.*" (Ebd., B 72) Was aber genau heißt „abhängig"? Wie aber kann einer spontanen Vernunft etwas gegeben sein? Das Dasein der Dinge außer uns zeigt sich in ihrer Beharrlich-keit, mit der sie sich von den Anschauungen in mir, die der Zeit unterworfen sind, unterscheiden. Das Bewusstsein meines eigenen Daseins in der Zeit fällt nicht mit dem Bewusstsein meiner Vorstellungen zusammen. Das empirische Bewusstsein meines Daseins ist „nur durch Beziehung auf etwas, was, mit meiner Existenz ver-bunden ist, *außer mir ist*, bestimmbar [...]." (Ebd., B XL, Anm.) Die Gewissheit, dass ich in der Zeit existiere, verbindet sich mit der Sicherheit, dass es etwas beharr-liches Wirkliches gibt, welches der Erfahrung zugrunde liegt. Es ist kaum zu verste-hen, wie an einem solchen Identitätspunkt zu verhindern sein wird, dass das Gebot der Erfahrungsunabhängigkeit gebrochen wird. (Vgl. Ricken 1999, S. 67ff.)

„Die ganze Pracht der Vernunftbehauptungen" zeigt sich erst in Verbindung mit allem Empirischen (vgl. Kant, Kritik der reinen Vernunft, B 491), das nach der rechtlichen Prüfung der Anmaßungen einer Vernunft, welche die Grenzen der Er-fahrung nicht anerkennt, in vollem Umfang den Vernunftgebrauch bereichern kann. Aber was bleibt nach der Reinigung der Vernunft? Welche Sprache spricht die Erfahrungswelt? Wie öffnet sich das Selbstbewusstsein gegenüber einer Welt, die es selbst zur bloßen Erscheinung bestimmt? Die transzendentalen Dinge sind stumm. Sie verursachen eine eigentümliche Rezeptivität der Sinnlichkeit, eine Pas-sivität, die letztlich unbegreiflich bleibt. Eine wirklich reine Vernunft, die unab-hängig von jeder Erfahrung ist, kann nichts vernehmen aus einer sinnlichen Welt. Sie verhört, ohne zu hören, weil sie im Selbstgespräch zu Gericht sitzt. Die Strahlen der Vernunft werden nicht durch eine widerständige Welt reflektiert. Das stattet diese mit glänzender Macht aus, belässt sie aber ohnmächtig in Bezug auf ihren ganzen Reichtum, den sie nur dem Widerspiel der Welt verdankte. Ein Bewusst-sein, das wirklich die ganze Pracht der Vernunftbehauptungen sein eigen nennen kann, bedarf der Reform, die endlich mit der tyrannischen Alternative von Herr-schen oder Dienen bricht. Eine richterliche Vernunft muss riskieren, von den ver-nommenen Zeugen überrascht zu werden. Dass wir affiziert werden aufgrund un-serer Sinnlichkeit, ist nicht weniger bedeutsam, als dass wir unsere Anschauungen begrifflich ordnen können. „Man braucht sich nicht mehr fragen, weshalb wir au-ßer den ‚vorstellenden Empfindungen' auch *Affektionen* haben, da auch die Vor-stellungsempfindung [...] Affektion ist, weil sie durch den Leib Gegenwart bei der Welt und durch die Welt Gegenwart beim Leib ist, weil sie *Fleisch* ist, [...]. Auch die Vernunft bewegt sich *innerhalb* dieses Horizontes – Promiskuität mit dem Sein und der Welt." (Merleau-Ponty 2004, S. 302)

Der *Exorzismus der Begierden* und die sittliche Zensur sorgen zwar für Ordnung, führen aber letztlich zur Vereinsamung einer Vernunft, der die Welt nichts mehr zu sagen hat. Unser Gemüt – so betont Kant – muss affiziert werden. Dies leistet un-sere Sinnlichkeit, die allein uns Anschauungen liefert, die durch den Verstand bestimmt werden. Der Gegenstand ist unausweichlich im Spiel, aber er verliert sich als Widerstand. „Daß Erkennen auch Denken ist, das wird seit der Antike nie bestritten, aber daß alles Denken auf Anschauung ruht, im Dienst der Anschauung steht und in welcher Weise, das ist ein zentrales Problem, das bei der Interpretation der philosophischen Erkenntnis immer wieder entgleitet." (Heidegger 1977, S. 83) Aber das Nachdenken müsste noch weiter dringen und fragen, was heißt „ruhen"? Ist es nicht vielmehr so, dass Denken als menschliches immer auch Anschauung ist, nicht nur gerichtet auf eine Welt, die ihm zu Diensten ist, sondern ebenso auf eine Welt, der es auch ausgeliefert ist, die ihm etwas antun kann. „Anschauung meint die Weise, in der mir etwas leibhaftig als es selbst vor-gestellt wird. Anschauen, interpretieren wir kurz, ist das Sichgebenlassen von etwas als das Leibhaftige, das es ist; es ist das unmittelbare Begegnenlassen eines Seienden." (Ebd., S. 85) Der Exorzismus zugunsten der (r)einen Vernunft stößt auf den Widerstand des Leibhaftigen. Die Affektion des Vorstellungsvermögens schreibt der spontanen Vernunft rezeptive Züge ein. Bevor der Richter seinen Platz einnimmt, sind Ansprüche an ihn ergangen. Die Hoffnung auf eine erfahrungsunabhängige transparente Sphäre der Vernunft bleibt unerfüllt. Erfahren ist nicht nur Schauen, sondern bedeutet eine Berührung mit der Welt; „das Wort nimmt den tragischen Widerhall auf, den es in der gewöhnlichen Sprache hat, wenn ein Mensch davon spricht, was er erlebt hat. Es ist nicht mehr das Experiment (*expérience*) im Labor, es ist die Prüfung des Lebens." (Merleau-Ponty 2000, S. 87) Der Mensch ist nicht ein Wesen, das denkt und *auch* einen Leib hat, sondern er ist ein leibliches Wesen, das denkt. Unsere Vernunft ist leibhaftig und damit auch ausgeliefert an eine Welt, die dadurch existiert, dass der Mensch sie vernimmt (Vernunft), in ihr steht (Verstand), sie für wahr hält (Wahrnehmung). Kants Kritik der reinen Vernunft zählt mit ihren Möglichkeiten und Grenzen zur Moderne, „– zu jener Epoche der Metaphysik, in der das Sein in seiner äußersten Vergessenheit als Subjekt abdankt, während die Wahrheit zur Vorstellungsgewißheit gerät." (Rogozinski 1988, S. 192) Das gilt für das Erkennen der Welt, der Anderen und meiner selbst; denn auch mir selbst bin ich nur als Erscheinung gegeben aufgrund einer inneren Affizierung, die bedeutet, dass wir uns eigentümlich leidend gegen uns selbst verhalten. (Vgl. Kant, Kritik der reinen Vernunft, B 152f.)

Fortan geht es nicht mehr nur darum – wie noch bei Descartes – zu begreifen, wie man feststellt, ob seinen eigenen Vorstellungen auch wirklich Seiendes entspricht. Vielmehr ist nun auch noch fraglich, wie sich die Instanz der Vorstellungen selbst erfassen kann. Die Selbstsicherheit der *Konstitutionszentrale* wird vom Weltverlust angegriffen und beginnt abzubröckeln. Humboldt kann zwar noch fordern, dass sich die Kraft des Menschen am Widerstand der Welt in Wechselwirkung von Empfänglichkeit und Selbsttätigkeit herausbildet. Wie das aber möglich sein soll angesichts der Tatsache, dass die Welt „NichtMensch" (vgl. Humboldt 1980, S. 235) ist, kann er streng genommen im Rahmen seines Ansatzes nicht klären. Die abstrakten Bestimmungen menschlichen Lebens und Handelns sind längst beherrschend geworden. Die Logik fungiert nach Marx als Geld des Geistes. Wie dieses transformiert sie alles in einen gedachten Wert. Die „große" Erfindung des Geldes führt nach Hegel dazu, dass das „Ding des Bedürfnisses zu einem bloß *vorgestellten*, ungenießbaren geworden ist." (Zit. nach Müller 1977, S. 379, Anm. 87) Luhmann erkennt darin die Diabolik des Geldes, das andere Symbole „ersetzt und eintrocknen läßt." (Vgl. Luhmann 1988, S. 241f.) Sowohl die Abstraktion durch die Geldwirtschaft als auch die neuzeitliche Haltung, alles nach dem Muster sicherer Erkenntnis zu verstehen und deshalb das Gelebte ins bloß Gedachte zu verwandeln sowie die Deutung des Bewusstseins als Quelle allen Sinns vertuschen die „Gebung des Gegebenen", die Tatsache, dass wir etwas denken, indem wir etwas Wahrgenommenes wiederaufnehmen.

Hannah Arendt interpretiert auf ihre Weise den Prozess der innerweltlichen Weltentfremdung. Sie markiert den Beginn der Neuzeit mit der europäischen Eroberung der Erdoberfläche, der reformatorischen Enteignung der Kirche sowie der Klöster bei gleichzeitiger Besetzung des Inneren des Menschen und schließlich durch die Erfindung des Teleskops, das den Blickraum erweitert und die Differenz von Himmel und Erde beseitigt. Mit fortschreitender Vermessung und den entsprechenden Beschleunigungstechniken schrumpft die Erde. Damit einher geht eine „entscheidende[] Entfremdung des Menschen von seiner unmittelbar irdischen Behausung" (Arendt 1981, S. 247), was sich in der Reduktion aller Erfahrungen auf Bewusstseinserlebnisse zeige. In der Inthronisierung des Selbst als Quelle allen Sinns kulminiert die Weltentfremdung, was durch die Marx'sche Kritik an der Selbstentfremdung teilweise überdeckt werde. „Das Leben des Einzelnen ist wieder sterblich geworden, so sterblich, wie es im Altertum gewesen ist, aber die Welt, in der die Sterblichen sich nun bewegen, ist nicht nur nicht unvergänglich, sie ist sogar vergänglicher und unzuverlässiger geworden, als sie es je in den Jahrhunderten eines unerschütterten christlichen Glaubens gewesen war. Es ist nicht ein wie immer geartetes Diesseits, das sich dem Menschen bot, als er die Gewißheit des Jenseits verlor, er wurde vielmehr aus der jenseitigen und der diesseitigen Welt auf sich selbst zurückgeworfen; und weit entfernt davon, den Glauben der Antike an eine potentielle Unvergänglichkeit der Welt zu teilen, war er noch nicht einmal sicher, daß diese diesseitige Welt, die einzige, die ihm verblieb, überhaupt wirklich sei. Aber selbst wenn er sich um den Zweifel an der Realität der Außenwelt nicht kümmerte und sich unkritisch und ‚optimistisch‘ dem unaufhaltsamen Fortschritt der Naturwissenschaften verschrieb, hatte er sich erheblich weiter von der Erde und der sinnlich gegebenen Realität entfernt, als irgendeine Jenseitshoffnung ihn je von ihr entrückt hatte. Was immer wir meinen mögen, wenn wir von Säkularisierung sprechen, historisch kann sie auf keinen Fall als ein Verweltlichungsprozeß im strengen Sinne des Wortes angesehen werden; denn die Moderne hat nicht eine diesseitige Welt für eine jenseitige eingetauscht, und genau genommen hat sie nicht einmal ein irdisches, jetziges Leben für ein jenseitig-künftiges gewonnen; sie ist bestenfalls auf es zurückgeworfen." (Ebd., S. 312) Es erübrigt sich, diesen Befund mit derzeitigen Erfahrungen zu untermauern. Wer kann daran zweifeln, dass sich uns in der Theorie entzieht, was in unserem Alltag fungiert: die Verständigung mit anderen, die Vertrautheit mit uns selbst sowie schließlich das Erkennen der Dinge. Wie fremd muss man sich geworden sein, um das Schnittbild eines menschlichen

Gehirns für anschaulicher zu halten als die eigene Erfahrung des freien Willens? Wie ohnmächtig muss man sich fühlen, wenn man tatsächlich glaubt, mit Hilfe bildgebender Verfahren einen erfolgreichen Unterricht gestalten zu können? Die Entmündigung unserer lebensweltlichen Erfahrungen durch die Suggestionskraft wissenschaftlicher Denkkollektive wird wohl am deutlichsten dadurch bezeugt, dass in vielen Bereichen das Machbare längst nicht mehr das Beherrschbare ist. Dies darf nicht verwechselt werden mit einem Plädoyer für den so genannten gesunden Menschenverstand. Unsere konkrete Erfahrung erklärt nicht alles, aber sie beglaubigt einen Kontakt zur Welt, der nicht im Denken allein aufgeht. Hier gründet ihre kritische Potenz. Der Einspruch einer sinnlich wahrgenommenen Welt gegen die Verluste einer klaren sowie distinkten Erkenntnis konkurriert nicht mit dieser um die Nähe zur Wahrheit. Sie verhält sich wie ein respektabler Narr am Hofe der Vernunft. Sie bringt das auf die Bühne, was ansonsten überstrahlt wird, und stattet es mit eigenem Licht aus. So kann auch kenntlich werden, dass Erklärungen von vielem abhängig sind, vor allem aber auch davon, dass nur noch das zählt, was gemessen werden kann. Wenn Gedächtnisleistungen etwa am Lernen sinnfreier Silben erforscht wird (vgl. Kapitel 1), dann ist das nicht *per se* verwerflich. Die Probleme fangen dann an, wenn Gedächtnis nichts anderes mehr meint als das Behalten sinnfreier Informationen, also einen Speichervorgang. Dagegen kann mit der Erfahrung ein Veto ausgesprochen und auf den Kontext verwiesen werden, in dem etwas gemerkt wird oder nicht. Mit ihr kann auch gezeigt werden, dass Vergessen nicht einfach Löschen, kein einfaches Verschwinden bedeutet, sondern eine Art Desartikulation, so dass das Vergessene seine Gestalt verliert und neuen Strukturierungen gegenüber offen steht. Erinnern ist eine Strukturierungsleistung und deswegen keinesfalls verlässlich, wenn es sich um die bloße Rekapitulation eines Vorfalls handelt. „Der Vollzug selbst des Vergessens ist vom Vergessenden nicht zu erfassen, diskontinuierlich und unterhalb der Schwelle des Bewußtseins entfaltet es seine produktiv-zerstörerische Wirkung." (Giese 1998, S. 88) Es sind stets die anderen, die mich auf mein Vergessen aufmerksam machen. Wie bei meiner Geburt und bei meinem Tod bin ich zwar dabei, jedoch dadurch, dass ich in diesen Zustand gerate und ihn nicht hervorrufe. Dass ich nach einem Namen suche, den ich vergessen habe, offenbart, dass das Vergessene seine Spuren hinterlässt, wodurch Erinnerung allererst verständlich wird. Vergessen ist ein Widerfahrnis und erinnert damit an die pathische Struktur der Erfahrung. Diese ist die Instanz, die dafür steht, dass jede Reduktion von Komplexität theoretisch produktiv sein mag, aber eben als *Reduktion*, die auf Kosten einer vieldeutigen, widersprüchlichen konkreten Welt möglich ist.

Eine Rehabilitierung der Dingwelt, die gegen deren Verwandlung ins bloß Gedachte Einspruch erhebt, entspräche einem Erkennen, das zwar nicht nur von der Welt abhängt, aber ohne sie auch nicht möglich wäre, oder in den Worten Merleau-Pontys: „Ein Ding ist also in der Wahrnehmung nicht wirklich *gegeben,* sondern von uns innerlich wieder aufgenommen [reprise intérieurement par nous]." (Vgl. Merleau-Ponty 1945 und 1966, S. 377) Diese Reprise markiert gleichermaßen das Wunder des Bewusstseins, des Wahrnehmens wie das des sprachlichen

Ausdrucks. Leibniz hält dieses nicht zu lösende Rätsel einmal folgendermaßen fest: „Daraus erhellt, daß die notwendigen Wahrheiten, wie man solche in der reinen Mathematik, besonders in der Arithmetik und Geometrie findet, Prinzipien besitzen müssen, deren Beweis nicht von den Beispielen und folglich auch nicht vom Zeugnis der Sinne abhängt, obgleich man ohne Sinne niemals darauf gekommen wäre, an diese Wahrheiten zu denken." (Leibniz 1959/um 1700, S. XIII)

Auch Herr Palomar, von dem Italo Calvino erzählt, schlägt sich mit der Gebung der Welt herum. Herrn Palomar kann man geradezu als einen leidenschaftlichen Anwalt einer unbequemen Sinnlichkeit verstehen. Sein Blick ist mikrologisch und verfängt sich immer wieder in den Rätselhaftigkeiten der beobachteten Wirklichkeit, die ihm in dem Maße fremd wird, wie er ihr vermeintlich näher kommt. Herr Palomar ist dabei von seinem introvertierten und zerstreuten Temperament her nicht das, was man herkömmlich unter einem zuverlässigen Beobachter versteht. Aber vielleicht eröffnet sich gerade dadurch für ihn ein besonderer Blick auf die Dinge. Es passiert ihm nämlich „immer wieder, daß sich bestimmte Dinge – eine Mauer, eine Muschelschale, ein Blatt, eine Teekanne – in sein Blickfeld drängen, als bäten sie ihn um eine längere und minutiöse Aufmerksamkeit: Fast unwillkürlich beginnt er sie zu betrachten, sein Blick verfängt sich in allen Details, er kann sich nicht mehr von ihnen lösen. So hat er beschlossen, von nun an seine Aufmerksamkeit zu verdoppeln: erstens um sich diese Anrufe, die er von den Dingen erhält, nicht entgehen zu lassen, und zweitens um der Operation des Betrachtens die Bedeutung zu geben, die sie verdient." (Calvino 1985, S. 131) Dieses Programm führt ihn alsbald in eine ernsthafte Krise. Herr Palomar beginnt nämlich, alles zu fixieren. Eine zweite Phase schließt sich an, verspricht aber auch keine Lösung des Dilemmas. Will man sich nämlich des Ansturms der unendlich vielen betrachtenswerten Dinge erwehren, muss man auswählen – aber nach welchen Gesichtspunkten? Die Gesichtspunkte der Wahl werden vom Ich bestimmt, „und bald wird ihm klar, daß er auf dem besten Wege ist, alles zu ruinieren – wie immer, wenn er sich selbst ins Spiel bringt, das eigene Ich und all die Probleme, die er mit seinem Ich hat. Aber wie stellt man es an, etwas zu betrachten und das eigene Ich aus dem Spiel zu lassen?" (Ebd., S. 132) Damit taucht in Herrn Palomars Meditationen ein zentrales Problem auf: Wie kann man den Anrufen, die von den Dingen ausgehen, gerecht werden, wenn sie von einem Ich aufgenommen und ausgewählt werden? Hier lauert das alte Problem von Innen- und Außenwelt. Der Betrachter steht vor der Welt, als blicke er durch ein Fenster. Aber das Ich ist als leibliches doch auch Außenwelt. „Ist nicht auch er [scil. der Betrachter] ein Stück Welt, das ein anderes Stück Welt betrachtet?" (Ebd.) Aber es genügt nicht, zu sagen, diese Welt betrachte die andere, äußere Welt: „Vom *betrachteten* Ding muß die Linie ausgehen, die es mit dem betrachtenden Ding verbindet. Aus dem stummen Haufen der Dinge muß etwas kommen: ein Zeichen, ein Anruf, ein Wink. Ein Ding tritt aus der Masse der anderen Dinge hervor, um etwas zu bedeuten… Aber was?" (Ebd., S. 133)

„Warum sieht der Mensch die Dinge nicht?", fragt Nietzsche und antwortet sich selbst: „Er steht selber im Wege: er verdeckt die Dinge." (Nietzsche 1988c, S. 268) Wir nennen das heute Konstruktivismus. Die unter dieser Bezeichnung versammelten unterschiedlichen Positionen sind sich darin einig, dass das Wahrgenommene nicht teilhat an dem, was wir wahrnehmen. Dazu passt die Auffassung vom permanent lernenden Gehirn als autopoietischem System. Zu diesem Dispositiv gehört ebenfalls die *totale Mobilmachung* einer Gesellschaft von Managern ihrer selbst. Diese haben sich in der Konkurrenz mit anderen zu vermarkten, indem sie sich unaufhörlich von diesen unterscheiden. Der Distinktionskampf gilt der unverwechselbaren *Marke Ich*. „Die Individualisierungsnorm zeigt sich jedoch nicht nur im Kult des Besonderen, sondern vor allem im Glauben an die nahezu unbegrenzte Fähigkeit des Einzelnen, sein Leben nach eigenem Entwurf zu gestalten. Selbstmanagement beruht in wesentlichen Teilen auf der Überzeugung, das erreichen zu können, was man erreichen will. Dem entspricht der mehr oder weniger radikale Konstruktivismus der impliziten Psychologien: ‚Unser Leben ist das, wozu unser Denken es macht. […] Wir alle wissen, dass es keine objektive Wirklichkeit gibt. Vielmehr sieht jeder die Dinge und Ereignisse durch seine subjektive Brille und interpretiert es seinen Denkmustern entsprechend' (Neubeiser 1992, S. 161). Der logische Kurzschluss – die Perspektivität allen Denkens soll die Allmacht der Gedanken begründen – erweist sich in praktischer Hinsicht als wirksame (Auto-) Suggestion." (Bröckling 2000, S. 158) Für Lernen bedeutet diese Position, dass es in zunehmendem Maße formalisiert wird. Die Inhalte spielen kaum noch eine Rolle. Im Vordergrund steht die Differenz von *formalem, informellem* und *nichtformalem* Lernen. Formales Lernen bezieht sich auf institutionelles Lernen in der Schule oder in modularisierten Studiengängen. Informelles Lernen wird beispielsweise in Ehrenämtern oder auch in der Freizeit zielgerichtet praktiziert. Schließlich gibt es das nichtformale Lernen, das überhaupt nicht bemerkt wird. So lernt man etwa vieles im Umgang mit dem Handy bzw. mit dem Computer oder in abendlichen Quizshows, ohne dass irgendwelche Abschlüsse angestrebt werden. In diesem Sinne wird immer gelernt, ein Leben lang.

Als Philosophie der Erfahrung bedeutet Phänomenologie im Gegensatz zum Konstruktivismus in eminenter Weise, *sich* den Sachen zu widmen, *studium* im ursprünglichen Sinne des Wortes. Gleichzeitig schult sie den Blick dafür, dass eine Sache *mich* heimsuchen kann, mich besticht, indem sie meine Hingabe, meinen Eifer stört, mich durchbohrt: *punctum*. Die Intensität der Dauer wird durch den Augenblick skandiert. (Vgl. Barthes 1989, S. 35f.) Dieses Getroffenwerden und jene Widmung sind nicht theoriefrei, wie auch Theorie nicht ohne Hingabe möglich ist. Es bedarf einer Welt, welche sich gibt, indem wir uns ihr hingeben. Ihre Bedeutung entspringt in dieser Überkreuzung, in diesem Chiasma zwischen purer Konstruktion und unmittelbarer Erfahrung. Sie ist Gespinst, aber nicht Hirngespinst. Schopenhauer meint deshalb, das Geschlecht der Vernunft bestimmen zu können: „Die Vernunft ist weiblicher Natur: sie kann nur geben, nachdem sie empfangen hat." (Schopenhauer 1993/1818, S. 91) Vermutlich ist es jedoch genauer zu formulieren, dass jede Vernunft nur geben kann, *indem* sie empfängt.

Sehen, Berühren, Riechen, Hören, Tasten, Denken, Handeln, Verhalten, Phantasieren, Vergessen, Erinnern sind unterschiedliche Ordnungen, die auf einen Anspruch der Dinge antworten und die ineinandergreifen, ohne dass eine Ordnung je die andere vollständig ersetzen könnte. Wahrnehmungen *leihen* sich ihren Sinn nicht lediglich vom Denken und Sprechen. Sie *verleihen* Sinn, der sich gerade dann bemerkbar macht, wenn er am Sprechen scheitert. Es gibt Unsagbares, das gleichwohl nicht unausdrücklich ist. Gerade die brüchige Beziehung zur Sprache kann ein Staunen auslösen, das vielleicht immer noch als Anfang von Erkennen gelten und damit die Ermöglichung von Lernen bedeuten kann. (Vgl. Meyer-Drawe 1999/2000) Diese Auffassung wirkt heute mitunter befremdlich und das aus mehreren Gründen. Die Rationalisierung unserer Lebenswelt hat insgesamt zu ihrer „Entzauberung" (Max Weber) geführt. Wissenschaftliches Forschen macht aus Dingen Objekte, die wir uns aus vernünftigen Gründen erklären. Die Dinge erhalten Kleider aus mathematischen Ideen oder ökonomischen Interessen. (Vgl. Meyer-Drawe 2000, S. 88ff.) Schließlich ist es vor allem die Sprache, die den „Ruf der Dinge" übertönt. „Die Geschichte verlegt ihr Interesse von der Realität auf die Sprache, von der Sache auf das Zeichen und von der Energie auf die Information: [...]." (Serres 1994a, S. 147) Erkennt man diese Verlagerung und erinnert sich dadurch an die Bedeutung einer widerständigen Realität, dann drängen sich Rätsel auf, die nur auf den ersten Blick zu lösen sind. Wie kommt es, dass wir Dinge in bestimmter Weise wahrnehmen und behandeln? Ist ihre Bedeutung wirklich nur Ergebnis einer passenden Konstruktion unseres Bewusstseins? Diese Erklärung erfreut sich einer großen Beliebtheit. Das kann auch daran liegen, dass immer mehr „Undinge" unser Leben bestimmen, wie Vilém Flusser vermutet: „Undinge dringen gegenwärtig von allen Seiten in unsere Umwelt, und sie verdrängen die Dinge. Man nennt diese Undinge ‚Informationen'. [...] Die Informationen, die gegenwärtig in unsere Umwelt eindringen und die Dinge darin verdrängen, sind von einer Art, wie sie nie vorher bestanden hat: Es sind undingliche Informationen. Die elektronischen Bilder auf dem Fernsehschirm, die in den Computern geladenen Daten, all die Filmbänder und Mikrofilme, Hologramme und Programme, sind derartig ‚weich' (software), daß jeder Versuch, sie mit den Händen zu ergreifen, fehlschlägt." (Flusser 1993, S. 81) Es mag sein, dass wir in vielem dem Zauber der Undinge erliegen und damit den Verheißungen einer Welt ohne Widerstand, aber auch die Magie der Dinge ist nicht an ihr Ende gekommen. Wie sonst könnte man verstehen, dass manche ihren Autos Namen geben, dass der Talisman nicht ausgedient hat, dass das Maskottchen als kleine Zauberin ängstlich behütet wird, und es uns schließlich nicht gleichgültig ist, mit welchen Dingen wir wohnen? Wir leben nicht in einer Welt bloßer Gegenstände, vielmehr in expressiven Milieus, die durch die Dinge mitgestaltet werden, auch wenn wir dies als Erwachsene manchmal vergessen. In ihrer Beharrlichkeit gemahnen sie uns an unsere Vergänglichkeit. Man droht ihnen, sie nicht wiederzuerkennen, wenn sie sich nicht bezeichnen und festlegen ließen. (Vgl. Merleau-Ponty 2004, S. 211) Wir zwingen sie in die Positivität. Dennoch fürchten wir, dass der Schirm den Regen herbeizaubert. „Oft versucht man auf die Dinge einzuwirken. Beim Boule- oder Billardspiel zum Beispiel beugt man sich ungewollt vor, man spürt die Muskelspannung, wenn man nicht sicher ist, daß die Kugel ihr Ziel erreicht, um sie so in die gewünschte Richtung zu steuern." (Piaget 1994, S. 152)

Kinder leben in einer Welt, in der es nicht darauf ankommt, sie lediglich zu erklären oder zu vermarkten. (Vgl. Stieve 2003) Hier lacht die Sonne nicht nur metaphorisch, und Tiere sprechen, weil wir mit ihnen durch ein vielfältiges Ausdrucks-
geschehen verwickelt sind. Die Serviette kann vor Klecksen schützen und im
nächsten Moment ein belustigendes Gespenst sein. Das Kind kann die Welt und
sich noch verschwinden lassen, wenn es die Augen schließt. Dinge besitzen einen
Aufforderungscharakter. Sie appellieren, mit ihnen zu hantieren. (Vgl. Kapitel 4)
Schalter und Knöpfe sind unwiderstehlich, sie ziehen Kinder magisch an. Der Zau-
berwürfel, dessen sechs Seitenflächen noch nicht in einem einheitlichen Blau, Rot,
Weiß, Gelb, Grün und Orange ihre Ruhe gefunden haben, sondern bunt flattern,
verführt selbst Erwachsene zum Hantieren und stachelt zur Lösung an. Bevor die
Dinge Objekte sind, führen sie mit und gegen uns ein schillerndes Leben. Augenfällig wird dies bei Puppen und Teddys, diesen Spiegeln unserer selbst, die man
umarmen kann und die in Geschichten voller Magie ihre Wurzeln haben. Anders
als seine Vorbilder im Tierreich ist der Teddybär harmlos, weich, „das Friedens-
spielzeug der Menschen. Er verbreitet Harmonie auch da, wo gar keine ist, beispielsweise auf dem Drehbrett einer Peep-Show: da sieht man ihn oft, als Talisman
für die Höhlenbewohner der Moderne." (Vgl. Fritz 1990, S. 224)
    Puppen waren neben Spielzeug immer auch Zauberwerkzeug. Als solche blicken
sie in vielen Kulturen auf eine lange Geschichte zurück. Zum Beispiel wurden sie
von kirchlicher Seite im Rahmen der Christianisierung als heidnische Simulacra
bekämpft, weil sie einem Kult dienten, in dem die Eigentümerin sie bei ihrer Ver-
mählung der Venus opferte. Die Babypuppe hingegen ist jüngeren Datums. Puppen verkörperten die bürgerliche Existenz von Erwachsenen. Ihre Porzellanköpfe
verlangten nach einem behutsamen Umgang, nach der Zähmung ungestümen Verhaltens. Zinnsoldaten repräsentierten militärische Disziplin und Raffinesse. Auch
die Barbie-Puppe eignet sich heute nicht unbedingt zum Kuscheln, aber sie normalisiert Frauen- und Männerbilder in der zeitgenössischen Gesellschaft. In Voodoo-
Ritualen werden Rachepuppen präpariert. Aber auch als Verräterinnen sollten Puppen ihren Dienst versehen. So findet man um 1700 folgende Überlegungen: „Man
kann auch bey unterschiedlich vorgegebenem Docken-Werck [Puppenwerk], aus
der Wahl eines und des andern, der Jugend Gemüth sehr artig erforschen, und sehen, wozu sie geneigt sind." (Wagner 1985, 158) Marienpuppen (Marionetten),
Modepuppen (Mannequins) gehören mit Nymphen und Elfen zu einer Familie, in
deren Stammbaum man auch den Schmetterling und mit ihm die Seele findet. Sie
bevölkern eine Zwischenwelt, von der vielleicht nur noch Kinder und Künstler eine Ahnung haben (z.B. Hans Bellmer, Cindy Sherman und Eva Aeppli). Die Differenzen von Natürlichkeit und Artifizialität erweisen sich insbesondere in ästheti-
schen Inszenierungen, vor allem in künstlerischen Fotografien als Blendungen.
Weder beglaubigen Puppe und Fotografie bloße Künstlichkeit, noch versprechen
sie eine Natürlichkeit, die hinter ihnen steht. Ordnungen, in denen wir uns vielleicht heimisch fühlen, werden unheimlich im Sinne Freuds. Das Versagen einge-
spielter Normen – z.B. im Hinblick auf die Differenz von natürlich und artifiziell
– verursachen produktive Risse, Brüche, Ungereimtheiten. Urheberschaft, Realität

und Fiktion werden als Effekte von Produktionsvollzügen enthüllt. Sie stehen nicht am Anfang, bilden kein unschuldiges Erstes, dessen Wert sich in Wiederholungen verschleift. Vielmehr sind es gerade Kopien, welche dem Anderen ihrer selbst auf die Sprünge helfen. Eine Aufteilung nach Subjekt und Objekt hilft hier nicht weiter, auch nicht der Rückgang auf ein konstituierendes Subjekt. Philosophisch gesehen, geht es darum, nicht-intentionale Vollzüge fasslich zu machen. Mit in diesen Strudel gerät auch das Objekt, welches nicht länger als bloß Gegenüberstehendes *sui generis* begreiflich ist. Auch die Dinge sind Effekte von Prozeduren, von Vollzügen, in diesem Fall von den Akten der Gegenüberstellung selbst. Fotografien, die Artefakte beleben, umgehen das Fangnetz der Sprache. Sie führen auf Schwellen, auf denen die alten Begriffe versagen und neue noch nicht gefunden sind. (Vgl. Käufer 2006)

Dinge, das ist bis hierhin deutlich geworden, sind nicht lediglich Gegenstände, die in Raum und Zeit sowie durch ihre Maße zu bestimmen sind. Sie bieten sich als Erfahrungsmöglichkeiten an. Das Ding „ist Ob-jekt, was bedeutet, daß es sich aus eigener Kraft vor uns ausbreitet, gerade weil es in sich selbst versammelt ist." (Merleau-Ponty 2004, S. 210) Vom Gesichtspunkt der Entzauberung aus müssten eine Beseelung der Dinge als Animismus, ihr Realismus und ihr Artifizialismus, d.h. ihre ausnahmslose Fabrikation, belächelt werden. Solch ein Glaube an die Magie der Erfahrungen kommt nur den ganz kleinen Kindern zu. Piaget, der Meister in der „wissenschaftlichen Eroberung des Kindes" (vgl. Gstettner 1981), hat unzählige Beobachtungen gesammelt. Vor allem seine eigenen drei Kinder haben nicht nur eine Fülle an Material geliefert, sondern auch seiner Forschungsrichtung Impulse gegeben. Von ihnen lernte er, dass es eine praktische Intelligenz gibt, die bereits vorsprachlich den „Aufbau der Wirklichkeit" strukturiert, indem sie „sich vom Sinne der Dinge ernährt" (Piaget in einem Gespräch mit Jean-Claude Bringuier). Kindliches Wahrnehmen ist weit davon entfernt, chaotisch zu sein. Es folgt lediglich eigenen und damit anderen Weisungen als die Sinnesleistungen von Erwachsenen. Piaget war zeitlebens fasziniert von dem, was er als Fehler der Kinder bezeichnete. Während wir vom Standpunkt der Vernunft unserer Erfahrung ein dauerhaftes Gerüst geben, halten Kinder Gesichtspunkte nicht durch und urteilen allem Anschein nach willkürlich. Bevor sie berücksichtigen, dass Objekte permanent sind, d.h. ihre Existenz nicht aufgeben, wenn wir sie nicht mehr sehen können und immer dort zu suchen sind, wo sie zuletzt verschwanden, verlieren Kinder das Interesse, wenn die Dinge nicht mehr sichtbar sind oder schauen immer zunächst am Ort des ersten Verschwindens nach. Ist der Ball zuerst unterm Sofa, dann vor ihren Augen unterm Schrank verschwunden, werden Kinder vor dem Erreichen der Objektpermanenz zuerst unterm Sofa nachschauen. Dann lernen Kinder, dass sich die Menge einer Substanz nicht ändert, egal welche Form sie annimmt. Eine Tonkugel behält, falls man nicht etwas von ihr entfernt oder hinzufügt, dieselbe Menge auch als ausgerollte Wurst. Die Flüssigkeitsmenge verändert sich nicht, gleichgültig ob sie in ein hohes, schmales oder in ein niedriges, breites Gefäß gegossen wird. Schließlich lernen Kinder, dass sich die Dinge nicht ändern, wenn wir die Perspektive auf sie wechseln. Der Berg bleibt derselbe Berg, ob ich ihn nun von Norden oder von Süden aus sehe. Immer trügt der Augenschein – ein uralter Verdacht der Vernunft und des Verstandes gegenüber der Sinnlichkeit. Der Gipfelpunkt dieser Entwicklung ist dann schließlich mit der Einsicht erreicht, dass sich Objekte nicht verändern, ob es sie nun in der Erfahrung gibt oder nicht: Die Welt ist zur Hypothese geworden, die nur noch mathematischen und physikalischen Gesetzen unterliegt. Dreiecke, n-dimensionale Vielecke, Kreise im mathematischen Sinn sind nur zu denken, sie sind ,Undinge', ihre Gesetze gelten *unbedingt*.

Wenn man wie Piaget diese Sicht als den Höhepunkt der Entwicklung anvisiert, dann färbt dies zwangsläufig auf die Einschätzung der vorlaufenden Weltwahrnehmungen ab. Vom Standpunkt einer mathematischen Hypothese aus bedeuten dann natürlich die vom Wind gejagte Wolke und der Mond, der uns folgt, wie auch die Mauer, die uns geschlagen hat, Animismus. Kinder lernen irgendwann, dass Steine nicht leben (jedenfalls für einen aufgeklärten Europäer), und nach und nach verlieren die Dinge ihre Magie. Aber bis dahin bilden sie den Resonanzboden für ein *wildes Denken* (Merleau-Ponty), das sich noch keiner eindeutigen Ordnung beugt und unkonventionelle Erfahrungen erlaubt. Es bedarf eines mühsamen Weges und es ist anstrengend, Ich und Nicht-Ich, innen und außen auseinanderzuhalten. Bei diesem Übergang vom geliebten zum vergegenständlichten Objekt helfen die Dinge. Winnicott nannte solche Dinge Übergangsobjekte (vgl. Winnicott 1979), die wie der Teddy und die Schmusedecke zunächst den Übergang von der Geselligkeit des Wachens zur Einsamkeit des Schlafens mitgestalten. Diese Objekte haben eine eigene Realität, die durch Fühlen und Riechen konstituiert wird, nicht durch den Fernsinn des Sehens. Nicht verstanden hat den transitorischen Halt derjenige, welcher den schmuddeligen Teddy wäscht und die Decke von ihrer riechbaren Geschichte befreit. Übergangsobjekte bewahren die ursprüngliche Symbiose von Kind, Mit- und Umwelt und durchziehen sie gleichsam mit feinen Sprüngen. Sie bereiten auf die Dekomposition der expressiven Welt und damit auf die Entstehung einer Welt voller unabhängiger Dinge vor. Die Übergangsobjekte repräsentieren auch für den Erwachsenen eine Sphäre, „in der das Individuum ausruhen darf von der lebenslänglichen menschlichen Aufgabe, innere und äußere Realität voneinander getrennt und doch in wechselseitiger Verbindung zu halten." (Ebd., S. 11)

Kaum ein Gefühl demonstriert krasser die Distanz zwischen der beseelten Welt der Dinge für Kinder und der entseelten für Erwachsene als der Ekel. Ekel – das ist die Empfindung eines Erwachsenen. Sie entsteht, wenn die Dinge ihre Seele verloren haben. „Die Gegenstände, das dürfte einen nicht *berühren*, denn das lebt ja nicht. Man bedient sich ihrer, man stellt sie wieder an ihren Platz, man lebt mitten unter ihnen: sie sind nützlich, mehr nicht. Aber mich, mich berühren sie, das ist unerträglich. Ich habe Angst, mit ihnen in Kontakt zu kommen, als wären sie lebendige Tiere. Jetzt begreife ich; ich entsinne mich besser an das, was ich neulich am Strand gefühlt habe, als ich diesen Kiesel in der Hand hielt. Das war eine Art süßliche Übelkeit. Wie unangenehm das doch war! Und das ging von dem Kiesel aus, ich bin sicher, das ging von dem Kiesel in meine Hände über. Ja, das ist es, genau das ist es: eine Art Ekel in den Händen." (Sartre 1989, S. 20) Es sind die Wörter und Worte, die uns vor dem Ekel schützen, durch die Dinge berührt zu werden.

Sie überbrücken die Kluft von An- und Abwesenheit, weil sie alles heranholen – präsentieren. Sie drängen sich der Erfahrung auf und zeichnen sie mit dem Schicksal der Positivität. Aber ihre Macht ist begrenzt: „Der Wind stößt und läßt uns zuweilen erzittern, zumindest der Nordwind, selbst wenn der Zephir göttlich in den Blättern zu flüstern scheint, das Wort ‚Wind‘ setzt gar nichts in Bewegung." (Serres 1994a, S. 149)

Langeveld hat als einer der wenigen der Rolle der Dinge in der Welt des Kindes eine sehr genaue anthropologische Studie gewidmet. (Vgl. Langeveld 1968) In ihr geht er von der Vielzahl der Sinndimensionen aus, die Dinge für uns haben, nicht weil wir sie lediglich in sie hineingelegt haben, sondern weil sie von sich aus Ansprüche haben, Herausforderungen bedeuten, Appelle aussenden. Dinge lassen sich gebrauchen. Sie geben meinem Milieu den Stil. Sie zeigen meinen gesellschaftlichen Status. Manchmal muss ich mich von ihnen trennen. Ich kann sie auch wiederfinden. Sie stehen mir nicht einfach sachlich gegenüber. Sie fordern mich heraus (Kurt Lewin). Sie appellieren an mich, etwas zu tun oder zu unterlassen. Ein Appell ist dabei etwas anderes als ein isolierter physikalischer Reiz, verschieden von einer bloßen Perturbation im Sinne radikal konstruktivistischer Auffassungen und schließlich nicht gleichzusetzen mit der gegenständlichen Affektion. Dinge bedeuten willkommene, aber auch nicht willkommene Erinnerungen. Sie leiten die Spurensuche. Sie fungieren als *pars pro toto*. Langeveld erinnert an die pathische Dimension des Lernens, welche zwar im Verlaufe der Geschichte der Lerntheorien niemals vollends in Vergessenheit geriet, aber doch in erster Linie im Schatten der Sinnstiftungsleistung des Subjekts stand.

Eine reine Bewusstseinslehre wie auch eine vollständige Reduktion prallen auf den Widerstand der Dinge, auf den Protest der pathischen Welt. Aus dieser Sicht wird deutlich, dass die menschlichen Möglichkeiten nicht lediglich nach dem Muster sicherer Erkenntnis zu deuten sind. Dinge locken an oder schrecken ab, bieten sich an und fordern. Dies ereignet sich in der Erfahrung und nicht in einer objektivierenden Einstellung. Die Erfahrung wird durch Widerfahrnisse gestört, in die Dinge involviert sind, aber nicht nur sie. Hat man einmal diese zwischenleibliche Dimension in den Blick genommen, so machen hier auch die anderen Menschen auf sich aufmerksam. Von der gestischen Verständigung kommt man zur Sprache, die auch Spuren der dinglichen Welt trägt. Schließlich bietet der Feldbegriff, wie er vor allem von Kurt Lewin entfaltet wurde (vgl. Kapitel 4), eine Möglichkeit, über die Strukturierungsleistung der Dinge zu sprechen, indem man ihnen Valenzen zuordnet, die nicht einer subjektiven Initiative entstammen, aber auch nicht den Dingen als solchen anhaften. Diese Auffassung bezeugt Ansprüche der Dinge, Herausforderungen, wie Lewin sagt, ohne ihnen menschliche Qualitäten unterzuschieben. Stets bleiben wir jedoch hinter der Fülle von Ansprüchen zurück. Aus dieser Unruhe von Gebung und Entzug resultiert eine Dynamik des Verstehens.

Merleau-Ponty ruft in Erinnerung, dass nicht ich wahrnehme, sondern dass man oder es in mir wahrnimmt (Merleau-Ponty 1966, S. 253), dass die Wahrnehmung auf eine anonyme *Vorgeschichte* zurückverweist, die keinem Zugriff (*prise*), sondern nur einer *Wiederaufnahme* oder *Wiederaufführung* (*reprise*) offen steht. (Vgl. ebd., S.

280f.) „Reden und Schreiben bedeutet, eine Erfahrung *zu übersetzen*, die doch erst zum Text wird durch das Wort, das sie selbst wachruft." (Zit. nach Waldenfels 1995, S. 115) Es bedarf unseres Eingriffs, damit die Dinge ihre Anmutung verwirklichen. Indem wir ihren Anspruch aufnehmen, indem wir es sind, die durch sie affiziert werden, geben wir ihnen einen Sinn, der nicht nur in uns wurzelt. Gerade der Entzug des Sinns nötigt uns zur Sinngebung, die nicht pure Gebung ist. Wachrufen und Erwachen sind Metaphern, welche die Verwicklung von Dingen und Menschen in der Hinsicht von Lehren und Lernen treffen. Sie bewahren den schwer zu beschreibenden Umstand, dass die Dinge mir Antworten ermöglichen, in denen ich sie zur Sprache bringe. Diese Komplikation wird in der Gleichsetzung von Antwort und *response* im Sinne von Reaktion übersprungen. „Die Definition der Antwort als *response* im zweiten Teil des Stimulus-response-Schemas ist bloß eine Metapher, die sich auf eine dem Tier zugeschriebene Subjektivität stützt, um sie dann im physikalischen Schema wegzulassen, auf das die Definition sie reduziert. Wir nennen das: Ein Kaninchen erst in den Zylinder stecken, um es dann daraus hervorzuzaubern." (Lacan 1973b, S. 143) Die paradoxe Aufgabe des sprachlichen Ausdrucks besteht dagegen darin, das zur Erscheinung zu bringen, was, um zu existieren, seiner nicht bedarf, das aber, um verstanden zu werden, auf ihn angewiesen ist. Er steht nicht für eine Verdoppelung der Welt, sondern für deren Hervorbringung im Spielraum zwischen Appell und Antwort. Außerhalb dieser Verflechtung laufen Erkennen, Wahrnehmen, Fühlen und Handeln ins Leere, und die Welt verstummt. „An Stellen, wo die subjektive Vernunft subjektive Zufälligkeiten wittert, schimmert der Vorrang des Objekts durch; das an diesem, was nicht subjektive Zutat ist. Subjekt ist das Agens, nicht das Konstituens von Objekt; das hat auch fürs Verhältnis von Theorie und Praxis seine Konsequenz." (Adorno 1977c, S. 752)

Vierter Streich.

Also lautet ein Beschluss:
Dass der Mensch was lernen muss. –
– Nicht allein das A · B · C ·
Bringt den Menschen in die Höh';
Nicht in Schreiben, Lesen,
Übt sich ein vernünftig Wesen;
Nicht allein in Rechnungssachen
Soll der Mensch sich Mühe machen;
Sondern auch der Weisheit Lehren
Muss man mit Vergnügen hören. – ~

Dass dies mit Verstand geschah,
War Herr Lehrer Lämpel da. ~
~ Max und Moritz, diese beiden,
Mochten ihn darum nicht leiden;
Denn wer böse Streiche macht
Giebt nicht auf den Lehrer acht. · ~

7. Lernen als Erfahrung

> „Sinnlos und geistverlassen ist die Erfahrung nur für den
> Geistlosen. Schmerzlich vielleicht kann sie dem Streben-
> den sein, aber kaum wird sie ihn verzweifeln lassen."
> (Walter Benjamin, Erfahrung)

> „Lernen ist eines der großen humanen Phänomene und
> Inbegriff einer eigenen Leidenschaft; […]."
> (Heinz-Joachim Heydorn, Zum Bildungsproblem
> in der gegenwärtigen Gesellschaft)

> „Der Panzer verdeckt die Wunde."
> (Theodor W. Adorno, Philosophie und Lehrer)

Lebenslanges Lernen ist längst zu einer vertrauten Parole geworden, mit der alle
möglichen Hoffnungen im Hinblick auf die Zukunft von Menschen und der
Menschheit verknüpft werden. Auf einer Briefmarke wird 2001 Wilhelm Busch
umgedichtet: „also lautet ein beschluss, dass der mensch was lernen muss. *lernen*
kann man, gott sei dank, aber auch *sein leben* lang." Es ist nicht uninteressant, dass
Wilhelm Busch in seiner Version ursprünglich nicht nur das ABC und „Rechensa-
chen" für das schulische Lernen als wichtig erachtet. „Sondern auch der Weisheit
Lehren muß man mit Vergnügen hören." Für Weisheit bleibt heute kaum die Zeit.
Es sei denn, sie dient zur Unterhaltung und wird *mundgerecht* von Radio- und
Fernsehphilosophen verpackt. Das *Was* des Lernens ist, wie in den vorangegangenen Studien mehrfach aufgewiesen wurde, zugunsten der Verfahren in den Hintergrund getreten. *Output-Orientierung* lautet ein Schlagwort, mit dem ein *Paradig-
menwechsel* angezeigt werden soll. Euphemistisch wird damit verklärt, dass es sich
nur noch um statistisch erfassbare Effizienzsteigerungen handelt. Lernen bedeutet
aber stets das Lernen von *etwas* durch *jemanden* bzw. durch *etwas*. „Die Forderung
nach dem Lernen des Lernens ähnelt dem Vorschlag, ohne Zutaten zu kochen. Der
Begriff des Lernens setzt ein Etwas immer schon voraus." (Liessmann 2006, S. 35)
Vor über zweitausend Jahren hielt Aristoteles in seiner Metaphysik wie selbstverständlich fest: „Es kann ja doch nicht ein Lernen des Lernens [*mathesis he tes mathe-
seos*], also auch nicht ein Werden des Werdens geben." (Aristoteles, Metaphysik, I
(K) 12. 1068b, 14f.) Zahlreiche Entwicklungen haben dazu geführt, dass uns das,
was ehemals als ungereimt erschien, kaum noch befremdlich vorkommt. Streng
genommen, sprechen wir aber von zweierlei Lernen: Auf der Vollzugsseite meinen

wir das Lernen, wie es im vorliegenden Buch in den Blick genommen wurde. Auf der Gegenstandsseite beziehen wir uns auf Lernverfahren und -methoden. Diese Differenz verschwindet in der Formalisierung wie in der Nacht, die alle Kühe grau macht. Systemtheorie und Konstruktivismus liefern das geschmeidige Vokabular dafür, dass Lernen nichts anderes als die Bezeichnung dafür sei, dass man die Folgen der Informationsaufnahme für das operativ geschlossene, autopoietisch fungierende System nicht beobachten kann. (Vgl. Luhmann 1993, S. 158f.) Das ist in der Tat eine minimalistische Auskunft. Aristoteles und andere, die ihm in der Ansicht gefolgt sind, dass Lernen eine Erfahrung ist, setzen voraus, dass Lernen immer Lernen *von etwas* bedeutet. Dagegen hat die Formalisierung des Lernens heute ein Ausmaß erreicht, das zwar einen hohen Grad an Allgemeinheit garantiert, aber nicht mehr erkennen lässt, worin die Besonderheit des Lernens in Bezug auf andere Veränderungen liegt. Lernen wird nun, aber nicht erst jetzt als Wissenserwerb ohne feststellbare Herkunft aufgefasst. Man gewöhnt sich an die Vorstellung, dass Lernen im überprüfbaren Wissen endet. Dies ist aber nur eine Facette eines überaus komplexen Phänomens.

Dabei kommt kaum eine Theorie des Lernens ohne eine wie auch immer geartete Vorstellung von Erfahrung aus. In seinem weit verbreiteten, viel beachteten Buch *Psychologie des Lernens* hält Lefrancois gleich zu Beginn fest: *„Lernen umfaßt alle Verhaltensänderungen, die aufgrund von Erfahrungen zustandekommen."* (Lefrancois 1986, S. 3) Auch in den aktuelleren Ausführungen des Hirnforschers Wolf Singer spielt Erfahrung eine bemerkenswert wichtige Rolle. Allerdings setzt er wie auch Lefrancois und andere als selbstverständlich voraus, dass man weiß, was Erfahrung ist. Ihr kommt die Aufgabe zu, die genetisch bedingten neuronalen Möglichkeiten zu gestalten, indem sie den Reichtum der Verknüpfungsmöglichkeiten reduziert. Nach Singer kann man sagen, „dass das Hirn genetisch vorprogrammiert ist für ganz bestimmte Leistungen, aber beim Menschen, weil sich die Entwicklung der Hardware über so lange Zeit nach der Geburt erstreckt, kann die Architektur durch Erfahrungen verändert und ein Teil des Programms installiert werden." (Singer 2003, S. 97) Dabei bleibt geheimnisvoll, wie das Gehirn als „extrem dezentral organisiertes System" zu einer „zusammenhängenden Deutung von Welt" gelangt. (Vgl. ebd., S. 56) Der neue Mensch ist eine „neuronale Maschine" (vgl. Kapitel 3), ein determiniertes System, in dem Freiheit nur als Illusion fungiert und welches angesichts seiner eindrucksvollen Komplexität eine Ethik der Demut fordert.

Erfahrung ist allerdings eine besondere menschliche Möglichkeit, die nicht dasselbe wie Denken oder Erleben ist. In einem strengen Sinn sollte nur dort die Rede von Erfahren sein, „wo etwas Neues, Unvorhergesehenes, ja Überraschendes zum Bewußtsein gelangt. Das Überraschende und Unverhoffte ist aber seinem Wesen nach dazu beschaffen, im Gegenzug zu den vorgefaßten Erwartungen, die im jeweiligen Bewußtsein gerade vorhanden sind, zum Durchbruch zu kommen. Deshalb läßt es sich aber auch nicht restlos auf das Bewußtsein zurückführen. Vielmehr deutet es auf eine Bruch- oder Rißstelle im Bewußsein hin." (Tengelyi 2002, S. 788f.) Während Erleben einen intentionalen Akt meint, zerspringt in der Erfahrung die Intention des Bewusstseins, indem sie von der Welt überrascht und beschlagnahmt wird. „Erwartungen können nur wirklich erfüllt werden durch Wahrnehmungen. Als wesensmäßig gehört zu ihnen, daß sie, und unter allen Umständen, auch enttäuscht werden können. Die Wahrnehmung bringt ein Neues, das ist ihr Wesen. Freilich mag sie von der Bewußtseinsvergangenheit her eine Vorzeichnung haben, das Neue kommt einem schon Bekannten, schon für mich als vergangen Konstituierten gemäß. […] Aber evident ist doch, daß erst die Wahrnehmung entscheidet, und daß das Neue aller Erwartung ins Gesicht schlagen kann." (Husserl 1966, S. 211) Das Bewusstsein kommt nicht allein für den Sinn auf. Es antwortet auf einen ihm fremden Anspruch, durch den es wie durch eine Ohrfeige getroffen werden kann. Bewusstsein ist nicht alles. Erfahrung meint damit die Öffnung zu einer Welt, die sich mitunter aufdrängt und fungierenden Erwartungen in die Quere kommen kann. In dieser Durchkreuzung zeigen sich allererst die Antizipationen, die zuvor unbemerkt in Geltung waren. Jede Erfahrung in einem umfassenden Sinn wird dergestalt auf sich selbst zurückgeworfen. „Erst in dieser Rückwendung der Erfahrung auf sich selbst, die zugleich ein Wandel unseres Erfahrenkönnens ist, liegt die eigentlich belehrende Kraft der Erfahrung." (Buck 1989, S. 3)

Wenn man – wie Günther Buck – den ganzen Reichtum des Erfahrungsbegriffs für das Verständnis von Lernen zu Grunde legt, dann treten nicht nur Möglichkeiten, sondern auch Probleme vor Augen. Um nämlich überhaupt Erfahrungen machen zu können, muss man in Bezug auf die Sache bereits etwas wissen, sich auf sie in gewisser Hinsicht verstehen. Mit anderen Worten: Wir sind immer schon von anderen Menschen, aber auch von Dingen und von uns selbst in Anspruch genommen, bevor wir in bestimmter Weise davon sprechen. Deshalb kann Heidegger vom „eigentlichen Wesen" des Lernens sagen: „Dieses eigentliche Lernen ist somit ein höchst merkwürdiges Nehmen, ein Nehmen, wobei der Nehmende nur solches nimmt, was er im Grunde schon hat." (Heidegger 1984, S. 75) Das meint nun nicht, dass uns etwas bloß entfallen ist und nun wieder *einfällt*. Im Lernen wird wie in der Erfahrung etwas im Vernehmen allererst hervorgebracht. Mit dieser zentralen Paradoxie befassen sich Lerntheorien, welche Lernen nicht nur als zukunftsorientiertes Projekt effektiver Anpassungen betrachten, aber auch nicht als Akkumulation von Informationen, sondern vor allem als eine Art Schöpfung, welche ihre eigene Herkunft aufgreift. „Erfahrung ist Belehrung, weil wir nie bloß vorgreifend (a priori) darüber befinden können, was uns an Kunde zufließt. Die Dinge selber sind es, die sich uns kundtun und uns über sie belehren." (Buck 1989, S. 13) Die Vernunft wird, wie im vorigen Kapitel dargelegt wurde, auf merkwürdige Weise durch die Dinge in Mitleidenschaft gezogen. (Vgl. Stravoravdis 2003; Stieve 2003; 2006). Die Analyse des Lernens kommt auf solche Vorstrukturen der Erfahrung zurück, indem sie diese als *vorreflexive* Ermöglichung zerstört. Ein obliquer Blick ist auf schweigende Voraussetzungen gerichtet, in denen Dinge meinen Leib erfassen und ich durch meinen Leib auf sie übergreife, „d.h. was man tut, hat mehr Sinn, als man weiß. Auf diese ursprüngliche Einrichtung des Leibes ist jede Symbolbildung gegründet, […]." (Merleau-Ponty 1993, S. 66, Anm.) In der Thematisierung entzieht sich das Unthematische. Zweifellos ist damit seine Kandidatur für eine naturwissenschaftlich orientierte Untersuchung verspielt. Es fungiert nur zuverlässig, wenn man nicht auf es aufmerksam wird. „Woran wir sind, daran denken wir, weil wir dabei gestört wurden, nicht daran zu denken." (Blumenberg 1980, S. 61) Insofern sind wir für uns selbst unberechenbar. Wir kennen die Situation, wenn wir uns selbst im Gespräch mit dem überraschen, was wir sagen. Es lag nicht als Formulierungsangebot vor, das ich nur zu wählen brauchte, sondern stellte sich angesichts des sprechenden Anderen ein, der mir Möglichkeiten zuspielt, von denen ich nicht wusste, dass ich sie habe. In meinem Antworten selbst entsteht Sinn, der mich überfallen kann. So habe ich mir fest vorgenommen, *nein* zu sagen bei der nächsten Anfrage im Hinblick auf eine freiwillige Aktivität, und höre mein entgegenkommendes *Ja*, das mich in die Pflicht nimmt, die ich nicht wollte. Aber auch Gedanken bestürmen mich im Gespräch, die mir wie neu vorkommen.

Wir stoßen damit „auf das Paradox einer *kreativen Antwort, in der wir geben, was wir nicht haben.*" (Waldenfels 1997, S. 53) Deshalb muss Hegels Bestimmung der Erfahrung wohl doch relativiert werden: „Das Prinzip der *Erfahrung* enthält die unendlich wichtige Bestimmung, daß für das Annehmen und Fürwahrhalten eines Inhalts der Mensch selbst *dabei sein* müsse, bestimmter, daß er solchen Inhalt mit der *Gewißheit seiner selbst* in Einigkeit und vereinigt finde. Er muß selbst dabei sein, sei es nur mit seinen äußerlichen Sinnen oder aber mit seinem tieferen Geiste, seinem wesentlichen Selbstbewußtsein." (Hegel 1949/1830, S. 38) Diese Auffassung ist anspruchsvoll und vom neuzeitlichen Pathos gefärbt. Für die Anerkennung als Erfahrung wird nichts weniger gefordert als die „Gewissheit des Erfahrenden seiner selbst". Aber gibt es diese Gewissheit seiner selbst, von der zu Beginn der Moderne nicht nur Hegel ausging? „Zu einem bestimmten Selbst wird das Selbst durch jene *Selbstspaltung* und *Selbstteilung*, um die es uns hier geht und durch die das Selbst im Gegensatz zum bloßen Etwas Distanz zu sich selbst gewinnt, sich artikuliert, ausgehend von einer Urspaltung, die einen Kometenschweif weiterer Spaltungen nach sich zieht. Das *Wem* des Widerfahrnisses verwandelt sich in das *Wem* einer Aufforderung und das *An-Wen* eines Anrufes und schließlich in das *Wer* des Antwortens, ohne daß die Vorgängigkeit dessen, was das Selbst erleidet, in der Nachträglichkeit dessen, was es tut, aufgehoben wäre. In der Erfahrung selbst öffnen sich Spalten und Klüfte, in denen das Selbst sich von sich selbst entfernt." (Waldenfels 2002, S. 204) Wieder stoßen wir auf Brüche, Risse und Spalten, die in Ratgebern für Selbstmanager kaum zu finden sind. Aufforderungen und Ansprüche sind nicht lediglich Perturbationen oder Irritationen und damit vorübergehende Störungen eines Gleichgewichtszustands. Sie meinen eine unumgängliche Fremdheit des Sich für sich selbst, die eine Sorge um sich selbst nötig macht, eine Lebensführung, die in keiner Ruhelage ankommt. Lernen bedeutet in diesem Sinne immer auch die Geschichte des Lernenden selbst, den konflikthaften Prozess seiner Veränderungen, deren Dynamik in diesem Selbstentzug wurzelt. Wir wissen mehr, „als wir zu sagen wissen." (Polanyi 1985, S. 14) In dieser Differenz von Wissen und Sagen entfaltet sich ein Überschuss, der dem Handeln Sinn verleiht, ohne dass dieser explizit zu formulieren wäre. (Vgl. Bourdieu 1987, S. 127) Lernen als Erfahrung bedeutet daher ein ambivalentes Geschehen. Erfahrungen neigen einerseits zum Dogmatischen, weil sie mitunter ohne große Umstände verallgemeinert werden. Sie trachten nach Bewährung und entziehen sich der Skepsis. Allerdings sind sie andererseits besonders verletzlich, wenn ihnen diese Bestätigung verwehrt wird. Wer *Lehrgeld bezahlt hat*, der ist mit sich selbst konfrontiert worden, der musste umlernen. (Vgl. Buck 1989, S. 47)

Das menschliche Gehirn wird heute, wie gezeigt wurde, im Hinblick auf alle relevanten Vollzüge als Zentralorgan betrachtet. Das gilt für die Bestimmung des Beginns der Existenz, deren Ende und auch für das Lernen. Zwar gab es im zwanzigsten Jahrhundert nach der einflussreichen Zeit unterschiedlicher behavioristischer Forschungen schon früh eine so genannte kognitive Wende, die häufig mit dem Aufkommen der Gestaltpsychologie verbunden wird, aber die Aussagen über die inneren Vorgänge standen stets unter dem Verdacht des bloß Spekulativen. Als Hebb 1949 seine nach ihm benannte Synapse bestimmte, handelte es sich um ein plausibles Modell, um einen Vorschlag, wie man höhere geistige Prozesse auf der Basis neuronaler Aktivitäten verständlich machen kann. Neuronale Bahnungen entstehen im Sinne seines Pseudobehaviorismus dadurch, dass vor- und nachgeschaltete Neuronen gleichzeitig *feuern*. Seine Hypothesen konnten erst viele Jahre später mit Hilfe der neuen bildgebenden Verfahren bestätigt und weiterentwickelt werden. So machen beispielsweise nuklearmedizinische Methoden, bei denen den Probanden schnell verfallendes radioaktives Material entweder mit der eingeatmeten Luft oder mit Zucker verabreicht wird, aufgrund der ausgesendeten radioaktiven Strahlen aktive Hirngebiete sichtbar. Verfahren zur Messung minimaler elektromagnetischer Feldänderungen ermöglichen des Weiteren die Darstellung der Veränderungen in den so genannten Netzwerken des Gehirns. Diese neuen Möglichkeiten schließen sich damit an den Konnektionismus der fünfziger Jahre an, der sich zeitgleich neben der informationstheoretischen Variante des Kognitivismus entwickelte. Das Wort *Konnektionismus* verweist auf die Überzeugung, dass unsere Hirnfunktionen vor allem als Verbindungsleistungen zu interpretieren sind, nämlich als Verknüpfungen neuronaler Kerne durch Netzwerke. Dass diese Theorie erst wieder in den letzten Jahren in Erinnerung gerufen wurde, liegt nicht nur daran, dass sie nun experimentell bekräftigt werden konnte, sondern kann auch dadurch verständlich werden, dass in den fünfziger Jahren der Computer zum vorherrschenden Modell der Selbstinterpretation des Menschen wurde. Die Unterscheidung von *Hardware* und *Software* schrieb vor, Lernen als Programmierung zu begreifen, als einen Informationsverarbeitungsprozess, in dem der Lernende wie ein Speicher von Expertenwissen begriffen wird. Es blieb dabei allerdings nicht unbemerkt, dass dieses Modell vieles nicht erklären konnte. Abbild- und Repräsentationstheorien des Verstehens und Wahrnehmens konnten nicht verständlich machen, dass wir nicht nur auf äußere Reize reagieren, sondern dass wir bruchstückhafte Informationen in einer Art Selbstorganisation vervollständigen. Menschlicher Geist ist offensichtlich mehr und anderes als bloße Wiedergabe einer äußeren Welt. Hirnphysiologisch kann gezeigt werden, dass das Gehirn auf sich selbst reagiert, dass es wie ein selbstreferentielles, operativ geschlossenes System funktioniert. Mit der Theorie neuronaler Netzwerke wird eine Konzeption menschlichen Lernens ermöglicht, welche die Selbstorganisation der Hirnleistungen mitberücksichtigt. Die verbundenen Nervenzell-Ensembles organisieren sich nicht nur als unmittelbare Antwort auf einen von außen kommenden Reiz, sie strukturieren sich auch als Reaktion auf sich selbst im Sinne einer funktionalen Architektur. Diese ist das Ergebnis genetischer Voraussetzungen sowie epigentischer Entwicklungen. Der Vorzug dieser Sichtweise besteht u.a. darin, die Wechselwirkung von Organismus und Umwelt kontrollierbar zu gestalten. Wir sind nicht nur das, was wir ererbt haben, sondern unsere Möglichkeiten entfalten sich mit Hilfe der Appelle unseres Milieus. Der Erfolg dieser Anreize ist in den Fällen, in welchen er bislang untersucht wurde, zeitgebunden. Das heißt, dass wir auch Chancen einbüßen können, wenn uns unsere Umwelt nicht pünktlich animiert, bestimmte Konnektionen von Nervenzellen zu explizieren oder zu inhibieren. (Vgl. Singer 1992; 2001)

Die Inhaltsarmut dieser knapp in Erinnerung gerufenen Ansätze garantiert den hohen Allgemeinheitsgrad und die faszinierenden Anschlussmöglichkeiten. Auf der einen Seite sind selbstbezügliche Veränderungen in elektronischen Datenverarbeitungssystemen, dynamische Umstrukturierungen neuronaler Netze und Lernen als ein „erfahrungsabhängige[r] Entwicklungsprozess" (Singer 1992, S. 98) aufeinander abzubilden und können unter Umständen wechselseitig das Verständnis prinzipiell nicht zu beobachtender Vorgänge bereichern. Praktisch werden diese Erkenntnisse im so genannten E-Learning wirksam genutzt. Auf der anderen Seite lässt diese Formalisierung aber auch zentrale Fragen offen. Unsere Umgangssprache legt nahe, dass wir uns, falls wir uns informieren, immer auch *über etwas* informieren. Der kybernetische Begriff der Information bezieht sich aber nur auf ein formales Symbol. Neurobiologisch kommen Signale ins Spiel, die in bestimmten Veränderungen der Nervenzell-Ensembles räumlich abgelegt werden. Die spezifischen Bedeutungen von Erinnerungen z.B. sind formal nicht darstellbar. Diese Differenz von Syntax und Semantik ist zentral und fordert die präzise und konsequente Unterscheidung von Gehirn und Bewusstsein. „Gehirnfunktion läßt sich durchaus mechanistisch beschreiben und erklären, solange das bewußte Erleben von Sinneseindrücken und Gedächtnisinhalten ausgeklammert wird." (Florey 1992, S. 182) Die Physik selbst berücksichtigt die Grenzen mechanistischer Erklärungsmodelle, indem sie im mikrophysikalischen Bereich von der konstitutiven Bedeutung des Beobachters für das, was er beobachtet, ausgeht. Zur Erklärung einer Veränderung, die man als Lernen bezeichnen kann, gehört daher nicht nur die räumliche Ordnung, sondern auch die zeitliche. Mit der zeitlichen Struktur des Lernens gerät eine Eigenart des Lernens in den Blick, die für naturwissenschaftlich orientierte Konzeptionen außer in der Thematisierung von Zeitfenstern nicht relevant ist, nämlich die Frage nach der Herkunft.

Lernen meint vor allem einen Vollzug, eine Aktivität. Im Deutschen wurde diesem Befund auch dadurch Rechnung getragen, dass die Akteure als Lernende bezeichnet wurden. Aktuell ist dagegen der *Lerner* als Funktionär einer Gesellschaft, die lebenslang lernt. Lernen selbst rückt vor allem in Form seiner Resultate in den Blick, etwa in behavioristischer Perspektive als dauerhafte Verhaltensänderung und im Rahmen kognitionstheoretischer Annahmen als Gedächtnisaufbau. Der Prozess selbst entzieht sich lebensweltlich und wissenschaftlich unserer Aufmerksamkeit.

Abgesehen von den Schwierigkeiten für eine *Theorie* des Lernens, ist davon vor allem die *Praxis* des Lehrens betroffen. Wie soll man Lernvollzüge eröffnen, begleiten, verbessern, abschließen, wenn man keine präzise Vorstellung vom Lernvorgang hat? Dabei handelt es sich nicht um eine vermeidliche Nachlässigkeit. Es gehört vielmehr als Struktureigentümlichkeit zum Lernen selbst dazu, dass sich der Vollzug ins Dunkle zurückzieht. „So kann ich davon träumen, wie ich einmal das Gehen lernte. Doch das hilft mir nichts. Nun kann ich gehen; gehen lernen nicht mehr." (Benjamin 1980b, S. 267) Als Lehrende sollen wir also Akte veranlassen, die wir selbst einmal hinter uns gebracht haben und die sich unserer Erinnerung versagen. Allerdings ist dieser Entzug nicht vollkommen. „Wie das verlorene Wort, das eben noch auf unseren Lippen lag, die Zunge zu demosthenischer Beflügelung lösen würde, so scheint uns das Vergessene schwer vom ganzen gelebten Leben, das es uns verspricht. Vielleicht ist, was Vergessenes so beschwert und trächtig macht, nichts anderes als die Spur verschollener Gewohnheiten, in die wir uns nicht mehr finden könnten." (Ebd.) Die Lernenden können daher von den Lehrenden lernen, was sie *noch nicht* wissen und können, die Lehrenden von den Lernenden, was sie *nicht mehr* wissen und können.

Im Lernen fungieren Bestimmungen des Daseins, die sich nicht so ohne weiteres zu erkennen geben. Sie können das Lernen unbemerkt ebenso befördern wie behindern. Lernen meint also nicht nur, vielleicht nicht einmal zentral Zukunft, sondern Herkunft, welche sich uns stets nur verstellt zeigt, weil sie als Herkunft nicht zu bezeugen ist. Zwar kann ich sagen: „Ich habe gelernt", aber nicht: „Ich beginne zu lernen". Der letzte Satz meint vielleicht ein Üben oder die Erledigung einer Aufgabe, aber wohl kaum die Eröffnung eines bislang nicht fungierenden Verständnisses. Lernen als der Beginn eines erstmaligen Aktes ist wie das Aufwachen. Jede Thematisierung kommt in Bezug auf das Ereignis zu spät. Lernen beginnt mit einem Aufmerken, einem Aufwachen aus dem Schlummer des Gewohnten. Wenn man Lernen nicht auf Erkennen reduzieren will, sondern in strengem Sinne als Erfahrung begreift, dann kommt der sinnlichen Wahrnehmung eine besondere Stellung zu. An dieser Stelle wäre Bucks Hermeneutik des Lernens durch eine Phänomenologie der Wahrnehmung zu ergänzen. Wie bereits in dem Kapitel über den *Einspruch der Dinge* deutlich wurde, wirft unsere westliche Tradition hier nicht unerhebliche Probleme auf. Schon in der griechischen Klassik wurde die Beherrschung der unbändigen Sinne als Weg betrachtet, dauerhafte und verlässliche Erkenntnisse zu gewinnen. Auch das soziale Leben in der Polis hing wesentlich davon ab, der Verführung durch die Sinne zu widerstehen. Die Geometrie wurde zum Vorbild dafür, wie man Sinnlichem Ordnung verlieh. Obwohl Platon wie kaum ein anderer die Bedeutung des Schmerzes für den Lernprozess der Vernunft erkannt hat, führte seine Bevorzugung der unveränderlichen Ideenwelt schließlich zu einer Abwertung der Sinnlichkeit, selbst wenn seine eigenen Analysen der Wahrnehmung hier streckenweise phänomenologische Züge tragen. Wir halten deswegen inne und blicken zurück.

Das griechische Wort *aisthesis* wird mit *Wahrnehmung* übersetzt und bezeichnet damit die menschliche Möglichkeit, sich, seinesgleichen und seine Welt sinnlich zu erfahren. Cicero übersetzt es mit dem damals noch nicht gebräuchlichen *sensus* und bezieht sich dabei auf die stoische Bestimmung der *aisthesis*, die sowohl den physiologischen Vorgang als auch die Sinnesorgane meint. Im Allgemeinen und auch mit Bezug auf unsere gesamte okzidentale Tradition gehen wir von fünf Sinnen aus: Gesichts-, Gehör-, Geruchs-, Geschmacks- und Tastsinn. Mitunter werden sie nicht alle berücksichtigt. Manchmal kommen weitere hinzu wie etwa der Gleichgewichtssinn. Oft wird eine hierarchische Spannung von den niederen Sinnen (den so genannten Nahsinnen wie Geruchs-, Geschmacks- und Tastsinn) bis zu den höheren (den so genannten Fernsinnen) unterlegt. (Vgl. Jütte 2000, S. 65ff.) Vereinzelt wird trotz des „Adels des Sehens" (vgl. Jonas 1973), das dem Denken am nächsten kommt, das Tasten als der entscheidende Realitätssinn akzentuiert. (Vgl. Aristoteles, Über die Seele, II.11 422b, 17ff.) Von der Archaik bis heute steht dabei außer Zweifel, dass die sinnliche Wahrnehmung eine bedeutsame Quelle von Erfahrungen ist. In der frühgriechischen Dichtung fungiert der Leib als wichtiger Ort der Weltbegegnung. Gerade darin, dass sich etwa Odysseus gelegentlich der Verführung durch die Sinne erwehren muss, zeigt sich die Macht der Sinnlichkeit. Grundsätzlich ist deshalb das menschliche Wissen, das als *theoria* etymologisch mit Sehen als Schau der Ideen verwandt ist, bei den Griechen durch „eine Art epistemologischer Traurigkeit" gekennzeichnet, weil es im Vergleich zum göttlichen sehr begrenzt und unstet ist. (Vgl. Brunschwig/Lloyd 2000, S. 98) Allerdings hat der menschliche Verstand teil am göttlichen *logos,* was den Menschen grundsätzlich von den Tieren unterscheidet.

Im Hinblick auf die Möglichkeiten des Erkennens stand das Verhältnis der Sinnlichkeit zum *logos*, d.h. zum Verstand oder zur Vernunft, im Zentrum der Aufmerksamkeit. Hier zeigen sich sehr unterschiedliche Auffassungen. Die einen halten wie Platon die Wahrnehmung für die Ursache der Verwirrung sowie Täuschung des Verstandes und rufen zu ihrer Zähmung auf. Die anderen bescheinigen ihr wie Aristoteles, dass sie von den menschlichen Lebewesen geliebt werde, weil jedes Wissen, nach dem sie von Natur aus streben, sich von ihr nähre. Vereinfacht ausgedrückt, lässt sich unter Missachtung der vielfachen Nebenstränge Folgendes festhalten: Die *Prosa der Welt* weicht in der Entwicklung der menschlichen Selbstdeutungen dem *Richterstuhl der Vernunft.* Diese Vernunft emanzipiert sich von der bloßen Sinnlichkeit. Sie gibt „nicht demjenigen Grunde, der empirisch gegeben ist, nach, und folgt nicht der Ordnung der Dinge, so wie sie sich in der Erscheinung darstellen, sondern macht sich mit völliger Spontaneität eine eigene Ordnung nach Ideen, in die sie die empirischen Bedingungen hinein paßt, […]." (Kant, Kritik der reinen Vernunft, B 576) Die Alternative von spontaner Vernunft und rezeptiver Sinnlichkeit treibt beide Weltzuwendungen auseinander. Gleichzeitig ist für Kant unstrittig, dass Begriffe ohne Anschauung leer und Anschauungen ohne Begriffe blind sind. (Vgl. ebd., B 75) Anschauung findet nämlich nur statt, „so fern uns der Gegenstand gegeben wird; dieses aber ist wiederum, *uns Menschen wenigstens*, nur dadurch möglich, daß er das Gemüt auf gewisse Weise affiziere. Die Fähigkeit (Rezeptivität), Vorstellungen durch die Art, wie wir von Gegenständen affiziert werden, zu bekommen, heißt *Sinnlichkeit*." (Ebd., B 32) Die Hoffnung seiner

Zeitgenossen, mit einer *Ästhetik* eine *Kritik des Geschmacks* zu erhalten, wie sie Alexander Gottlieb Baumgarten mit seiner *Aesthetica* vor Augen hatte (vgl. Witte 2000), hält Kant für verfehlt. (Vgl. Kritik der reinen Vernunft, B 36 Anm.) Eine lediglich empirisch fundierte Beurteilung des Schönen lässt sich keinen Vernunftprinzipien unterordnen. Übrig bleiben in seiner transzendentalen Ästhetik die beiden reinen Formen sinnlicher Anschauung: Raum und Zeit. In diesem Zusammenhang hebt er hervor, dass er die Unterscheidung von *aistheta* und *noeta* bevorzuge, wie sie die „Alten" getroffen hätten. Damit sei die Ordnung der Erkenntnis noch klar. Als vernunftmäßige Wahrnehmung setzten *noeta* die Affektion durch die Dinge zwar voraus, die entscheidende Erkenntnisleistung werde jedoch durch Vernunft und Verstand erbracht.

Um dem alten griechischen Begriff *aisthesis* in seinem erheblichen Bedeutungsumfang nahezukommen, muss man sich zunächst den außerordentlichen Einfluss der subjektivitätstheoretischen Tradition auf unser Denken vergegenwärtigen, um dazu Distanz gewinnen zu können. Das Subjekt wird unter Mitwirkung zahlreicher vorausgehender Entwicklungen erst im deutschen Idealismus als Zentralfigur bestimmt, in der jeder Sinn gründet. Mit dieser Stiftung gerät die pathische Dimension von Erfahrung unwiderruflich ins Abseits. Die Bedingung der Möglichkeit dafür, dass etwas überhaupt gegeben sein kann, liegt nun allein im erkennenden Subjekt und nicht in einer sinnlichen Gebung, die empfangen wird. Wie unterschiedlich die vorsokratischen, klassischen und hellenistischen Auffassungen im Einzelnen auch sein mögen, gemeinsam ist ihnen im Unterschied zur modernen Sicht, dass sie eine Herausforderung des Wahrgenommenen an die Wahrnehmung voraussetzen und auf verschiedene Weise verständlich machen. Dem entspricht der griechische Wortgebrauch: Das Verb *aisthanomai* ist ein Medium, d.h. es liegt zwischen dem bloß Aktiven und dem lediglich Passiven. Im Hinblick auf sinnliche Wahrnehmung bedeutet das: Etwas wird in dem Sinne empfunden, zu dem das Bemerkte herausfordert. Etwas kann sich bemerkbar machen, die Aufmerksamkeit auf sich ziehen. Im Unterschied zum deutschen Wort *Wahrnehmung* bewahrt das Wort *Sinnlichkeit* neben der aktiven auch die passive Dimension. „Wie lateinisch ‚sentire' kommt es von der indogermanischen Wurzel *sent, die für ‚eine Richtung einschlagen' steht." (Schirren 1998, S. 133) Mit diesem Bild ist nicht ausgeschlossen, dass aufgrund von unerwarteten Widerfahrnissen das Ziel des Weges nicht erreicht wird. Damit ist eine Möglichkeit offengehalten, auch die pathische Struktur mitzuberücksichtigen, die vornehmlich darin besteht, etwas zu vollbringen, was man nicht selbst hervorgebracht hat. Im Pathos wird man von einem Widerfahrnis getroffen, das jedem spontanen Akt zuvorkommt. Hier meldet sich eine gewisse Auslieferung des Menschen an seine Welt, welche er nicht ohne Rest in Beherrschung umwandeln kann.

Alkmaion wird von Theophrast nachgesagt, er sei der erste, der definitiv zwischen Tier und Mensch unterscheidet. Dem Menschen ist es aufgrund seiner Vernunft möglich, die Empfindungen zu interpretieren, die er hat. Allerdings erlaubt diese Feststellung nicht den Schluss, dass damit Denken als geistiger Akt vom Wahrnehmen getrennt sei. Vielmehr deutet alles darauf hin, dass sich *aisthanesthai* und *phro-*

nein (verstehen, einsehen) unaufhörlich durchdringen. (Vgl. Schirren 1998, S. 175ff.) Philolaos legt eine Topographie der Ursprünge (*archai*) menschlicher Fähigkeiten vor: *„Vier Prinzipien gibt es bei dem vernunftbegabten Geschöpfe: Gehirn, Herz, Nabel und Schamglied. Kopf (Gehirn) ist das Prinzip* des Verstandes, Herz das der Seele [*psyche*] und Empfindung [*aisthesis*], Nabel das des Anwurzelns und Emporwachsens des Embryo, Schamglied das der Samenentleerung und Zeugung. Das Gehirn aber <*bezeichnet*> das Prinzip des Menschen, das Herz das des Tieres, der Nabel das der Pflanze, das Schamglied das aller zusammen, denn alles blüht und wächst aus Samen heraus." (Philolaos, Diels/Kranz B 13) Die Seele sei nach dem Zeugnis alter Gotteskünder im Körper wie im Grabe bestattet. Weil die Menschen *„ein Stück Gottesbesitz"* seien, lägen gewisse Vorstellungen und Leidenschaften nicht in ihrer Gewalt, und gäbe es „gewisse Gedanken, die stärker sind als wir." (Vgl. ebd., B 14-B 16)

Empedokles richtet sich mit seinen Erläuterungen als erster an eine bestimmte Person im Unterschied zu jenen, welche entweder Götterbotschaften deuteten oder allgemein philosophierten. Er erklärt Pausanias die Sinne als „Hände", die über den ganzen Körper verteilt sind, ohne dass er einen Sinn besonders bevorzugt. Oft dringt nur „Armseliges" in sie ein. Es ist ihnen nicht möglich, das Ganze zu erfassen, auch wenn sie dies oft meinten. (Vgl. Empedokles, Diels/Kranz B 2) Der Rat, den er Pausanias erteilt, lautet, dass er sich nicht der Masse anschließen, sondern seine Sinneswerkzeuge ausstrecken und die Poren öffnen solle, durch welche etwa der Sehstrahl auf die Dinge ausgreife, um Kontakt mit deren Abströmungen zu erhalten. Menschliches Erkennen meint daher keine isolierbare Potenz, sondern eine Verwicklung mit der konkreten Welt, in der es selbst aktiv wird. Wahrnehmung dagegen wird als „Form des kosmischen Lebens […] wie Wachstum und Vergehen" begriffen. (Vgl. Schirren 1998, S. 236) Im Widerstreit der Kräfte und Elemente stärkt sich durch Lernen der Verstand. (Vgl. Empedokles, Diels/Kranz B 17)

Bereits der Vorsokratiker Parmenides warnt den Forscher, „das blicklose Auge und das dröhnende Gehör und die Zunge [walten zu lassen], nein mit dem *Denken* bring zur Entscheidung die streitreiche Prüfung, […]." (Parmenides, Diels/Kranz, B 7) Damit ist allerdings nicht der Trennung von Denken und Wahrnehmen das Wort geredet, sondern eine strukturierte Erfahrung gemeint, die sich nicht den zufälligen sinnlichen Erlebnissen ausliefert. (Vgl. Schirren 1998, S. 207) Es ist jedoch erst Platon, welcher die Differenz zwischen Wahrnehmen und Denken schärft, indem er nur dem Denken den Zutritt in den Raum der Ideen gestattet. Bei ihm hat allein der göttliche Teil der Seele, der *logos*, eine Verbindung zum Unvergänglichen und Unsichtbaren, zur Ideenwelt. Die sinnliche Wahrnehmung gehört einer anderen Ordnung des Kosmos an. Sie bleibt in das Wandelbare verstrickt und deshalb veränderlich wie diese. Was die Wahrnehmung selbst anlangt, so betrachtet Platon sie im Rahmen unterschiedlicher Dialoge in zahlreichen Perspektiven, was in jenen vorherrschenden tradierten Interpretationen oft nicht deutlich wird, die einseitig den platonischen Idealismus betonen.

Insbesondere im Dialog *Phaidon*, in dem es um die Unsterblichkeit der Seele geht, wird mit den Einschränkungen durch den Leib auch die Problematik der Sinnlichkeit erörtert. Die Seele wird vom Leib „hintergangen". (Platon, Phaidon,

65b) Sie wird „verwirrt" (ebd., 66a), weil sie, wenn sie sich des Leibes als Werkzeug bedient, „um etwas zu betrachten, es sei durch das Gesicht oder das Gehör oder irgendeinen anderen Sinn – denn das heißt mittels des Leibes, wenn man mittels eines Sinnes [*aisthesios*] etwas betrachtet – dann von dem Leibe gezogen wird zu dem, was sich niemals auf gleiche Weise verhält, und daß sie dann selbst schwankt und irrt und wie trunken taumelt, weil sie ja eben solches berührt." (Platon, Phaidon, 79c) Nur im *logos*, im Selbstgespräch der Seele mit sich selbst, „hat sie Ruhe von ihrem Irren und ist auch in Beziehung auf jenes immer sich selbst gleich, weil sie eben solches berührt, und diesen ihren Zustand nennt man eben die Vernünftigkeit [*pathema phronesis kekletai*]." (Ebd., 79d) Platon erinnert hier an den redensartlichen Zusammenhang von „Lernen und Leiden" (vgl. Dörrie 1956, S. 333f.) und hebt wie vor ihm Empedokles die Bedeutung des Lernens hervor. Das eigentliche, ungetrübte *pathos* kommt nur der Vernunft zu, nicht der Sinnlichkeit. Die Lernbegierigen [*philomatheis*] erkennen, dass die Seele versucht, sie von ihrer Sinnlichkeit zu erlösen, „indem sie zeigt, daß alle Betrachtung durch die Augen voll Betrug ist, voll Betrug auch die durch die Ohren und die übrigen Sinne, und deshalb sie überredet, sich von diesen zurückzuziehen, und sie ermuntert, sich vielmehr zu versammeln und zusammenzuhalten und nichts anderem zu glauben als wiederum sich selbst, […]." (Platon, Phaidon, 83a)

Für Platon ist die Differenz von Denken und Wahrnehmen entscheidend, allerdings ergründet er auch ihr Zusammenspiel im Hinblick auf die denkende Seele. Im Dialog *Theaitetos* begreift Platon die Wahrnehmung selbst als einen wechselseitigen Prozess von Herstellen (*poiein*) und Erleiden (*paschein*), „denn weder ist etwas ein Wirkendes, ehe es mit einem Leidenden zusammentrifft, noch ein Leidendes, ehe mit dem Wirkenden; ja auch, was mit dem einen zusammentreffend ein Wirkendes wird, zeigt sich, wenn es auf ein anderes fällt, als ein Leidendes." (Platon, Theaitetos, 157a) Im Sehen etwa werden die Röte des Gegenstands und die Wahrnehmung zusammen erzeugt, „was beides nicht wäre erzeugt worden, wenn eines von jenen beiden nicht wäre erzeugt worden, […]." (Ebd., 156d) Konkret entstehen ein sehendes Auge und die Farbe, welche vom Gegenstand miterzeugt wird. Noch genauer muss man mit Platon sagen, dass weder eine Wahrnehmung noch eine bestimmte Farbe entstanden ist, sondern ein sehender Jemand und ein gesehener Gegenstand, etwa ein rotes Holz. (Vgl. ebd., 156e) Wahrnehmender und Wahrgenommenes bilden „ein zwittriges Ineinander", ein „Zwischen [*metaxy*] von Tun und Leiden." (Nielsen 2006, S. 182) Das Wahrnehmbare und die Wahrnehmung treten gemeinsam auf wie Zwillinge [*didymoi*] in unendlich vielen Gestalten. Sie sind verwandt. Deshalb sieht man *bestimmte* Farben, hört wirkliche Töne, riecht mit Wohlgefallen oder Abscheu. Die Behauptung, die dem Sophisten Protagoras zugeschrieben wird, dass der Mensch das Maß aller Dinge sei, trifft in dieser Hinsicht jedenfalls teilweise zu, was den Beitrag des Wahrnehmenden anlangt. Allerdings bleiben für Platon Wahrnehmen und Erkennen (*episteme*) strikt unterschieden. (Vgl. Platon, Theaitetos, 186e)

Auch Aristoteles beachtet den Unterschied zwischen Sinnlichkeit und Erkenntnis, bewertet ihn allerdings anders als Platon. Bei ihm beginnt das Erkennen mit dem Wahrnehmen. Dieses ist in erster Linie ein Erleiden, ein Bewegtwerden. Dabei sind die Dinge in der Seele gleichsam der Form nach repräsentiert, weil die sinnliche Wahrnehmung selbst nicht im Raum auftritt, sondern nur die Dinge darin vorkommen. „Die Wahrnehmung ist das Aufnahmefähige für die wahrnehmbaren Formen ohne die Materie, wie das Wachs vom Ring das Zeichen (Siegel) aufnimmt ohne das Eisen oder das Gold. Es nimmt das goldene oder eherne Zeichen auf, aber nicht sofern es Gold oder Erz ist." (Aristoteles, Über die Seele, II.11 424a, 16ff.) Aristoteles versucht dieses Rätsel der Wahrnehmung, nämlich die Verbindung zwischen Form und Materie, dem Allgemeinen und dem Besonderen, die Frage also, warum wir gleiches wahrnehmen, obwohl wir nicht in derselben Weise hören, sehen, riechen, schmecken, durch den *nous pathetikos* zu lösen. Er meint damit eine leidende Vernunft, die inmitten der wandelbaren Realität ihr Werk verrichtet und dennoch unsterblich ist. Das „Denken wird zwar von den Erkenntnisgegenständen affiziert, erleidet somit etwas, jedoch nicht so, wie ein Wahrnehmungsorgan etwas erleidet, dessen Funktion namlich außer Kraft gesetzt wird, wenn es von einem übermächtigen Wahrnehmungsgegenstand affiziert wird; zu starkes Licht etwa blendet das Auge. Für das Denken aber gilt: Je erhabener der Denkgegenstand, desto besser wird er vom Denken erkannt." (Mojsisch 2001, S. 137) Lernen beginnt nach Aristoteles mit der sinnlichen Erfahrung, welche durch die Bekanntheit der Dinge für uns charakterisiert ist. Es endet, wie auch Platon meint, in der wissenschaftlichen Erkenntnis, die dem Wesen der Sachen gilt, wie diese folglich an sich sind. Selbst wenn die „Liebe zu den Sinneswahrnehmungen" am Beginn der Metaphysik (vgl. Aristoteles, Metaphysik, I (A) 980a, 22) hervorgehoben wird, handelt es sich um eine merkwürdig leidenschaftslose Liebe, die dem Sehen und damit jenem Sinn, welcher der Erkenntnis am nächsten ist, den Vorzug gibt.

Die griechischen Atomisten, deren Einfluss sowohl auf die Stoa als auch auf Epikur deutlich ist, nehmen für das Sehen an, dass die Dinge ihre sehr dünnen äußeren Hüllen, die so genannten *simulacra* und *eidola* aussenden, „die in extrem kurzer Zeit (*simul*: gleichzeitig) in die Augen eindrangen und mit ihrer Form und ihren Farben auf der Netzhaut einen Abdruck hinterlassen." (Authier 1994, S. 448) Die Atomisten vertreten damit eine Theorie der Wahrnehmung, welche eine materielle Wechselwirkung zwischen Gegenstand und sinnlichem Erkennen voraussetzt. Nicht nur für das Sehen, auch für das Hören setzt man eine solche Interdependenz voraus. Lukrez, der mit seinen Dichtungen die Lehre Epikurs verbreiten wollte, hält im Anschluss an diese materialistische Naturlehre fest: „Erstlich der Schall und jeglicher Ton wird hörbar, sobald er / eindringt bis in das Ohr und körperlich dessen Gefühl weckt. / Denn daß der Ton wie der Schall ein körperlich Wesen hat, darf man / Wohl nicht füglich bestreiten: sie können die Sinne ja reizen. / Scheuert doch öfter die Stimme schon selber den Schlund, und es macht ihn / Heiserer noch, wenn Geschrei durch die Gurgel hinaus in die Luft dringt. / Denn wenn größere Haufen von Stimmelementen auf einmal / Durch die Enge der Kehle hinaus sich zu stürzen beginnen, / Wird durch die Überfülle die Pforte des Mundes gescheuert. / Sonach besteht kein Zweifel, daß körperbegabte Atome / Bilden die

Laute und Worte, sonst wäre die Reizung nicht möglich." (Lukrez 1991, S. 203) Nach dieser Vorstellung werden von unserer Welt kleine Gebilde ausgesandt, die wir empfangen. Während jedoch dem Sehen rasch Hindernisse in den Weg geraten, vermag die Stimme durch die „gewundenen Poren der Gegenstände zu dringen; [...]." (Ebd., S. 206) Keine Tür, kein Fenster und keine Wand bieten sicheren Schutz. Stimmen, Geräusche, Schreie, Klänge, Töne, Reden bevölkern die noch so verborgenen Winkel. Materialistische Naturlehren hinterließen auch dort ihre Spuren, wo sie aufgrund der Wertschätzung des göttlichen *logos* ansonsten bekämpft wurden, etwa in dem Bild von der Prägung des Wachses durch ein Siegel, um zu veranschaulichen, wie aus Wahrnehmungen Erinnerungen werden. (Vgl. Platon, Theaitetos, 191c; 194a ff. und Aristoteles, Über die Seele, II.11 424a. 17ff.)

In hellenistischer Zeit wird vor allem von den Stoikern das affektive, pathische Moment an der sinnlichen Erfahrung verachtet. Glückseligkeit besteht geradezu in der Apathie, in der die Vernunft durch nichts beeinträchtigt wird. Die Stoiker gehen davon aus, dass die Seele bei der Geburt eine *tabula rasa* sei, die im Verlaufe des Lebens beschriftet werde. Sie fassen die Sinneswahrnehmung in materialistischer Tradition als einen über die Sinnesorgane vermittelten Abdruck des Gegenstands in der Seele auf. Dies gelingt, weil der denkende und führende Teil der Seele (*hegemonikon*) den Sinneseindruck in eine Vorstellung (*phantasma*) transformiert und damit auch der Erinnerung zugänglich macht. Die Überzeugung von der Unverfügbarkeit der äußeren Dinge teilt Epikur mit den Stoikern. Allerdings radikalisiert er deren Position. Die Sinneswahrnehmungen sind im Unterschied zur Vernunft, die spontan ist, nur rezeptiv. Sie müssen das Gegebene so nehmen, wie es ist, und zwar in der gegenwärtigen Gestalt, ohne dass Vorstellungen von ihm hinterlassen werden. Erinnerung ist deshalb aufgrund der mangelnden Spontaneität unmöglich. Daraus folgt die sensualistische Überzeugung, dass die Sinne niemals irren. Erst die Vernunft kann in ihren Deutungen fehlgehen, da sie Urteile fällt.

Im Zuge der weiteren theologischen und erkenntnistheoretischen Entwicklungen erhärtet sich jedoch der Verdacht gegen sinnliche Wahrnehmungen, eine Art Trunkenheit des Leibes zu sein. Im Hinblick auf Sündhaftigkeit des menschlichen Leibes einerseits und in Anbetracht des Strebens nach absolut sicherer Erkenntnis andererseits wird ein reines Denken in seiner Vorherrschaft bekräftigt. Die einseitige moderne Selbstdeutung des Menschen als Subjekt, das allem Erkennen zugrunde liegt und damit alleinige Quelle allen Sinns sei, hat die sinnliche Wahrnehmung in ihrer Bedeutung für das Erkennen zum Schweigen gebracht. Was vorsokratische Philosophen und Dichter noch bestimmen und besingen konnten, ist uns kaum verständlich, weil wir das Ineinander von Tun und Leiden als dunkle und unbestimmte Erfahrung gering schätzen und somit als unbrauchbar für eine klare und distinkte Erkenntnis erachten. Der Gegensatz vom Vermischten und Reinen hat sich verhärtet. Die Doppeldeutigkeit des Subjekts, das nicht nur Grundlage des Erkennens ist, sondern auch dem Gegebenen unterliegt, ist ins Abseits der Betrachtungen geraten. (Vgl. Meyer-Drawe 2000; 2003) Friedrich Nietzsche verteidigt dagegen den Leib als eine „grosse Vernunft, eine Vielheit mit Einem Sinne, ein Krieg und ein Frieden, eine Heerde und ein Hirt." (Nietzsche 1988d, S. 39) Gerade in ihrer Verachtung zeigten die Verächter des Leibes ihre Achtung vor ihm. „Der schaffende Leib schuf sich den Geist als eine Hand seines Willens." (Ebd., S. 40) In Wahrheit täusche sich der Mensch sein Denken als vornehmste Möglichkeit nur vor, um das Regiment des Leibes zu vergessen.

Auch im Hinblick auf diese Kritik der Subjektivitätsphilosophie, aber insbesondere als Opposition zur *instrumentellen Vernunft* und der *wissenschaftlichen Rationalität* hat sich in den achtziger Jahren des zwanzigsten Jahrhunderts eine Diskussion formiert, in welcher das Wort *aisthesis* zur Grundlage einer Kritik an der Moderne genommen wurde. Das Kunstwort *Aisthesiologie* (Lehre von der Wahrnehmung) fungiert dabei als Programmtitel für eine grundlegende Rehabilitierung der menschlichen Sinnlichkeit. Ein Ziel bestand darin, Kants Engführung und Begrenzung der Ästhetik aufzuheben und etwa im Rückgang auf die aristotelische Sinneslehre zu überwinden. (Vgl. Welsch 1987) Mitunter wurde die Rückkehr zu dem alten Verständnis von *aisthesis* in ihrer Schwierigkeit unterschätzt. Ein Denken, das nicht von einer subjektiven Stifterfigur ausgeht, muss gegen zahlreiche Gewohnheiten angehen. Daraus ergibt sich die Problematik, dass hier lediglich die Gegenseite zum reinen Denken in Stellung gebracht wird und dabei die Verschlingung von Vernunft und Sinnlichkeit nur von wenigen ausdrücklich thematisiert wird, wie etwa von Jean-François Lyotard, der in Erinnerung ruft: „Die Empfänglichkeit als Möglichkeit des Empfindens (*pathos*) setzt voraus, daß etwas gegeben ist. Wenn wir empfänglich sind, dann deshalb, weil uns etwas widerfährt, und wenn diese Empfänglichkeit fundamental ist, dann ist das Gegebene seinerseits etwas Fundamentales, Ursprüngliches. Das, was uns widerfährt, ist keineswegs etwas, was wir vorher kontrolliert, programmiert und begrifflich erfasst haben. Oder: Wenn das, wofür wir empfänglich sind, ursprünglich auf Begriffen beruht, wie kann es *uns ergreifen*?" (Lyotard 1989b, S. 193) Ergriffen zu sein, meint nicht individuelle Betroffenheit, sondern dass etwas am Selbst-, Welt- und Fremdverständnis rüttelt und dass Gewohnheiten des Denkens und Wahrnehmens aus den Fugen geraten. Vorbild der *aisthesis* ist nicht der *Kosmotheoros*, welcher die Welt betrachtet, die ihm lediglich gegenübersteht, sondern der Mensch, welcher seiner Welt ausgesetzt ist als ihr Komplize.

Diesem Motiv widmet sich Maurice Merleau-Ponty in seiner Phänomenologie der Leiblichkeit. (Vgl. Merleau-Ponty 1966; 2004). Der Weg von einer *Phänomenologie der Wahrnehmung* zu einer *Philosophie des Fleisches* gibt reiche Auskunft über die Schwierigkeiten, eine sinnliche Erfahrung zu denken, ohne sie einem konstituierenden Bewusstsein anheimzugeben. Merleau-Pontys Kritik an den damaligen wissenschaftlichen Theorien steht wie bei Husserl auch im Dienst an den Wissenschaften. Diese sollen nicht geringgeschätzt, sondern dahingehend überprüft werden, mit welchem Recht sie Erfahrungen, die sich nicht unter mathematische oder physikalische Gesetze beugen lassen, als unwahr, trügerisch und unbrauchbar abwerten. „Es geht nicht darum, die Wissenschaft abzulehnen oder einzuschränken, es geht vielmehr darum herauszufinden, ob sie das Recht hat, all diejenigen Untersuchungen als trügerisch abzulehen oder auszuschließen, die nicht wie sie selbst mit Messungen und Vergleichen vorgehen und sich nicht aus solchen Gesetzen wie denen der klassischen Physik herleiten, welche jene Schlüsse an jene Voraussetzungen bindet." (Merleau-Ponty 2006, S. 16) Dies ist Merleau-Pontys Plädoyer für eine Phänomenologie als Philosophie der Erfahrung. Sie unternimmt den nicht abzuschließenden Versuch, der Vielfalt und Mehrdeutigkeit von Erfahrungen eine Stimme zu verleihen. Sie beansprucht kein Privileg mit ihrem Eintritt in die Welt. Sie hält „sich dort auf, wo der Übergang vom eigenen Selbst in die Welt und zum Anderen geschieht, dort, wo die Wege sich kreuzen." (Merleau-Ponty 2004, S. 209)

Als Philosophie der Erfahrung bedeutet Phänomenologie in eminenter Weise Hingabe an die Sachen, so wie sie sich unter bestimmten Bedingungen zeigen, d.h. zu Gehör bringen, empfinden lassen, wie sie schmecken und riechen. Eine solche Hingabe ist nicht theoriefrei, wie auch Theorie nicht ohne Hingabe möglich ist. Denn es gibt zwar kein Wahrnehmen ohne Denken, gleichwohl reicht es nicht zu denken, um wahrzunehmen. (Vgl. Merleau-Ponty 2003a, S. 298) Es bedarf einer Welt, welche sich gibt, indem wir uns ihr hingeben. Sehen, Berühren, Riechen, Hören, Tasten, Denken, Handeln, Verhalten, Phantasieren, Vergessen, Erinnern antworten auf Ansprüche der Dinge. Es gibt keine Ordnung, die sie alle umfasste. Wahrnehmungen *leihen* sich ihren Sinn nicht lediglich vom Denken und Sprechen. Sie *verleihen* Sinn, der sich gerade dann bemerkbar macht, wenn er am Sprechen scheitert. Merleau-Ponty kehrt mit seiner Theorie der gelebten Sprache zurück zur *Prosa der Welt* (1993), in die poetische Momente gewirkt sind. Vernunft wird nicht gegen Sinnlichkeit ausgespielt, sondern ihr Zusammenspiel gedeutet. Dadurch, dass unsere sinnlichen Erfahrungen nicht in Sprache aufgehen, bergen sie einen subversiven Überschuss, ein unkonventionelles Surplus, das allen Gewohnheiten zuwiderlaufen kann.

„[…] – unsre Sinne lernen es spät, und lernen es nie ganz, feine treue vorsichtige Organe der Erkenntniss zu sein. Unserm Auge fällt es bequemer, auf einen gegebenen Anlass hin ein schon öfter erzeugtes Bild wieder zu erzeugen, als das Abweichende und Neue eines Eindrucks bei sich festzuhalten: letzteres braucht mehr Kraft, mehr ‚Moralität‘. Etwas Neues hören ist dem Ohre peinlich und schwierig; fremde Musik hören wir schlecht." (Nietzsche1988e, S. 113) Trotz aller Anerkennung unserer Sinnlichkeit haben Bedenken bezüglich der Grenzen ihre Berechtigung. Unsere Wahrnehmung bewahrt den Hang zur Gewohnheit und die Abneigung gegen Störungen. Sie hat eine Tendenz zur Normalisierung. Aber bloß durch sie wissen wir, dass wir in einer Welt existieren, die uns nur dadurch gegeben ist, dass wir in sie eingreifen. „In ihrem Versuch, die existierende Welt auf ein *Denken der Welt* zu gründen, nährt sich die Reflexion in jedem Augenblick von der vorgängigen Gegenwart der Welt, der sie tributpflichtig ist und aus der sie ihre ganze Energie bezieht." (Merleau-Ponty 2004, S. 55) Wir leben in unseren sinnlichen Verflechtungen wie in unserem Element. Deshalb ist es so schwierig, ihrer konstitutiven Bedeutung gerecht zu werden. Aus diesem Grund neigen wir als Lehrende nicht selten dazu, Wahrnehmungserfahrungen als Vorläufiges zu betrachten, etwa um die Schüler zu motivieren, um *sie dort abzuholen, wo sie sind*. Erst wenn unsere Sinnlichkeit in ihrem zuverlässigen Fungieren gestört wird, drängt sie uns ihre Bedeutung auf.

Unstimmigkeit, Irritation, Auswegslosigkeit, Staunen, Wundern, Stutzen, Ratlosigkeit, Verwirrung und Benommenheit unterbrechen den Fluss des Selbstverständlichen und drängen auf Verständnis. „Alles Leben strebt danach, seine Antworten auf die Fragen, die sich ihm stellen, unverweilt und unbedenklich zu geben. Zwar ist das Schema von Reiz und Reaktion eine zu große Vereinfachung der Sachverhalte, aber doch das heimliche Ideal für die Funktionstüchtigkeit organischen Verhaltens. Der Mensch allein leistet sich die entgegengesetzte Tendenz. Er ist das Wesen, das zögert. Dies wäre ein Versäumnis, wie es das Leben nicht verzeiht, wenn der Nachteil nicht durch einen großen Aufwand an Leistungen ausgeglichen würde, dessen Resultat wir Erfahrung nennen. Daß wir nicht nur Signale, sondern Dinge wahrnehmen, beruht darauf, daß wir abzuwarten gelernt haben, was sich jeweils *noch* zeigt." (Blumenberg 1980, S. 57; vgl. Dörpinghaus 2007, S. 44f.) Verzögerung, Innehalten, Nach-Denken schaffen Raum für etwas Neues, das sich dem Gewohnten widersetzt und sich nicht in das Gängige einfügen lässt. Es geht nicht lediglich um die „Wiederherstellung des Gleichgewichts". (Vgl. Glasersfeld 1996, S. 121) Alles steht zur Disposition, auch der Lernende selbst, nämlich als Wissender. Ein berühmtes Beispiel für diesen außerordentlichen Moment, in dem sich das Neue im Versagen des Vertrauten zu erkennen gibt, liefert Platon in seinem Dialog *Menon*, der in dieser Hinsicht seine Bedeutung für einen komplexen Lernbegriff nicht eingebüßt hat. (Vgl. Koop 1940) Es mag sein, dass wir seine grundlegenden Annahmen von der Unsterblichkeit der Seele nicht mehr teilen und uns deshalb das Konzept des Lernens als Wiedererinnerung fremd bleibt, wenngleich wir gesehen haben, dass jedem Lernen als zeitlicher Vollzug eine Art Wiedererinnerung eignet. (Vgl. Kapitel 5) Dennoch wird seine konkrete Analyse des Lernvollzugs dem Phänomen gerade dadurch gerecht, dass sie versucht, den Raum für das Unverfügbare offenzuhalten. Sokrates will nicht lehren, sondern zeigen. Er kann sich nicht *für* den Lernenden erinnern, aber er kann ihn *anstecken*, indem er selbst von jenem erinnert wird.

Der Dialog *Menon* ist der Frage gewidmet, ob Tugend lehrbar sei. Wie gewohnt landen die ersten Bemühungen um die Bestimmung dessen, was Tugend sei, in einer Aporie. Menon wird nämlich durch Sokrates in einen Zirkel manövriert, indem er Tugend als Gerechtigkeit definiert, die doch selbst ein Teil der Tugend ist. Sokrates wirft Menon vor, er „zerkrümele" die Tugend. So komme er niemals darauf, was Tugend im Ganzen sei. Er beantworte die Frage lediglich mit dem, was es noch zu suchen gelte. Menon gibt seine Verwirrung zu und hält Sokrates den Spiegel vor: „O Sokrates, ich habe schon gehört, ehe ich noch mit dir zusammengekommen bin, daß du allemal so selbst in Verwirrung bist und auch andere in Verwirrung bringst. Auch jetzt kommt mir vor, daß du mich bezauberst und mir etwas antust und mich offenbar besprichst, daß ich voll Verwirrung geworden bin, und du dünkst mich vollkommen, wenn ich auch etwas scherzen darf, in der Gestalt und auch sonst jenem breiten Seefisch, dem Krampfrochen, zu gleichen. Denn auch dieser macht jeden, der ihm nahe kommt und ihn berührt, erstarren. Denn in der Tat, an Seele und Leib bin ich erstarrt und weiß dir nichts zu antworten, wiewohl ich schon tausendmal über die Tugend gar vielerlei Reden gehalten habe vor vielen und sehr gut, wie mich dünkt." (Platon, Menon, 80a f.)

Die Lage ist in diesem Bild sehr genau getroffen. Das bislang Selbstverständliche verliert an Boden. Auch wenn man tausendmal über etwas gesprochen hat, muss dies nicht bedeuten, dass man es verstanden hat. Das bohrende Nachfragen des Sokrates führt Menon in eine Situation, in der er sich selbst als Nichtwissender erfährt auf einem Gebiet, auf dem er sich bislang als Kundiger empfunden hat. Aus dem *nichtwissenden Nichtwissenden* wird zu Beginn des gemeinsamen Lernweges ein *wissender Nichtwissender*. Dieser Umschlag gleicht einer Benommenheit, weil sich die vertraute Welt schlagartig zurückzieht und der Gedankengang in einer Sackgasse endet. Der Zitterrochen [narké] lässt die Sinne schwinden sowie jede Orientierung verlieren. (Vgl. Serres 1994b, S. 149) Für Sokrates ist nun entscheidend, dass auch er selbst in Verwirrung gerät, wenn er andere verzaubert. „Denn keineswegs bin ich etwa selbst in Ordnung, wenn ich die anderen in Verwirrung bringe; sondern auf alle Weise bin ich selbst auch in Verwirrung und ziehe nur so die anderen mit hinein." (Platon, Menon, 80c f.) Sokrates weiß keineswegs, was Tugend ist, weil man es vielleicht überhaupt nicht mit dem Anspruch auf wahre Erkenntnis wissen kann. Er ist als Wissender unwissend. Menon dagegen hat es zu wissen gemeint, bevor Sokrates ihn „verzauberte". Danach ist er auch zum Nichtwissenden geworden. Als solche begegnen sich hier zwei Lernende: der Sklave und Sokrates. Damit eröffnet sich jedoch sofort das nächste Problem, denn wenn man nicht weiß, wie soll man dann nach einer Antwort suchen. Weder kann man genau sagen, was man sucht, noch weiß man, wenn man es gefunden hat. Menon erinnert damit an den Streitsatz, dass „nämlich ein Mensch unmöglich suchen kann, weder was er weiß, kann er suchen, noch was er nicht weiß. Nämlich weder was er weiß kann er suchen, denn er weiß es ja, und es bedarf dafür keines Suchens weiter; noch was er nicht weiß, denn er weiß ja dann auch nicht, was er suchen soll." (Ebd., 80e) Beifall heischend, wartet er auf die Antwort des Sokrates, dem dieser Spruch allerdings überhaupt nicht gefällt. Er setzt eine größere Weisheit dagegen, nämlich die Lehre von der Unsterblichkeit der Seele. Die Seele hat sowohl während der Erdenzeit als auch im Hades alles in Erfahrung gebracht, „so daß nicht zu verwundern ist, wenn sie auch von der Tugend und allem anderen vermag, sich dessen zu erinnern, was sie ja auch früher gewußt hat." (Ebd., 81c) Weil aber die Seele niemals untergehe, müsse man sein Leben aufs „Heiligste" verbringen. Dazu gehöre auch, dass man nicht ermüde in der Suche nach der Wahrheit. Der Streitsatz dagegen mache träge „und ist nur den weichlichen Menschen angenehm zu hören." (Ebd., 81c) Lernen ist also Wiedererinnern. Entsprechend ist Lehren unmöglich. Zeigen ist eine Möglichkeit, um die Erinnerung einzuleiten. Menon muss sich also daran erinnern, dass Lernen Wiedererinnerung [anamnesis] bedeutet.

Das nun im Dialog folgende Beispiel stammt aus der Geometrie, die bereits früher im Dialog in engem Kontakt mit der Frage nach der Tugend eine Rolle spielt. Beide Gebiete repräsentieren eine Art Messkunst. (Vgl. Meyer 1994) Faszinierend an der Geometrie mag gewesen sein, dass sie auf ihre Weise wie die Tugend Herrschaft über die Sinne bedeutet. Menon ruft einen Sklaven herbei, der im Hause erzogen wurde und deshalb „hellenisch" spricht und versteht. Sokrates zeichnet [in den Sand?] ein Quadrat mit einer Seitenlänge von 2 Fuß. Der Sklave erkennt die geometrische Figur. Sokrates legt ihm nun eine durchaus nicht triviale, sondern damals auch die Mathematiker beunruhigende Problematik vor. Der Sklave soll nämlich dieses Quadrat in seinem Flächeninhalt verdoppeln, ohne dass es seine Gestalt verändert. Vor dem Hintergrund der damaligen Mathematik bedeutet dies, dass nach einer Lösung zu suchen ist, zu der man auf anschaulichem Wege nicht gelangen kann. Der Sklave wendet die ihm vertraute Gnomonmathematik an, welche die Sonnenuhr als geometrisches Modell der Welt voraussetzt. (Vgl. Serres 1994b, S. 120ff.) Er gerät damit in vollständige Ratlosigkeit. Wenn er das Quadrat verdoppelt, wie es die Gnomonmathematik vorschreibt, so wird das größere durch eine schattenartige Ergänzung des kleineren konstruiert. Errechnet hat er bereits korrekt, dass das Ganze zweimal vier Fuß, also acht Fuß messen muss. Seine anschauliche Lösung, nämlich die Seitenlänge zu verdoppeln, führt allerdings in die Irre, wie er durch eigene Rechnung bestätigen kann: vier Fuß mit vier Fuß multipliziert, ergibt sechzehn Fuß. Die gesuchte Zahl muss also kleiner sein. Nach der pythagoreischen Zahlentafel ist die nächste kleinere Zahl die 3. Aber auch 9 Fuß ist nicht die gesuchte Lösung. Es gibt keine ganze Zahl zwischen 3 und 4, die mit sich selbst multipliziert 8 ergibt. Das angestrebte Ergebnis muss aber 8 Fuß lauten. Jede unmittelbare anschauliche Lösung gerät in eine Ausweglosigkeit, allerdings nicht nur für den Sklaven. Sokrates, der *Zitterrochen*, kennt die vertrackte Situation (vgl. Platon, Theaitetos, 147c), und er fordert den Sklaven auf: „Von welcher [scil. Seite aus] also, das versuche doch uns genau zu bestimmen; und wenn du es nicht durch Zählen willst, so zeige uns nur, von welcher." (Platon, Menon, 83c, 84a) Sokrates weiß, dass die Bestimmung der Diagonalen, über welcher das doppelt so große Quadrat konstruiert wird, Probleme aufwirft. Längst war erkannt, dass die Seiten und die Diagonale eines Quadrats inkommensurabel sind. Das war eine Katastrophe in der vertrauten Welt der Zahlen. Die gesuchte Zahl muss nämlich zwischen 3 und 4 liegen. Sie fällt damit aus dem Rahmen der ganzen Zahlen, der den damaligen Mathematikern bekannt war. Auch Sokrates kennt keine irrationalen Zahlen, deren erste vorläufige Bestimmung sich frühestens auf die arabische Mathematik des zehnten Jahrhunderts zurückführen lässt. (Vgl. Pfeiffer/Dahan-Dalmedico 1994, S. 98; Serres/Farouki 2001, S. 1086f.) Im Unterschied zum Sklaven kennt er vom Standpunkt der pythagoreischen Mathematik dieses Dilemma. Aus dem ihm vertrauten Umgang mit der Gnomonmathematik war der Sklave bislang davon überzeugt, durch Ergänzung Flächen unproblematisch vergrößern zu können, ohne dass diese Flächen ihre Gestalt verlieren. Sokrates wird vom Sklaven gleichsam an die vergessenen Möglichkeiten der Gnomonmathematik erinnert, der Sklave an die Grenzen anschaulicher Lösungen. Beide sind benommen: der eine, weil er sich als Nichtwissender in der Sache erkennt, der andere, weil er sich als Unwissender im Hinblick auf eine andere Weise des Wissens durchschaut. Das Bild des *Zitterrochens* ist also keinesfalls kokett gemeint. Der Fortschritt in der Anamnesis bedeutet, dass der Sklave zwar noch immer nicht weiß, welche Seite das doppelt so große Quadrat bestimmt, „allein er glaubte damals, es zu wissen, und antwortete dreist fort als ein Wissender und glaubte nicht in Verlegenheit zu kommen. Nun aber glaubt er schon in Verlegenheit zu sein, und wie er es nicht weiß, so glaubt er es auch nicht zu wissen." (Ebd., 84a f.) Diese Verlegenheit, welche der *Zitterrochen* verursacht, fordert den Sklaven zum weiteren Suchen auf, weil er sich jetzt nach *Wissen sehnt*. Gemeinsam mit Sokrates kommt er nun doch auf einem umständlichen, aber anschaulichen Wege zur Lösung, indem er von dem vierfach so großen Quadrat ein zweifach so großes entfernt, nämlich vier halbe Quadrate. So bleibt das Quadrat über der Diagonalen zurück, ohne dass deren Länge beziffert werden müsste. In dem Nichtwissenden also sind von dem, was er nicht weiß, dennoch richtige Vorstellungen, „welche, durch Fragen aufgeregt [scil. aus dem Schlaf geweckt], Erkenntnisse [*epistemai*] werden, [...]." (Ebd., 86a) Damit führt Sokrates seinen Beweis zu Ende. Noch befindet sich der Sklave in einer Art Traum, aus dem er gerade erwacht. Aber bald wird er durch Wiederholung und Übung an Sicherheit gewinnen. Die Fragen regen nur Vorstellungen an, die schon da sind. Während Aristoteles später davon ausgeht, dass jeder Mensch nach Wissen strebt, antwortet Platon auf das Problem, wie überhaupt ein Begehren nach Wissen entstehen kann, was wohl bis heute die größte Schwierigkeit ist, die menschliches Lernen bereitet.

Sokrates deutet sich nicht nur als narkotisierender Fisch, sondern auch als Pferdebremse oder als ein Sporn, der das starke, aber träge Pferd antreibt (vgl. Platon, Apologia, 30e), sowie als Hebamme (vgl. Platon, Theaitetos, 150b ff.). Wie bei der Geburt ist der Schmerz Voraussetzung für die Entstehung des Neuen. Versagung und Anstachelung bewegen das menschliche Lernen. Es handelt sich um ein *Vergessen des Unvordenklichen*, welches niemals Gegenstand unserer Erfahrung war, das aber dennoch als Quelle der Erinnerung fungiert: Sie erwächst aus „dem, was die Geburt nicht auszulöschen vermochte und wovon sich das Wiedererinnern ernährt. So ist es möglich, zu *lernen*, was man auf eine gewisse Weise nie zu wissen aufgehört hat." (Ricœur 1998, S. 133f.) Die Versagung, welche das Reich der Ideen bedeutet, erweist sich darin, dass der Weg zu ihm nur über den Tod führt. Diesen Todesgeschmack haben streng genommen alle Erfahrungen, wenn sie sich als solche zeigen. „Es gibt keine ‚Geschichten aus der Lebenswelt'. Mit ihr *muß* gebrochen sein, um über sie auszusagen, kaum erinnernd, eher Erinnerung erschließend – nicht zuletzt darin zurückverweisend auf die platonische *Anamnesis*." (Blumenberg 1986, S. 23)

Aristoteles betrachtet die Ideen nicht länger wie sein Lehrer Platon als die wahre Wirklichkeit. Das Allgemeine, das Wesen einer Sache, bedarf des Einzelnen, um zu sein. Eine ewige Ideenwelt, die unabhängig von Einzeldingen existieren kann, ist nach ihm nicht zu denken. Das hat Folgen für das Verständnis des menschlichen Lernens. Aristoteles verwirft die platonische Auflösung der sophistischen Paradoxie von der wechselseitigen Voraussetzung von Suchen und Finden: „Aber nichts, dünkt mich, hindert, daß man was man lernt, in einer Weise weiß und in einer anderen Weise nicht weiß. Denn ist keine Ungereimtheit, wenn man nur irgendwie weiß was man lernt, sondern wenn man es schon so oder so weiß, nämlich in der Hinsicht und in der Weise, wie man es lernt." (Aristoteles, Zweite Analytik, I 71b, 7ff.) Weil das Allgemeine immer nur in Gestalt des Einzelnen auftritt, gibt es grundsätzlich zwei Weisen der Begegnung mit ihm: Wir wissen von der Sache in der Hinsicht des ihr angemessenen Allgemeinen. Wir wissen aber von ihr auch in der Perspektive des für uns Bekannteren. Der Entzug des Anfangens liegt nicht in einem Ideenreich, das wir lebend nicht erfahren, sondern in einem Vorwissen, das stets als komplizierte Verflechtung von genetisch sowie kategorial Früherem fungiert. Das bloße Auskennen schlägt in Erkennen um, sobald es zum Gegenstand einer Reflexion wird und damit aus seiner verlässlichen Vertrautheit gerissen wird, die als solche nicht zu ergreifen ist. Sowohl als Wiedererinnerung als auch als Umstrukturierung eines Vorwissens ist Lernen der lediglich eigenen Initiative entzogen. Wir sind immer schon von anderen Menschen, aber auch von den Dingen in Anspruch genommen, bevor wir in bestimmter Weise über sie sprechen.

Lernen gehört zu den elementaren Erfahrungen des Menschen. Es wird, wenn durch es ein neuer Horizont eröffnet wird, als schmerzhafte Umkehr erlebt, in der eine Wiederbetrachtung, eine Revision statthat, die nicht nur das eigene Wissen, sondern die eigene Person zur Disposition stellt. Erfahrung ist dabei vor allem die zur Sprache gebrachte Erfahrung; denn Sprache setzt den Artikulationsversuch des Vorsprachlichen fort. Habitualisierungen der gelehrigen Körper, die gesellschaftliche Spielregeln einhalten, sittliche Erwartungen erfüllen und Wahrnehmungsgewohnheiten aufrechterhalten, kommen nur als in Worte gefasst ins Bewusstsein und öffnen sich der Reflexion. Platon würdigte diese Provokation durch das Lernen in seiner Auffassung von der Wiedererinnerung. Diese Schwierigkeit ist nicht auszuräumen. Vorsprachliche Dimensionen kommen nur indirekt, lateral in den Blick. Der direkte Zugriff zerstört sie. Kafka zeichnet die flüchtige Synthese von Blick und Welt, die vom Verschwinden der Welt bis zum Verenden des Blicks reicht: „Mit stärkstem Licht kann man die Welt auflösen. Vor schwachen Augen wird sie fest, vor noch schwächern bekommt sie Fäuste, vor noch schwächeren wird sie schamhaft und zerschmettert den, der sie anzuschauen wagt." (Kafka 1983, S. 239) Von Vorverständnis, Vorwissen und Antizipationen zu sprechen, bedeutet nicht, eine praktikable Lösung gefunden zu haben. Die gemeinsame Schwierigkeit dieser Formulierungen gründet in einer Doppeldeutigkeit der Vorsilbe *vor*, die Logisches und Zeitliches meinen kann. Wir begegnen hier wieder der Paradoxie der Erkenntnis, die mit der Erfahrung *anhebt*, ihr aber nicht *entspringt* (Kant).

Phänomenologischen Betrachtungen des menschlichen Lernens ist es eigentümlich, dass sie diesen Entzug im Lernen selbst betonen. Nicht Lernen *aus* Erfahrung, sondern Lernen *als* Erfahrung steht im Mittelpunkt des Interesses. Die Vorstruktur des Verstehens wurzelt in einem Weltglauben, welcher die Existenz der Welt nicht bezweifelt, stattdessen die Frage danach ermöglicht, was es für uns bedeutet, dass eine Welt existiert. Dieser Wahrnehmungsglaube ist nicht das Gegenteil der Reflexion, sondern ihre ständige Voraussetzung. „Wir befragen unsere Erfahrung gerade deshalb, weil wir wissen wollen, wie sie uns dem öffnet, was wir nicht sind. *Es ist dadurch nicht einmal ausgeschlossen, daß wir in ihr eine Bewegung finden, die auf das aus ist, was uns in keinem Falle selbst gegenwärtig sein kann und dessen unwiderrufliche Abwesenheit deshalb unseren originären Erfahrungen zugerechnet werden müßte.*" (Merleau-Ponty 2004, S. 208) Dergestalt rücken die Widerstände des Begreifens, die unbestimmten, opaken und ambiguosen Merkmale des Lernens in die Aufmerksamkeit und damit „das Unlernbare in jedem Lernen" (Waldenfels 2001a,

S. 52 ; vgl. Waldenfels 2002), welches die Radikalität und Universalität des Verstehens in Zweifel zieht und es damit in Bewegung hält.

Vor diesem Hintergrund wird das Ausmaß der Formalisierung kenntlich, welcher das Verständnis vom Lernen im Verlaufe der geschichtlichen Entwicklung unterlag. Der unüberschaubaren Fülle des zu Lernenden steht ein leeres Verständnis des Lernens gegenüber, eine Entwicklung, die unter anderen auch Heydorn zu Beginn der siebziger Jahre des zwanzigsten Jahrhunderts voller Sorge voraussah. (Vgl. Heydorn 2004b, S. 104ff.) Auch damals reagierte die Bildungsreform bereits auf Mobilitätserfordernisse der Gesellschaft. „Alle Inhaltlichkeit ist somit vorübergehend, die Bedürfnisse huschen durch das Bewusstsein, absolut ist allein die Methode." (Ebd., S. 105) Die spätkapitalistische Gesellschaft erfordert Effektivität. Dabei haben sich die Gesellschaftsstrukturen zwar geändert, aber das Prinzip der Klassengesellschaft bestimmt latent eine Stufenfolge des Lernens und damit das Zutrauen, das man den Lernenden schenkt, aber ebenso die Zumutungen an sie. Die Stufenleiter reichte zu Beginn der siebziger Jahre des zwanzigsten Jahrhunderts von mechanistischen Prozessen, in denen die Lernenden konditioniert wurden, über „selbstständige Reorganisationen des Gelernten" zu Transferleistungen mit Möglichkeiten größter „Übertragbarkeit auf das Leben". (Vgl. ebd., S. 106) Auch in den derzeit herrschenden Auffassungen des Lernens als Prozess der Selbstorganisation fungiert eine bereits theoretisch festgelegte Privilegierung solcher gesellschaftlicher Gruppen, denen Selbstständigkeit nicht fremd ist. Der oft beschworene *swift from teaching to learning* stabilisiert Herrschaftsverhältnisse, in denen jene, für die Fremdsteuerung die Normalität des Alltags prägt, von vornherein benachteiligt sind. Die Inhaltsarmut des Lernbegriffs garantiert deshalb nicht nur den hohen Allgemeinheitsgrad, sondern verstellt auch die mit ihm verbundenen gesellschaftlichen Funktionen. Verbrämt werden diese Effekte durch das reformpädagogische Mantra der Selbsttätigkeit. Frontalunterricht und absichtsvolles Lehren sind verdächtig, den Einsatz der lernenden Kunden zu schmälern und damit das Unternehmen schulischen Lernens zu gefährden.

In der Kontrollgesellschaft werden zwar zentralistische Machtpraktiken, zu denen auch der Frontalunterricht gezählt wird, als ineffizient erachtet, d.h. aber nicht, dass jede Art von Überprüfung hinfällig ist. Vielmehr ändert sich die Kontrolle – wenn man so will – auf infame Art. Abgelöst wird das System als rationale Organisation, welche von oben ausgeübt wird (Taylor, Ford). Ihm folgt ein pulsierendes Netz, in das alle eingespannt sind, weil es durch alle gespannt wird. Die Machtwirkung geht nicht mehr von oben nach unten, jedenfalls nicht auf den ersten Blick. Das Subjekt erscheint nicht lediglich als Ordner in Gestalt des Fabrikanten und als Unterworfener in der Rolle des Arbeiters. Es ist beides in einem. Es wird in die Verantwortung genommen als Manager seiner selbst. Unter dem Vorwand, dass es auf eigene Initiative, Motivation und Verantwortung ankomme, wird ein Subjektverständnis protegiert und normalisiert, dem im wissenschaftlichen Diskurs seit einiger Zeit das autopoietische System entspricht. Dieses System empfängt seine Imperative nur von sich selbst. Es ist geradezu aseptisch in Bezug auf Einflüsse von außen, möge dieses Außen durch Menschen oder Dinge repräsentiert sein. Das

Selbst wird groß geschrieben: Lern- und Unterrichtsforschung untersuchen so genannte Selbstwirksamkeitsüberzeugungen und Fähigkeitsselbstwahrnehmungen anhand von Lerntagebüchern, in denen sich die Lernenden unentwegt selbst codieren und entziffern. Schulen werden zu Selbstevaluationen ermuntert. Es geht um Selbstorganisation, Selbststeuerung, Selbstkontrolle. Willkommen ist diese Blickrichtung auf gesellschaftliche Realität für einen Sozialstaat unter finanziellem Druck. Staatliche Eingriffe können so als Verstoß gegen Eigeninitiative interpretiert und folgenreich diskriminiert werden. (Vgl. Liesner 2004) Man setzt auf die heilenden Kräfte des Engagements, der Eigeninitiative, der Eigenverantwortung. Jeder ist Teilhaber der Macht und damit auch verantwortlich für seine eigene Entbehrlichkeit. Von der alten *Trivialmaschine* (Luhmann), die nach Input-Output-Relationen funktioniert, spricht man nicht mehr gerne, obgleich ihr Mechanismus immer noch für viele Erklärungen gut ist, beispielsweise um die Verstärkung der Synapsen verständlich zu machen. Das selbstreferentielle System ist die Norm, d.h. der selbstkontrollierte Mensch, der sich mitverantwortlich, motiviert und als Agent des Systems empfindet. Lehrer und Erzieher werden dementsprechend zu *Entwicklungshelfern*, zu *Coachern*, zu *Moderatoren*. Permanente Kontrollen gelten nicht dem, was man ist, sondern dem, was man sein sollte, d.h. sie erzeugen die flexibel angepasste Persönlichkeit, die nicht mehr im Sinne eines Rades im Getriebe funktioniert, sondern als Knotenpunkt in einem Netz.

Das lebenslange Lernen bedeutet ein Selbstmanagement, das auf den äußeren Takt eines Fließbandes nicht angewiesen ist. Leistungsbereitschaft ist gefragt, die sich selbst durch fortlaufende Prüfung auf dem neuesten Stand hält. „In den Disziplinargesellschaften hörte man nie auf anzufangen (von der Schule in die Kaserne, von der Kaserne in die Fabrik), während man in den Kontrollgesellschaften nie mit irgend etwas fertig wird: Unternehmen, Weiterbildung, Dienstleistung sind metastabile und koexistierende Zustände ein und derselben Modulation, die einem universellen Verzerrer gleicht." (Deleuze 1993, S. 257) Während in der Disziplinargesellschaft der Energieumwandler, etwa in Gestalt der Dampfmaschine, als Symbol fungieren konnte, können als das Sinnbild der Kontrollgesellschaften kybernetische Systeme gelten. Sie stehen für Beschleunigung, Information und Vernetzung. Funktionäre des Systems sind Menschen in beiden Fällen. Sie werden zu einer sich selbst unentwegt deformierenden Formation. Sie legen ununterbrochen Zeugnis von sich ab. Unter dem Vorwand von Individualisierung und Selbstbestimmung wird ihre Intimität liquidiert. Sich zu *outen*, scheint ein Wert an sich zu sein, sei es, dass man – selbst ungefragt – seine ehemals verachtete Lebensform preisgibt, sei es, dass man auch den Unfreiwilligen an seinen Trivialgesprächen am Handy beteiligt. Der scheinbar unbeteiligte Beobachter schmiegt sich in die Digitalisierungen, die von ihm ausgehen und deren Opfer er ist. Fremd- und Selbstreferenzen ziehen sich zurück in die Alternative von Erkennen und Entscheiden. Lernende werden thematisiert, wahrgenommen und behandelt als autopoietische Systeme, denen nur dann Erfolg beschieden ist, wenn sie sich als Manager ihrer selbst entwickeln und damit als überprüfbare Teilhaber, welche sich dem Anschein nach freiwillig unausgesetzten Qualitätskontrollen und -optimierungen unterwerfen. Motivationsfragen treten in den Vordergrund und beschäftigen Hirnforscher, deren Urteil begehrt ist. Anreize halten die Prozedur am Leben, in dem sich die Lernenden in eins als Kunden konkurrierender Lernangebote und als zukünftige Anbieter auf dem Markt einer globalisierten Wissensgesellschaft begreifen. Für die Normalisierung dieser Selbstdeutung sind nicht lediglich Marktmechanismen zuständig, sondern auch Theorien, welche in die Kybernetisierung eingewöhnen. Systemtheorie und Radikaler Konstruktivismus bestätigen den aseptischen Raum von unabschließbarer Selbstproduktion und -optimierung. Willkommen sind Techniken der Normalisierung sowie die unterschiedlichen Medien, welche die Verwechslung von Beobachtung und Beachtung protegieren. Einem lustvollen Voyeurismus entspricht dabei häufig ein nicht weniger lustvoller Exhibitionismus. Von den Talkshows über Gerichtsinszenierungen mit authentischer Aura, Containersendungen, Mutproben aller Art und öffentlich inszenierten Partnersuchen sowie alles entscheidenden Vaterschaftstests wird der kontrollierte Mensch daran gewöhnt, dass er nur dann existiert, wenn er von anderen und sich selbst permanent beobachtet und getestet wird.

Die Formalisierung des Lernprozesses fungiert nicht lediglich als perfekte Camouflage, sie führt auch in die Verlegenheit, dass nunmehr jede Veränderung als Lernen bezeichnet wird. Abgesehen von den Schwierigkeiten für eine Theorie des Lernens, ist davon vor allem die Praxis des Lehrens betroffen. Wie soll man Lernvollzüge eröffnen, begleiten, verbessern, abschließen, wenn man keine präzise Vorstellung vom Lernen hat? Die Problematik spitzt sich zu, wenn man beachtet, dass man beim Lernen vor allem die Ergebnisse im Gedächtnis behält. Der Vollzug zieht sich ins Dunkel zurück. Als Lehrende sollen wir also Akte veranlassen, die sich unserer Erinnerung entziehen. Vor diesem Hintergrund leuchtet ein, dass psychologische Theorien des Lernens, die sich vor allem auf die Resultate konzentrieren, nach wie vor beliebt sind. Erst in letzter Zeit hat sich das thematische Feld wieder geöffnet. Kognitionstheoretische Erläuterungen des Lernens als Gedächtnisbildung überschreiten Disziplingrenzen und verbinden psychologische, hirnphysiologische, neurobiologische, philosophische und pädagogische Fragestellungen. Sie bringen nicht nur Lösungsangebote, sondern auch neue Probleme. Zwar kann man mit bildgebenden Verfahren Hirnaktivitäten demonstrieren, die bestimmte Formen des Lernens begleiten. Allerdings führt keine Brücke von syntaktischen Strukturen zu semantischen Feldern. Dem Verstehen sind Grenzen gezogen. Neuropsychologische Untersuchungen zum Zusammenhang von Fühlen und Denken, die sich spezifischer Bilder bedienen, arbeiten mit einer Imagination hohen Ausmaßes, indem sie nicht konsequent unterscheiden zwischen neuronalen Prozessen im Sinne kausaler Beziehungen notwendiger Art und intentionalen sowie responsiven Strukturen hinreichender Art, welche nicht Ursachen, sondern Bedeutungen meinen. Es bleibt ein Abgrund zwischen hirnbiologischen Dynamiken und mentalen Erlebnissen, der uns in unserer Erfahrung zugänglich ist. Ich erfahre die physikalischen, chemischen und biologischen Vorgänge des Gehirns nicht. *Mein Gehirn* ist mir fremd, meine Freude und meine Qual sind es nicht. Beachtet man diese Differenz nicht, so gerät man in ein neurophänomenologisches Kauderwelsch, das zurzeit

sehr verbreitet ist. *Cerebrale Agenten* wie das entscheidende, wählende, kommuni-
zierende und fühlende Gehirn treten an die Stelle des modernen Subjekts. Befremdlich ist dabei nicht allein, dass sich der pädagogische Diskurs rasch dem neu-
en Denkkollektiv (Fleck) angeschlossen hat, das sich hinter dem neutralen Begriff
des Paradigmas verbirgt. Bedenkenswert ist ebenfalls, worin das Interesse von Hirn-
forschern bestehen könnte, sich über ihre eigenen Disziplingrenzen hinaus pädagogischer Fragestellungen anzunehmen. Lässt man die nahe liegende Erklärung beiseite, nämlich die Chance, an Forschungsgelder zu kommen, wäre auch zu berücksichtigen, dass die pädagogische Praxis als Feld der Bewährung hirnphysiologischer
Hypothesen fungieren könnte. Die derzeitige Hirnforschung zeichnet sich nämlich
vor allem durch ihr konzeptionelles Wachstum aus. Bestätigende Experimente fehlen. Lernen wird zu einem begehrten Thema, allerdings als das, was der Evidenz-
raum der Neurowissenschaften zulässt. „Wenn es denn stimmt, dass für die modernen Lebenswissenschaften ebenso charakteristisch wie konstitutiv ist, dass ihre Gegenstände überhaupt erst in ihrer Forschungskultur Gestalt gewinnen und von
ihnen konstituiert werden, dann scheint die Prognose wahrscheinlich, dass die Pa-
radigmen der Neurowissenschaften in dem Maß sich durchsetzen werden, wie sich
die damit verbundenen Rekonfigurationen und Dekonstruktionen des menschlichen Geistes gesellschaftlich plausibilisieren lassen – und zwar gerade nicht deswegen, weil es sich hier um Machtfragen handelt und die Neurowissenschaften zu den
dominanten Akteuren zählen, sondern weil es sich um Wissensformationen, um
epistemische Anordnungen handelt, die sich diskursiv im Verbund von Laborfor-
schung und öffentlicher Debatte durchsetzen." (Borck 2006, S. 96) Diese Wissensformationen sind geprägt von spezifischen Techniken und Kulturen der Forschung
sowie durch interne Anerkennung. Das hat unmittelbare Folgen für das Verständnis des Lernens, das aus der Perspektive des pädagogischen Verständnisses keinen
Gehirnzustand meint, sondern einen bedeutungshaften Vollzug, welcher nicht in
seinen neurologischen Strukturen aufgeht. Diese epistemische Differenz droht, in
Vergessenheit zu geraten, weil die Basisannahmen neurowissenschaftlicher Untersuchungen kaum grundlegend, sondern lediglich im Hinblick auf eine sukzessive
Optimierung im Rahmen ihrer Wissensordnungen in Zweifel gezogen werden.
(Vgl. dagegen Niewels-Kersting 2007)

Husserl setzte sich zu seiner Zeit unter anderem das Ziel, diese epistemische Differenz herauszuarbeiten, indem er sich darum bemühte, die Lebenswelt in ihrer
fundierenden Bedeutung zu rehabilitieren. Es ging ihm nicht um die Verteufelung
neuzeitlicher Wissenschaften, sondern um deren kritische Wertschätzung. Er stellte seine Philosophie schon früh unter die Parole *Zu den Sachen selbst* und setzte sie
damit einem bis heute vorkommenden Verdacht aus, sie wolle unmittelbar an die
Erkenntnisgegenstände heranreichen. Dagegen vertrat Husserl die Auffassung, dass
uns etwas stets als etwas gegeben wird, d.h. in „signifikativer Differenz". (Vgl. Waldenfels 2002, S. 28ff.) Ein Etwas, etwa ein Ding, ist als solches allererst in einer
bestimmten Hinsicht gegeben, z.B. als Werk- oder Spielzeug. Husserl teilte die Zuversicht der frühen Positivisten, reines Erkennen erreichen zu können. Er steigerte
die Erfahrungsformel bis zu dem berühmten Satz aus seinen *Cartesianischen Medi-*

tationen, indem er behauptet: „Der Anfang [scil. einer deskriptiven Bewusstseins-lehre] ist die reine und sozusagen noch stumme Erfahrung, die nun erst zur Aussprache ihres eigenen Sinnes zu bringen ist." (Husserl 1977, S. 40) Trotz der Radikalität dieses Anspruchs, ja vermutlich gerade seinetwegen ist den meisten Phänomenologen, welche in den Spuren Husserls arbeiten, deutlich, dass die Reduktion der Gegebenheiten auf Bewusstseinstatsachen unvollständig bleiben muss.

Martin Heidegger hat diese Problematik sehr früh erkannt. Er kritisiert an Husserls Philosophie den Fehler, das Bewusstsein nicht als nochmals selbst konstituiert, nämlich im Sein, zu betrachten. Deshalb gehe sie wohl von der Lebenswelt aus, komme aber nicht wieder auf sie zurück. Aber auch ihm gelingt dieser Bogen nicht, weshalb sein Werk *Sein und Zeit* unvollendet bleibt. An diesem Dilemma arbeiteten viele Phänomenologen. Insbesondere Eugen Fink, der auch auf dem Feld der Pädagogik tätig war, stellte heraus, dass die Reduktion unvollständig bleiben muss, so dass schließlich der Phänomenologie kein Überstieg in eine wie auch immer begriffene Transzendentalität gelingen kann. Damit ist die Ambivalenz einer Philosophie der Erfahrung angedeutet: Auf der einen Seite kann sie nur gelingen als Rückgang auf die gelebte Welt, auf der anderen Seite liegt dieses Leben nicht einfach in seiner Fülle vor Augen. Das Eigentümliche an konkreten Erfahrungsvollzügen ist, dass sie uns als vertraute nah, aber als erkannte fern sind. Die Reflexion kommt niemals an den Ort ihres Entspringens zurück. Sie ist stets verspätet im Hinblick auf sich selbst. Ein Standardvorwurf lautet deshalb auch: Man kann nicht theoretisch auf Vortheoretisches zurückkommen. Manche Phänomenologen wie etwa Aron Gurwitsch, aber auch Jean-Paul Sartre haben daraus den Schluss gezogen, dass schließlich doch am Ende wieder das Bewusstsein steht, selbst wenn es für die leibliche Existenz Position ergreift.

Andere wie Maurice Merleau-Ponty tragen der Unabschließbarkeit des Rückgangs auf letzte Gründe Rechnung, indem sie die Signaturen der Lebenswelt in ihrer Philosophie berücksichtigen. Niemals wird danach unsere Erfahrung in vollständiger Klarheit vorliegen. Sie wird die Schattenhaftigkeit und die Mehrdeutigkeit unserer Lebenswelt teilen. Das gilt insbesondere für den Erfahrungsbegriff, zumal er wie kaum ein anderer daran erinnert, dass Menschen leiblich existieren. Die einfache Überlegung lautet: Als menschliches ist unser Denken das eines leiblichen Wesens, welches seiner Welt und seinen Mitmenschen nicht einfach gegenübersteht, sondern ihnen durch die Sinnlichkeit ausgesetzt ist. Noch für seine Beziehung zu sich selbst gilt dies, ist es sich doch nie nur gegeben, sondern stets auch entzogen. Der Leib ist, was selbst Husserl bei seinen *Ideen zu einer reinen Phänomenologie* beunruhigte, „ein merkwürdig unvollkommen konstituiertes Ding." „Während ich [nämlich] allen anderen Dingen gegenüber die Freiheit habe, meine Stellung zu ihnen beliebig zu wechseln und damit zugleich die Erscheinungsmannigfaltigkeiten, in denen sie mir zur Gegebenheit kommen, beliebig zu variieren, habe ich nicht die Möglichkeit, mich von meinem Leibe oder ihn von mir zu entfernen, und dem entsprechend sind die Erscheinungsmannigfaltigkeiten des Leibes in bestimmter Hinsicht beschränkt: gewisse Körperteile kann ich nur in eigentümlicher perspektivischer Verkürzung sehen, und andere (z.B. der Kopf) sind überhaupt für mich unsichtbar. Derselbe Leib, der mir als Mittel aller Wahrnehmung dient, steht mir bei der Wahrnehmung seiner selbst im Wege […]." (Husserl 1952, S. 159) Das ist die Ironie des menschlichen Schicksals: Was ihm sein Erkennen ermöglicht, beraubt es zugleich der letzten Sicherheit. Unserem Denken ist eine Auslieferung an die Welt eingeschrieben, welche unüberwindlich ist, so dass wir unsere Vernunft, unseren Verstand oder auch unseren Geist verfehlen, wenn wir sie ohne Körper begreifen wollen. Eine pure Analyse bringt unsere Erfahrungen in Verlegenheit, zwingt sie ihnen doch Abstraktionen auf, die nicht aus ihnen selbst entstammen. Eine der einflussreichsten Abstraktionen ist der Dualismus zwischen Körper und Geist, der schließlich vollständig rätselhaft werden lässt, wie *die* zusammenkommen, welche man getrennt überhaupt nicht kennt. Ein Problem entspringt und beschäftigt Generationen von Philosophen. Wir wissen nichts von einem Geist jenseits oder diesseits des Leibes, wir liebäugeln lediglich mit ihm und heißen jedes noch so kleine Zeichen für seine Existenz überschwanglich willkommen. Phänomenologie als Philosophie der Erfahrung nimmt Erfahrungen als Weisen von Rationalität ernst und erweitert damit den Vernunftraum, statt ihn zu verlassen. Dergestalt begreift sie sich als Dienst am wissenschaftlichen Forschen. Es geht nicht um eine Alternative, sondern um Interventionen, welche der konkreten Erfahrung eine Mitsprache einräumen. Für das Verständnis des menschlichen Lernens hat dies zahlreiche Konsequenzen, von denen aber nur einige benannt werden sollen.

So gilt es zu bedenken, dass man Erfahrungen sowohl *hat* als auch *macht*. Auf der einen Seite ist der Mensch daher ein Gewohnheitstier. Auf der anderen Seite bleibt er unablässig Widerfahrnissen ausgesetzt. „Der Mensch erwirbt zwar mancherlei Kenntnisse, aber er macht Erfahrungen, und es verlohnt sich, dem Charakter des ‚Machens' ein wenig nachzugehen; denn es ist kein eigentliches Tun, vielmehr ein Machen-müssen, ein Erleiden, ein Ausgeliefertsein an die Widerwärtigkeiten des Lebens." (Bollnow 1970, S. 131) Dieses „Machen" findet keinen Ort in Theorien, welche von der Konfrontation von Selbst und Welt ausgehen. Sein Verständnis ist angewiesen auf die Materialität der Welt, in der ich agiere. „Zwischen Intention und Erfüllung schiebt sich, ob ich einen Stadtbummel, ein Bücherregal oder einen ‚Trip' *mache*, die opake Materialität dessen, womit ich notwendig umzugehen habe: […]." (Graumann 1975, S. 32) Die traditionelle Psychologie berücksichtigt dies ebenso wenig wie die Konzeptionen von Konstruktivismus und Systemtheorie. Auch der „an distalen und proximalen Reizen und Reaktionen orientierten Verhaltenswissenschaft löst sich die konkrete Wirklichkeit, mit der wir uns tätig (oder auch leidend) auseinandersetzen, in affizierende oder auslösende, bewirkte oder ‚erreichte' – und gegebenenfallls noch intervenierende – Variablen auf." (Ebd.) In jedem Fall dominiert in solchen Ansätzen das Individuum, ob als psychisches System oder als Organismus. *Facere* und *affici* gehören jedoch zusammen. (Vgl. ebd.) Die Welt, in der wir leben, ist eine Welt der Dinge, auch derer, die wir gemacht haben und an denen wir unsere Spuren hinterlassen haben. Menschen müssten kein *Lehrgeld* bezahlen, stießen sie in ihrem Vermeinen nicht auf Widerstände. Wenn man vieles in Erfahrung gebracht hat, ist man erfahren. Im Erfahren unterliege nicht nur ich einem Wandel, sondern auch das, worüber ich eine Erfahrung mache, ändert sich: Es erhält den Index *vormals geltendes Wissen*. All diese Nuancen bestimmen auch Lernen, insofern es *als* Erfahrung verstanden wird. Es meint dann insbesondere das Eröffnen eines neuen Horizonts. Aber selbst noch das Üben behält Spuren davon; denn unsere Wiederholungen sind keine Automatismen, sondern unvermeidlich Modifikationen, auch wenn sie unscheinbar sein mögen. Lernen ist bestimmt durch Vorurteile, durch Gewohnheiten. Es ist ermöglicht durch Vorwissen, aber auch begrenzt durch den so genannten gesunden Menschenverstand. Lernen in einem strengen Sinn beginnt dort, wo das Vertraute brüchig und das Neue noch nicht zur Hand ist, mit einer Benommenheit in einem Zwischenreich, auf einer Schwelle, die zwar einen Übergang markiert, aber keine Synthese von vorher und nachher ermöglicht. (Vgl. Waldenfels 1987, S. 28ff.) Niemals werde ich wieder so sein, wie ich war, bevor ich diese Schwelle betrat. Es ist beinahe überflüssig zu notieren, dass sich diese Schwelle nicht objektivieren und damit beobachten lässt.

Diese Unmöglichkeit kann verständlich machen, warum unter Lernen oft das Gelernte, also das Ergebnis, verstanden wird, von dem rückblickend auf den Prozess geschlossen wird. Der Vollzug selbst entzieht sich sowohl dem Zugriff des Lernenden in lebensweltlicher als auch dem des Forschenden in wissenschaftlicher Hinsicht. Das gilt auch für die aktuellen neurowissenschaftlichen Lernforschungen. Sie beziehen sich mitunter auf Annahmen, die sich auf Aussagen von Probanden stützen. Erst diese Auskünfte und nicht die zugrundeliegenden Prozesse werden auf neurologische Korrelate bezogen. Genauer gesagt: Es werden Ergebnisse der Selbstbeobachtung mit Bildern von Stoffwechselprozessen im Gehirn deutend verknüpft. Noch komplizierter wird die Lage dadurch, dass man „zwar neuronale Prozesse in bestimmten Zentren des eigenen Gehirns beobachten oder der Beobachtung zugänglich machen [kann], man kann jedoch nicht behaupten, ein bestimmter Erlebniszustand sei dann in dem eigenen Gehirn. Da ein Erlebniszustand nicht erfahren wird, im eigenen Gehirn zu sein, aber auch nicht beobachtbar ist, kann er weder im Gehirn noch außerhalb festgestellt werden." (Welding 2005, S. 31) Die Schwierigkeit, den Lernvollzug gleichsam als Augenzeuge zu protokollieren, bleibt auch angesichts neuer Beobachtungstechnologien bestehen. Es besteht keine Aussicht darauf, dies jemals zu erreichen. Allerdings ist auch wieder der Vorbehalt angebracht, dass diese Aussage nur so lange gilt, wie wir Lernen immer noch auch als Erfahrung verstehen und nicht auf beobachtbare Gesetzmäßigkeiten reduzieren. Sobald die Differenzen zwischen den unbestimmten und den objektivierbaren Dimensionen konfisziert werden, wird Lernen zu einem Gegenstand, der klar und distinkt zu erkennen ist. Rätselhaft bleibt dabei jedoch, woher seine Gründe – nicht seine Ursachen – kommen.

Das Problem, dass der Lernvollzug nur *modo praeterito* zu erfassen ist, begleitet die Geschichte der Befassungen mit dem Lernen, die nicht erst mit der empirischen Lernforschung am Ende des neunzehnten Jahrhunderts anfängt. Wie wir gesehen haben, setzen phänomenologische Versuche, Lernen zu begreifen, bereits früher an, etwa mit Platons Konzeption, in der Lernen als Wiedererinnerung begriffen wird, oder der Auffassung seines Schülers Aristoteles, der die Gangstruktur des Lernens in den Blick nimmt und feststellt, dass jedes Wissen von einem Vorwissen ausgeht. In beiden Fällen eignet dem Wissen selbst eine produktive Differenz, welche es in Bewegung hält. Während sich nach Platon die Lernenden im Lernen an Ideen erinnern, die sie aufgrund ihrer leiblichen Geburt vergessen haben, welche aber gleichwohl wiederzu*erwecken* sind, stellen die Lernenden nach Aristoteles ihre selbstverständliche Wahrnehmungswelt zur Disposition, um wissenschaftliche Erkenntnis zu erwerben. Beide Male werden Erfahrungshorizonte nicht preisgegeben, sondern umstrukturiert. In beiden Fällen erfahren die Lernenden nicht nur etwas über die Sache, sondern auch über sich selbst. Lernen in dem hier diskutierten Sinne fußt nicht lediglich auf Erfahrung, sondern *ist* Erfahrung. Als solche ist es uns zugänglich, wenn auch weder vollständig noch unmittelbar, sondern gleichsam in einer obliquen Schau. Lernen bezeichnet eine Verwicklung mit Welt, in der wir stets riskieren, uns, die Sache sowie unsere Beziehung zum anderen umstrukturieren zu müssen. Es soll hierbei nicht verschwiegen werden, dass auch eine solche Lerntheorie gesellschaftliche Verhältnisse widerspiegelt. Dass sie eine Art Spiegelbild bedeutet, heißt jedoch nicht, dass sie den Veränderungsvorgängen zugrundeläge, sondern dass sie Gesellschaftsdynamiken zum Ausdruck bringt, die sie zugleich ermöglichen. Im Unterschied zu Managementkonzeptionen antwortet eine phänomenologische Theorie des Lernens auf die Schattenseite der Flexibilisierung, auf die riskante Existenz. Widerfahrnisse erscheinen in diesem Licht nicht als Hindernis, sondern als ermöglichender Grund diesseits des Kalküls. Lernen meint unter diesem Aspekt kein Kontinuum und keine Anhäufung. Es ist eine Gratwanderung zwischen Konvention und Aufbruch.

Der Lernende (Bertolt Brecht)

Erst baute ich auf Sand, dann baute ich auf Felsen.
Als der Felsen einstürzte
Baute ich auf nichts mehr.
Dann baute ich oftmals wieder
Auf Sand und Felsen, wie es kam, aber
Ich hatte gelernt.

Denen ich den Brief anvertraute
Die warfen ihn weg. Aber die ich nicht beachtete
Brachten ihn mir zurück.
Da habe ich gelernt.

Was ich auftrug, wurde nicht ausgerichtet.
Als ich hinkam, sah ich
Es war falsch gewesen. Das Richtige
War gemacht worden.
Davon habe ich gelernt.

Die Narben schmerzen
In der kalten Zeit.
Aber ich sagte oft: nur das Grab
Lehrt mich nichts mehr.

BILDNACHWEISE

Abbildung 1
Paulsen, Hermann: Das ist doch *unmöglich*. Ein Malbuch. Kiel 2000, S. 14.

Abbildung 2
Francis Picabia: L'homme nouveau (1924-28). In: Lepp, Nicola/Roth, Martin/Vogel, Klaus (Hrsg.): Der Neue Mensch. Obsessionen des 20. Jahrhunderts. Ostfildern-Ruit 1999, S. 198.

Abbildung 3
Pavlov'scher Hund, Tierpräparat um 1930. In: Lepp, Nicola/Roth, Martin/Vogel, Klaus (Hrsg.): Der Neue Mensch. Obsessionen des 20. Jahrhunderts. Ostfildern-Ruit 1999, S. 215.

Abbildung 4
Eines von 30 Motiven aus dem Bildkartenbuch „Optische Täuschungen". © by artcolor. Ascheberg.

Abbildung 5
Paul Klee: Figurine des bunten Teufels (1927). Tempera. In: 31 Bilder von Paul Klee mit Gedichten von Margot Scharpenberg und einem Vorwort von Sabine Fehlemann. Wuppertal o.J., S. 69.

Abbildung 6
Selle, Gert (1997): Siebensachen. Ein Buch über die Dinge. Frankfurt am Main/New York, S. 41.

Abbildung 7
Max und Moritz, Vierter Streich, 1863. Handschrift, Bleistift, Buntstift auf ungeripptem Papier. In: Neyer, Hans Joachim (2006): Karikaturen und Comics im Wilhelm-Busch-Museum Hannover. Hannover, S. 193.

LITERATUR

Adorno, Theodor W. (1971): Erziehung wozu? (1966) In: Ders.: Erziehung zur Mündigkeit. Vorträge und Gespräche mit Hellmut Becker 1959-1969. Hrsg. von Gerd Kadelbach. Frankfurt am Main, S. 105-119.

Adorno, Theodor W. (1977a): Philosophie und Lehrer. In: Ders.: Gesammelte Schriften. Band 10.2: Kulturkritik und Gesellschaft II. Eingriffe – Stichworte – Anhang. Hrsg. von Rolf Tiedemann. Frankfurt am Main, S. 474-494.

Adorno, Theodor W. (1977b): Anmerkungen zum philosophischen Denken. In: Ders.: Gesammelte Schriften. Band 10.2: Kulturkritik und Gesellschaft II. Eingriffe – Stichworte – Anhang. Hrsg. von Rolf Tiedemann. Frankfurt am Main, S. 599-607.

Adorno, Theodor W. (1977c): Zu Subjekt und Objekt. In: Ders.: Gesammelte Schriften. Band 10.2: Kulturkritik und Gesellschaft II. Eingriffe – Stichworte – Anhang. Hrsg. von Rolf Tiedemann. Frankfurt am Main, S. 741-758.

Adorno, Theodor W. (²1980): Negative Dialektik. Frankfurt am Main.

Aischylos (1979): Die Perser. Die Orestie. Vier Tragödien übertragen und erläutert von Ernst Buschor. Gesamtausgabe der griechischen Tragödien. Band 1. Zürich/ München.

Anders, Günther (⁶1983) : Die Antiquiertheit des Menschen. Erster Band: Über die Seele im Zeitalter der zweiten industriellen Revolution. München.

Anders, Günther (³1984): Die Antiquiertheit des Menschen. Zweiter Band: Über die Zerstörung des Lebens im Zeitalter der dritten industriellen Revolution. München.

Arasse, Daniel (1988): Die Guillotine. Die Macht der Maschine und das Schauspiel der Gerechtigkeit. Übers. von Christine Stemmermann. Reinbek bei Hamburg [Paris 1987].

Arendt, Hannah (²1981): Vita activa oder Vom tätigen Leben. München.

Arendt, Hannah (2002): Denktagebuch. Band 1 und 2. München [New York 2002].

Aristoteles (1976): Lehre vom Beweis oder Zweite Analytik (Organon IV). Übers. und mit Anmerkungen vers. von Eugen Rolfes. Nach der Ausgabe von 1922. Mit neuer Einleitung und Bibliographie versehen von Otfried Höffe. Hamburg.

Aristoteles (³1989): Metaphysik. Erster Halbband: Bücher I (A) – VI (E). Neubearbeitung der Übersetzung von Hermann Bonitz. Mit Einleitung und Kommentar hrsg. von Horst Seidl. Griechischer Text in der Edition von Wilhelm Christ. Hamburg.

Aristoteles (³1991): Metaphysik. Zweiter Halbband: Bücher VII (Z) – XIV (N). Neubearbeitung der Übersetzung von Hermann Bonitz. Mit Einleitung und Kommentar hrsg. von Horst Seidl. Griechischer Text in der Edition von Wilhelm Christ. Hamburg.

Aristoteles (1995): Über die Seele. Mit Einleitung, Übersetzung (nach Willy Theiler) und Kommentar hrsg. von Horst Seidl. Griechischer Text in der Edition von Wilhelm Biehl und Otto Apelt. Hamburg.

Arnold, Margret (2002): Aspekte einer modernen Neurodidaktik. Emotionen und Kognitionen im Lernprozess. München.

Augustinus (1998): De magistro. Über den Lehrer. (389/390) Lateinisch/Deutsch. Übers. und hrsg. von Burkhard Mojsisch. Stuttgart.

Authier, Michel (1994): Die Geschichte der Brechung und Descartes' „vergessene Quellen". In: Serres, Michel (Hrsg.): Elemente einer Geschichte der Wissenschaften. Übers. von Horst Brühmann. Frankfurt am Main [Paris 1989], S. 445-485.

Bacon, Francis (1990): Neues Organon. (1620) Hrsg. und mit einer Einleitung von Wolfgang Krohn. Lateinisch/Deutsch. Wiedergabe des lateinischen Textes nach der Ausgabe London 1858. Übers. von Rudolf Hoffmann. Bearbeitet von Gertraud Korf. Berlin (DDR 1961). Darmstadt.

Bacon, Francis (2001): The Advancement Of Learning. Ed. by Stephen Jay Gould. New York. (Lord Franz Bacon (1966): Über die Würde und den Fortgang der Wissenschaften, verdeutscht und mit dem Leben des Verfassers und einigen historischen Anmerkungen hrsg. von Johann Hermann Pfingsten. Reprografischer Nachdruck der Originalausgabe von 1783. Darmstadt).

Baer, Martin/Schröter, Olaf (2001): Eine Kopfjagd. Deutsche in Ostafrika. Frankfurt am Main/Wien/Zürich.

Ballauff, Theodor (1969): Pädagogik. Eine Geschichte der Bildung und Erziehung. Band 1: Von der Antike bis zum Humanismus. Unter der Mitarbeit von Gert Plamböck. Freiburg/München.

Barthes, Roland (⁷1982): Mythen des Alltags. Übers. von Helmut Scheffel. Frankfurt am Main [Paris 1957].

Barthes, Roland (1989): Die dunkle Kammer. Bemerkung zur Photographie. Übers. von Dietrich Leube. Frankfurt am Main [Paris 1980].

Becker, Nicole (2004): Von der Schädellehre zu den modernen Neurowissenschaften. Ansichten über den Einfluss von Erziehung auf die Gehirnentwicklung. In: Jahrbuch für Historische Bildungsforschung. Band 10. Bad Heilbrunn/Obb., S. 133-160.

Becker, Nicole (2006a): Von der Hirnforschung lernen? Ansichten über die pädagogische Relevanz neurowissenschaftlicher Erkenntnisse. In: Scheunpflug, Annette/Wulf, Christoph (Hrsg.): Biowissenschaft und Erziehungswissenschaft. Zeitschrift für Erziehungswissenschaft 9. Jg. Beiheft 5. Wiesbaden, S. 177-200.

Becker, Nicole (2006b): Die neurowissenschaftliche Herausforderung der Pädagogik. Bad Heilbrunn.

Becker, Nicole (2007): Die Lust an den Versuchungen der Hirnforschung. Über die paradoxen Folgen neurowissenschaftlicher Stellungnahmen zu pädagogischen Fragen. In: Kirchhöfer, Dirk/Steffens, Gerd u.a. (Hrsg.): Jahrbuch für Pädagogik 2006: Infantilisierung des Lernens? Neue Lernkulturen – eine Streitfalle. Frankfurt am Main u.a., S. 141-156.

Bellmann, Johannes (2005): Selektion und Anpassung. Lerntheorien im Umfeld von Evolutionstheorie und Pragmatismus. In: Benner, Dietrich (Hrsg.): Erziehung – Bildung – Negativität. Zeitschrift für Pädagogik 51. Jg. Beiheft 49. Weinheim/Basel, S. 62-76.

Bellmann, Johannes (2007): John Deweys naturalistische Pädagogik. Argumentationskontexte, Traditionslinien. Paderborn/München/Wien/Zürich.

Benjamin, Walter (1980a): Erfahrung. In: Ders.: Gesammelte Schriften. Band II·1: Aufsätze, Essays, Vorträge. Hrsg. von Rolf Tiedemann und Hermann Schweppenhäuser. Werkausgabe Band 4. Frankfurt am Main, S. 54-56.

Benjamin, Walter (1980b): Berliner Kindheit um Neunzehnhundert. In: Ders.: Gesammelte Schriften. Band IV·1: Kleine Prosa, Baudelaire-Übertragungen. Hrsg. von Tillman Rexroth. Werkausgabe Band 10. Frankfurt am Main, S. 235-304.

Benner, Dietrich (2003): Kritik und Negativität. Ein Versuch zur Pluralisierung von Kritik in der Erziehung, Pädagogik und Erziehungswissenschaft. In: Dietrich Benner u.a. (Hrsg.): Kritik in der Pädagogik. Versuche über das Kritische in Erziehung und Erziehungswissenschaft. Zeitschrift für Pädagogik 49. Jg. Beiheft 46. Weinheim/Basel/Berlin, S. 96-110.

Benveniste, Emile (1974): Probleme der allgemeinen Sprachwissenschaft. München.

Bergson, Henri (1991): Materie und Gedächtnis. Eine Abhandlung über die Beziehung zwischen Körper und Geist. (1896) Übers. von Julius Frankenberger. Mit einer Einleitung von Erik Oger. Hamburg.

Bergson, Henri (1985): Denken und schöpferisches Werden. Aufsätze und Vorträge. (1948) Übers. von Leonore Kottje. Mit einem Nachwort von Konstantinos P. Romanòs. Frankfurt am Main [Paris 1939].

Bieri, Peter (2005): Untergräbt die Regie des Gehirns die Freiheit des Willens? In: Gestrich, Christof/Wabel, Thomas (Hrsg.): Freier oder unfreier Wille? Berliner Theologische Zeitschrift. 22. Jg. Beiheft 2005. Berlin, S. 20-31.

Blumenberg, Hans (³1984): Arbeit am Mythos. Frankfurt am Main.

Blumenberg, Hans (1980): Nachdenklichkeit. In: Deutsche Akademie für Sprache und Dichtung (Hrsg.): Jahrbuch. Heidelberg, S. 57-61.

Blumenberg, Hans (1986): Lebenszeit und Weltzeit. Frankfurt am Main.

Blumenberg, Hans (1996): Anthropologische Annäherung an die Aktualität der Rhetorik. In: Ders.: Wirklichkeiten in denen wir leben. Stuttgart, S. 104-126.

Blumenberg, Hans (²2002a): Das Fernrohr und die Ohnmacht der Wahrheit. In: Galileo Galilei: Sidereus Nuncius (Nachricht von neuen Sternen). Dialog über die Weltsysteme (Auswahl). Vermessung der Hölle Dantes. Marginalien zu Tasso. Hrsg. und eingeleitet von Hans Blumenberg. Frankfurt am Main, S. 7-75.

Blumenberg, Hans (2002b): Zu den Sachen und zurück. Aus dem Nachlaß hrsg. von Manfred Sommer. Frankfurt am Main.

Böhm, Winfried (⁵1996): Maria Montessori. Texte und Gegenwartsdiskussion. Bad Heilbrunn/Obb.

Böhmer, Anselm (2002): Kosmologische Didaktik. Lernen und Lehren bei Eugen Fink. Würzburg.

Bollmann, Ulrike (2000): Wissen pädagogisch – Zum Zusammenhang von Wissen und Leiden. In: Helmer, Karl/Meder, Norbert/Meyer-Drawe, Käte/Vogel, Peter (Hrsg.): Spielräume der Vernunft. Jörg Ruhloff zum 60. Geburtstag. Angeregt durch Wolfgang Fischer. Würzburg, S. 35-49.

Bollmann, Ulrike (2001): Wandlungen neuzeitlichen Wissens. Historisch-systematische Analysen aus pädagogischer Sicht. Würzburg.

Bollnow, Otto Friedrich (1970): Philosophie der Erkenntnis. Das Vorverständnis und die Erfahrung des Neuen. Stuttgart/Berlin/Köln/Mainz.

Borck, Cornelius (2005): Hirnströme. Eine Kulturgeschichte der Elektroenzephalographie. Göttingen.

Borck, Cornelius (2006): Lässt sich vom Gehirn das Lernen lernen? Wissenschaftshistorische Anmerkungen zur Anziehungskraft der modernen Hirnforschung. In: Scheunpflug, Annette/Wulf, Christoph (Hrsg.): Biowissenschaft und Erziehungswissenschaft. Zeitschrift für Erziehungswissenschaft 9. Jg. Beiheft 5. Wiesbaden, S. 87-100.

Bourdieu, Pierre (1987): Sozialer Sinn. Kritik der theoretischen Vernunft. Übers. von Günter Seib. Frankfurt am Main [Paris 1980].

Bourdieu, Pierre (2001): Meditationen. Zur Kritik der scholastischen Vernunft. Unter Mitwirkung von Hélène Albagnac und Bernd Schwibs übers. von Achim Russer. Frankfurt am Main [Paris1997].

Brecht, Bertolt (1957): Schriften zum Theater. Frankfurt am Main.

Brecht, Bertolt (1981): Der Lernende. In: Suhrkamp Verlag in Zusammenarbeit mit Elisabeth Hauptmann (Hrsg.): Die Gedichte von Bertolt Brecht in einem Band. Frankfurt am Main, S. 558.

Breidbach, Olaf (1997): Die Materialisierung des Ichs. Zur Geschichte der Hirnforschung im 19. und 20. Jahrhundert. Frankfurt am Main.

Breidbach, Olaf (2005): Bilder des Wissens. Zur Kulturgeschichte der wissenschaftlichen Wahrnehmung. München.

Breidbach, Olaf (2006): Was weiß das Hirn? In: der blaue reiter. Journal für Philosophie 21, Heft 1, S. 50-57.

Bröckling, Ulrich (2000): Totale Mobilmachung. Menschenführung im Qualitäts- und Selbstmanagement. In: Ders./Krasmann, Susanne/Lemke, Thomas (Hrsg.): Gouvernementalität der Gegenwart. Studien zur Ökonomisierung des Sozialen. Frankfurt am Main, S. 131-167.

Brodsky, Joseph (2000): Lob der Langeweile. In: Ders.: Der sterbliche Dichter. Über Literatur, Liebschaften und Langeweile. Übers. von Sylvia List. Frankfurt am Main [New York 1995], S. 205-216.

Brücher, Klaus/Gonther, Uwe (2006): Zum Verhältnis von Willensfreiheit und Neurobiologie. Eine methodenkritische Untersuchung. In: Fortschr Neurol Psychiat 74. Jg., S. 194-202.

Brüggen, Friedhelm (1988): Lernen – Erfahrung – Bildung oder Über Kontinuität und Diskontinuität im Lernprozeß. In: Zeitschrift für Pädagogik 34. Jg. Heft 3, S. 299-314.

Brunschwig, Jacques/Lloyd, Geoffrey unter Mitarbeit von Pierre Pellegrin (Hrsg.) (2000): Das Wissen der Griechen. Eine Enzyklopädie. Übers. von Volker Breidecker, Konrad Honsel, Heinz Jatho, Michael von Killisch-Horn, Markus Sedlaczek. München.

Buchheim, Thomas (1986): Die Sophistik als Avantgarde normalen Lebens. Hamburg.

Büchmann, Georg (1977): Geflügelte Worte. München.

Büchner, Georg (1956): Dantons Tod. Ein Drama. (1835) In: Ders.: Gesammelte Werke. München, S. 7-77.

Buck, Günther (1989): Lernen und Erfahrung – Epagogik. Zum Begriff der didaktischen Induktion. Hrsg. und mit einem Vorwort versehen von Ernst Vollrath. 3., um einen dritten Teil erweiterte Auflage. Darmstadt.

Calvino, Italo (^{2}1985): Herr Palomar. Übers. von Burkhart Kroeber. München [Torino 1983].

Canetti, Elias (1992): Die Fliegenpein. Aufzeichnungen. Ulm.

Caruso, Marcelo (2005): Inadäquation und Pädagogik. Von den Techniken der Produktion des Subjekts. In: Benner, Dietrich (Hrsg.): Erziehung – Bildung – Negativität. Theoretische Annäherungen. Analysen zum Verhältnis von Macht und Negativität. Zeitschrift für Pädagogik. 51. Jg. Beiheft 49. Weinheim/Basel, S. 121-133.

Changeux, Jean (1984): Der neuronale Mensch. Wie die Seele funktioniert – die Entdeckungen der neuen Gehirnforschung. Übers. von Hainer Köber. Reinbek bei Hamburg [Paris 1983].

Chéroux, Clément (1997): Ein Alphabet unsichtbarer Strahlen. Fluidalfotografie am Ausgang des 19. Jahrhunderts. In: *Im Reich der Phantome*. Fotografie des Unsichtbaren. Ausstellungskatalog. Ostfildern-Ruit, S. 11-22.

Comenius, Johann Amos (^{2}1965): Pampaedia. (1677) Lateinischer Text und deutsche Übersetzung. Nach der Handschrift hrsg. von Dmitrij Tschižewskij in Gemeinschaft mit Heinrich Geissler und Klaus Schaller. Heidelberg.

Comenius, Johann Amos (^{8}1993): Große Didaktik. (1657) Übers. und hrsg. von Andreas Flitner. Mit einem Nachwort zur neueren Comeniusforschung von Klaus Schaller. Stuttgart.

Comenius, Johann Amos (^{3}2001): Pampaedia. (1677) Allerziehung. Übers. und hrsg. von Klaus Schaller. Sankt Augustin.

Copei, Friedrich (^{9}1969): Der fruchtbare Moment im Bildungsprozeß. (1930) Heidelberg.

Deibl, Christiane (2005): Eingewöhnung – Habitualisierung – Aktualisierung. Anmerkungen zur Bedeutung der Gewohnheit im pädagogischen Diskurs. Unveröffentlichte Hausarbeit zur Erlangung des Grades einer Magistra Artium. Fakultät für Philosophie, Pädagogik und Publizistik der Ruhr-Universität Bochum.

Deleuze, Gilles (1993): Postskriptum über die Kontrollgesellschaften. In: Ders.: Unterhandlungen 1972-1990. Übers. von Gustav Roßler. Frankfurt am Main [Paris 1990], S. 254-262.

Descartes, René (1956): Meditationen über die erste Philosophie. (1641) Auf Grund der Ausgaben von Artur Buchenau neu hrsg. v. Erich Christian Schröder. Hamburg.

Descartes, René (1969): Discours de la Méthode. (1637) Von der Methode des richtigen Vernunftgebrauchs und der wissenschaftlichen Forschung. Übers. und hrsg. von Lüder Gäbe. Durchgesehen von Hans Günter Zekl. Hamburg.

Descartes, René (1969): *Über den Menschen* (1632) sowie *Beschreibung des menschlichen Körpers* (1648). Nach der ersten französischen Ausgabe von 1664 übers. und mit einer historischen Einleitung und Anmerkungen versehen von Karl E. Rothschuh. Heidelberg.

Descartes, René (1984): Die Leidenschaften der Seele. (1649) Französisch/Deutsch. Hrsg. und übers. von Klaus Hammacher. Hamburg.

Dewey, John (1993): Demokratie und Erziehung. Eine Einleitung in die philosophische Pädagogik. (1915) Übers. von Erich Hylla. Hrsg. und mit einem Nachwort von Jürgen Oelkers. Weinheim/Basel.

Diels, Hermann (Übers.)/Kranz, Walther (Hrsg.) ([6]1996/[6]1998): Die Fragmente der Vorsokratiker. Griechisch und Deutsch. 3 Bände. Zürich/Hildesheim.

Dörpinghaus, Andreas (2003): Von unbewegten und bewegten Bewegern. Bildungstheoretische Vermerke zur Frage nach dem Anfang. In: Vierteljahrsschrift für wissenschaftliche Pädagogik. 79. Jg., S. 449-461.

Dörpinghaus, Andreas (2005): Bildung als Verzögerung. Über Zeitstrukturen von Bildungs- und Professionalisierungsprozessen. In: Pädagogische Rundschau. 59. Jg., S. 563-574.

Dörpinghaus, Andreas/Poenitsch, Andreas/Wigger, Lothar (2006): Einführung in die Theorie der Bildung. Darmstadt.

Dörpinghaus, Andreas (2007): Über Bildungs- und Zeitpraktiken in der Wissensgesellschaft. In: Müller, Hans-Rüdiger/Stravoravdis, Wassilios (Hrsg.): Bildung im Horizont der Wissensgesellschaft. Wiesbaden, S. 35-47.

Dörrie, Heinrich (1956): Leid und Erfahrung. Die Wort- und Sinn-Verbindung παθεῖν – μαθεῖν im griechischen Denken. Akademie der Wissenschaften und der Literatur. Abhandlungen der geistes- und sozialwissenschaftlichen Klasse. Wiesbaden.

Dreßen, Wilhelm (1982): Die pädagogische Maschine. Zur Geschichte des industrialisierten Bewusstseins in Preußen/Deutschland. Frankfurt am Main/Berlin/Wien.

Du Bois-Reymond, Emil (1974): Über die Grenzen des Naturerkennens. (1872) In: Ders: Vorträge über Philosophie und Gesellschaft. Eingeleitet und mit erklärenden Anmerkungen hrsg. von Siegfried Wollgast. Berlin, S. 54-103.

Dürer, Albrecht (1982): Entwürfe zum „Lehrbuch der Malerei". (Ab 1500). In: Ders.: Schriften und Briefe. Hrsg. von Ernst Ullmann. Textredaktion von Elvira Pradel. Leipzig, S. 141-275.

Ehrenfels, Christian von (1978): Über „Gestaltqualitäten". (1890) In: Weinhandl, Ferdinand (Hrsg.): Gestalthaftes Sehen. Ergebnisse und Aufgaben der Morphologie. Zum hundertjährigen Geburtstag von Christian von Ehrenfels. Darmstadt, S. 11-43.

Ehrenfels, Christian von (1902/1903): Entwicklungsmoral. In: Pol.-Anthropol. Revue. 2. Jg., S. 214-226.

Elger, Christian E. u.a. (2004): Das Manifest. Elf führende Neurowissenschaftler über Gegenwart und Zukunft der Hirnforschung. In: Gehirn & Geist. Nr. 6, S. 30-37.

Elschenbroich, Donata (⁴2002): Weltwissen der Siebenjährigen. Wie Kinder die Welt entdecken können. München.

Engels, Eve-Marie (2005): Plädoyer für eine nicht-reduktionistische Neurophilosophie. In: Dies./Hildt, Elisabeth (Hrsg.): Neurowissenschaften und Menschenbild. Paderborn, S. 221-249.

Falkenhayn, Katharina von (2003): Augenblick und Kairos. Zeitlichkeit im Frühwerk Martin Heideggers. Philosophische Schriften. Band 52. Berlin 2003.

Fischer, Wolfgang (1997): Kleine Texte zur Pädagogik in der Antike. Baltmannsweiler.

Fleck, Ludwik (1983): Schauen, sehen, wissen. (1947) In: Ders.: Erfahrung und Tatsache. Gesammelte Aufsätze. Mit einer Einleitung hrsg. von Lothar Schäfer und Thomas Schnelle. Frankfurt am Main, S. 147-174.

Florey, Ernst (²1992): Gehirn und Zeit. In: Schmidt, Siegfried J. (Hrsg.): Gedächtnis. Probleme und Perspektiven der interdisziplinären Gedächtnisforschung. Frankfurt am Main, S. 170-189.

Florey, Ernst (1996): Geist – Seele – Gehirn: Eine kurze Ideengeschichte der Hirnforschung. In: Roth, Gerhard/Prinz, Wolfgang (Hrsg.): Kopf-Arbeit. Gehirnfunktionen und kognitive Leistungen. Heidelberg/Berlin/Oxford, S. 37-86.

Flusser, Vilém (1989): Gedächtnisse. In: Ars electronica (Hrsg.): Philosophien der neuen Technologie. Berlin, S. 41-55.

Flusser, Vilém (1993): Dinge und Undinge. Phänomenologische Skizzen. Mit einem Nachwort von Florian Rötzer. München/Wien.

Foucault, Michel (1977): Überwachen und Strafen. Die Geburt des Gefängnisses. Übers. von Walter Seitter. Frankfurt am Main [Paris 1975].

Foucault, Michel (1991): Die Ordnung des Diskurses. Übers. von Walter Seitter. Mit einem Essay von Ralf Konersmann. Frankfurt am Main [Paris 1972].

Foucault, Michel (2005): Die Heterotopien. Der utopische Körper. Zweisprachige Ausgabe. Übers. von Michael Bischoff. Mit einem Nachwort von Daniel Defert. Frankfurt am Main [Paris 2004].

Freud, Sigmund (1986a): Neue Folge der Vorlesungen zur Einführung in die Psychoanalyse. Frankfurt am Main.

Freud, Sigmund (1986b): Briefe an Wilhelm Fliess 1887-1904. Ungekürzte Ausgabe. Hrsg. von Jeffrey Masson. Bearbeitung der deutschen Fassung von Michael Schröter. Transkription von Gerhard Fichtner. Frankfurt am Main.

Freud, Sigmund (1987): Die Traumdeutung. Frankfurt am Main.

Freud, Sigmund/Groddeck, Georg (1988): Briefe über das Es. Frankfurt am Main.

Friedrich, Leonard (1999): Pädagogische Perspektiven zwischen Barock und Aufklärung. Die Pädagogik Erhard Weigels. In: Schielicke, Reinhard E./Herbst, Klaus-Dieter/Kratochwil, Stefan (Hrsg.): Erhard Weigel – 1625 bis 1699. Barocker Erzvater der deutschen Frühaufklärung. Beiträge des Kolloquiums anläßlich seines 300. Todestages am 20. März 1999 in Jena. Thun/Frankfurt am Main, S. 39-68.

Fritz, Helmut (1990): Der Teddybär. In: Boehnke, Heiner/Bergmann, Klaus (Hrsg.): Die Galerie der kleinen Dinge. Ein ABC mit 77 kurzen Kulturgeschichten alltäglicher Gegenstände vom Aschenbecher bis zum Zündholz. Illustriert von F.W. Bernstein. Zürich, S. 222-224.

Fuchs, Thomas (2006/2007): Neuromythologien. Mutmaßungen über die Bewegkräfte der Hirnforschung. In: Scheidewege. Jahrsschrift für skeptisches Denken 36, S. 184-202.

Gaertringen, Rudolf Frhr. Hiller von (1999): Raffaels Lernerfahrung in der Werkstatt Peruginos. Kartonverwendung und Motivübernahme im Wandel. München/Berlin.

Geerlings, Wilhelm/Mügge, Andreas (Hrsg.) (2006): Das Herz. Organ und Metapher. Paderborn/München/Wien/Zürich.

Gehlen, Arnold (1957): Die Seele im technischen Zeitalter. Sozialpsychologische Probleme in der industriellen Gesellschaft. Reinbek bei Hamburg.

Gehlen, Arnold (^{3}1975): Urmensch und Spätkultur. Philosophische Ergebnisse und Aussagen. Frankfurt am Main.

Gehring, Petra (2004): Es blinkt, es denkt. Die bildgebenden und die weltbildgebenden Verfahren der Neurowissenschaft. In: Philosophische Rundschau. 51. Jg. Heft 4, S. 273-295.

Gehring, Petra (2005): Vergesst den freien Willen. Über den eigentümlichen Reiz deterministischer Theorien. In: Le monde diplomatique, Nr. 7663, 13. 5. 2005, 399 Zeilen. Auf: http://www.monde-diplomatique.de/pm/2005/05/13/a0058.text.name,askmpWCTe.n,1 [06.02. 2007, 13.48].

Gehring, Petra (2006): Was ist Biomacht? Vom zweifelhaften Mehrwert des Lebens. Frankfurt am Main.

Genet, Jean (1957): Die Zofen. (1946) Übers. von Gerhard Hock. Hamburg.

Geerlings, Wilhelm/Mügge, Andreas (Hrsg.) (2006): Das Herz. Organ und Metapher. Paderborn/München/Wien/Zürich 2006.

Gstettner, Peter (1981): Die Eroberung des Kindes durch die Wissenschaft. Aus der Geschichte der Disziplinierung. Reinbek bei Hamburg.

Geuter, Ulfried (1985): Das Ganze und die Gemeinschaft – Wissenschaftliches und politisches Denken in der Ganzheitspsychologie Felix Krügers. In: Graumann, Carl Friedrich: Psychologie im Nationalsozialismus. Berlin/Heidelberg/New York/Tokyo, S. 55-87.

Geyer, Christian (Hrsg.) (2004): Hirnforschung und Willensfreiheit. Zur Deutung neuester Experimente. Frankfurt am Main.

Giese, Christiane (1998): Lernen als Erinnern? Strukturelle Überlegungen zum Verhältnis von Lernen und Gedächtnis. Unveröffentlichte Hausarbeit zur Erlangung des Grades einer Magistra Artium. Fakultät für Philosophie, Pädagogik und Publizistik der Ruhr-Universität Bochum.

Glasersfeld, Ernst von (1996): Radikaler Konstruktivismus. Ideen, Ergebnisse, Probleme. Übers. von Wolfgang Karl Köck. Frankfurt am Main [London 1993].

Göhlich, Michael/Zirfas, Jörg (2007): Lernen. Ein pädagogischer Grundbegriff. Stuttgart.

Göhlich, Michael/Wulf, Christoph/Zirfas, Jörg (Hrsg.) (2007): Pädagogische Theorien des Lernens. Weinheim u.a.

Goethe, Johann Wolfgang (1976): Maximen und Reflexionen. (1829) Text der Ausgabe von 1907 mit der Einleitung und den Erläuterungen Max Heckers. Nachwort von Isabella Kuhn. Frankfurt am Main.

Goethe, Johann Wolfgang (1994): Faust. Texte. Hrsg. von Albrecht Schöne. In: Johann Wolfgang Goethe: Sämtliche Werke. Briefe, Tagebücher und Gespräche. 1. Abteilung: Band 7.1. Frankfurt am Main.

Goschler, Constantin (2002): Rudolf Virchow. Mediziner – Anthropologe – Politiker. Köln/Weimar/Wien.

Graumann, Carl-Friedrich (1975): Gedanken über das Machen. In: Ders./ Métraux, Alexandre (Hrsg.): Versuche über Erfahrung. Bern/Stuttgart/Wien, S. 21-33.

Gurwitsch, Aron (1975): Das Bewusstseinsfeld. Berlin/New York [Paris 1957/ Pittsburgh 1964].

Gurwitsch, Aron (1977): Die mitmenschlichen Begegnungen in der Milieuwelt. Hrsg. und eingeleitet von Alexandre Métraux. Berlin/New York.

Hagner, Michael (1995): Der falsche Körper. Beiträge zu einer Geschichte der Monstrositäten. Göttingen.

Hagner, Michael (1996): Der Geist bei der Arbeit. Überlegungen zur visuellen Repräsentation cerebraler Prozesse. In: Borck, Cornelius (Hrsg.): Anatomien medizinischen Wissens. Medizin. Macht. Moleküle. Frankfurt am Main, S. 259-286.

Hagner, Michael (2000): Homo cerebralis – Der Wandel vom Seelenorgan zum Gehirn. Frankfurt am Main/Leipzig.

Hagner, Michael (2006): Der Geist bei der Arbeit. Historische Untersuchungen zur Hirnforschung. Göttingen.

Harrington, Anne (2002): Die Suche nach Ganzheit. Die Geschichte biologisch-psychologischer Ganzheitslehren: Vom Kaiserreich bis zur New-Age-Bewegung. Übers. von Susanne Klockmann. Reinbek bei Hamburg [New Jersey 1996].

Hegel, Georg Wilhelm Friedrich ([5]1949): Encyclopädie der philosophischen Wissenschaften im Grundrisse. (1830) Auf der Grundlage der Lassonschen Ausgabe hrsg. von Johannes Hofmeister. Leipzig.

Heid, Helmut (2001): Über den bildungstheoretischen und bildungspraktischen Stellenwert individueller Bildungsbedürfnisse. In: Hellekamps, Stephanie/Kos, Olaf/Sladek, Horst (Hrsg.): Bildung, Wissenschaft, Kritik. Festschrift für Dietrich Benner zum 60. Geburtstag. Weinheim, S. 44-53.

Heidegger, Martin (1976): Vom Wesen und Begriff der Φύσις. Aristoteles, Physik B. (1939) In: Ders.: Wegmarken. Gesamtausgabe. I. Abteilung: Veröffentlichte Schriften 1914-1970. Band 9. Hrsg. von Friedrich-Wilhelm von Herrmann. Frankfurt am Main, S. 239-301.

Heidegger, Martin (1977): Phänomenologische Interpretation von Kants Kritik der reinen Vernunft. In: Ders.: Gesamtausgabe. II. Abteilung: Vorlesungen 1923-1944. Band 25. Hrsg. von Ingtraud Görland. Frankfurt am Main.

Heidegger, Martin (1981): Grundbegriffe. In: Ders.: Gesamtausgabe. II. Abteilung: Vorlesungen 1923-1944. Band 51. Hrsg. von Petra Jaeger. Frankfurt am Main.

Heidegger, Martin (1984): Die Frage nach dem Ding. Zu Kants Lehre von den transzendentalen Grundsätzen. In: Ders.: Gesamtausgabe. II. Abteilung: Vorlesungen 1923-1944. Band 41. Hrsg. von Petra Jaeger. Frankfurt am Main.

Heidegger, Martin (1989): Beiträge zur Philosophie (Vom Ereignis). In: Ders.: Gesamtausgabe. III. Abteilung: Unveröffentlichte Abhandlungen. Vorträge – Gedachtes. Band 65. Hrsg. von Friedrich-Wilhelm von Herrmann. Frankfurt am Main.

Heine, Heinrich (1997): Zur Geschichte der Religion und Philosophie in Deutschland. (1834) Hrsg. von Jürgen Ferner. Stuttgart.

Held, Klaus (2000): Die Doxa in der Pädagogik des Isokrates. In: Helmer, Karl/Meder, Norbert/Meyer-Drawe, Käte/Vogel, Peter (Hrsg.): Spielräume der Vernunft. Jörg Ruhloff zum 60. Geburtstag. Angeregt durch Wolfgang Fischer. Würzburg, S. 106-142.

Henle, Mary (1979): Einer kuschte nicht. Wolfgang Köhlers Kampf gegen die Nazis. In: Psychologie heute. März, S. 80-86.

Herbart, Johann Friedrich ([5]1976): Allgemeine Pädagogik aus dem Zweck der Erziehung abgeleitet. (1806) Hrsg. von Hermann Holstein. Bochum.

Herder, Johann Gottfried (1985): Brief an Johann Georg Hamann, August 1776. In: Ders.: Gesamtausgabe 1763-1803. Briefe. Dritter Band: Mai 1773 - September 1776. Bearbeitet von Wilhelm Dobbek und Günter Arnold. Weimar, S. 291-295.

Hestermeyer, Wilhelm (1969): Paedagogica Mathematica. Idee einer universellen Mathematik als Grundlage der Menschenbildung in der Didaktik Erhard Weigels, zugleich ein Beitrag zur Geschichte des pädagogischen Realismus im 17. Jahrhundert. Paderborn.

Heydorn, Heinz-Joachim (2004a): Zum Bildungsproblem in der gegenwärtigen Situation. (1967) In: Ders.: Bildungstheoretische und Pädagogische Schriften 1967-1970. Werke. Band 2. Hrsg. von Irmgard Heydorn, Hartmut Kappner, Gernot Koneffke und Edgar Weick. Mit einer Einleitung von Gernot Koneffke. Wetzlar, S. 40-105.

Heydorn, Heinz-Joachim (2004b): Zu einer Neufassung des Bildungsbegriffs. (1972) In: Ders.: Bildungstheoretische und Pädagogische Schriften 1971-1974. Werke. Band 4. Hrsg. von Irmgard Heydorn, Hartmut Kappner, Gernot Koneffke und Edgar Weick. Wetzlar, S. 56-147.

Hobbes, Thomas (1984): Leviathan oder Stoff, Form und Gewalt eines kirchlichen und bürgerlichen Staates. (1651) Übers. von Walter Euchner. Hrsg. und eingeleitet von Iring Fetscher. Frankfurt am Main.

Hofer, Christine (2001): Die pädagogische Anthropologie Maria Montessoris – oder: Die Erziehung zum neuen Menschen. Würzburg.

Hölscher, Lucian (1999): Die Entdeckung der Zukunft. Frankfurt am Main.

Homer ([10]1994): Ilias. Griechisch/Deutsch. Übertragen von Hans Rupé. Mit Urtext, Anhang und Registern. München.

Hörisch, Jochen (1990): Vorwort zu: Alfred Sohn-Rethel: Das Geld, die bare Münze des Apriori. Berlin, S. 7-12.

Horkheimer, Max (1978): Begriff der Bildung. Immatrikulationsrede Wintersemester 1952/1953. In: Pleines, Jürgen-Eckardt (Hrsg.): Bildungstheorien. Probleme und Positionen. Freiburg/Basel/Wien, S. 22-27.

Hüther, Gerald ([6]2006): Bedienungsanleitung für ein menschliches Gehirn. Göttingen.

Hugo von St. Viktor (1997): Didascalicon de studio legendi. Studienbuch. Band 27. (Um 1127) Übers. und eingeleitet von Thilo Offergeld. Freiburg.

Humboldt, Wilhelm von ([3]1980): Theorie der Bildung des Menschen. Bruchstück. (1793) In: Ders.: Schriften zur Anthropologie und Geschichte. Werke in fünf Bänden. Hrsg. von Andreas Flitner und Klaus Giel. Band 1. Darmstadt, S. 234-240.

Husserl, Edmund (1952): Ideen zu einer reinen Phänomenologie und Phänomenologischen Philosophie. Zweites Buch: Phänomenologische Untersuchungen zur Konstitution. Husserliana. Band IV. Hrsg. von Marly Biemel. Haag.

Husserl, Edmund (1966): Analysen zur passiven Synthesis. Aus Vorlesungs- und Forschungsmanuskripten 1918-1926. Husserliana. Band XI. Hrsg. von Margot Fleischer. Haag.

Husserl, Edmund ([5]1968): Logische Untersuchungen. Zweiter Band: Untersuchungen zur Phänomenologie und Theorie der Erkenntnis. (1913) 1. Teil. Tübingen.

Husserl, Edmund ([2]1976): Die Krisis des europäischen Menschentums und die Philosophie. (1935) In: Ders.: Die Krisis der europäischen Wissenschaften und die transzendentale Phänomenologie. Eine Einleitung in die phänomenologische Philosophie. Husserliana. Band VI. Hrsg. von Walter Biemel. Haag, S. 314-348.

Husserl, Edmund (1977): Cartesianische Meditationen. Eine Einleitung in die Phänomenologie. Hrsg., eingeleitet und mit Registern versehen von Elisabeth Ströker. Hamburg.

Husserl, Edmund ([4]1980): Ideen zu einer reinen Phänomenologie und phänomenologischen Philosophie. Allgemeine Einführung in die reine Phänomenologie. ([2]1922) Tübingen.

Ivanceanu, Vintila/Schweikhardt, Josef (1997): ZeroKörper. Der abgeschaffte Mensch. Wien.

Jonas, Hans (1973): Der Adel des Sehens. Eine Untersuchung zur Phänomenologie der Sinne. In: Ders.: Organismus und Freiheit. Ansätze zu einer philosophischen Biologie. Göttingen, S. 198-225.

Jütte, Robert (2000): Geschichte der Sinne. Von der Antike bis zum Cyberspace. München.

Kafka, Franz (1983): Hochzeitsvorbereitungen auf dem Lande und andere Prosa aus dem Nachlaß. In: Ders.: Gesammelte Werke. Hrsg. von Max Brod. Taschenbuchausgabe in sieben Bänden. Frankfurt am Main.

Käufer, Birgit (2006): Die Obsession der Puppe in der Fotografie. Hans Bellmer, Pierre Molinier, Cindy Sherman. Bielefeld.

Kandel, Eric R./Schwartz, James H./Jessell, Thomas M. (Hrsg.) (1995): Neurowissenschaften – Eine Einführung. Übers. von Susanne Benner u.a. Heidelberg/Berlin/Oxford.

Kant, Immanuel (⁵1983): Kritik der reinen Vernunft. Erster und zweiter Teil. In: Ders.: Werke in zehn Bänden. Hrsg. von Wilhelm Weischedel. Band 3 und 4. Darmstadt.

Kant, Immanuel (⁵1983): Über eine Entdeckung, nach der alle neue Kritik der reinen Vernunft durch eine ältere entbehrlich gemacht werden soll. In: Ders.: Werke in zehn Bänden. Hrsg. von Wilhelm Weischedel. Band 5. Darmstadt, S. 293-373.

Kant, Immanuel (⁵1983): Grundlegung zur Metaphysik der Sitten. In: Ders.: Werke in zehn Bänden. Hrsg. von Wilhelm Weischedel. Band 6. Darmstadt, S. 7-102.

Kant, Immanuel (⁵1983): Kritik der Urteilskraft. In: Ders.: Werke in zehn Bänden. Hrsg. von Wilhelm Weischedel. Band 8. Darmstadt, S. 233-620.

Kant, Immanuel (⁵1983): Anthropologie in pragmatischer Hinsicht. In: Ders.: Werke in zehn Bänden. Hrsg. von Wilhelm Weischedel. Band 10. Darmstadt, S. 397-690.

Keller, Sarah (2005): Experiment versus Dogma. Francis Bacons Erkenntnis- und Lernprogramm. Bern.

Key, Ellen (1992): Das Jahrhundert des Kindes. Studien. (1902) Autorisierte Übertragung von Francis Maro. Neu hrsg. und mit einem Nachwort von Ulrich Herrmann. Weinheim/Basel.

Klemperer, Victor (¹⁵1996): LTI. Notizbuch eines Philologen. Leipzig.

Kleist, Heinrich von (⁶1982): Über die allmähliche Verfertigung der Gedanken beim Reden. (1805) In: Ders.: Sämtliche Werke und Briefe in vier Bänden. Dritter Band. Hrsg. von Helmut Sembdner. München, S. 319-324.

Kobusch, Theo (1996): Wie man leben soll: *Gorgias*. In: Ders./Mojsisch, Burkhard (Hrsg.): Platon. Seine Dialoge in der Sicht neuer Forschungen. Darmstadt, S. 47-63.

Koch, Lutz (1988): Überlegungen zum Begriff und zur Logik des Lernens. In: Zeitschrift für Pädagogik. 34. Jg. Heft 3, S. 315-330.

Koch, Lutz (1991): Logik des Lernens. Weinheim.

Koch, Lutz (2005): Eine pädagogische Apologie des Negativen. In: Benner, Dietrich (Hrsg.): Erziehung – Bildung – Negativität. Theoretische Annäherungen. Analysen zum Verhältnis von Macht und Negativität. Zeitschrift für Pädagogik. 51. Jg. Beiheft 49. Weinheim/Basel/Berlin, S. 88-104.

Koch, Lutz (2003): Zur Theorie der Lernanfänge (Comenius). In: Vierteljahrsschrift für wissenschaftliche Pädagogik. 79. Jg., S. 462-472.

Koch, Lutz (2007): Lernen und Wissen. In: Göhlich, Michael/Wulf, Christoph/Zirfas, Jörg (Hrsg.): Pädagogische Theorien des Lernens. Weinheim/Basel, S. 42-51.

Kodalle, Klaus-Michael (1999): An den Grenzen des rationalen Diskurses. Erkundung von Spielräumen der Freiheit bei Schiller, Hegel, Kierkegaard und Bonhoeffer. In: Ders. (Hrsg.): Zeit-Verschwendung. Ein Symposion. Würzburg, S. 47-56.

Köhler, Wolfgang (1985): An die Hörer seiner Vorlesung vom 3. November 1933. (1933) In: Graumann, Carl Friedrich (Hrsg.): Psychologie im Nationalsozialismus. Berlin/Heidelberg/New York/Tokyo, S. 307.

Koop, Hugo (1940): Über die Lehrbarkeit der Tugend. Untersuchungen zum platonischen und nachplatonischen Problem des Lehrens und Lernens. Würzburg/Aumühle.

Koschorke, Albrecht ([2]2003): Körperströme und Schriftverkehr. Mediologie des 18. Jahrhunderts. München.

Koselleck, Reinhart (2000): Zeitschichten. Studien zur Historik. Mit einem Beitrag von Hans-Georg Gadamer. Frankfurt am Main.

Krämer, Sybille (1997): Zentralperspektive, Kalkül, Virtuelle Realität: Sieben Thesen über die Weltbildimplikationen symbolischer Formen. In: Vattimo, Gianni/Welsch, Wolfgang (Hrsg.): Medien – Welten – Wirklichkeiten. München, S. 27-37.

Kressner, Anja/Ruisinger, Marion Maria (2001): Die Unterdruckversuche von Dachau. In: Ley, Astrid/Ruisinger, Marion Maria (Hrsg.): GEWISSENlos. Menschenversuche im Konzentrationslager. Erlangen, S. 126-129.

Krüger, Felix (1953): Der Strukturbegriff in der Psychologie. In: Ders.: Die Philosophie und Psychologie der Ganzheit. Schriften aus den Jahren 1918-1940. Hrsg. von Eugen Heuss. Darmstadt, S. 125-150.

Krüger, Felix (1985): Die Lage der Seelenwissenschaft in der deutschen Gegenwart [Ausschnitt]. (1934) In: Graumann, Carl Friedrich (Hrsg.): Psychologie im Nationalsozialismus. Berlin/Heidelberg/NewYork/Tokyo, S. 292-295.

Kubitza, Thorsten (2005): Identität – Verkörperung – Bildung. Pädagogische Perspektiven der Philosophischen Anthropologie Helmuth Plessners. Bielefeld.

Künzli, Rudolf (2004): Art. „Lernen". In: Benner, Dietrich/Oelkers, Jürgen (Hrsg.): Historisches Wörterbuch der Pädagogik. Weinheim/Basel, S. 620-637.

Lacan, Jacques (1973a): Das Spiegelstadium als Bildner der Ichfunktion, wie sie uns in der psychoanalytischen Erfahrung erscheint. (1949) In: Ders.: Schriften I. Ausgewählt und hrsg. von Norbert Haas. Übers. von Rodolphe Gaschè, Nor-

bert Haas, Klaus Laermann, Peter Stehlin unter Mitwirkung von Chantal Creusot. Olten/Freiburg im Breisgau [Paris 1966], S. 61-70.

Lacan, Jacques (1973b): Funktion und Feld des Sprechens und der Sprache in der
Psychoanalyse. (1953) In: Ders.: Schriften I. Ausgewählt und hrsg. von Norbert
Haas. Übers. von Rodolphe Gasché, Norbert Haas, Klaus Laermann, Peter Stehlin unter Mitwirkung von Chantal Creusot. Olten/Freiburg im Breisgau [Paris
1966], S. 71-169.

Lacan, Jacques (1980): Das Ich in der Theorie Freuds und in der Technik der Psychoanalyse. Das Seminar von Jacques Lacan. Buch II: 1954-1955. Übers. von
Hans-Joachim Metzger. Olten/Freiburg im Breisgau.

Langeveld, Martinus J. (1968): Das Ding in der Welt des Kindes. In: Ders.: Studi-
en zur Anthropologie des Kindes. Dritte, durchgesehene und ergänzte Auflage.
Tübingen, S. 142-156.

Laucken, Uwe (2003): Über die semantische Blindheit einer neurowissenschaftli-
chen Psychologie. Oder: Was hätte uns eine so gewendete Psychologie zum
„Dialog der Kulturen" zu sagen? In: Journal für Psychologie. 11. Jg. Heft 2,
S. 149-175.

Lefrancois, Guy R. (1986): Psychologie des Lernens. Übers. und bearbeitet von
Peter K. Peppmann, Wilhelm F. Angermeier, Thomas J. Thiekötter. 2., vollkommen überarbeitete und ergänzte Auflage. Berlin/Heidelberg/New Nork/Tokyo.

Leibniz, Gottfried Wilhelm (1959): Neue Abhandlungen über den menschlichen
Verstand I. (um 1700) In: Ders.: Philosophische Schriften. Hrsg. und übers. von
Wolf von Engelhardt und Hans Heinz Holz. Band 3.1. Frankfurt am Main.

Leibniz, Gottfried Wilhelm (1972): Leibniz an Herzog Johann Friedrich. (1671)
In: Deutsche Akademie der Wissenschaften zu Berlin (Hrsg.): Gottfried Wil-
helm Leibniz. Philosophischer Briefwechsel. Erster Band. 1663-1685. Berlin/
Hildesheim/New York, S. 159-165.

Leibniz, Gottfried Wilhelm (^{2}1986): Die Prinzipien der Philosophie oder die Mo-
nadologie. (1714) In: Ders.: Philosophische Schriften. Band 1. Hrsg. und übers.
von Hans Heinz Holz. Frankfurt am Main, S. 439-483.

Lenz, Siegfried (1999): Arnes Nachlaß. Hamburg.

Lenzen, Dieter (1997a): Lösen die Begriffe Selbstorganisation, Autopoiesis und
Emergenz den Bildungsbegriff ab? In: Zeitschrift für Pädagogik. 43. Jg. Heft 6,
S. 949-968.

Lenzen, Dieter (1997b): Lebenslauf oder Humanontogenese? Vom Erziehungssys-
tem zum kurativen System – von der Erziehungswissenschaft zur Humanvitolo-
gie. In: Ders./Luhmann, Niklas (Hrsg.): Bildung und Weiterbildung im Erzie-
hungssystem. Lebenslauf und Humanontogenese als Medium und Form. Frankfurt am Main, S. 228-247.

Leupold, Dagmar (2004): Nach den Kriegen. München.

Lewin, Kurt (1926): Vorbemerkungen über die psychischen Kräfte und Energien
und über die Struktur der Seele. In: Ders. (Hrsg.): Untersuchungen zur Hand-
lungs- und Affektpsychologie. Psychologische Forschung. Band 7. Berlin, S.
294-385.

Lewin, Kurt (1982): Kriegslandschaft (1917). In: Graumann, Carl-Friedrich (Hrsg.): Kurt-Lewin-Werkausgabe. Band 4: Feldtheorie. Bern/Stuttgart, S. 315-325.

Lewin, Kurt (1982): Vektoren, kognitive Prozesse und Mr. Tolmans Kritik (1933). In: Graumann, Carl-Friedrich (Hrsg.): Kurt-Lewin-Werkausgabe. Band 4: Feldtheorie. Bern/Stuttgart, S. 9-131.

Lewin, Kurt (1982): Feldtheorie des Lernens (1942): In: Graumann, Carl-Friedrich (Hrsg.): Kurt-Lewin-Werkausgabe. Band 4: Feldtheorie. Bern/Stuttgart, S. 157-185.

Libet, Benjamin (1987): Conscious, Subjective Experience. In: Adelmann, George (Hrsg.): Encyclopedia of neuroscience. Band 1. Boston/Basel/Stuttgart, S. 271-275.

Libet, Benjamin (2004): Haben wir einen freien Willen? Übers. von Jürgen Schröder. In: Geyer, Christian (Hrsg.): Hirnforschung und Willensfreiheit. Zur Deutung der neuesten Experimente. Frankfurt am Main, S. 268-289.

Libet, Benjamin (2005): Mind Time. Wie das Gehirn Bewusstsein produziert. Übersetzt von Jürgen Schröder. Frankfurt am Main [Harvard 2004].

Liesner, Andrea (2004): Von kleinen Herren und großen Knechten. Gouvernementalitätstheoretische Anmerkungen zum Selbstständigkeitskult in der Pädagogik. In: Ricken, Norbert/Rieger-Ladich, Markus (Hrsg.): Michel Foucault. Wiesbaden, S. 285-300.

Liesner, Andrea (2006): Von der Freiheit, sich abhängig zu machen. Notizen zur autonomen Schule. In: Vierteljahrsschrift für wissenschaftliche Pädagogik. 82. Jg. Heft 4, S. 451-469.

Liessmann, Konrad Paul (2006): Theorie der Unbildung. Die Irrtümer der Wissensgesellschaft. Wien.

Lindemann, Gesa (2005): Beobachtung der Hirnforschung. In: Deutsche Zeitschrift für Philosophie. 53, S. 761-781.

Lück, Helmut E. (1996): Die Feldtheorie und Kurt Lewin: eine Einführung. Weinheim.

Luhmann, Niklas (1987): Die Autopoiesis des Bewusstseins. In: Hahn, Alois/Kapp, Volker (Hrsg.): Selbstthematisierung und Selbstzeugnis: Bekenntnis und Geständnis. Frankfurt am Main, S. 25-94.

Luhmann, Niklas (1988): Die Wirtschaft der Gesellschaft. Frankfurt am Main.

Luhmann, Niklas (1991): Das Kind als Medium der Erziehung. In: Zeitschrift für Pädagogik. 37. Jg. Heft 2, S. 19-40.

Luhmann, Niklas ([4]1993): Soziale Systeme. Grundriß einer allgemeinen Theorie. Frankfurt am Main.

Lukrez (1991): Von der Natur. Übers. von Hermann Diels. Mit einer Einführung und Erläuterungen von Ernst Günther Schmidt. München.

Lyotard, Jean-François (1987): Der Widerstreit. Übers. von Joseph Vogl. Mit einer Bibliographie zum Gesamtwerk Lyotards von Reinhold Clausjürgens. München [Paris 1983].

Lyotard, Jean-François (1989a): Ob man ohne Körper denken kann. In: Ders.: Das Inhumane. Plaudereien über die Zeit. Hrsg. von Peter Engelmann. Übers. von Christine Pries. Wien [Paris 1988], S. 23-49.

Lyotard, Jean-François (1989b): So etwas wie „Kommunikation … ohne Kommunikation". In: Ders.: Das Inhumane. Plaudereien über die Zeit. Hrsg. von Peter Engelmann. Übers. von Christine Pries. Wien, S. 189-206.

Lyotard, Jean-François (1999): Wo bestimmte Trennwände als potentielle Junggesellenelemente einfacher Maschinen betrachtet werden. In: Reck, Hans Ulrich/ Szeemann, Harald (Hrsg.): Junggesellenmaschinen. Erweiterte Neuausgabe. Wien/New York, S. 158-171.

Mann, Gunter (1977): Schinderhannes, Galvanismus und die experimentelle Medizin in Mainz um 1800. In: Medizinhistorisches Journal. Band 12, S. 21-80.

Marrou, Henri-Irénée (1957): Geschichte der Erziehung im klassischen Altertum. Übers. von Charlotte Beumann. Hrsg. von Richard Harder. Freiburg/München [Paris ³1955].

Maturana, Humberto R./Varela, Francisco J. (⁴1992): Der Baum der Erkenntnis. Die biologischen Wurzeln menschlichen Erkennens. (1984) Übers. von Kurt Ludewig. Bern und München.

Mayr, Ernst (2002): Die Entwicklung der biologischen Gedankenwelt. Vielfalt, Evolution und Vererbung. Übers. von Karin de Sousa Ferreira. Berlin u.a.

Mead, George H. (1987): Vorschläge zu einer Theorie der philosophischen Disziplinen. (1900) In: Ders.: Gesammelte Aufsätze. Band 1. Übers. von Klaus Laermann u.a. Hrsg. von Hans Joas. Frankfurt am Main, S. 60-80.

Merleau-Ponty, Maurice (1945): Phénoménologie de la perception. Paris.

Merleau-Ponty, Maurice (1964): L'Œil et L'Esprit. (1960) Préface de Claude Lefort. Paris.

Merleau-Ponty, Maurice (1966): Phänomenologie der Wahrnehmung. Übers. und durch eine Vorrede eingeleitet von Rudolf Boehm. Berlin [Paris 1945].

Merleau-Ponty, Maurice (1976): Die Struktur des Verhaltens. Übers. und durch ein Vorwort eingeführt von Bernhard Waldenfels. Berlin/New York [Paris 1942].

Merleau-Ponty, Maurice (²1993): Die Prosa der Welt. Hrsg. von Claude Lefort. Übers. von Regula Giuliani. Mit einer Einleitung zur deutschen Ausgabe von Bernhard Waldenfels. München [Paris 1969].

Merleau-Ponty, Maurice (2000): Sinn und Nicht-Sinn. Übers. von Hans-Dieter Gondek. München [Paris 1948].

Merleau-Ponty, Maurice (2003a): Das Auge und der Geist. Philosophische Essays. Auf der Grundlage der Übersetzungen von Hans Werner Arndt, Claudia Brede-Konersmann, Friedrich Hogemann, Andreas Knop, Alexandre Métraux und Bernhard Waldenfels neu bearbeitet, kommentiert und mit einer Einleitung hrsg. von Christian Bermes. Hamburg.

Merleau-Ponty, Maurice (2003b): Das Primat der Wahrnehmung und seine philosophischen Konsequenzen. (1946) In: Ders.: Das Primat der Wahrnehmung. Hrsg. und mit einem Nachwort versehen von Lambert Wiesing. Übers. von Jürgen Schröder. Frankfurt am Main [Paris 1996], S. 26-84.

Merleau-Ponty, Maurice (³2004): Das Sichtbare und das Unsichtbare, gefolgt von Arbeitsnotizen. Hrsg. und mit einem Vor- und Nachwort versehen von Claude Lefort. Übers. von Regula Giuliani und Bernhard Waldenfels. München [Paris 1964].

Merleau-Ponty, Maurice (2006): Causerien 1948. Radiovorträge. Hrsg. von Ignaz Knips. Mit einem Vorwort von Bernhard Waldenfels. Übers. von Joan-Catharine Ritter, Ignaz Knip und Emanuel Alloa. Köln [Paris 2002].

Mertens, Karl (2006): Verstrickt in den Kompatibilismus. Bemerkungen zur gegenwärtigen Freiheitsdebatte. In: Recht, Gerechtigkeit und Freiheit. Aufsätze zur politischen Philosophie der Gegenwart. Festschrift für Wolfgang Kersting. Hrsg. und eingeleitet von Claus Langbehn. Paderborn, S. 201-207.

Meyer, Christian (²1993): Athen. Ein Neubeginn der Weltgeschichte. Berlin.

Meyer, Martin Fürchtegott (1994): Philosophie als Messkunst. Platons epistemologische Handlungstheorie. Münster/New York.

Meyer-Drawe, Käte (1982): Phänomenologische Bemerkungen zum Problem menschlichen Lernens. In: Vierteljahrsschrift für wissenschaftliche Pädagogik. 58. Jg. Heft 4, S. 510-524.

Meyer-Drawe, Käte (1984): Der fruchtbare Moment im Bildungsprozeß. Zu Copeis phänomenlogischem Ansatz pädagogischer Theoriebildung. In: Danner, Helmut/Lippitz, Wilfried (Hrsg.): Beschreiben – Verstehen – Handeln. Phänomenologische Forschungen in der Pädagogik. München, S. 91-105; 149-151.

Meyer-Drawe, Käte (³1986): Lernen als Umlernen – Zur Negativität im Lernprozess. In: Dies./Lippitz, Wilfried (Hrsg.): Lernen und seine Horizonte. Phänomenologische Konzeptionen menschlichen Lernens – didaktische Konsequenzen. Königstein/Ts., S. 19-45.

Meyer-Drawe, Käte (1996a): Welt-Rätsel. Merleau-Pontys Kritik an Husserls Konzeption des Bewußtseins. In: Phänomenologische Forschungen. Band 30: Die Freiburger Phänomenologie. Freiburg/München, S. 194-221.

Meyer-Drawe, Käte (1996b): Vom anderen lernen. Phänomenologische Betrachtungen in der Pädagogik. In: Borrelli, Michele /Ruhloff, Jörg (Hrsg.): Deutsche Gegenwartspädagogik II. Baltmannsweiler, S. 85-98.

Meyer-Drawe, Käte (1997): Die Philosophie des Johann Amos Comenius. In: Comenius-Jahrbuch. Band 5, S. 11-30.

Meyer-Drawe, Käte (1999/2000): Im Finden erfinden. Randbemerkungen zum Ausdrucksphänomen. In: Dilthey-Jahrbuch für Philosophie und Geisteswissenschaften. Band 12, S. 100-106.

Meyer-Drawe, Käte (²2000): Illusionen von Autonomie. Diesseits von Ohnmacht und Allmacht des Ich. München.

Meyer-Drawe, Käte (2003): Zur Doppeldeutigkeit des Subjekts. In: Geyer, Paul/Schmitz-Emans, Monika (Hrsg.): Proteus im Spiegel. Kritische Theorie des Subjekts im 20. Jahrhundert. Würzburg, S. 43-49.

Meyer-Drawe, Käte (2005): Anfänge des Lernens. In: Benner, Dietrich (Hrsg.): Erziehung – Bildung – Negativität. Theoretische Annäherungen. Analysen zum Verhältnis von Macht und Negativität. Zeitschrift für Pädagogik. 51. Jg. Beiheft 49. Weinheim/Basel, S. 24-37.

Meyer-Drawe, Käte (²2007a): Menschen im Spiegel ihrer Maschinen. München.

Meyer-Drawe, Käte (2007b): Kairos. Über die Kunst des rechten Augenblicks. In: Vierteljahrsschrift für wissenschaftliche Pädagogik. 83. Jg. Heft 2, S. 241-252.

Michel, Gerhard (2001): Die Utopie einer christlichen Gesellschaft. In: Holzhey, Helmut/Schmidt-Biggemann, Wilhelm (Hrsg.) unter Mitarbeit von Vilem Mudroch: Grundriss der Geschichte der Philosophie. Die Philosophie des 17. Jahrhunderts. Band 4: Das Heilige Römische Reich Deutscher Nation. Nord- und Ostmitteleuropa. Basel, S. 147-180; 219-228.

Mojsisch, Burkhard (2001): Der neue Begriff des Bewußtseins. Aristoteles-Rezeption und Aristoteles-Transformation im 13. Jahrhundert. In: Ansorge, Dirk/Geuenich, Dieter/Loth, Wilfried (Hrsg.): Wegmarken europäischer Zivilisation. Göttingen, S. 135-147.

Montessori, Maria (¹²1996): Die Entdeckung des Kindes. Hrsg. und eingeleitet von Paul Oswald und Günter Schulz-Benesch. Übers. von Edith Seidel. Freiburg im Breisgau [1950].

Müller, Rudolf Wolfgang (1977): Geld und Geist. Zur Entstehungsgeschichte von Identitätsbewußtsein und Rationalität seit der Antike. Frankfurt am Main/New York.

Müller, Thomas (2005): Pädagogische Implikationen der Hirnforschung. Neurowissenschaftliche Erkenntnisse und ihre Diskussion in der Erziehungswissenschaft. Berlin.

Müller, Thomas (2006): Erziehungswissenschaftliche Rezeptionsmuster neurowissenschaftlicher Forschung. In: Scheunpflug, Annette/Wulf, Christoph (Hrsg.): Biowissenschaft und Erziehungswissenschaft. Zeitschrift für Erziehungswissenschaft. 9. Jg. Beiheft 5. Wiesbaden, S. 201-216.

Müller, Thomas (2007): Lernende Gehirne. Anthropologische und pädagogische Implikationen neurobiologischer Forschungspraxis. In: Mietzner, Ulrike/Tenorth, Heinz-Elmar/Welter, Nicole (Hrsg.): Pädagogische Anthropologie – Mechanismus einer Praxis. Zeitschrift für Pädagogik. 53. Jg. Beiheft 52. Weinheim/Basel/Berlin, S. 202-219.

Neubeiser, Marie-Louise (1992): Management-Coaching. Düsseldorf/Wien.

Nielsen, Cathrin (2006): ,METAXY TI'. Zu Platons Phänomenologie der Wahrnehmung im Theätet. In: Staudigl, Michael/Trinks, Jürgen (Hrsg.): Ereignis und Affektivität. Zur Phänomenologie des sich bildenden Sinnes. Wien, S. 179-197.

Nietzsche, Friedrich (²1988a): Unzeitgemäße Betrachtungen. In: Colli, Giorgio/Montinari, Mazzino (Hrsg.): Kritische Studienausgabe. Band 1. München, S. 157-510.

Nietzsche, Friedrich (²1988b): Menschliches, Allzumenschliches I und II. In: Colli, Giorgio/Montinari, Mazzino (Hrsg.): Kritische Studienausgabe. Band 2. München.

Nietzsche, Friedrich (²1988c): Morgenröthe. Idyllen aus Messina. Die fröhliche Wissenschaft. In: Colli, Giorgio/Montinari, Mazzino (Hrsg.): Kritische Studienausgabe. Band 3. München.

Nietzsche, Friedrich (²1988d): Also sprach Zarathustra. In: Colli, Giorgio/Montinari, Mazzino (Hrsg.): Kritische Studienausgabe. Band 4. München.

Nietzsche, Friedrich (²1988e): Jenseits von Gut und Böse. In: Colli, Giorgio/Montinari, Mazzino (Hrsg.): Kritische Studienausgabe. Band 5. München, S. 9-243.

Nietzsche, Friedrich (²1988f): Der Antichrist. In: Colli, Giorgio/Montinari, Mazzino (Hrsg.): Kritische Studienausgabe. Band 6. München, S. 165-253.

Nietzsche, Friedrich (²1988g): Nachgelassene Fragmente 1884-1885. Colli, Giorgio/Montinari, Mazzino (Hrsg.): Kritische Studienausgabe. Band 11. München.

Nietzsche, Friedrich (²1988h): Nachgelassene Fragmente 1885-1887. Colli, Giorgio/Montinari, Mazzino (Hrsg.): Kritische Studienausgabe. Band 12. München.

Niewels-Kersting, Claudia (2007): Bilder des Lebens: Technische Versöhnung von Geist und Natur? Unveröffentlicher Vortrag auf der Herbsttagung der Kommission „Bildungs- und Erziehungsphilosophie" der Deutschen Gesellschaft für Erziehungswissenschaft.

Nottinger, Isabel (2003): Fontanes Fin de Siècle. Würzburg.

Nutz, Thomas (2001): Strafanstalt als Besserungsmaschine. Reformdiskurs und Gefängniswissenschaft 1775-1848. München.

Oelkers, Jürgen (1997): Lernen. In: Christoph Wulf (Hrsg.): Vom Menschen. Handbuch Historische Anthropologie. Weinheim/Basel, S. 750-756.

Oeser, Erhard (2002): Geschichte der Hirnforschung. Von der Antike bis zur Gegenwart. Darmstadt.

Pascal, Blaise (⁹1994): Über die Religion und über einige andere Gegenstände [Pensées]. (1669) Übertragen und hrsg. von Ewald Wasmuth. Darmstadt.

Pavlov, Ivan Petrovič (1971): Antwort eines Physiologen an den Psychologen. (1932) In: Kussmann, Thomas/Kölling, Heinz (Hrsg.): Biologie und Verhalten. Ein Reader zur sowjetischen Psychophysiologie. Mit einem Geleitwort von A.N. Leont'ev und A.R. Luria. Bern/Stuttgart/Wien, S. 45-76.

Pestalozzi, Johann Heinrich (1951): Brief an den Justizminister. (1801) In: Pestalozzianum und Zentralbibliothek in Zürich (Hrsg.): Johann Heinrich Pestalozzi: Sämtliche Briefe. 4. Band. Briefe Nr. 760–1065. Zürich.

Petzelt, Alfred (1961): Über das Lernen. In: Ders./ Fischer, Wolfgang / Heitger, Marian (Hrsg.): Einführung in die pädagogische Fragestellung. Aufsätze zur Theorie der Bildung. Teil 1. Freiburg im Breisgau, S. 73-92.

Petzelt, Alfred (1962): Von der Frage. Eine Untersuchung zum Begriff der Bildung. Zweite, erweiterte Auflage. Freiburg im Breisgau.

Pfeiffer, Jeanne/Dahan-Dalmedico, Amy (1994): Wege und Irrwege – Eine Geschichte der Mathematik. Mit einem Vorwort von Detlef Laugwitz. Übers. von Klaus Volkert. Basel.

Piaget, Jean (1994): Das Weltbild des Kindes. Einführung von Hans Aebli. Übers. von Luc Bernard. München [Paris 1926].

Platon (²1990): Charmides. In: Ders.: Werke in acht Bänden. Band 1. Übers. von Friedrich Schleiermacher. Bearbeitet von Heinz Hofmann. Griechischer Text von Louis Bodin, Alfred Chroiset und Louis Méridier. Darmstadt.

Platon (²1990): Apologia Sokratous. In: Ders.: Werke in acht Bänden. Band 2. Übers. von Friedrich Schleiermacher. Bearbeitet von Heinz Hofmann. Griechischer Text von Alfred Croiset, Louis Bodin, Maurice Croiset, Louis Méridier. Darmstadt.

Platon (²1990): Menon. In: Ders.: Werke in acht Bänden. Band 2. Übers. von Friedrich Schleiermacher. Bearbeitet von Heinz Hofmann. Griechischer Text von Alfred Croiset, Louis Bodin, Maurice Croiset, Louis Méridier. Darmstadt.

Platon (²1990): Phaidon. In: Ders.: Werke in acht Bänden. Band 3. Übers. von Friedrich Schleiermacher. Bearbeitet von Dietrich Kurz. Griechischer Text von Léon Robin und Louis Méridier. Darmstadt.

Platon (²1990): Politeia. In: Ders.: Werke in acht Bänden. Band 4. Übers. von Friedrich Schleiermacher. Bearbeitet von Dietrich Kurz. Griechischer Text von Emile Chambry. Darmstadt.

Platon (²1990): Phaidros. In: Ders.: Werke in acht Bänden. Band 5. Übers. von Friedrich Schleiermacher und Dietrich Kurz. Griechischer Text von Léon Robin, Auguste Diès und Joseph Soullhé. Darmstadt.

Platon (²1990): Theaitetos. In: Ders.: Werke in acht Bänden. Band 6. Übers. von Friedrich Schleiermacher. Bearbeitet von Peter Staudacher. Griechischer Text von Auguste Diès. Darmstadt.

Platon (2006): Symposion. Griechisch/Deutsch. Übers. und hrsg. von Thomas Paulsen und Ruldolf Rehn. Stuttgart.

Platzer, Barbara (2006). Sprechen und Lernen. Untersuchungen zum Begriff des Lernens im Anschluß an Ludwig Wittgenstein. Würzburg.

Plessner, Helmuth (1975): Die Stufen des Organischen und der Mensch. Berlin/ New York.

Plessner, Helmuth (1981): Grenzen der Gemeinschaft. Eine Kritik des sozialen Radikalismus. (1924) In: Ders.: Gesammelte Schriften. Band V: Macht und menschliche Natur. Hrsg. von Günter Dux u.a. Frankfurt am Main, S. 7-133.

Plessner, Helmuth (1983a): Über Menschenverachtung. (1953) In: Ders.: Gesammelte Schriften. Band VIII: Conditio Humana. Hrsg. von Günter Dux u.a. Frankfurt am Main, S. 105-116.

Plessner, Helmuth (1983b): Die Frage nach der Conditio humana. (1961) In: Ders.: Gesammelte Schriften. Band VIII: Conditio Humana. Hrsg. von Günter Dux u.a. Frankfurt am Main, S. 136-217.

Plessner, Helmuth (2002): Elemente der Metaphysik. Eine Vorlesung aus dem Wintersemester 1931/32. Hrsg. von Ulrich Lessing. Berlin.

Polanyi, Michael (1985): Implizites Wissen. Übers. von Horst Brühmann. Frankfurt am Main [New York 1966].

Pongratz, Ludwig A. (2006): Lebenslanges Lernen. In: Dzierzbicka, Agnieszka/ Schirlbauer, Alfred (Hrsg.): Pädagogisches Glossar der Gegenwart. Von Autonomie bis Wissensmanagement. Wien, S. 162-171.

Pontzen, Henrik/Schindler, Thomas (2007): Sei du selbst – Nein danke! In: der blaue reiter. Journal für Philosophie 24, Heft 4, S. 63-66.

Powers, Richard (2006): Das Echo der Erinnerung. Übers. von Manfred Allié und Gabriele Kempf-Allié. Frankfurt am Main [New York 2006].

Prekop, Jirina/Hüther, Gerald (2006): Auf Schatzsuche bei unseren Kindern. Ein Entdeckungsbuch für neugierige Eltern und Erzieher. München.

Prinz, Wolfgang (1985): Ganzheits- und Gestaltpsychologie und Nationalsozialismus. In: Graumann, Carl Friedrich (Hrsg.): Psychologie im Nationalsozialismus. Berlin/Heidelberg/New York/Tokyo, S. 89-111.

Rehn, Rudolf (1994): Die Argumentation für die Existenz Gottes bei Anselm von Canterbury und René Descartes. In: Documenti e Studi Sulla Tradizione Filosofica Medievale. Rivista della Società Internazionale per lo Studio del Medioevo Latino. V., S. 25-42.

Rheinberger, Hans-Jörg/Wahrig-Schmidt, Bettina/Hagner, Michael (1997): Repräsentation, Codierung, Spur. In: Dies. (Hrsg.): Räume des Wissens. Repräsentation, Codierung, Spur. Berlin, S. 7-21.

Rheinberger, Hans-Jörg (2003): Präparate – „Bilder ihrer selbst". In: Bilderwelten des Wissens. Kunsthistorisches Jahrbuch für Bildkritik. Band 1,2. Berlin, S. 9-19.

Ricken, Norbert (1999): Subjektivität und Kontingenz. Markierungen im pädagogischen Diskurs. Würzburg.

Ricœur, Paul (1998): Das Rätsel der Vergangenheit. Erinnern – Vergessen – Verzeihen. Übers. von Andris Breitling und Henrik Richard Lesaar. Mit einem Vorwort von Burkhard Liebsch. Göttingen.

Rogozinski, Jacob (1988): Der Aufruf des Fremden. Kant und die Frage nach dem Subjekt. In: Frank, Manfred/Raulet, Gérard/van Reijen, Willem (Hrsg.): Die Frage nach dem Subjekt. Frankfurt am Main, S. 192-229.

Roth, Gerhard (1991): Neuronale Grundlagen des Lernens und des Gedächtnisses. In: Schmidt, Siegfried J. (Hrsg.): Gedächtnis. Probleme und Perspektiven der interdisziplinären Gedächtnisforschung. Frankfurt am Main, S. 127-158.

Roth, Gerhard (1994): Das Gehirn und seine Wirklichkeit. Kognitive Neurobiologie und ihre philosophischen Konsequenzen. Frankfurt am Main.

Roth, Gerhard (2004): Warum sind Lehren und Lernen so schwierig? In: Zeitschrift für Pädagogik. 50 Jg. Heft 4, S. 496-506.

Roth, Gerhard (2007): Worüber dürfen Hirnforscher reden – und in welcher Weise? In: Krüger, Hans-Peter (Hrsg.): Hirn als Subjekt? Philosophische Grenzfragen der Neurobiologie. Berlin, S. 27-38.

Rousseau, Jean-Jacques (1966): Emile ou de l'éducation. (1759) Paris.

Rousseau, Jean-Jacques ([4]1993): Abhandlung über den Ursprung und die Grundlagen der Ungleichheit unter den Menschen. (1754) In: Ders.: Preisschriften und Erziehungsplan. Unter Mitwirkung des Hrsg. übers. von Marie Carla Milléquant und Helga Wodsack. Hrsg. von Hermann Röhrs. Bad Heilbrunn/Obb., S. 47-137.

Rousseau, Jean-Jacques ([4]1993): Plan für die Erziehung des Herrn de Sainte-Marie. In: Ders.: Preisschriften und Erziehungsplan. (1740) Unter Mitwirkung des Hrsg. übers. von Marie Carla Milléquant und Helga Wodsack. Hrsg. von Hermann Röhrs. Bad Heilbrunn/Obb., S. 138-151.

Rüting, Torsten (2002): Pavlov und der Neue Mensch. Diskurse über Disziplinierung in Sowjetrussland. München.

Rutschky, Katharina (Hrsg.) (1977): Schwarze Pädagogik. Quellen zur Naturgeschichte der bürgerlichen Erziehung. Frankfurt am Main/Berlin/Wien.

Ruhloff, Jörg (1987): Art. „Lernen". In: Görres-Gesellschaft (Hrsg.): Staatslexikon. Recht, Wirtschaft, Gesellschaft. Band 3: Hoffmann – Naturrecht. 7., völlig neu bearbeitete Auflage. Freiburg/Basel/Wien, S. 907-916.

Rumpf, Horst (1998): Das kaum auszuhaltende Fremde. Über Lernprobleme im Horror vacui. In: Zeitschrift für Pädagogik. 44. Jg. Heft 3, S. 331-341.

Rumpf, Horst (2004): Diesseits der Belehrungswut. Pädagogische Aufmerksamkeiten. Weinheim/München.

Sachser, Norbert (2004): Neugier, Spiel und Lernen: Verhaltensbiologische Anmerkungen zur Kindheit. In: Zeitschrift für Pädagogik. 50. Jg. Heft 4, S. 475-486.

Sacks, Oliver (1987): Der Mann, der seine Frau mit einem Hut verwechselte. Übers. von Dirk van Gunsteren. Reinbek bei Hamburg [New York 1985].

Salzmann, Christian Gotthilf (1784): Noch etwas über die Erziehung nebst Ankündigung einer Erziehungsanstalt. In: Benner, Dietrich/Kemper, Herwart (Hrsg.) (2000): Quellentexte zur Theorie und Geschichte der Reformpädagogik. Teil 1: Die pädagogische Bewegung von der Aufklärung bis zum Neuhumanismus. Weinheim, S. 227-262.

Sartre, Jean-Paul (1989): Der Ekel. Mit einem Anhang, der die in der ersten französischen Ausgabe vom Autor gestrichenen Passagen enthält. Übers. von Uli Aumüller. Reinbek bei Hamburg [Paris1938].

Schalk, Helge (1997/1998): Diskurs. Zwischen Allerweltswort und philosophischem Begriff. In: Archiv für Begriffsgeschichte. Band XL. Bonn, S. 56-104.

Schaller, Klaus (1997): Die Maschine als Demonstration des lebendigen Gottes. Johann Amos Comenius im Umgang mit der Technik. Baltmannsweiler.

Schaller, Klaus (2000): Omnino. In: Helmer, Karl/Meder, Norbert/Meyer-Drawe, Käte (Hrsg.): Spielräume der Vernunft. Würzburg, S. 322-343.

Schaller, Klaus (2002): ...quomodo quilibet quoslibet quaelibet, quam optime possit docere. Die pädagogische Rehabilitation der ars didactica. In: Boehm, Winfried (Hrsg.): Pädagogik wozu und für wen? Stuttgart, S. 186-203.

Schaller, Klaus (2004): Johann Amos Comenius. Ein pädagogisches Porträt. Weinheim/Basel/Berlin.

Schaller, Klaus (2006): Jan Patočkas Philosophie der offenen Seele. Anknüpfung an Comenius und weiterführende Wiederholung. In: Hagedorn, Ludger/ Sepp, Hans Rainer (Hrsg.): Andere Wege in die Moderne. Forschungsbeiträge zu Patočkas Genealogie der Neuzeit. Würzburg, S. 141-169.

Schaller, Klaus (2007): Unsere multimediale Bildungslandschaft unter dem kritischen Blick des J.A. Comenius. Die pädagogische Unzulänglichkeit des „Eingieß-" und „Download-Wissens". In: Fuchs, Birgitta/Schönherr, Christian (Hrsg.): Urteilskraft und Pädagogik. Beiträge zu einer pädagogischen Handlungstheorie. Würzburg, S. 177-184.

Scheler, Max (³1980): Die Wissensformen und die Gesellschaft. Bern/München.

Scheunpflug, Annette (2001): Biologische Grundlagen des Lernens. Berlin.

Schiller, Friedrich (2004): Was kann eine gute stehende Schaubühne eigentlich wirken? (1784) In: Ders.: Sämtliche Werke. Band V: Erzählungen – Theoretische Schriften. Hrsg. von Wolfgang Riedel, München/Wien, S. 818-831.

Schirren, Thomas (1998): Aisthesis vor Platon. Eine semantisch-systematische Untersuchung zum Problem der Wahrnehmung. Stuttgart/Leipzig.

Schlick, Moritz (⁷1971): Über den Begriff der Ganzheit. In: Topitsch, Ernst (Hrsg.): Logik der Sozialwissenschaften. Köln/Berlin, S. 213-224.

Schmölders, Claudia (1995): Das Vorurteil im Leibe. Eine Einführung in die Physiognomik. Berlin.

Schöne, Albrecht (o.J.): Schillers Schädel. München.

Schopenhauer, Arthur (1986): Die Welt als Wille und Vorstellung. (1818) Band 1. Textkritisch bearbeitet und hrsg. von Wolfgang Frhr. von Löhneysen. Frankfurt am Main.

Sennett, Richard (²2006): Der flexible Mensch. Die Kultur des neuen Kapitalismus. Übers. von Martin Richter. Berlin [New York 1998].

Serres, Michel (²1994a): Die fünf Sinne. Eine Philosophie der Gemenge und Gemische. Übers. von Michael Bischoff. Frankfurt am Main [Paris1985].

Serres, Michel (1994b): Gnomon: Die Anfänge der Geometrie in Griechenland. In: Ders. (Hrsg.): Elemente einer Geschichte der Wissenschaften. Übers. von Horst Brühmann. Frankfurt am Main [Paris 1989], S. 109-175.

Serres, Michel/Farouki, Nayla (Hrsg.) (²2001): Thesaurus. Die exakten Wissenschaften. Unter Mitarbeit von Charles Auffray u.a. Übers. von Michael Bischoff und Ulrike Bischoff. Frankfurt am Main [Paris 1997].

Simmel, Georg (1989): Philosophie des Geldes (Selbstanzeige 1901). In: Ders.: Philosophie des Geldes. Hrsg. von David P. Frisby und Klaus Christian Köhnke. Frankfurt am Main, S. 719-723.

Singer, Wolf (²1992): Die Entwicklung kognitiver Strukturen – ein selbstreferentieller Lernprozeß. In: Schmidt, Siegfried J. (Hrsg.): Gedächtnis. Probleme und Perspektiven der interdisziplinären Gedächtnisforschung. Frankfurt am Main, S. 96-126.

Singer, Wolf (2002): Der Beobachter im Gehirn. Essays zur Hirnforschung. Frankfurt am Main.

Singer, Wolf (2003): Ein neues Menschenbild? Gespräche über Hirnforschung. Frankfurt am Main.

Snell, Bruno (1973): Wie die Griechen lernten, was geistige Tätigkeit ist. In: The Journal of Hellenic Studies. Vol. XCIII, pp. 172-184.

Sohn-Rethel, Alfred (1990): Das Geld, die bare Münze des Apriori. Berlin.

Sontag, Susan (2003): Krankheit als Metapher. Übers. von Karin Kersten und Caroline Neubaur. Aids und seine Metaphern. Übers. von Holger Fliessbach. München [New York 1978 und 1988].

Sommer, Manfred (1999): Sammeln. Ein philosophischer Versuch. Frankfurt am Main.

Sonnemann, Ulrich (1992): Die Technik als Provokation. In: Ders.: Das Land der unbegrenzten Zumutbarkeiten. Hamburg, S. 115-145.

Spitzer, Manfred (2003): Lernen. Gehirnforschung und die Schule des Lebens. Heidelberg/Berlin.

Stern, Elsbeth (2004): Wie viel Hirn braucht die Schule? Chancen und Grenzen einer neuropsychologischen Lehr-Lern-Forschung. In: Zeitschrift für Pädagogik. 50. Jg. Heft 4, S. 531-538.

Stieve, Claus (2003): Vom intimen Verhältnis zu den Dingen. Ein Verständnis kindlichen Lernens auf der Grundlage der asubjektiven Phänomenologie Jan Patočkas. Würzburg.

Stieve, Claus (2006): Vom Appell der Dinge. Zur Bedeutung der Dinge für kindliches Lernen und pädagogische Interaktion. Inaugural-Dissertation zur Erlangung des akademischen Grades eines Doktors der Philosophie. Fakultät für Philosophie, Pädagogik und Publizistik. Ruhr-Universität Bochum.

Stöcklein, Ansgar (1969): Leitbilder der Technik. Biblische Tradition und technischer Fortschritt. München.

Stravoravdis, Wassilios (2001): Die Brisanz des Lernens. Anmerkungen zum Motiv der „Wissensgesellschaft". In: Journal Arbeit 1. Jg. Heft 2, S. 20f.

Stravoravdis, Wassilios (2003): Der Widerruf der Welt im logos. Zum Verhältnis von λόγος ένδιαθετος und λόγος προφορός bei den Stoikern und Merleau-Ponty. In: Phänomenologische Forschungen. Band 2003, S. 171-187.

Tengelyi, Lázló (2002): Vom Erlebnis zur Erfahrung. Phänomenologie im Umbruch. In: Wolfram Hogrebe in Verbindung mit Joachim Bromand (Hrsg.): Grenzen und Grenzüberschreitungen. XIX. Deutscher Kongress für Philosophie. Berlin, S. 788-800.

Terhart, Ewald (1992): Reden über Erziehung. Umgangssprache, Berufssprache, Wissenschaftssprache. In: Neue Sammlung. 32. Jg. Heft 2, S. 195-214.

Terhart, Ewald (1997): Superlearning – Megateaching. Kurznachrichten aus der didaktischen Wunderwelt. In: Friedrich Jahresheft: Lernmethoden – Lehrmethoden. Wege zur Selbstständigkeit, S. 40-44.

Terhart, Ewald (2006): Gehirnforschung, Lernen, Unterricht: erziehungswissenschaftliche Rückfragen. In: Bellmann, Johannes u.a. (Hrsg.): Perspektiven Allgemeiner Pädagogik. Dietrich Benner zum 65. Geburtstag. Weinheim/Basel, S. 75-88.

Thimm, Katja (2003): Jeden Tag ein neues Universum. In: Der Spiegel Nr. 43, S. 198-210.

Timm, Uwe (⁵2001): Rot. Köln.

Valéry, Paul (1957): Cahiers. Tome Premier. Ed. par Centre National de la Recherche Scientifique. Paris.

Vogeley, Kai (1995): Repräsentation und Identität. Zur Konvergenz von Hirnforschung und Gehirn-Geist-Philosophie. Berlin.

Wagner, Margarete (Hrsg.) (1985): Handwerk um 1700. Holländische und deutsche Kupferstiche mit Beschreibungen von Christoph Weigel und Betrachtungen von Abraham a Sancta Clara. Hürtgenwald.

Waldenfels, Bernhard (1987): Ordnung im Zwielicht. Frankfurt am Main.

Waldenfels. Bernhard (1994): Antwortregister. Frankfurt am Main.

Waldenfels, Bernhard (1995): Deutsch-Französische Gedankengänge. Frankfurt am Main.

Waldenfels, Bernhard (1997): Topographie des Fremden. Studien zur Phänomenologie des Fremden 1. Frankfurt am Main.

Waldenfels, Bernhard (2000): Das leibliche Selbst. Vorlesungen zur Phänomenologie des Leibes. Hrsg. von Regula Giuliani. Frankfurt am Main.

Waldenfels, Bernhard (2001a): Verfremdung der Moderne. Phänomenologische Grenzgänge. Göttingen.

Waldenfels, Bernhard (2001b): Die verändernde Kraft der Wiederholung. In: Zeitschrift für Ästhetik und Allgemeine Kunstwissenschaft. 46. Jg. Heft 1, S. 5-17.

Waldenfels, Bernhard (2002): Bruchlinien der Erfahrung. Phänomenologie – Psychoanalyse – Phänomenotechnik. Frankfurt am Main.

Waldenfels, Bernhard (2004): Phänomenologie der Aufmerksamkeit. Frankfurt am Main.

Watson, John B. (⁵2000): Behaviorismus. Mit dem Aufsatz „Psychologie, wie sie der Behaviorist sieht". Hrsg. und mit einem Vorwort von Carl F. Graumann. Frankfurt am Main [New York 1930].

Welding, Steen Olaf (2005): Ein methodologisches Problem der Philosophie des Geistes: Bewusstsein als phänomenale Erfahrung. In: Prima Philosophia. 18. Jg. Heft 1, S. 21-37.

Welsch, Wolfgang (1987): Aisthesis. Grundzüge und Perspektiven der aristotelischen Sinneslehre. Stuttgart.

Welter, Rüdiger (1986): Der Begriff der Lebenswelt. Theorien vortheoretischer Erfahrungswelt. München.

Wiener, Norbert (1992): Kybernetik. Regelung und Nachrichtenübertragung im Lebewesen und in der Maschine. Düsseldorf/Wien/New York/Moskau.

Winnicott, Donald W. (²1979): Vom Spiel zur Kreativität. Übers. von Michael Ermann. Stuttgart.

Witte, Egbert (2000): Logik ohne Dornen. Die Rezeption von A.G. Baumgartens Ästhetik im Spannungsfeld von logischem Begriff und ästhetischer Anschauung. Hildesheim/Zürich/New York.

Xenophon (1992): Kyrupädie. Die Erziehung des Kyros. Hrsg. und übers. von Rainer Nickel. Darmstadt.

Xenophon (²1977): Erinnerungen an Sokrates. Hrsg. von Peter Jaerisch. München.

Zedler, Johann Heinrich (1961): Grosses vollständiges Universallexikon. Bd. 20. Photomechanischer Nachdruck. Graz [Halle und Leipzig 1739].

NAMENSREGISTER

SACHREGISTER

(Wortzusammensetzungen sowie -ableitungen der angegebenen Lemmata
sind durch () gekennzeichnet.)